新编21世纪哲学系列教材

现代伦理学

第2版

Modern Ethics

龚 群 著

中国人民大学出版社
·北京·

作者简介

龚群，中国人民大学杰出人文学者特聘教授，哲学院教授，博士生导师。德国莱比锡大学、美国天主教大学和美国哈佛大学访问学者。已出版专著《青年伦理学》《人生论》《韩非子传》《当代中国社会伦理生活》《自由与潇洒》《中国商德》《当代西方道义论与功利主义研究》《道德哲学的思考》《道德乌托邦的重构》《生命与实践理性》《罗尔斯政治哲学》《新加坡公民道德教育研究》《社会伦理十讲》《自由主义与社群主义的比较研究》《追问正义》等，译著《德性之后》（合译）、《伦理学简史》、《生活质量》（主译）、《伦理学理论》（主译），在海内外学术杂志发表论文两百余篇。

内容简介

本书以当代世界一流学府里讲授的伦理学学科知识、理念为基本内容，力图把当代世界最前沿的学术成果介绍给读者。本书分为五个部分——道德及道德理论、功利主义、义务论、契约论和德性论，第一个部分是对道德理论的一般概述，其余四个部分选取了不同道德理论类型中目前学界所认可的有代表性的规范性理论，以及为适合我国学生和读者而考虑的相关内容进行介绍和论述。总体而言，本书从道德类型学的意义上全面而系统地阐述了现代伦理学不同方面的最基本的理论知识，深入浅出，引人入胜，是这一领域的重要学术成果，可作为国内大学生和研究生的教材使用。

序　言

伦理学的研究对象是人类的道德。道德现象是人类社会中一类极为广泛的现象，存在于人类的心理、意识、行为以及社会生活的各个层面、各个领域。人类社会自从有了道德，也就有了对道德的思考或反思。几千年来，人类对于自身的道德现象进行了长期的讨论与探求。因此，在人类的知识宝库中，伦理学是一门古老的、有着悠久历史的学科。在人类的思想发展史中，伦理学作为一门学科，最早产生于亚里士多德的知识分类。伦理学在长期的探讨和发展过程中，已经形成了不同的流派与观点。值得指出的是，从学科意义上看，伦理学产生于西方，产生于古希腊。同时也应当看到，虽然我国古代没有类似于亚里士多德知识分类意义上的伦理学，但比照西方学科化的伦理学研究，尤其是在伦理学学科意义上的社会伦理思想，则是自从有了中华文明和对文明的反思，中国也就有了伦理的思考。东西方社会在几千年的发展过程中，都产生了十分丰富的伦理思想和学说。

从知识体系意义上看，伦理学又是一门相当年轻的学问。西方社会进入近现代以来，在伦理学理论方面已经形成了相对成熟的、多样性的规范伦理学说和观点。如义务论（道义论）、功利论（功利主义）、契约论等，这些近代以来的主要学说和观点，以及在伦理思想史上最有影响的亚里士多德的伦理学理论——德性伦理学，都是当代西方最重要的规范伦理学理论和观点。其中，自从 17、18 世纪以来，西方社会占主导地位的伦理学是义务论和功利论的伦理学。20 世纪后期以来，契约论和德性伦理学都得到重新阐发。尤其是相当多的伦理学家回到亚里士多德等古代伦理学家的立场和方法，复兴德性伦理学，已呈现出蔚为壮观的理论景象。

当代西方伦理学界普遍认为，不可能仅仅通过对某一派伦理观点的了解和掌握就达到窥一斑而知全豹的效果。学习伦理学必须全面学习经过几百年乃至几千年人类历史与实践检验的基本理论：义务论、功利主义、契约论以及德性伦理学。本书接受这样一种基本的看法，故本书的内容也就包括这样几个基本方面。或者说，本书的宗旨是全面展示不同伦理学的知识体系，并以此为使命。

目前，我国学术界和教育界正在为我们的教学与学术研究达到国际一流水平而努力。伦理学作为一门古老而又年轻的学科，同样是在国际一流水平大学里讲授的重要学科。① 在这些一流大学里，伦理学的讲授几乎毫无例外地涉及上述几个方面的内容。我们觉得，与国际一流大学讲授的知识体系接轨是我国伦理学教学与研究的重要一环，并且我们意识到差距之所在。本书力图通过阐述、研究当代国际伦理学领域在基本理论方面可能达到的最新成果，或公认不可不讲的那些基本理论这样一种方式，来与世界一流大学里讲授的伦理学知识体系接轨，并力图以较简练的方式来深入阐述这些基本理论。不过，有一点不同的是，本书把儒家的德性伦理学同样作为基本伦理学理论来看待。从西方伦理学理论内部的区分来看，儒家伦理学可以被看作从属于德性伦理学的范畴。虽然从学科意义上看，伦理学学科产生于西方社会，但在中国传统社会中，从伦理学的学科视域看，儒家思想和学说中有着十分丰富的德性伦理学思想。并且，儒家德性伦理的独特内容以及它的合理结构，都使得我们有珍视它的重要理由。

自从改革开放以来，中国人再次打开自己的眼界来看这个世界，与这个世界交流并向中国之外的世界学习。改革开放之始，我国各项事业百废待兴。如果从几千年的儒家传统来看，我国是一个有着悠久伦理文化的国家；如果从西方伦理学视域来看，我国的伦理学学科则是改革开放以后才得以兴盛的。改革开放以来，伦理学的学习和研究呈现出空前繁荣的局面。这四十多年的发展给了我们巨大的动力，我们不能故步自封。放眼世界，深感我们与世界一流水平的距离。任何一个领域都面临着改革开放的需要，伦理学也不例外。

伦理学作为一门学科，是研究人类的道德现象的，说到底，道德是关于个人的善、人类的善的知识，是关于正当与正义的知识。然而，何为善？何为正当？何为正义？各家学说持有相当不同的观点或看法。并且，伦理学学科在几千年的发展过程中，从不同的视域发展出来的这些相当不同的伦理观点，对伦理本身的探讨以及我们对现代世界的看法，都有着十分丰富的意义和价值。这是因为，伦理学是一门没有独断论的学科，也许各家学说对于什么是善都有自己的看法。这些观点或看法如果具有几分真知性质，因而我们没有理由把它们都说成谬误，那么就都具有几分真理性。在这个意义上，伦理的或道德的真理不是一元的，而是多元的。

伦理的知识即善的知识和正当行为的知识，是关于我们的精神世界以及我们行为领

---

① 值得指出的是，伦理学是美国哈佛大学的第一显学，以 moral reasoning 和 ethical reasoning 命名的课程现在就有14门之多（见哈佛大学网站），涉及法学、政治学、哲学以及东方思想等多个领域；并且，哈佛大学最著名的教授如斯坎伦、桑德尔等都披挂上阵，亲授此课。在这些课程里面，既有涉及正义与国际正义的专门课题，同时也有伦理学的前沿性课题。这些专门讨论都与现代伦理学的基本理论有着内在关系。

域的知识。精神价值问题不仅仅是一个如何与客观性相符合的问题，更重要的是一个如何界定人类的善或人类的幸福的问题，一个与人的精神安顿和终极关怀相关的问题，一个与一定的行为准则和人生的理想追求相关的问题。这是我们每个人所面对的问题，人类的思想自由以及行动自由给每个活着的人既带来困境也带来幸运。所谓困境，也就是每个人都不得不面对自我的价值选择，有时可能是艰难的选择；所谓幸运，也就是每个人都可以运用自己的理性来回答自己的人生为自己提出的问题。然而，这也给我们每个活着的人提出了问题，即人类能够自由思考以及自由行动，使得我们的行动在很大程度上依赖于各种关于世界与人生的理论和知识的指导。并且，即使一个并没有学过哲学或伦理学的人，他或她也总有某种哲学或人生的观点在其行为的深层次上起作用。不过，这种自发的哲学或人生价值观，对于人们的行动的作用总是模糊的。尤其是，当我们面对不同的价值观或善恶观，我们将不知如何评判，甚至会受到错误理论的影响，从而失去自己的评判标准。这犹如盲目地面对这个世界以及我们的人生。因此，如果有某种我们可以信赖的知识或理论，能够说服我们或我们的理性，我们就会感到这是我们的幸运。当然，这并不意味着我们不会改变信念。如果信念的改变是深思熟虑的结果，那么改变也同样是我们的幸运。当然，我们也可能会在人生的航道上迷失方向，也可能迷失于或执着于偏见和世俗利益之中，即使如此，我们也不应放弃我们思考的权利。只要我们还在探求，我们就总会有所收获，有所醒悟。然而，人生价值问题没有一个固定答案，人们应当在追求自我的卓越中找到属于自己的善。

相对于那些基本知识体系是一元性的学科，伦理学的多元性的学科知识是一个幸运。盲目相信关于这个世界的某种知识体系，来自对某些独断性观念的盲从。应当指出，在这个世界上，真正的科学知识和理论都不是独断的，而是经得起论证的；都不是教条，而是真正的知识。科学知识是确定性的知识，这种确定性是在给定的背景条件下和边界意义上的；但宗教却是独断论的，因为它建立在某种神圣而不可置疑的前提下。罗素曾指出，哲学是介于科学与宗教之间的一片知识领域。哲学知识是既确定又不确定的。它的确定性来自其论证前提，我们如果把它的确定性看成如同自然科学的确定性，就可能使之僵化；我们如果把它的某些结论看成不可置疑的，就有可能走向独断论。若我们对哲学前提的质疑成为可能的话，它的确定性就要动摇。但这并不意味着取消了它，而是意味着一定哲学观念的更新的可能。哲学的不确定性来自它包含着伦理价值观念。伦理价值观念是在社会的结构背景中生成、变化的，并且这种社会的结构背景同时也有着一定文化传统的背景，因而，价值观念本身有着一定的文化意义。伦理价值观念的规范命题所回答的是“A 应当是什么”，而不是如同自然科学的描述命题所回答的“A 是什么”。伦理价值观念作为伦理学理论的活的源头，决定了伦理学理论之树常青。同时，作为在一定文化传统中生成与发展的伦理价值观念，具有它的传统根源。因此，对于现代的伦理学理论形态与观点，我们不仅需要理解它的现代形态，同时也需要理解它的历史形态。

伦理价值观念与人类的社会生活和人的社会实践活动内在相关。伦理理论的丰富性是人类实践丰富性的体现。从西方社会的发展来看，正是社会生活的每一次重大转变，催生了伦理学理论的一次又一次创造。亚里士多德的德性伦理学是他那个时代的代表，在希腊化时期，则产生了斯多亚派和伊壁鸠鲁的伦理学，中世纪则催生了基督教的伦理学。进入近现代以来，由于现代社会生活的转型以及自身的丰富性，产生了以边沁、密尔为代表的功利主义和以康德为代表的义务论。进入20世纪后期以来，学术界似乎正在兴起一个伦理学与政治哲学（政治哲学本身可以被看作伦理学在政治领域的延伸）的热潮，并涌现出一大批有学术创见的学者和思想家。这一热潮的兴起表明，伦理问题尤其是政治伦理问题是现代世界的重大实践问题。社会生活中的多重领域，如政治、经济、生态环境、医学等，都是现代伦理学讨论的重要领域，而这些讨论在一定程度上都不得不回到基本伦理学理论上来。我们正置身于一个学术上的伦理时代，伦理学应当对这个世界有所贡献。

最后，需要指出的是，本书五编十四章，从整体上看，构成一个较完整的知识体系，同时有明显超出“现代”这一概念的内容。作者认为，本书的主要功能仍然是作为大学生及研究生的教材，纳入一些并非现代的内容更有益于学生建构完善的规范伦理学的知识结构。这是教材而非论著给作者增加的任务，故而第2版仍保留原有的体例。

感谢中国人民大学出版社给我这样一次机会，出版这样一部从一个全新视角来写作的伦理学专著，一部可作为大学伦理学教材的著作。

龚　群

2019年2月1日改定

目　录

第一编　道德及道德理论

第二编　功利主义

第三编　义务论

第四编　契约论

第五编　德性论

CONTENTS

Part Ⅰ Morality and Moral Theory

Part Ⅱ Utilitarianism

Part Ⅲ Deontology

Part Ⅳ Contractarianism / Contractualism

Part Ⅴ Virtue Ethics

第一编

道德及道德理论

导 论

自从传统社会进入现代社会以来，典型的规范伦理学理论就呈现出不同形态相区分的特征。不同形态的伦理学理论之所以都可以被称为“伦理学理论”，在于它们都是将人类社会的道德现象作为自己的研究领域，简言之，伦理学是研究道德的。这里首先就有一个概念上的问题：何为道德？何为伦理？

就学科语言而言，“伦理”与“道德”这一对中文概念，是对西方语言中的“the ethical”和“the moral”（morality）这对概念的翻译。“伦理”这个概念，在古希腊文中为“ethos”（习惯、习俗）。在古希腊时期，早在荷马史诗《伊利亚特》中就已经出现了这个词，它的意思不过是人的住所、居所，用来指人居住于其中的敞开的场所。后来意义扩大，表示风俗、习惯以及人的品格、气质。伦理是关于品格的，而风俗、习惯也就是广义的一切规范、典章和制度。亚里士多德说：“把习惯一词（ethos）的拼写方法略加改变，就成了‘伦理’（ethike）这个名称。”① 它的字面意思是与品格相关的，而它来自习惯和风俗，亚里士多德认为，品格的德性来自习惯。后来罗马人使用的拉丁文沿用了古希腊的“ethiken”这一名词，写作“ethikos”。

现代英语“moral”一词的词源是拉丁文“moralis”。这是古罗马哲学家西塞罗在翻译希腊文“ethike”时创造的一个词。“moralis”的意思是与“mores”（意为品格、作风、习惯、风俗）相关的某种东西。因此，在词源学意义上，“伦理”和“道德”是同一的。麦金太尔在谈到英语中

---

① 亚里士多德. 尼各马科伦理学. 北京：中国社会科学出版社，1990：25.

使用“moral”这个词的意义的演变过程时说：“英语中的‘道德’的早期用法译自拉丁文，被用作名词，在这一时期的所有文献中，‘道德’（the moral）都表示该文献所要教导的实践性训诫。在这些早期用法中，‘道德的’既不与‘谨慎的’或‘自利的’相对照，也不与合法的或宗教的相对照。当时与这一词汇的意义最为接近的词可能仅是‘实践的’。随后，在这一词汇的用法史中，它首先被通常作为‘道德德性’的一部分，接着，因其意义变得越来越窄，而自身成为一个谓语。到了16、17世纪，它才开始具有现代意义……从1630年到1850年……‘道德’一词获得了一种既普遍而又特殊的意义……在那个时期，‘道德’一词成为一个特殊领域的名称，在这一领域中，既非宗教神学或法律方面的，亦非美学的行为规则被承认为一块属于自身的文化空间。”① 麦金太尔认为，道德这一概念经过长期演变，成为一个与上述领域不同的社会行为领域的称谓。在这里，麦金太尔也是在不把“伦理”与“道德”区分开来的意义上使用这两个概念的。或者说，麦金太尔在这里所说的“道德”可以与“伦理”互换。

在西方语言的词源学意义上，“ethical”与“moral”这两个词并没有实质的区分。在长期的使用、发展过程中，也并没有多少变化。两者通常是可以通用的。对这样两个概念进行明确的区分性使用的，应首推黑格尔。黑格尔在《法哲学原理》中指出：“道德和伦理在习惯上几乎是当作同义词来用，在本书中则具有本质上不同的意义。普通看法有时似乎也把它们区别开来。康德多半喜欢使用道德一词。其实在他的哲学中，各项实践原则完全限于道德这一概念，致使伦理的观点完全不能成立，并且甚至把它公然取消，加以凌辱。但是，尽管从语源学上来看道德和伦理是同义词，仍然不妨把既经成为不同的用语对不同的概念来加以使用。”② 在这里，首先，黑格尔承认，这两个概念通常没有被区分开，并且是作为同义词来使用的；其次，黑格尔把“道德”与“伦理”这两个概念加以区分性使用。康德首先在“道德”这个概念上来讨论这一领域的问题。然而，我们知道，康德伦理学是一种个体伦理学，他的讨论集中在实践理性、内在动机、道德责任、道德义务、道德自律、德性义务等问题上，而对家庭、市民社会以及国家制度方面的伦理问题则相对较少问津。黑格尔将自己的伦理学研究领域与康德的区分开来，以“伦理”这一概念来表明社会伦理诸领域。

无疑，在黑格尔之后，有不少哲学家没有强调这种区分，但也有不少哲学家坚持这种区分。如海德格尔就认为，“ethiks”在古希腊那里的原始意义就是表示人的住所、场所，而这个场所是让人成为人之所“是”的场所，即让人来到“在”中（in Sein），同时“在”在这里得到澄明，成为“在场”。因而，“ethos”的本质是人如何与存在者相处，保持、留住存在者，让其存在的态度、方式，有伦理是指在全体存在者中人的存留。海德格尔的这一理解把黑格尔的伦理的社会性扩展到与人共在的环境。这无疑坚持了“伦理”这一概念的超越个体道德的品格。当代著名哲学家哈贝马斯同样强调这种区分。他在谈到他的话语（discourse，或译商谈）伦理时认为，他至少坚持了道德话语与

① 麦金太尔．德性之后．北京：中国社会科学出版社，1995：51-52.

② 黑格尔．法哲学原理．北京：商务印书馆，1961：42.

伦理话语的明确区分。[1] 目前在我国伦理学界，有相当一部分学者把这两个概念区分开来使用。但我们在本书中没有将这两者区分开来，即在“伦理”与“道德”为同义词的意义上使用它们。

中国的“伦理”与“道德”这两个概念的分野，从语源学上看，比西方要明显得多。先说中文的“伦理”二字。从词源学意义上看，“伦”是辈、类的意思，许慎的《说文解字》解为：“伦，辈也。从人，仑声。一曰道也。”“伦”的本义是辈，即“军发车百两”（军队出征，发战车百辆），也就是说，有那么多战车（同类物），引申其意，同类之次称为伦。在中国古代，又早有“人伦”一词，“人伦”这一概念就是表示有着不同类别、等次的人际关系，以及相应的准则。尊重这些准则，即为人道。因此，“伦”也可称为“道”。如在《论语》中，“伦”字出现了两次。《论语》载：(1)“不仕无义。长幼之节，不可废也；君臣之义，如之何其废之？欲洁其身，而乱大伦。君子之仕也，行其义也”(《微子》)；(2)“言中伦，行中虑”(同上)。这里的“伦”字表示的是：(1) 人与人之间的必然关系以及这种关系所具有的应然道理（义）；(2) 法度、准则。“理”的本义是治玉，作为名词，表示事物的次序、条理、道理。“伦理”二字合用，即表示人与人的关系合于人伦之理，有标准，有规范。伦理就是客观的人伦之理。

中文的“道德”二字，从词源学意义上看，则比现代西方“morality”的含义要广泛得多，又有着较强的形上性意味。“道德”中的“道”，是中国哲学的最高概念。把道与宇宙的产生、发展变化联系起来，就有“天道”概念；而把道与人类社会的发展变化以及人的行为准则联系起来，就有“人道”概念。按照中国哲学的观念，道无处不在，无事不在，“覆天载地，廓四方，柝八极。高不可际、深不可测。包裹天地，禀授无形”(《淮南子·原道训》)。道充塞于天地之间，万事万物都是道的见证，事物的生发，宇宙的运行，都是道的体现。道、儒两家都认为，人类的本性与天地宇宙的本性是一个本性（道家：道生万物。儒家：尽心、知性、知天），因此，天道与人道在根本上是一个道。在道家看来，天道在根本上是自然纯朴之性；在儒家看来，道在根本处是以“仁”为核心的。那么，“德”又是什么？“德”的古字为“直”和“直”下面一个“心”。在甲骨文中，字形表示直立行走而前视之义。郭沫若先生在《先秦天道观之进展》中指出，其意思是把心思放正。同时，“德”又与“得”相通。“德者得也”，二字可以互训。因此，德有获取、占有的意思。把这两重意思联系起来，也就有所得无愧于心的意思，因而也就引申出内心在获得满足后的愉悦感。许慎在《说文解字》中把它解释为：“外得于人，内得于己。”段玉裁对这句话的注释为：“内得于己，谓身心所自得也；外得于人，谓惠泽使人得之也。”依段玉裁的解释，所谓“身心所自得”，也就是以善念存于心中，使身心互得其益；所谓“惠泽使人得之”，则是说以善德施于他人，使众人各得其益。但是，段玉裁的解释与许慎的原意有差距。因为外得于人的主体不是他人，而是自我，是我得之于他人。而我之所以得之于他人，确与我以惠泽施于他人有关。但外得于人又并不仅仅是使他人得我之惠泽，它强调的是己之所得。外得于人，也就是个体自我从自己对他

---

① Jürgen Habermas. Justification and Application. Cambridge, MA: The MIT Press, 1993: vii.

人的善行中，获得一种道德体悟，以及道德情感上的愉悦、满足和无愧感。而“道德”二字连用，其意义则十分明确，专指个体自我对道之得也，得道而已也。从道家的观点来看，道生万物，而万物产生以后，道又内在于万物，成为万物的内在本性。道分化而生成万物，万物相对于道而言，即为“德”也。“德”从事物本身的立场看，是对道的分有和道的体现，同时表明，道也是任何事物（包括人类）的本性、自身存在与发展的内在依据。从儒家的思想来看，道不仅是宇宙万物之理，更重要的还有人伦之理。“德”者，即得此生存与发展的依据也。因此，综合道儒两家的思想，“道德”在人这个行为主体这里，也就是从根本上符合（在一定的社会条件下的）人的存在与发展需要的精神品质，以及对人伦物理的认识与把握，并体现在社会实践活动中对道的体认。因此，“道德”，不仅要给“伦理”提供一个形而上学的基础，而且要使“伦理”内化为心性。上究天人之际、下对社会人文秩序的把握，以及从内在心性修养功夫到行为层面的德行、事功与外王，都可以说是“道德”的范围。

在中文词源学意义上，“伦理”与“道德”这两个概念有着相对区分的含义。但是，用中文的“道德”一词来对译英文的“morality”，这种区分的意义应当说已经不存在。即当我们从现代行为领域的意义来看待“道德”这一概念时，它已经如同麦金太尔所说的，是标明人类行为的一个相对区分的领域，这一行为领域是可以用善恶、对错、好坏这样的概念来进行分析判断的领域。

一般认为，道德现象是人类社会所特有的现象。人类能够对自己的行为或内在心灵进行某种道德评价，在于能够意识到自己的行为动机和对行为后果进行评价。人总是行其所思，思其所行。意识或精神心理总是作用于自己的行为。首先，人类的行为作为内在欲望或动机的体现，总能够指向某种目的，并且在行动中体现某种准则，在行动之后产生某种后果。其次，个体的人总是社会的人，个体的人总是在某种关系中存在，人的行动后果不仅对于自己的生存与发展，而且对于他所在的共同体或群体总是处于一种相互作用之中。人们把有利于个人、有利于社会的评价为“善（好）”，而把不利于或有害于个人或社会的评价为“恶（坏）”（在有些伦理学理论那里，可以发现这两者的一致，虽然在另一些伦理学理论那里，有利于个人和有利于社会是完全不同的，而怎样把两者统一起来，一直是伦理学努力的一个方向）。同时，道德现象是一种极为复杂的现象。它涉及人类生活的各个层面以及各个领域。在不同的生活领域里都有人们需要处理的利益问题。个人与群体、群体与群体之间存在着多种利益冲突和矛盾，怎样处理这些冲突和矛盾都涉及道德问题。各种各样的规范伦理学理论，都以回答人们的各种困惑、引导人们走向好生活为职志。

怎样的生活才是好生活，才是人所应有的生活？我们不仅需要处理人与人之间的关系和矛盾，同时也需要有自己的人生目标和人生价值观。怎样的生活才是值得过的生活，是一个人必须自己思考的。因此，正如苏格拉底所说，没有经过审视的生活是不值得过的。我们也许总是处在世俗的偏见之中，而不知道自己真正追求的是什么。可是，伦理学的理论也许能够给出不同的思考模式，但不能给出思考的唯一正确的答案。而且，这个答案也许也只能是理论上的答案，而不是现实生活中的答案。每个人都面临着做什么样的人和到底要什么的艰难选择。也许更大的使命在召唤我们，而不应为一己私利遮蔽了自己的眼界。伦理的思考是与这一切都相关的。伦理学的研究虽然不可能给现实生活中的每个人提供某种完备答案，但给了我们伦理思考的理论与方法。面对现实困惑，提高我们的理论思维能力，提高我们分辨现实中的伦理问题的能力，从而使我们不断迈向新的人生美善境界，这是生活对我们的召唤。

第一章

道德行为与道德的功能

20 世纪 70 年代，美国哲学家菲利浦·福特设置了这样一个情境：一辆轨道车正在全速向前行驶。车行到拐弯处，由于前面是一个陡坡，无法提前看到弯道前方的路面；而当车驶到拐弯处时，司机突然发现前方轨道路面有五个修路工人正在干活，刹车已经来不及了。但司机看到，还有一条岔道可以拐过去，不过，这不是此车的行进路线，而且那条岔道上也有一个工人正在干活。如果将车开到岔道上，那个工人必死无疑。那么，是否应当从道德上允许这个司机将车拐到岔道上去？

第一节　道德与道德行为

从上述案例我们可知，人的行为具有道德意义，可以从道德上进行判断；同时，我们也可知，人的行为决定或行为后果具有道德意义。从道德当事人的视域看，人的行为动机、目的和后果，以及个人的品格德性都具有道德意义，对社会生活起着道德作用；而所有这些都可通过行为体现出来。所以，我们从讨论行为入手，开始我们对道德的讨论。

一、思想试验

菲利浦·福特所设置的上述案例引起了人们的广泛讨论和持久关注。多数人认为那个轨道车司机应当把车拐到岔道上去，认为这在道德上是可以得到允许的。

这至今仍是美国大学伦理学课堂上必讲的一个案例。菲利浦·福特之后，不少人在这个案例的基础上增加了更多的假设。如有一个这样的假设：这辆轨道车正在高速行进，突然发现前面有五个工人正在干活，但司机刹车已经来不及了，也没有岔道可以拐过去从而避开这五个工人。假设在轨道车到那五个工人之间还有一段距离，正好在这里有一座行人桥，桥上有两个人目睹了这个情景。这两个人，其中有一个是大胖子。假设另一个人出于救那五个工人的考虑而把这个胖子从行人桥上推下去，那么，正好可以把行进的轨道车阻塞在五个工人前，从而使他们得救。现在问：那个旁观者这样做，在道德上是可以允许的吗？如果从道德上允许司机把车开到岔道上杀死那个工人，那么，为什么不能在道德上允许另一个人把那个胖子推下去？

除了讨论福特所设置的这种特殊情境中的行为选择问题外，人们还提出了与福特案例相似但情境不同的案例假设。这是一种医疗案例假设。在A病房有五个病人，一个需要移植一个心脏，一个需要移植一个肝脏，一个需要移植一个脾脏，一个需要移植一个肺脏，还有一个需要移植肾脏。这五个病人如果得不到及时的器脏移植，他们都会因病很快去世；而如果得到了合适的健康器官，他们都可以重新健康地生活下去。正好在他们隔壁病房（B病房）里有一个健康人在进行体检，他的所有器脏都是健康的，并且与A病房里五个病人的需要正好适应。再假设从专业上看，他的器脏的所有指标与A病房里五个病人所需器官的指标正好相符。那么，医生为了救那五个人，可以把这个健康人杀了吗？如果不可以，为什么不可以？是什么原则使人们认为司机可以有意杀那个工人，医生则不可以杀这个健康人来救人？

毫无疑问，这些案例具有思想试验的性质。我们不是把这些案例与现实世界中所发生的实际情况做比较，而是假设：如果遇到这样的情形，我们会得出什么结论，我们会怎么行动？我们是依据什么原则来下结论的，又是什么原则允许我们做什么和不做什么？我们拿这些案例来与我们可接受的原则或情感相关的原则进行比较和衡量，从我们所能接受的道德观念、道德规范来看，如果遇到类似情况，我们会怎么想，会怎么办？在道德上，什么行为或做什么是对的，什么是错的？什么是善的，或是恶的？

二、行为的道德意义

以上是从思想试验的意义上来谈假设的案例，而我们在实际生活中是不是也可以发现类似的情况？生活中人们是否也面临着道德上对与错的行为选择？这种选择的行为是否也有善恶、好坏之分，也有公正（正义）与不公正（不正义）之分？如在我们现实生活中发生的大量贪污受贿现象，不就是在道德上错误的和恶的行为吗？还有，在现代社会，怎样对待老人的问题是子女需要严肃考虑的问题。当自己的父母失去了劳动能力，并且没有经济上的储蓄，怎样对待生养自己的父母？是虐待他们或遗弃他们，还是供养他们到生命的终点？那些遗弃父母的人，是不懂得孝敬父母的道理吗？这是一个问题。还有一个问题就是：这种行为本身难道不可以从道德上进行评判吗？任何一个在道德上持有某种观点的人，都会对已经发生或正在发生的人类事务或行为进行道德判断。实际上，我们不仅在对周围所发生的事情、日常生活中每时每刻所发生的事情进行道德评判，而且也对自己的生活事件进行选择，进行道德选择和道德判断。

那么，人们对自我的行为进行评判又有什么意义？首先我们来看看自我判断的发生前提。这种选择与判断往往包含对自己行为的反思，即我们是在反思自己行为的前提下谋划自己的未来。这种谋划本身就是一种考虑，这种考虑是一种包含了道德因素的考虑。这种考虑也是一种预判断，即对自己行为之可能后果的判断，以及对自己行为应当遵循的规范或原则的考虑。如果我不遵循什么原则的话，我的理由是什么？什么构成了比我遵循那种原则更重要的考虑？人类是会思考的物种，深思是人的精神特性。人总是思其所行和行其所思。这里的所思，也包括道德思考。个人的行动会影响思想的活动，思想的活动同时又必然影响到行为或将发生的行为。因此，道德的判断或判断能力的养成，对人的行为以及行为发展有着极其重要的意义。

不过，如果人们行为的道德意义只是行为全部意义的极少部分或微不足道的部分，那道德还有意义吗？在人们的生活中，道德具有什么分量？因为正是人的行为构成了人的生活，而且人生也就是一连串的行为，如果道德判断对人的生活或人类世界没有多大意义或没有意义，那我们就可以不用考虑行为的道德理由。如果对我们的生活有着重大意义，那道德就与我们的生活乃至我们的生命内在相关。

在这里，我们可在"道德"一词的积极意义上使用它，也可在其中性意义上使用它。所谓积极意义，即这个词的正面意义，也就是道德的正值意义。所谓中性意义，既包括了正面的道德意义，也包括了反面或消极面的道德意义；用价值术语来说，它既包括了正值的、合于道德的意义，也包括了负值的、与道德相悖的意义。道德意义即是行为的道德意义，行为后果的道德意义，以及所有可进行评判的事物的道德意义。我们对进入我们视域的所有可进行道德评判的事物进行价值评判，而理解它们的道德价值意义。因此，我们又可以问：当我们说一个事物或一个行为具有道德上的正价值意义或负价值意义，这对于我们的生活有什么意义？

我们知道，所谓道德上的正值意义说的也就是善（好），所谓道德上的负值意义说的也就是恶（坏）。善恶概念是伦理学的最基本概念之一，同时也是最重要的概念之一。行为的善或行为的恶难道对于该行为或行为主体的人来说，不是重要的吗？苏格拉底曾经说过，他没有一天不考察、不审视生活的善的问题，即自己的和他人的善的问题，而未经省察的人生没有价值。① 因此，我们应清楚地知道自己行为的意义和性质。考察或审视我们的生活、行为，从而知道我们的生活、行为的意义，其中包括道德上的善恶意义，这是知的方面；同时，我们知道我们在哪方面存在不足，在哪方面有欠缺，从而改进自己、完善自己，这是行的方面。审视自我反映了人的自我能动性，但我如果对自己的处境、意识状况，包括我的行为性质、意识性质，都无所知，那就很难做出正确的道德判断。同时，知道自己的处境或意识状况，才可能有更好地行动的打算，这不仅包括对未来的谋划，更重要的是自我的完善。实际上，一个人要认识自己并非易事。中国古代有句格言："人贵有自知之明。"也就是说，自知之明对人来说是十分重要的，但也很不容易。苏格拉底以古希腊神庙上的箴言——"认识你自己"来要求自己。神告诉他，他是无知的，同时神又指出他是雅典最聪明的人。他不相信后一点。他在多年的知识探求过程中询问了无数的雅典人后，才发现神所说的是对的。因为，他虽然无知，但他知道自己是无知的；当时的雅典人也是无知的，却不知道自己是无知的，所以他才是最聪

① 柏拉图. 游叙弗伦·苏格拉底的申辩·克力同. 北京：商务印书馆，1983：76.

明的人。在人类思想史上，苏格拉底是第一个以自知无知为傲的人。这不无道理。我们正因为能对我们的无知有所知，才能改进我们的人生状况，才能使自己从愚昧和偏见中醒来，才能理智地面对自己的生存状况，而不会像沉溺于白日梦中那样不知自己身处何处，不知自己行为的意义，包括自己行为的善恶意义。正是在这个意义上，苏格拉底指出，只有经过审视的生活才是值得过的生活。在这里，苏格拉底也说出了行为的善恶问题的真正重要性。

行为所具有的道德上的正值意义（善）或负值意义（恶），或简单地说，行为的道德性质是行为本身的基本性质之一。那么，这里的问题是：有非善非恶的中性行为吗？善恶是行为道德意义的两端，还是仅有的两种道德意义？

这里涉及的问题，首先是我们是在什么意义上谈善与恶，其次则是在什么意义上谈行为。我们所说的善（好）或恶（坏），是在道德上的对与错、正当与不正当、公正（正义）与不公正（不正义）的意义上说的。道德上的对与错、正当与不正当、公正与不公正，所诉诸的是人们的道德常识、道德直觉或一定的道德原则、道德规范，或一定的社会制度背景，等等。对于同一行为判断，可能会有来自不同理论的道德直觉或道德判断。这个问题我们稍后再展开讨论。在这个意义上，行为的善恶、好坏是对行为性质的判断。因此，所谓行为之好与善或坏与恶，是在一种相当宽泛的意义上讲的；所谓行为之好与坏或善与恶，在理论上是指可进入评价与判断领域的全部行为，在时间上可说是无穷尽的，虽然在实际上是有限的。当然，评判可能或无疑会随着时间的推移而改变，但这并不意味着没有评判。那么，有没有从理论上讲不可进入评判领域的行为？这首先要看什么是行为，或我们所说的行为是在什么意义上讲的。

我们所说的行为，是与人类个体单纯的躯体活动相区别的。单纯的躯体活动，只是肢体的活动，只是行为的一种前提条件，不是行为本身。正如哈贝马斯所说："行为就某种意义而言，是通过身体的运动体现出来的，但是只有当行为者遵循一种技术的行为规则，或者一种社会行为规则而同时进行这种运动时，这种行为才能体现出来。这种同时进行意味着，行为者是有意完成一种行为计划的，而不是有意进行借以体现他的行为的身体运动。一种身体运动是一种行动的因素，但不是行为。"① 人类的行为绝不可被简单地理解为一种单纯的躯体运动，而总是在一定的规则或准则意义上的活动。同时，从内在精神意义上看，人类的行为活动总是受到某种精神意识的支配，如道德意识支配的活动。行为是内在精神情感的外在客观化的东西，或它总有某种人类的精神情感在其中起作用。因此，我们可以判定某人的某种行为是合理的，或是不合理的。但是，并非所有的行为活动都可进入道德判断领域。如下课后从教室出来，是走左边的道路还是走右边的道路，是先去还书还是先去邮局，这种选择活动可以说没有道德意义，因而是非道德的行为活动。但是，如果我在路上遇到某人，因我的行为而与他发生争执，如我对他无礼，这种行为就具有道德判断的意义。也就是说，可进行道德判断的行为，是涉及人与人的关系，或人与社会的关系的行为。另外，涉及自身的行为也可以进行道德判断，只要它具有道德意义，如勤勉、懒惰、审慎、自我完善等。

---

① Jürgen Habermas. Theorie des Kommunikation Handelns. Bd，1. Frankfurt am main，1988：S. 146.

人是社会的人，是社会动物，人的行为活动是在社会中进行的。在社会生活中，没有人不需要与人相处，与人交往。在这个意义上，可进入道德判断领域的行为活动无处不在。道德这种社会观念或文化要素，并不是在社会的某个特殊领域里发生作用的，它存在于社会生活的一切领域。或者说，社会生活中并没有一个类似于某个专门行业那样的专属于“伦理道德”的领域。人类社会一切领域的历史活动，都是人的行为活动，因而都具有道德的意涵，从而可以从道德上评判。同时，社会生活的任何领域都具有可从道德上加以判断的目标和准则。这种目标和准则，或多或少地是外在于个人而又总是可以内化于个人的。因此，道德判断关涉到人类生活的所有领域。任何领域里的人类活动，都有道德这一因素在其中起作用。在涉及人与人、人与社会的关系的活动时，道德是人类活动的本质因素。人们总是把那种有利于人们的关系维持、有利于群体的行为看成道德的行为。道德无疑也涉及个人的幸福、个人的善。因而这涉及两个层面：一是个人与自身的关系，二是个人与他人和社会的关系。个人的幸福和善不仅仅是与自身的关系。个人总是在一定的社会关系中追求自己的幸福，因此，总涉及个人与他人和社会的关系。当人们把某些行为称为道德的行为时，它总是具有某种社会褒扬意义的行为或倾向。道德作为行为的指导，必然与个人的兴盛、他人的兴盛有关，必然涉及对他人福利的考虑，或起着协调人们之间关系的作用。道德起着维持人们的相互关系以及共同生活的作用。大多数道德准则或规范，都包含着或至少间接包含着与人类的福利相关的内容。离开道德这一因素，人类的生活几乎不可想象，虽然并非所有的人类活动都可进入道德判断领域，而且并非所有的判断都是道德判断。

道德的本性与人类活动的本性是相互规定的。或者说，人类活动的特性决定了道德的特性，而从道德的特性，我们又可知人类生活的特性。就行为者而言，所谓道德也就是行为者知道如何正当合理地行动，以及如何做出适当的行为判断或评判。同时，人类的伦理规范具有一种至善的目标，或说指向善，因而道德规则都内含善的规定。当然，这种善一般是社会之善，或公共性的善，同时不可否认个人之善，但社会之善与个人之善有发生冲突的可能。在道德中如何统一或同一的问题，则可能是不同社会的道德体系的内在问题。（如我们即将采用的观点，即仅在道德作为公共生活体系的意义上看待道德，那么社会之善与个人之善在本质上是没有冲突的。但是，思想史上各学派关于道德的观点是十分不同的，对道德的规定也是十分不同的。）如果社会之善与个人之善能够内在统一或同一，在这个意义上，所有有理性的人从本性上都应当愿意把道德作为普遍的指导来采用，进一步说，所有有理性的人都乐意采用它来作为自己行为的指导。

就人类行为个体而言，在他的面前总是展现着多重行动方案或多种前程的可能。人们珍重什么，选择什么，总是具有某种理由的。那个选择了某种行动的人，也就是给予他所选择的行动某种程度的重视的人。他觉得这对他来说是有价值的。康德谈到，所有事件的发生都有某种缘由，而只有人们的行为才是因某种理由而发生。只有行为能够参照行为者的理由来解释。这种理由也可称为规范性的理由，因为这种理由既为我们的行动提供依据，也规范我们的行动。这种规范性的理由也许与我们所说的道德相符合，也许是非道德的理由。如我是用钱买书还是看电影，这要看我当下感到什么是最需要的。

如果是一场好电影，很值得一看，那我也许觉得看电影更值得，因为那本书过后还可以买。在人类社会的处境中，总有这个世界的某些方面值得人们去选择，人们是把某些考虑作为规范性的理由来采用，从而才有了某种行动。也就是说，是因某种理由才有某种行动。在这个意义上，理由 R 对行动 C 就具有规范性的意义。

这里需要指出的是，仅仅从行动理由的意义上讨论规范，是在该概念泛化的意义上使用它，即当我们说到规范，是指它对行为所具有的约束、指导或范导功能，因此在这个意义上，行动理由的规范性不同于道德规范本身，它并非具有纯粹的道德性。

第二节　道德的功能

人的行为中渗透着道德的因素，道德的因素体现在人的行为之中。人类的社会生活，也就是人的活动的展开过程或活动的体系。社会生活并不是一个静止的存在形态，它是一种生动活泼的、如同江河般流动的过程。这一过程，也就是所有社会成员活动的集合性过程。在这个意义上，道德的因素构成人类生活的一个内在要素。没有道德，也就没有具有人类特性的社会生活。既然如此，在社会生活或者在个人生活中，怎样才可界定道德的功能呢?

一、社会关系与道德意识

人是社会存在物，人的存在也就是社会关系中的存在。人与动物的区别在于人能够意识到人与环境、个人与个人之间存在差别。正是由于意识到差别的存在，从而才有了关系意识。换言之，只有在人意识到关系的时候，才有人的关系的出现；而意识的出现如同语言的出现一样，是由于意识到与他人交往的需要才产生的。意识是内部的语言，语言则是表现为声音的意识。人类的语言与意识有着一个长期的发展过程，并最终使得人类脱离动物界。这是因为，动物并不对什么产生意识，而是依本能而行动。动物与动物之间的关系是一种本能性的关系，这种关系没有人的关系所具有的意义与特性。所谓“关系”是通过意识而产生，通过意识而得以维持的。人与其他动物一样，起初都处于一种与环境的不自觉的关系之中，依本能与自然环境发生交往，如同其他动物一样臣服于自然界的至上权威。当人能够意识到通过自己的努力而改变自己生存的环境时，人与自然就拉开了距离，虽然这时人类对于自然环境仍然充满着恐惧感，原始人的自然崇拜与敬畏即产生于这种心理，但正是在这时，人的主观意识开始起作用。人可以在某种程度上驾驭环境。同时，人意识到他人的存在及其与自身的区别，并力图通过自己的精神意识来驾驭相互之间的关系。人的意识使主体的人成为关系的中心。因此，当人脱离动物界而成为人的时候，人与周围的环境的关系即成为真正的关系。关系的出现，都在于人的主观意识的产生和发展。

人类社会关系的出现，是人类意识成熟发展的重要标志。这时，不仅人与环境、人与人之间被意识建构起了某种关系，而且人的行为的出发点也由意识取代了本能。当人以意识取代本能而作为人们行为的出发点时，人总是行其所思，思其所行。当人成为人之后，人类与其他动物的一个重要区别就在于人的群体的特殊性。我们所能观察到的多数具有社会性的动物，一般在本能上都不会攻击自己的同类，尤其是自己群体内的同类。这是动物群体生存的本能所致。人类在没有转变为具有主体性的人之前，只依本能而行动，应当也有这种动物式的群体保护的本能。但是，当人类转变为具有主体性的人之后，人与人的全部关系就需要意识来维持。这是什么意识？应当看到，这就是自己存在，以及也让他人存在的意识。没有这种起码的邻人之爱意识（姑且把这看成最低限度的爱），正常的关系就不可能维持下去。我们可以说这种意识是最初的道德意识，或前道德的、具有道德性质的意识。当然，一个群体内部可能还有更多的联系或纽带，如氏族部落内部的血缘纽带以及严厉的惩罚机制，但所有联系、纽带都是在意识的作用下才得以维持的。虽然，这在早期人类那里可能还称不上是严格的、明确的意识，但至少是一种社会心理意识，即潜在形式的意识。换言之，人类维持和平与非暴力秩序，其成员共存于一个共同体内的生存方式，是在长期的社会意识的作用下形成的。试想：当群体生存的本能不再起作用时，这种主观意识的作用会处于一种怎样关键的地位？

实际上，就是在文明社会里，我们也可以发现人类之间的相互残杀，在人类历史上，不仅有无数的国家或民族之间的战争，就是个体与个体之间也经常发生流血冲突。但我们发现，即使是狼群内部，也不像人这样相互残杀。同类相食的现象在动物界是相当少见的，但人不一样。我们总是用像狼对羊一样来形容人与人之间的战争。实际上，人对人像狼对羊一样不是人的本能，而是意识的作用。因此，当我们人类告别原始的本能，就可以发现，共存的意识或道德的意识对于人类的生存与发展是何等重要。如果我们群体中的某个人缺乏这种最低限度的道德意识，他就在意识上把自己置于群体共同存在的道德界限之外。但人类社会之间有组织的战争——群体间的敌视问题——则是一个复杂问题，不在本书讨论的范围内。总之，至少是道德维护着个人之间的和平共存，维持着共同体内部的安宁。

卢梭曾认为，自然人只有两种德性：同情心和自爱。人天然地具有这样两种德性。在卢梭看来，同情心是我们在人与人的关系中的道德情感，自爱则是我们在与自身关系中的道德情感。两者缺一不可，都是人类最基本的道德情感和道德德性。孟子也提出，人的恻隐之心是人的善的本心。但实际上，人的同情心是相当有限的。我们的同情心难以扩展到地球遥远的边际，即使我们知道我们的同胞在遭受不幸，我们也难以慷慨解囊。我们不能设想所需要的帮助会唾手可得，甚至不能设想主动的恶意不会很快降临。人们总是以自己的利害关系来盘算自己的得失。孟子认为，是人的社会生活的污染使人失去了心灵中那种道德的本真。但无论怎样看，人与人之间的恶意始终存在。如果人对人少一些攻击性，少一些非理性的行为，少一些自私与贪婪，人类生存的社会环境将会变得多么不同。如果用道德来提升人的有限同情心，把人性变得更高尚一些，那社会将会少一些相应的恶果。

人的存在并非一种动物式的存在。人的存在是一种有尊严的存在，是一种需要人格尊重的存在，这同样需要道德的维护。没有道德，也就没有相互的尊重。失去了人格尊严的存在，已经不是具有人的存在意义的存在。人作为血肉之躯的存在是脆弱的，人作为尊严的存在就更为脆弱。帕斯卡曾说，人是一棵会思想的芦苇，只要一滴水珠、一股气流就可把人杀死。帕斯卡所说也许有点夸张，但充分说明了人的存在的脆弱性，这种脆弱性如果没有人们之间的道德意识，就会成为人们生存的致命弱点。然而，个人不可能单独来维持自己的生存与尊严，而必须在共同体内部，依靠群体成员的道德意识来共同维护。这既是个人的幸福之所在，同时也是社会的幸福之所在。

二、道德与社会秩序

道德理由是人们行动的基本理由之一。这是因为，如前所述，道德因素是所有人类活动领域里的一个基本因素。道德的要求、鼓励、禁止和允许是人们如何行动的基本前提之一，对于这些要求、鼓励、禁止和允许，有理性的人不是不知道，并且，人们在采用道德理由作为自己的行动理由时，并不会认为这是非理性的，或不合理的。当然，人们也可能做道德所不允许的事情。在这里，除了那种可能清楚地知道这样做就是错了的人和事（行为者知道这样做是非理性的）外，还有比较复杂的情形。某些社会也许不止一套道德价值体系，因而某些行为、某些事情在某些人看来是不道德的，但在另一些人看来则是道德的。或在一个道德体系内部存在着对行为者的多种道德要求，这些要求可能是相互冲突的。这是因为，任何一个行为者都可能是多重角色的承担者，某一种社会角色的要求与另一种社会角色的要求可能是相互冲突的。或者是社会道德正处于转换的历史时期，从而造成了评价判断上的真空或冲突，即可能有许多行为没有相应的标准可以衡量。如在一种社会体制向另一种社会体制转变的过程中，与旧的社会体制相对应的价值判断就可能与新的社会体制完全不符，但新的价值判断标准还没有确立起来，这样就可能出现所谓“失范”现象。人类社会的道德现象是一种十分复杂的现象。在一个社会中，既有相互冲突的道德要求，同时也有适应于一定时期的道德规则。但不管怎么说，在任何具有一定程度文明的人类社会中，在任何社会生活领域中，都有一些相对稳定的道德准则或规范，即千百年来人类所形成的共同生活的准则或规范。这些准则或规范为人们行为的对错、好坏、善恶提供了一定的标准，人们依据这些标准来判断自我和他人的行为。

在人类几千年来的共同生活中所形成的生活准则或规范，是最基本的道德准则或规范，在这个意义上，道德与人类社会生活的秩序内在相关。共同生活的准则就是人类生活秩序的准则。所谓秩序，也就是不同类型或不同关系中的行动、活动依据一定的准则而有序进行。当然，这些准则不仅包括道德准则，而且包括政治的或法律的准则。道德准则关涉到道德秩序，政治准则关涉到政治秩序，法律准则关涉到法律秩序。这些因素之间都有一种相互关系，并且这些因素与生活秩序都有内在关系，道德准则则是与生活秩序直接相关的。任何一个社会的生活秩序或社会秩序，都内在包含着从道德意义上理解的道德秩序。没有道德秩序，也就没有社会秩序。所谓社会秩序，也就是社会生活的秩序。社会生活只有在有序的范围或意义上，才可能有效地进行。

社会生活的秩序就像道路的交通秩序一样，如果道路没有基本的行车规则，车辆的行进就没有秩序；道路秩序混乱，也就不可能畅通了。如果一个社会的生活秩序或社会秩序处于混乱或无序的状态，那么就会造成善恶混乱，人们就会感到生存没有安全保障，生活没有希望，社会也就处于一种危机状态。道德给了人们一种社会公共生活的基本准则或规范，人们在这种基本准则或规范的作用下，知道该怎么行动，什么是好或善，什么是坏或恶。这样，就形成了一定的道德秩序或社会秩序。一个社会如果没有最基本的共同生活的准则，以确定该社会的全体成员怎样行动才是正当的和善的，那么这个社会的生活秩序必然混乱，甚至不能使得它的居民安全地生活。同时，法律保护最基本的道德要求，或者说，社会依据正式的、官方的制度来强制人们遵守那些在道德上具有消极意义的规定，如不可任意杀人、不可偷盗、不可奸淫强暴，等等。因为杀人、偷盗、奸淫强暴这些道德上的严重错误妨碍了社会秩序，从而损害了社会。道德本身也诉诸人的内心，当人们有了一定的道德意识或社会责任意识时，人们会在精神上内在地要求自己按一定的道德准则行动，处理自己与他人的社会关系，从而自觉地维护相互关系。这种群体行动的结果，也就体现为社会秩序中的道德精神。我们所说的道德，在这个意义上就是一套社会的公共生活体系。所谓公共生活体系，为社会中的基本成员或全体成员所共同享有，而且服务于社会中的全体成员。

任何一个社会都具有公共体系。公共体系有两类：一类是正式的或官方的体系，即政治、经济、法律的体系，它是国家行政机构或经济法律制度体系，得到行政的或政府暴力的支持；另一类是非正式的公共体系，即它不是官方的或政府性的体系，而是民间或民众性的生活体系。它虽然与正式的社会体系一样，是社会生活本身的需要，但其支持力量不是来自政府的力量，而是来自民众心灵的力量或社会习惯的力量。当然，道德也需要政治的、经济的、法律的等正式制度的支持与保障，但它的主要维系力量不在那里，而是在于社会习惯和民众心灵的信念。所谓社会习惯，即长期以来社会基本成员在社会生活中所形成的稳定的、不言而喻的和公认的行为方式。这种行为方式能够以格言、谚语等形式表达出来，同时也通过人们的社会舆论、行为评判得以表达。或者说，道德不可把它与社会经济的和政治的背景性因素分离开来，但道德能够得到维持，主要在于它是社会基本成员从思维习惯或精神上所认可的行为标准或行为方式，它通过社会舆论和人的道德心理倾向来维持。因此，从理论上看，道德是所有有理性的行为主体都应当采用来作为行为指导的规范或标准。这些规范或标准确立了是非对错的行为判断的合理尺度，人们在不遵守它们时，就不能在道德上为自己进行合理的辩护。

三、道德作为公共生活体系的特性

把道德界定为社会的公共生活体系，不仅是因为，从理论上看，所有有理性的行为主体都应当采用它来指导自己的行为；而且是因为，道德对于所有有一定道德理性的人的心灵都具有潜在或显见的作用。一个人以道德准则或规范来判断自己和他人的行为，这种准则或规范不是外在于他的。只有将道德准则或规范内化于心，人们的道德行为才能成为自觉行为。道德准则或规范诉诸人的内在需要起作用。人们感到一个社会中道德的明显存在就是社会的道德准则和规范。道德准则或规范是可以习得的，在人们自幼以来的成长过程中，即在人的社会化过程中，道德准则或规范的习得性接受是其重要内容之一。道德准则或规范是一种社会规则性的生活惯例，通过成年人长期的身教与言传，如成年人对儿童说不要对父母撒谎，要做诚实的孩子；通过社会文化的熏陶，如儿童通过听古老的传说而懂得尊重父母的重要，听古老的道德寓言故事而懂得礼让的重要；通过父母和其他成人的规劝与惩罚而懂得遵守规纪和尊重秩序等的重要。在这样一个过程中，道德即从外在的社会准则或规范转化为人们内在的规则或内在需要。当然，人们通过社会化过程所接受的道德是习惯性道德或传统的因袭性道德。当人们形成了自我的反思能力和判断能力之后，道德则建立在新的理性或内在良知的基础上，这被有的哲学家称为后习俗性道德。但不管怎么说，道德都需要人们内在心灵的维持。

道德需要依靠道德主体的心灵来维持，但这并没有否定道德作为公共生活体系的功能。这是因为，在任何一个社会中，任何道德主体的道德都是一个共享的系统或体系，它由一定社会的道德观念、道德准则或道德规范构成。它为人们所共享、共有，同时也服务于人们的公共生活。如围棋的规则也可被看作一种公共体系，但它只对下围棋的人起作用；道德则不同，它对所有有理性的人都起作用。它是人们社会生活的体系，起着维护社会秩序的作用，而没有人不需要过社会生活。正因为任何人都需要过社会生活，而道德则涉及生活的方方面面，所以道德作为社会的公共生活体系时刻都在起作用。它要求达到个体的内心深处，要求个体的内在听从，但同时又表现为社会的共同性。没有共同性，只有特殊性或个体性的道德，不能成为道德的要求。一般而言，道德是所有有理性的人在理性上都可接受的，或不可合理拒绝的。之所以是“一般而言”，是因为在不同的历史条件下，可能会有某种不合理的“道德”存在。在这个意义上，我们很有必要探讨道德作为公共生活体系的特性。

道德作为公共生活体系，具有什么特性呢？道德作为社会生活的体系，其主要的因素在于它的道德准则、道德规范或反映道德准则、道德规范的道德观念。道德准则、道德规范或道德观念，作为观念存在物，体现或反映了社会生活的要求。人类以社会共同体的存在方式而存在决定了人类的生存方式，人类的存在也就是人类的生存。同时，个人存在永远是社会共同体的构成因素。人与人之间通过不同的社会关系联结成社会，组成社会共同体。个体怎样在共同体中生存，怎样对待他人，怎样在不同的社会关系中与人相处？这是人类在任何历史时期都必须面对的问题，这也是基本的伦理道德问题。对于这些问题的思考以及相关的人类的实践智慧，都反映在千百年来人们所共同遵守的生活准则之中。如果人类作为共同体的生存方式不改变，如果人必须在关系中生存，那么这些共同生活准则就必然对于任何一个历史时代的人都具有道德价值意义。在任何一个历史时代的公共生活体系之中，也都有反映那些特定历史条件的因素。一定历史时期的社会经济、政治结构，都会对道德这一公共生活体系起作用。如中国传统封建社会中的经济、政治结构对道德影响的力量，就体现在“三纲”道德上。“三纲”是传统社会的宗法制社会结构对人们的道德要求，“五常”则反映了人类社会生活的一般性道德准则要求。“三纲”道德对人们的要求随着历史的推移、封建社会制度的消失而失去了它的支配性作用。但是，“五常”道德则值得人们重新检讨，因为它有着超越于一定历史时期的、比一定历史时期更为久远的因素。当然，也许像“仁爱”“守信”这样一般性的道德要求会随着历史境遇的不同而被赋予新的内容，但其一般性要求则有着内在连续性和继承性。

因此，道德作为社会的公共生活体系，由于其内在因素的这样两重特性，它具有一些值得注意的特性，即这一社会的公共生活体系既有稳定性的一面，同时也有历史变化性的一面。如果现在所有人的心灵中都没有某种道德观念，即使它在一千年前很盛行，那也只能说它已经退出社会生活领域，而不再对人们的生活具有指导意义和作用，它只是一种历史性的观念。道德作为社会的公共生活体系是一个活的传统，它在历史中存在，同时也在历史中更新。

道德作为社会的公共生活体系，与一定民族社会的道德文化传统直接相关。一定的民族有一定的道德文化传统。在长期的历史发展过程中，一定民族的历史道德智慧得到传承与发展。因此，虽然道德的因素随着历史的发展而有所变化，但其中一定有经过历史检验而具有永久价值的因素。如东西方道德中都有的类似于金规的道德律。这就是孔子所说的“己欲立而立人，己欲达而达人”和耶稣所说的“你要他人怎样待你，那你就应怎样待人”。一般来说，各民族的道德文化中都有类似的经过历史检验的道德律令，这一般就是人们所说的道德常识。一般的民众虽然没有多少道德理论知识，但依据生活中的道德常识，可以从直觉上得出对错、好坏、善恶的道德判断。千百年来，人们的道德生活是在道德常识的意义上得到维持的。一定的道德常识具有永久性，是由于人类群体生活的社会根本特性没有改变，即使在许多特殊关系上已经发生了巨大变化。任何人类社会都需要处理你与我的关系问题。如何看待自己、对待他人、对待个人与社会的关系的问题，如何对待或尊重普通人的问题等，永远是人类的社会生活需要处理的基本问题。

把道德看成公共生活体系，不仅是说道德在维持着社会秩序，虽然这是一个基本的功能，而且是说道德是维护人的生存的精神条件。道德作为公共生活体系，与道路设施、环境卫生设施等公共生活体系的不同在于，后面这些公共生活体系所提供的仅仅是硬件设施或环境设施，道德所提供的则是人作为人、人成为人、人享有尊严的生存环境或精神生活条件。在这个意义上，强调道德的社会功能并没有否定道德对于人本身的价值意义。从康德伦理学的意义上看，一个完全实现了道德的社会功能的社会，也就是一个实现了人类的目的王国的社会；这样一个社会，也就是所有有理性的存在者都享有尊严，并且真正成为道德人的社会。在这里，道德人与道德社会得到高度统一。

把道德看成公共生活体系，并不排除社会成员在履行道德时有发生困惑或冲突的可能。这是因为，社会成员承担着多样性的社会角色，这些角色的义务或责任要求有发生冲突的可能，而且一个社会中有多样性的道德观念，在某些情境之中，不同的道德义务或责任也有发生冲突的可能。

四、道德与人的幸福和自由

把道德看成公共生活体系，是从道德的社会功能意义上进行界定。道德还有对人类个体的功能，这是因为，每个人都在追求自己的善。然而，什么是真正的善？如果我们得不到真正的善，那么我们的努力就会迷失方向。这个真正的善，就是道德所界定的善，是有着一定道德内涵的善。在亚里士多德看来，道德与善的这个内在联系是通过德性得到确定的。不过，古希腊所理解的德性与我们今天略有不同。在古希腊人看来，德性是人的功能的卓越发挥。正义、勇敢、智慧和节制这些古希腊人所认为的主要德性，是人作为理性动物的功能的体现。德性同时又与人的幸福内在相关。追求善也就是追求幸福，追求幸福也就是过有德性的生活。在亚里士多德看来，所谓幸福并不是在我们追求的终点得到，而是在追求的过程中得到，我们因过着有德性的生活而拥有幸福。因此，拥有德性，也就是拥有幸福或善。

实际上，道德在作为公共生活体系的意义上，也可以被看作对个人幸福的保障。如果生活在一个有秩序的社会里，一个道德秩序得到普遍遵守的社会里，那么道德也就是维护人的生存的精神条件。这也是道德的一个基本功能。道德作为人生存的精神条件在于，人不仅是一个有机体的存在者，而且是一个精神存在者。作为精神存在者，人不仅需要内在的精神条件，而且需要外在的精神条件。这体现在，一方面，社会使人感到人的尊严得到尊重；另一方面，内在的自尊与尊严得到社会的尊重。只有在这样的精神条件下，人才有追求自己与社会美好理想的道德前提。

从社会公共生活体系的意义上看，道德具有协调性的功能；从个人幸福的意义上看，道德同时也具有进取性的功能。自从人类社会有了道德以来，勇敢、勤勉就被看成道德的、善的或好的品格，而懦弱、懒惰等就被看成恶的或坏的品格。人们不仅把那些协调个人与社会关系的规范要求看成道德的，同时也把那些能够使人进取的规范要求或品格特征看成道德的。道德鼓励一切向上的或进取性的品格、德性。勤劳、勇敢、勤俭、节约这些对于个人的幸福来说，都是必要的德性条件，几千年来在普通人的生活中都发挥着积极的作用。个人如果没有刻苦耐劳的品格，也就没有使得自己能够成功的内在德性条件。同时，每个人都是处于社会关系网络之中，这个社会关系网络对于个人的成功或幸福来说，有着至关重要的作用。因此，人如果没有善待他人、宽容、尊重的品格、德性，就失去了能够成功的外在社会条件。

还有些德性要求，不仅对于社会生活或人们社会关系的协调起着积极的作用，同时对于个人的生活也起着关键性的作用。如诚实的德性，对于个人品格而言，是诚实；对于社会关系而言，就是诚信。没有诚实的品格，个人的信誉就失去了内在保障；没有诚信，市场经济就缺失了最重要的道德基础。市场经济活动中的诚信来自道德行为主体的诚实品格。如果没有诚信，企业就失去了核心竞争力，从而也就失去了在经济生活中的自由。

道德是实现人类自由的内在条件。从道德作为人的理性的内在要求的体现来看，道德是实现人类自由的内在条件。人类自由是一种理性自由，理性自由也可以被看作一种道德自由。从伦理思想史来看，无数的思想家都持有一种基本观点：理性主导人类的行为，才可实现人类自由。人类自由从个体内在条件来看，是一种个体内在欲求与理性协调的过程，人类能够自觉地驾驭自己的欲求，并遵从自己的理性，就是一种自由的实现。不过，由于历史的原因，理性与欲求呈现出一种复杂的关系，理性是历史所形成的社会法则或道德法则的体现，而欲求往往是生命欲望。柏拉图等古代思想家与现代思想家的不同之处在于，柏拉图把理性与欲望对立起来，现代思想家则更多地看到这两者之间沟通的可能，有的思想家甚至把生命的欲求看得比原则更高，如弗洛伊德，或者从生命的意义上反思理性原则的合理性。因此，人类之所以需要道德，是为了更好地生存。从这样两个方面的考虑来看，道德之于人，应当是实现人类自由的条件。理性自由本身是作为人的生命的自由，而不是相反。人类的善或自由在于生命与理性的统一。当代社会学家、伦理学家哈贝马斯认为，道德可分为习俗性的道德和反思性的道德（后习俗阶段的道德）。习俗性的道德是指一个人处于接受社会道德的阶段，反思性的道德是指一个人成为道德主体之后，通过自己的理性反思而接受或自由地确立道德的阶段。在这个阶段，不是外在的道德约束着人，而是主体自我认同的道德主宰着道德主体。在这个意义上，道德也就是自由的道德。在哈贝马斯看来，人类的道德都有一个从习俗性的道德向后习俗道德转化的过程，也就是有一个从不自由到自由的过程。通过这样一个过程，道德成为人类自由的一个条件，或者说，道德与人的自由就真正内在统一了。

参考书目

弗兰克纳. 伦理学. 北京：三联书店，1987.

亚里士多德. 尼各马科伦理学. 北京：中国社会科学出版社，1990.

思考题

1. 怎样理解行为的道德意义和道德的功能？
2. 怎样理解道德作为公共生活体系？
3. 怎样理解苏格拉底所提出的“只有经过审视的生活才是值得过的生活”？

第二章

道德相对主义、道德判断与道德理论

在人类社会生活中，道德是怎样一种存在状态？道德既是全人类的，同时又是一定民族、一定社会的。然而，它首先是一定民族、一定社会的。道德既然是一定民族、一定社会的，那么就与一定民族的文化传统相关。而各民族的历史在相当长的时期里，都在各自独立的历史地理空间中存在，并在基本上没有重大相互影响的前提下发展。那么，道德是否首先具有各自民族历史的特色，从而具有它的文化的和历史的相对性？

第一节　道德相对主义

道德相对主义是伦理学理论中关于道德性质的一种观点。在道德领域里，什么是善？什么是恶？什么是对？什么是错？什么是正当的？什么是不正当的？人们依据什么原则进行道德判断？这些原则是普遍有效的，还是只有文化的或规范的相对性？在道德领域里，强调上述所有道德概念和问题都只是相对的、主观的，被认为是道德相对主义的观点。道德相对主义不承认存在着客观的、绝对可认知的、对任何人都是相同的或单一的道德真理。因此，相对主义否定道德真理的普遍性，认为所谓道德真理只是相对于不同的民族与社会，甚至不同的个人的主观意识而言的，因而都是不同的。道德相对主义具有两种形态，一种是文化相对主义，另一种则是规范相对主义。

一、文化相对主义

人类社会是在不同地区的不同文化中形成和发展的。人类早期的文化都是在相对封闭的历史地理条件下发展起来的，因而导致不同地区的文化有着巨大的差别，这种差别中就包括了道德上的差别。近代世界对于道德差别的认识始于西方传教士的传教活动。在近代早期，西方传教士随着新大陆和新世界的发现而来到世界的不同角落传播福音。这些传教士从世界不同的地区发回西方的关于当地人的道德与信仰的信息，给了西方人一个信念，即不同地区与民族的人们的道德和信仰有着巨大的差别。几个世纪以来，文化人类学家对不同地区、不同民族文化的研究，表达了同一个信息，即在不同地区、不同民族的文化中，人们的道德是相当不同的，甚至是相互冲突的。在A地区被认为是道德的行为，在B地区则被认为是不道德的，反过来也一样。在地球最北部的格陵兰岛上的土著人——因纽特人有着杀死自己双亲的习惯。当严冬来临，或者在漫长的冬天里，当他们的食物可能出现危机时，他们就杀死年迈的老人，而这对他们来说并不是不道德的事。欧洲的第一批探险者到达北美大陆的哈得孙湾时，也发现当地土著人有一种奇怪的风俗，这种风俗允许子女勒死自己年迈体衰的父母，即在父母年迈体衰而不能以他们的劳动谋生时，子女就有责任把他们杀死。当地土著人相信，完成这一任务是他们的义务。探险者们发现这一义务的执行与这一风俗一样不寻常：那些履行义务的子女先要为老人掘好坟墓，老人就同他（或她）的子女痛饮一场，也许还要吸一袋烟，然后跳进坟墓里。当老人准备好了一切，他（或她）的孩子将皮带扣在他的脖子上，在上面使劲地拉，直到他窒息而死为止，这时再用土来掩埋。老人倘若没有子女，就只好求助自己的朋友来完成这项任务。但朋友们并不像他的子女那样负有这项义务，所以老人的要求常遭到拒绝。拒绝的理由似乎是应他人要求而杀人是不光彩的，为了部落的利益而死才是光荣的。

有人认为，在因纽特人那里，杀病、残、老者，自杀与杀婴，都是基于同一个前提：生活艰难，维持生存的水准太低，即没有足够的粮食供给社会的全体成员，那些不能全部完成自己的生产任务的人就丧失了生存的权利。① 在我们看来，长者的这种处境也说明了那个社会中长者的地位。在一般情况下，因纽特老人的末日可以由他人来决定，但这种死的请求常常是由老人自己提出的，真正杀害的行为应由一位亲属来完成。韦耶记载了这样一件惊心动魄的事情："生活在第欧曼代岛上的一个猎人向作者讲述了他是怎样应父亲的要求而将自己的父亲杀死的经过。这位因纽特人的父亲年老体衰了，他不能再完成他认为自己作为该群体中的一员应该做的一份工作，于是他叫儿子——当时还是一个12岁左右的少年——去磨一磨那把长猎刀，然后，他指示胸口心脏上方的易刺部位，告诉他儿子应该从何处刺入。这个男孩持刀深深地扎了进去，但这一戳并没有致命，年老的父亲无可奈何而又态度尊严地说：'试试再戳得高一点，我的孩子。'第二刀见效了，这位可敬的老人去了祖先所在的阴间世界。"② 前面也谈到一些因纽特人杀死自己双亲的方法，刺死、勒死、吊死、闷死、封在一个雪屋里冻死等等，都是他们所用

---

① E. A. 霍贝尔. 初民的法律. 北京：中国社会科学出版社，1993：80-86.

② 同①82.

的方法。那么，我们应该怎样看待这样一种风俗？

人类的道德与人类的风俗习惯有着内在关联性。从道德起源上看，人类道德就起源于人类的风俗习惯，并且，即使是在当代社会，风俗习惯仍可被看作道德的一个基本构成部分。早期人类社会还没有进化到将社会规范分为不同的类型，如道德规范和法律规范，还表现为社会风俗的统治。氏族与部落的禁忌是原始社会主要的社会规范，禁忌与宗教仪式以及长者的权威共同起着协调和规范社会生活秩序的作用。原始的社会禁忌类似于我们社会中的道德规范，不过，其作用远比道德规范大。风俗的统治主要表现为禁忌的统治。在《初民的法律》中，霍贝尔指出，因纽特人许许多多的禁忌束缚了他们日常生活中的每项活动。我们知道，西藏过去由于交通不便，有着用牦牛运盐的传统。运盐的盐商有许多禁忌，认为如果犯了这些禁忌，就会触犯神灵，神会惩罚他们，造成运盐的牦牛不幸死去。同样，因纽特人的禁忌也是用来防范对神灵的不敬和冒犯行为的。“相对于内容丰富的禁忌规范体系，法律的规范就显得颇为缺乏，这在很大程度上是由于存在着支配因纽特社会和经济生活的范围广泛的超自然的惩罚所造成的。巫术和宗教而不是法律，规范了他们大多数的活动。违犯这些规范的行为就是作孽，在因纽特人看来，违法行为大多数是作孽的行为。”① 实际上，早期的人类社会，既没有法律规范，也没有我们今天所谓的道德规范，而是禁忌规范。不同的氏族与部落有着不同的禁忌，如有的氏族有对某种鸟的崇拜性禁忌，有的民族则有对某种植物的崇拜性禁忌，而所有氏族部落都有对两性之间关系的各种禁忌。禁忌即是某种神秘的、原因不可知的禁规，它往往与各民族相当久远的传说有关。这种古老的传说是如此神圣而不可侵犯，从而有了某种禁忌。然而，当外邦人问他们为什么这是禁忌时，他们说不清禁忌之所以为禁忌的原因，因为禁忌形成的历史已经相当久远；禁忌对人们行为的约束力量还在，但它产生的原因则随着历史的远逝而淡化。尽管如此，禁忌对人的行为的调节力量仍是无比巨大的。如果谁触犯了禁忌，那等待他的命运就是整个氏族的反对和惩罚，或者说，就是处死。因此，禁忌对社会行为的调节是强有力的。不同的氏族部落有不同的禁忌，然而，处于同一地区的不同氏族，在长期的发展过程中，会在交往中相互接受对方的禁忌，从而形成共同的信仰。这些交往所形成的共同信仰汇成人们生活的习惯或习俗，起着调节人们的生活秩序的作用。

习惯与规范在人类的早期社会，可以说是一个意思。如果任何社会或社会中的亚团体之成员的个人行为，是对一种特定的刺激所做出的相当一致的反应，这种行为方式就可被称为“习俗性的或规范性的”。当我们在某个社会中观察到一种看起来相当一致的行为方式时，我们会说这是规范或习惯的行为方式。当然，我们要看到，规范行为是一种习得性的行为，而并不代表某一阶层或某一社会中全体成员的全部行为的现实状况。在相当普遍的情况下，我们都可发现那些违反规范或触犯禁忌的行为。因而，讲某种行为方式是规范或习惯，并不是在统计学的全部统计数字意义上讲的，而只是在大致一致的意义上讲的。或者说，那只是大多数人或全体成员在意识上认为应当做的行为。如果某人没有这样做，他就不可能为自己的行为进行合理辩护，因为他认同了这

---

① E. A. 霍贝尔. 初民的法律. 北京：中国社会科学出版社，1993：75.

一价值规范体系，即使他做不到或没有做到。在早期社会，民俗就是评判行为方式正当与否的标准。

随着人类社会从原始社会向文明社会进化、发展，原始的风俗习惯、禁忌演变成文明社会的道德规范或法律规范。规范的分化是人类社会进化的体现。道德规范与原始禁忌的区别在于，道德规范往往以概念形式存在于人们的精神领域，可以为人们的理性所理解、所把握，禁忌则往往是不可理解的，是人的理性所不及的，是精神恐惧的体现。人类的禁忌向规范转化，表明人类认知理解的发展和精神的解放，表明人类能够以自己的理性来支配自己的行为。然而，即使在文明时代，道德与风俗习惯仍不可分离。亚里士多德也曾指出："伦理德性则是由风俗习惯熏陶出来的，因此，把'习惯'一词的拼写方法略加改变，就形成了伦理这个名称。"① 道德总是根源于一定社会的风俗习惯。同时，社会制度对于道德也具有内在相关性。实际上，风俗习惯在社会学的意义上，也就是一定社会的非正式的制度。相当多的思想家都认为，社会制度就来源于社会习惯，因而有什么样的社会习惯，也就有什么样的社会制度。如关于两性关系的社会制度，它的进化来源于风俗的进化，在不同的社会可能就很不一样。因此，道德在习惯的意义上也就与社会制度内在联结起来了。与社会的风俗习惯、制度的内在联结使得道德总是一定社会的道德，一定民族传统中的道德。

这种一定社会的道德和一定民族传统中的道德之间因文化差异而产生差异。文化人类学认为，一个社会中的道德总是与它所赖以生存的社会习俗和社会制度内在相关，道德准则和道德规范与一定社会的习俗是不可分割的，同时也是社会制度的构成因素。本尼迪克特在《文化模式》中描述了一个印第安人首领，他和他的民族已经适应了美国白人所带来的新的生活方式。然而，每当回忆民族往事时，他总是充满了激情。由于自己的民族已经不像以往那样生活了，所以在他看来，他的生命之杯已经碎了。"这些曾对他的民族的生活、家庭饮食仪礼、经济制度职责、村内的继承仪式、熊舞中的如痴如醉、他们的是非标准，都赋予过重要意义的事情，带着他们生活的形式和意义都一去不复返了。这位老人精力仍很充沛，也是和白人打交道的领袖，他的意思并非说明他的民族面临灭亡的问题。但在他心中所想到的是，与生命本身、他的民族的标准及信仰的整个结构等价的某种东西丧失了。"② 在文化人类学家看来，文化差异在不同的民族之间几乎随处可见。本尼迪克特在她的另一著作《菊与刀》中，深入地探讨了日本人的道德精神的特色，其中指出，日本人道德生活中的一些重要道德规范是西方社会生活中所没有的，并且与中国社会也不同。像"恩"这一道德概念的重要性，就是西方人难以理解的；而"义理"的概念，则是其独特的概念，是中国的道德生活中没有的。由此看来，在某一社会文化中，某些行为在道德上被判断为正确的，而在另一社会文化中则可能被判断为错误的，甚至罪恶的；而在其他文化中被判断为错误的甚至罪恶的事情，可能在相当不同的社会文化中会被判断为正确的。如像杀人这样严重的事情，在某些情况下，某些社会文化和习俗是许可的，而其他文化则认为是犯罪。

---

① 亚里士多德. 尼各马科伦理学. 北京：中国社会科学出版社，1990：25.

② 本尼迪克特. 文化模式. 北京：华夏出版社，1987：16-17.

因此，道德的文化相对主义有着强有力的人类社会学的事实依据。

在哲学上，相对主义并不是什么新观点。古希腊的普罗泰哥拉就持有相对主义的观点。他有一个著名命题：人是万物的尺度，是一切存在物之所以存在、一切非存在之所以不存在的尺度。这个命题可以从不同的角度与不同的视域来给予发挥。如我们可以说它突出了人的主体性地位，是人类中心地位、人类尊严的确立。然而，如果我们不是把普罗泰哥拉的命题从抽象的人类整体，而是从存在的感性个体意义上去理解，那它就是一个相对主义的命题，即每个人都是万物的尺度。由于每个人的知识、文化和观念背景（包括道德价值标准），以及社会背景都是不同的，所以每个人相对于他人都有不同的视域；从不同的甚至相冲突的视域出发，那就必然得出不同的判断，因而所有的人类尺度都是相对的，是相对于特殊主体而言的。实际上，普罗泰哥拉就是这样认为的，因为他对于这个论点有一个具体的解释，这个解释是这样的：当一阵风吹来，有人感到冷，有人不感到冷（或感到热），因而对于这阵风来说，我们不能说风本身是冷的还是热的。根本就没有风本身的冷或热这回事，冷或热都是相对于不同主体的感受而言的。因此，所谓万物的尺度，实际上也就是每个人自己的尺度。像普罗泰哥拉这样的古希腊智者，他们感受到希腊与波斯之间巨大的道德和文化的差异，就是在希腊不同的城邦之间，其文化和价值的差异也是十分巨大的。在 A 城邦是正义的事，在 B 城邦可能就不能算是正义的。因此，有没有真正正义的事？那只能依据你自己的尺度。

实际上，普罗泰哥拉在这里所涉及的不仅是文化相对主义，而且是个体的规范相对主义，即每一个人都有自己的判断善恶是非的标准，这些标准是可以因人而异的，如人们对风的感受那样。规范相对主义在当代世界也有它的强有力的声音，如人们至今对于安乐死达不到统一的认识。少数国家为安乐死立了法，多数国家还不可能做到这一点，因为相当多的人认为这里存在着理论与实践上无法解决的问题。如滑坡论证所说明的，安乐死是为了终止那种不能忍受的痛苦，这种痛苦或来自不可医治的疾病，或来自死期将至的疾病。安乐死有主动与被动之分，还有自愿、非自愿、不自愿之分。如果 A 在理智清醒的状态下要求安乐死，则安乐死是自愿的；如果 A 在已经失去选择生与死的能力的情况下被处死或被允许去死，则安乐死是非自愿的；如果 A 不同意结束他的生命而被处死，这就是不自愿的安乐死。很多人认为被动安乐死在道德上是许可的，人们的争论多集中在主动安乐死上，因为在现代条件下，这个口子一开，某些可怕的后果将会接踵而至。如果社会公然允许在一定的条件下有意杀人，如把生命垂危而不能忍受痛苦的老人主动安乐死，那么我们就将进一步把不自愿安乐死合法化了，等等。被动安乐死也并非没有争议。在前些时候美国一件十分有名的案例中，一个已经成为植物人十多年的妇女被拔掉食管，从而终止了没有意识的生命，仍然引起了激烈的争论，即仍然有人认为这是一种他杀行为。还有素食主义者在对待动物和环境保护上的观点，与非素食主义者对待食用动物、保护动物上的观点可能就有很大的分歧和冲突。而这种观点上的冲突，并不是由于文化传统所形成的道德观念上的区别，而是由于个人所持有的道德立场的不同。

道德的文化相对主义与规范相对主义对于道德的普遍性主张提出了严肃的挑战。如果说道德是普遍的，那么是在何种意义、何种程度上的普遍？或者说，道德真的完全是相对的，因而对于道德判断而言，完全没有可通约、可公度的标准？

正是以普罗泰哥拉为代表的智者的论战，激起了苏格拉底的探求。在某种意义上，正是出于对普罗泰哥拉相对主义观点的不满，苏格拉底希望寻求那种永恒的、普遍的、最高的善，在柏拉图那里，这就是善的理念。理念是永恒的、最高的善，它不会因事物或文化的差异或变化而不同；并且这个现象世界中变动不居的善的万般事物都是它的模本。苏格拉底、柏拉图以现实世界的多样性、可变性的善只是那个普遍性、永恒性的理念善的模本而不是真实的善这种观点，回答了现象世界的善的相对性问题。

不过，柏拉图把善的普遍性归结为理念世界的事情，而在这个现实世界中所有的善都不是真实的观点，拒绝了现实世界中善的普遍性问题。换言之，在这种观点看来，现实世界的善就是相对的，没有绝对的真理性，绝对的真理性的善只存在于理念世界。在现实世界中，我们找不到判断善恶的可以放之四海而皆准的绝对标准。

文化相对主义不仅在古希腊，而且在全球化的现代，有着强有力的声音。曾经激起世界范围内广泛而热烈的讨论的亨廷顿之《文明的冲突与世界秩序的重建》，其主题就是世界的不同文明之间存在着不可避免的冲突。地球上的不同民族，因文明的不同而相互区别，如儒家文明、伊斯兰教文明和基督教文明。在20世纪末，随着“冷战”的结束，文明之间的冲突将成为当代世界冲突的主题。发生在美国的“9·11”事件，似乎印证了亨廷顿的观点：“冷战”期间，是以意识形态画线，而在“冷战”后的当代，则是以文化认同问题取而代之。“‘你站在哪一方?’的问题被更基本的‘你是谁?’的问题所取代，每个国家都必须做出回答。文化认同的答案确定了该国在世界政治中的位置、它的朋友和它的敌人。”① 在他看来，“冷战”后世界第一次成为多极的和多文化的；这个多极的和多文化或文明的世界之间的冲突，则主要表现为西方文明与东方文明的冲突，这种冲突的实质是西方的文化、价值观、制度与亚洲的文化、价值观、制度的冲突。如西方是多元主义的、个人主义的文化与价值观，而亚洲则是崇尚群体价值的、权威主义的文化与价值观，他因而认为西方文化与民主价值观具有普遍性的观点是错误的。亨廷顿的这些观点遭到了相当多的思想家的批评。如阿玛蒂亚·森就指出，李光耀的亚洲价值观的提法并不准确（亨廷顿在其书中作为主要观点来引用），而且，印度作为亚洲国家就是一个成功的民主国家。但不管怎么说，亨廷顿的观点是很有代表性的。从文化相对主义角度来看，亨廷顿完全是一个文化相对主义者，并且坚持深层次上的文化与价值观的不可通约性。

道德在文化上的差异是所有人都认识到了的，文化相对主义所强调的道德相对性在文化差异的意义上无疑是正确的。由于不同文化或文明都是在各自的历史环境中相对独立地发展起来的，中华文化、伊斯兰文化和西方文化在审美、生活方式以及风俗习惯等方面显示出不同的特色。但正如文化人类学所揭示的那样，所有社会中的人都有这种那种程度的道德良心，即关于道德上正当或错误的一般知识和认识。因此，在每一种文化或文明中，都有关于什么是正确的、什么是错误的行为标准或行为规范。不过，可能在这种文化中被判断为正确的，在另一种文化中则被判断为错误的。那么，我们怎样看待

① 塞缪尔·亨廷顿. 文明的冲突与世界秩序的重建. 北京：新华出版社，1998：129.

文化或文明所带来的风俗习惯和道德标准上的差异或差别？

一种观点是进化论的观点，即认为道德上的差别来自历史进化阶段上的差别。如格陵兰岛上的因纽特人在漫长的冬天杀死老年人而被判断为道德的，是因为因纽特人还处于原始社会阶段；哈得孙湾的土著人也是处于原始社会阶段，其社会发展和生产发展都相对落后，因而其道德水平还处于原始的野蛮阶段。换言之，他们还没有脱掉自然的脐带，因而其道德带有原始野蛮的特征。人类随着社会的进化而进化，其道德从而呈现出阶段性的特征。道德在不同的社会发展阶段依次表现为一种进化性的发展：愈是靠后的发展阶段，其道德愈是先进或优越；愈是靠前的发展阶段，其道德愈是落后或文明程度愈为低下。人吃人的现象得到道德的允许和认为吃人是严重的道德犯罪表明了野蛮与文明的区别。社会从野蛮阶段进化到文明阶段，则会认为这类现象是不道德的，是对人类的犯罪。当然，对于其他社会发展阶段道德的进化以什么为特征，这一学派内部仍有争论。因此，文化的相对性被归结为发展阶段的差别性，而在不同的发展阶段的道德判断标准显然是不同的。应当看到，进化论的相对主义在解释文明与野蛮的区别时，还是有合理性的。

另一种观点则是区分不同层次的伦理道德分歧的观点。道德的相对性是在什么意义上的相对性？相互差异的观点是否有某种共通性？如果承认人们之间有某种基本的共享性观点，那么也就必然承认人们之间道德观点上的差异或不同并不导致相对主义。换言之，几乎没有人会不承认，在不同的社会、不同的历史时期的人们之间，总是会存在着这样那样的道德观念或道德行为上的差异。任何一个有一定文明程度的民族或社会，即使在原始的风俗统治的社会，都有某种规则来调节人们的社会行为，而在不同的民族与社会之间，是否存在着终极性的分歧？一种观点认为存在着终极性的道德标准的分歧，另一种观点则认为不存在。所谓终极性的分歧，也就是根本原则和标准上的分歧，即在人们的道德推理判断中所诉诸的最根本的原则与标准，也就是在人们推理之链的最后依据上，不存在共同的或可通约的标准。如果人们在伦理道德问题上存在着不同的观点和分歧，但却是在相同的原则前提下发生的分歧，那么，就不可能说是终极性的不同。因此，我们不得不问的是：这是在什么意义上的分歧或差异？人们之间真的存在着终极性的伦理分歧吗？在社会道德方面，相对主义在多大程度上是真的？是否在全部生活领域里，一个社会的道德可以与另一个社会完全不同？即使是因纽特人，也会有道德良心吗？为什么他们也会认为，如果不是自己的亲人而是外人来杀死年迈的老人，那是一件不光彩的事？这是不是说，就是因纽特人也有一定的道德感，虽然没有我们那样强烈？因此，虽然因纽特人还处在一种较为原始的社会文化状态，但不能把他们的心理看作完全与道德感无关。同时，他们杀死年迈体衰的亲人，在我们看来是完全残忍的行为，但是，他们之所以这样做，一是因为他们所处社会的维持群体生命的物质条件的严峻性，二是由于原始宗教对这些部落民族的生命观的影响。人死了，是去了另一个世界生活。有的氏族部落的人还认为，人是在怎样的状况中死的，便会怎样再生，如死于衰老或心脏病，就会在同样多病的状况中再生。而因纽特人杀死年迈体衰的亲人，正是建立在死亡与再生的广泛信仰的基础上。为了避免老人在多病或严重衰老之时死亡而使他们提前死去（应他们本人的请求），这里体现了一种行善的原则。虽然在我们看来是完全残忍的行为，但在他们的信仰里却是行善的举动。因此，这在表面上看来与我们的标准根本冲突的行为，从终极原则上看并不冲突。

还有，在任何有一定程度文明的社会里，都有某种共同的生活方式，对待异性、对待家庭的惯例，如两性间的劳动分工、对儿童的抚养等。而且，有一定程度文明的民族，都有一定的共同精神倾向或处理社会中重大事务的仪式。正如意大利思想家维柯所指出的，各民族的习俗产生该民族的自然法，然而，世界上还没有哪个民族起初是由无神论者组成的，因为所有民族在起源上都归于某种宗教。那么，宗教又缘于何种原因而产生或存在呢？缘于"对永生的欲望"①，这种欲望是人与生俱来的。这种共同的欲望可以说是一种常识（common sense），或者说是一种共通感，因为它是人所共有的。这里维柯所说的常识是指因人的共同欲望，或因人的欲望的共同性而共通或共享的观念。这种常识感源于人对永生的渴望，但却是产生人类宗教的本体原因。维柯还说："无疑，这就是人性，它在一切时代、一切地方都把它的惯例建基于下面三个人类常识之上：首先，神意必定存在；其次，男子应当同确定的妇女生育确定的孩子，他们与她们必须至少共同信奉某种民间宗教的一些起码信条，以便父母亲用一种符合他们出生于其中的法律和宗教的统一精神来养育孩子；最后，应当埋葬死者……不曾有过一个民族，无论它多么蒙昧野蛮，而不掩埋其成员的尸体，任其腐烂，因为这是一种极为恶劣的情形，是一种违反共同人性的罪恶状况。为避免堕落到这种状态，一切民族都靠（遵守）不可违犯的仪式来保存他们的本族宗教，并用嘉礼与祭礼来庆纪婚配与丧葬，把它们奉为人类至高无上的习俗。"② 在这里，维柯把常识感看成人类最初习俗制度的起因，认为习俗是人类社会最初的社会制度，人类正是从这里走出原始状态而进入文明时代。因此，维柯这里的共通感或常识感起着构造人类社会的精神本源的意义。在维柯的著作中，常识感的这种含义是最主要、最基本的含义，这就是他所说的不同民族人民的"心头词典"或"心头语言"，或者"共同的真理基础"。维柯说："起源于互不相识的各民族之间的一致的观念必有一个共同的真理基础。"③ 维柯把这看成一条公理，他认为："这条公理是一个大原则，它把人类的共同意识规定为由天神意旨教给诸民族的一个准则，来界定部落自然法中什么才是确凿可凭的。诸民族要达到这种确凿可凭性，就要承认部落自然法骨子里都有些一致性，其中尽管在细节上有些差异，而就部落自然法来说，在所有各民族中大体上却都是一致的。从此产生出一种'心头词典'，来替发音不同的各种语言找到根源。凭这种'心头词典'就可构思一种理想的永恒的历史，来判定一切民族的有时间性的历史。"④ 按照维柯的理解，常识感存在于不同时间、地点所产生的不同文明社会之中，它是人类的"心头词典"。维柯还把这种常识感说成人类的"心头语言"。在他看来，人类制度的实质在于人类的"心头语言"，尽管这些制度在不同方面体现出许多不同的变化形态，同时，一些格言、谚语或凡俗智慧中的公理对此提供了证明："这些格言、谚语或公理的意义实质上尽管大致相同，却可以随古今民族数目有多少，就有

① 维柯．维柯著作选．北京：商务印书馆，1997：122.
② 同①124.
③ 维柯．新科学．北京：商务印书馆，1986：88.
④ 同③.

多少不同的表达方式。”① 维柯认为在相对性文化和道德表象的后面是深刻的共同性，他从人类心灵的共性看待人类文化差异或道德差异现象，从而得出了精神共通性的结论。

道德的共同性或普遍性还是社会存在的本体原因。由于人类以生活共同体的形式在一起生存，个体作为共同体的成员生活于某一社会共同体之中，或某一群体之中——这样一种群体生活的生存方式至今没有改变，也不会改变，因为这是为人的社会性所决定了的。因此，长期以来，虽然各民族的道德有着民族文化历史的特色，但我们仍然可以看到，在不同的民族道德之中有着许多共同性的因素。这些共同性的因素，是不同社会或民族的人们在处理共同性的问题时所形成、产生或凝结的道德智慧，如不同的民族传统道德中的金规，上述孔子的格言与耶稣的格言，就具有某种一致性、共同性。因此，道德除了具有一定文化的相对性外，还具有某种共同性、普遍性。因此，我们能够看到人类文化、传统中存在着道德判断标准或事实上的差异、冲突，从而看到持有道德相对主义或道德相对性的观点在一定程度上的合理性。但是，如果把它看作道德领域里的完全性的区别或差别，那么这样的观点就是错误的。相对主义使我们只是关注到习俗、文化与传统中的差异性，看不到同一性或广泛而深刻的一致性。

二、规范相对主义

相对主义还有另一种形态，即规范相对主义。所谓规范相对主义，也就是认为一定社会中的个人各有自己的道德立场和观点，这些立场和观点是互不相容的。正如普罗泰哥拉所说的，那一阵风对于我而言，以及对于你而言，是冷还是热，全是自己的感受，没有风本身的冷或热这回事。道德真理的情形也是如此。所谓道德真理，只是相对于每个人而言的。对于我而言，是道德真理；对于你而言，可能就是道德谬误。但并不因为你不相信而我也就认为是错的，因为你的立场与我的立场不同。如一个素食主义者认为食用动物是道德错误，非素食主义者则不会有这样的想法。素食主义者之所以认为食用动物是错误的，是因为他们所信奉的道德原则是对动物的仁慈原则，从而认为将动物杀死并供人类食用是残忍的。非素食主义者可能会同意素食主义者对动物应当仁慈的想法，但可能不会同意素食主义者所认为的人类食用动物是错误的。这样两种观点没有共容之处，你不能说这两种观点中的哪一种是错的，哪一种是对的，因为没有一种可以共容的绝对标准来衡量这两种观点的对错。对于这样两种不相容的观点，人们认为是由各人的欲望、偏好不同所决定的。欲望、偏好本身就是两种道德判断、道德观点的最终依据，不同的欲望、偏好则是不可公度或不可通约的。

在社会道德层面，规范相对主义者可以找到他们作为理由的不同层次的表现形态，也就是个人层面、团体层面、阶级层面或群体层面，即认为一个社会内部存在着多层次、多方面不相容的道德观念或道德观点。就个人层面而言，如认为一个社会中的每个人都有自己的道德立场、道德观点，这些道德立场、道德观点可能是互不相容的。就团体层面而言，如不同的公司、企业可能有不同的道德价值观念或核心价值观念，有麦当劳的价值观、沃尔玛的价值观、海尔公司的价值观，以及日本企业文化的价值观，等

① 维柯．新科学．北京：商务印书馆，1986：92.

等。就阶级层面而言，认为在阶级社会中，不同的阶级有不同的甚至相对的、相冲突的道德价值观。如在不同的阶级社会里，都有相冲突的对立阶级，这些阶级之间对立冲突的表现之一就是道德价值观的冲突。就群体层面而言，一个社会，尤其是现代社会，在一定的历史发展阶段，或某个历史时期，都可能在某些亚社会或亚群体中有不同的价值观念，如青年群体流行的文化观念、消费观念，即所谓时尚观念，一个时期与另一个时期可能是完全不同的，在时尚观念里，就包含着变化了的道德价值观念。在西方社会，宗教是一种强大的社会力量。不同的宗教道德观念对于不同的信仰群体而言，由于最终的信仰支柱不同而不同。在这个意义上，宗教的多元性也代表了价值观念的多元性。实际上，当代中国多元宗教的存在也是一个不争的社会事实。在宗教群体的意义上，也存在着道德价值观的多元性。

现在西方通行的观点认为，当代社会是一个道德、宗教多元性的社会。如对于康德道义论或边沁、密尔的功利论，不可能说以压制一方的办法来使得另一方占据统治地位。同时，相当多的现代西方思想家认为，多元并不意味着是现代社会的问题，毋宁说，多元并存是现代社会的幸运。西方思想家认为，如果某个社会以强有力的社会工具来强制推行某种道德、价值观点，那必然意味着对其他观点、思想以及所代表的人物的压制；在一个现代民主社会，思想自由或道德自由是其基本特征。现代社会不可能压制其他观点、思想，尤其是指导个人行为的道德观点。当代中国也有同样的感受。自从推行市场经济体制以来，中国价值观念的多元已经成为不争的事实。因此，我们才提出多元与主导的关系。但是，以什么标准来判定现代中国社会的主导性价值观念？这里仍然实际存在着很大的问题。大多数社会成员所信奉的价值观念，在某种意义上就是社会的主流价值观念。然而，即使以这样的标准来看，也不可能否定其他道德价值观念的存在。因此，无论从西方通行的观点来看，还是从我们的主导观点来看，都不可能以某种外在于道德的力量来把道德的多元性存在改变成一元性存在。

道德价值观念的多元性意味着一种道德观念、观点或理论体系不可能得到全体社会成员的信奉或认同。换句话说，也就是某些人信奉道德价值观念 A，而另一些人则信奉道德价值观念 B，还有的人则信奉道德价值观念 C，等等，以此类推。除非在封闭性的、较为原始的社会文化单位，如印第安人的社会或其他文化层次较原始的氏族部落里，原始的宗教信仰是整体社会成员的唯一信仰，通行的社会禁忌是所有社会成员必须遵守的行为模式。在进入文明时代的几乎所有社会里，没有一个可以发现所有人全部认同的道德行为规范体系或理论体系。即使在传统的中国封建社会，即使在汉武帝独尊儒术、罢黜百家之后几千年的封建专制社会，仍然不可能取消道家，不可能禁止佛教的兴盛。多元道德价值体系、多元道德信仰的存在是稍有一些文明进化的社会的不争事实。这是因为，自从人类从原始禁忌中解放出来，个体的意志或精神得到了空前的解放，个人有了独立思考或独立判断的空间。同时，从原始社会进化过渡到文明社会，个人的生存境况从原始的平等过渡到文明社会的不平等，这不仅包括经济的不平等，而且包括政治的不平等。人类社会开始有了阶层、阶级和利益集团的分化，有了社会底层和上层的分化。处在多样性的社会处境中的人们，不可能得出相同的道德价值判断，对于社会的政治、经济结构会有不同的理解和理想追求。另外，文明时代以来，由于社会生产的发展，人类生产开始有了内部的分工，不同的职业生活对于不同人们的道德思考也有深刻的影响。现代社会所重视的职业道德实际上是随着不同职业的形成和产生而来的。对于职业对个人道德的影响，古希腊的思想家柏拉图就注意到了。因此，现代社会道德价值的多元性，实际上是文明社会以来社会生活的一个共同特征，只是到了近现代，民主社会的出现，以及其对人们的价值多元的珍视和保护，使得人们更为关注这一社会事实罢了。

上述这些社会事实，并不完全可以为规范相对主义辩护。一个社会中存在着多样性的道德规则、规范，并不一定意味着道德的相对性。如当代社会中诸多种类的职业道德，并不能成为相对主义理论的社会依据。因为职业道德所表明的只是不同职业领域里的道德要求，它可能就是通行的社会准则在职业领域里的体现。只有那些相互对立冲突的立场或要求呈现在我们面前时，道德规范相对主义的特征才可能得到充分体现，如在英美伦理学文献中所反复出现的关于堕胎的争论。A 方认为，堕胎如同谋杀，而谋杀是错误的，是毁灭一个无辜的生命。胎儿是人，胎儿与新生儿只是通向成人的发展过程中的不同阶段而已。因此，如果任何人的生命权都应得到维护，那么胎儿的生命权也应得到维护。B 方认为，每个人都对自己的生命拥有不可剥夺的某些权利，怀孕的妇女同样拥有这些权利。胎儿是母亲身体的一部分，因此，作为怀孕的女子，有处置自己身体的权利，怀孕女子有在不受强制的情况下决定自己是否应当终止怀孕的权利。换言之，堕胎在道德上应当被允许，在法律上也被许可。尤其是当自己的身体因怀孕而有生命危险时，为了保住胎儿而去伤害确定具有人的身份的人，无疑是错误的。争论双方似乎都有着自明的基本道德前提。A 方或 B 方之所以采用某一种道德前提或道德立场，则完全是任意的。哪一种观点最先为主体所拥有，也就成了主体的观点，而没有任何逻辑在先的理由。这种先入为主的持有，恰恰反映了某种独断性。因为在不相容的观点之间，一个社会似乎没有判断双方的道德立场和观点、超越于这两者之上的立场和观点。那么，像这样两种相互对立、冲突的立场和观点说明了什么？如果争论的双方都是这样独断和任意，那么，这只能证明道德真理是相对的，因此并不能证明谁是谁非，从而只能导致虚无主义，即否认道德真理的存在，从相对主义滑向虚无主义。虚无主义又分为完全的虚无主义和适度的虚无主义。所谓完全的虚无主义，即完全否认道德真理的存在：没有道德上的对与错、公正与不公正，因此应当完全放弃道德的区分。完全的虚无主义往往是难以接受的，因为它隐含着的论点是：一切都可以接受。如同陀思妥耶夫斯基所说的，如果没有了上帝，一切都有可能。它意味着，即使屠杀你的亲人，你也会允许。奴隶制也无所谓公正不公正。虚无主义还有另一种形态，即适度的虚无主义。适度的虚无主义认为，道德判断不是对真理的认知与把握，而只是情感态度的表达——这就是情感主义和表达主义（expressivism）所持有的关于道德真理的看法。换言之，情感主义或表达主义就是一种虚无主义。这种虚无主义并不取消道德，而是认为道德判断并不描述这个世界的某种事实，只是对我们的态度的表达。因此，我们对纳粹行为所做出的恶的判断表达了我们憎恨的态度和情感，这种态度表明了我们的不赞成。但适度的虚无主义与完全的虚无主义一样，否定有道德知识、道德真理。

关于道德真理的问题涉及是否真的在社会生活中存在着可认知的道德事实的问题，

要回答这个问题，首先要回答我们怎么看待社会生活中的道德冲突的问题。社会生活中充满着相互对立冲突的道德立场、观点、观念和思想体系。那么，这里至少引出了这样一些问题：社会生活中的冲突达到了什么程度？如同我们在讨论文化相对主义的时候那样，是全面的互不相容的冲突吗？如同阶级论点所表明的那样，社会分裂为两大对立的阶级，道德也分裂为两种对立的道德，因而处于彼此不可调和的对立冲突的状态？如果是这样，那我们前面所说的道德是社会的公共生活体系这一对于道德的界定是否还能成立？如果的确是这样，一个社会也就没有真正共享的道德价值体系，社会本身分裂为两大阵营，社会道德也就分裂了。但我们必须认识到，仅仅从这样一种观点来看待社会道德是不妥当的。这是因为，即使阶级社会中的对立阶级，也处于一个社会共同体中，仍然作为一个社会共同体的成员而生存着。而作为一个社会的存在，必然有着全社会的基本成员都认可的社会公共生活准则，尽管这样的准则经常遭到人们践踏。如果一个社会没有这样一些基本的生活准则，那么人们相互交往就没有基本的准则依据。如果对立的双方完全互不往来，那就不需要相互往来的准则，但这是完全不可能的。正如黑格尔所指出的，对立双方是处于一种相互依存的关系之中。既然相互依存，那就有交往的必要性。同时，一个社会必然继承社会传统本身所继承的文化和道德传统，这个社会的基本成员共有一套道德价值标准和道德语言，这不是分裂的社会阶级或团体可以否认的。如传统社会中的“孝”这一伦理道德观念，并非仅为地主阶级所拥有而农民阶级却不拥有。正是在这个意义上，我们说在任何一个历史时期都有那种全社会的道德甚至全人类的道德，如对人的尊重。任何一个社会都存在着那种超越个人与团体界限的道德。这种道德或道德规范是全社会的基本成员不可合理拒绝的，它是一个社会秩序的基础，是一个社会的全体成员共同生活于一个社会共同体中的道德基础。因此，如果相对主义仅仅看到一个社会中个人的、团体的，甚至阶级的道德立场和道德观点的不同，却意识不到超越这些个人或团体的规范的存在，那么相对主义的观点本身就是有问题的。

实际上，如果一个社会没有基本的、关键性的道德常识或道德直觉，那意味着什么？如我们能够赞同希特勒的屠杀吗？或我们能够说南京大屠杀好吗？也就是说，人们的道德观念、观点的互不相容性达到了突破人类道德常识的底线吗？或者说，像虚无主义所认为的那样，没有道德真理，也就没有所谓客观上的、道德意义上的对与错、正当与不正当。如果达到了这样一个突破底线的程度，我们甚至可以为屠杀人类的刽子手拍手称好，那只能意味着当有一天有人屠杀作为无辜者的你的时候，你不能反抗，也根本不能为自己辩护。因为你不可能只为屠杀他人拍手叫好，而当有人屠杀你时不拍手叫好，这在逻辑上是一个有理性的人不可能合理地拒绝的，因此这是任何一个有道德理性或道德常识的人不会做的。

道德相对主义可能还有进行辩护的依据。如假设有一个社会把人口贩卖作为道德上可接受的买卖来进行，对人明码标价进行贩卖；假设一个社会对妇女进行买卖，把对妇女的买卖看作道德上许可的。因此，我们可以说不同的社会有不同的道德吗？如我们可以说在希特勒统治德国时，也有一种“法西斯道德”吗？这三种情况确实都是在人类历史上出现过的。如黑奴贸易、早期社会的妇女买卖，还有在法西斯统治时期的德国，当时的道德舆论无疑不会谴责法西斯对犹太人的屠杀，甚至制造德意志种族优越和犹太人种族低劣的谎言来为法西斯的罪行辩护。我们现在来看看这三种情况。我们难道不会觉得对人口进行贩卖是对人的尊严的一种严重侵犯吗？当我们把人分成不同等级，而将其中的所谓下等人当成不配受到像人一样尊重的人，因而可以像牲口一样进行贩卖，那么，我们难道不会觉得这对他们是不公正的吗？当一个社会可以进行妇女买卖，我们能够感到这对她们是公正的吗？当有人要贩卖我们的母亲或妻儿，我们还能像对待远在天边的事那样无动于衷吗？还有，我们能够认同法西斯主义屠杀犹太人时宣称的种族论吗？因此，所谓"法西斯道德"，是对道德这一概念的误用。因为法西斯的种族优越论并不是一种道德理论，而是一种反道德的理论。纳粹的准则，并不是道德准则，而是恶的准则，如对人的贩卖，本身并不是道德行为，而是严重损害人的尊严的不道德行为。我们在进行这样的判断时，无疑运用了一种客观的标准，这种客观的标准无疑具有某种真值性。

自古以来，中国思想和希腊思想共同认为，人的本性是一样的。所谓人性，指的就是人的共同性，而不是一部分人相对于另一部分人的特殊性。如果人与人在本性上，包括自然本性或社会本性，有着根本差别，那就不是人类中的共同成员了，那就不是一个类的存在者了。既然人的本性是共同的，每个人都有受到他人尊重的道德期望，都有一定的道德理解力或道德理性能力，那么，人们就应当受到同样的人格尊重而不应受到远不如人的待遇，这就是人作为社会成员的起码要求。因此，当今天的人类告别古代野蛮时代，告别传统社会而进入现代社会，一个重要的道德上的转变就是意识到人的平等与自由。人不应有强制他人而使之受到非人待遇的自由，人生而平等，这些基本价值只不过是反映了人性的事实，在古代条件下不可能实现，在现代条件下却完全应当实现。因此，不能因为有那种非人的、野蛮的历史和事件，就认为人类的道德可以不考虑基本的人性事实，从而否定人类道德的共同性的一面。人类不可能把他的同类的其他部分当作永远不可受到尊重的另类来对待。一个给人以非人对待的社会，是黑暗的社会，是不合人性的社会，这个社会是不自由、不平等的社会，早晚会发展到尊重人的自由平等的合理性的社会生活轨道上来。

因此，道德的个人规范差别、团体的差别、集团或阶级的差别，不可能抹杀社会中道德的共同性。在持有不同的社会道德观点、立场的人之间，总有某种重叠共识(overlapping consensus)。这种重叠共识，就是共同承认或认可最低限度的共同生活或交往的准则。这些共同生活或交往的准则，是建立在共同人性的前提之下的，同时也是社会共同生活的需要。没有这样的社会生活或交往的准则，一个社会的基本成员（即使分裂为不同的对立集团，如不同的宗教、利益集团），就不可能作为一个社会共同体的成员生活在一起。因此，有着道德分歧的人的道德共识的存在，不仅基于人性的事实，而且基于共同生活的需要。任何一个社会中的人，只要生活在一起，就总有一些共同的社会利益与需要。这些利益具有全社会性的特征，维护这些利益或需要就是社会道德准则的一个重要功能。如罗尔斯所提出的正义原则（德性），其功能既是建构社会制度，同时也是维护正义社会的健康稳定。这种社会的健康稳定发展，是一个社会的基本成员或全体成员的福祉之所在。这种正义原则，就源于持有多元性哲学、道德和宗教观念的社会成员的重叠共识。

现在我们可以回到关于道德真理的问题上来。也许我们可以说有相对性的真理和普遍性的真理两类。相对性的道德真理是相对于人的信念而言的，即对于某种道德认知，某一部分人认为是真理，另一部分人则认为不是真理。这样一种事实导致虚无主义的真理观，即认为根本不存在道德真理。因此，这种真理观容易变成虚无主义的道德观。另一则是承认道德真理的普遍性，即承认至少有那么一些道德真理。我们说道德上的对错、好坏或善恶是独立于特殊的个人或文化，以及他们关于善恶、对错、好坏的信念的，因而承认道德真理也就是承认超越于相对性的认知之上的真理性。也就是说，有某种超越于特殊个人或文化的客观性的道德事实存在。作为道德行为者的个人即使没有意识到它，也不能否认它的存在，因为它独立于个人的意识而存在。

第二节 道德判断

一些理论认为，道德具有文化相对性或规范相对性，因而不同文化中的人们可能奉行不同的道德准则，甚至同一社会文化中的人们也可能处于一种价值多元性的状态之中。但我们的讨论已经表明，即使如此，同样也有一些普遍性的、低限度的道德。对于这种道德的体认，至少是文明发展到当代的成就，这种成就形成了现代文明人的一些最基本的道德共识。以上讨论是从社会层面进行的。就道德行为者而言，当代理论更为突出地研究讨论的基本问题是道德判断问题。如我们前面所讨论的，什么行为是正当的或不正当的，什么是道德上的对错、善恶，这些问题从道德主体的意义上看，就是道德判断问题。人们基于自己长期形成的道德立场、道德理性或道德直觉而对诸多社会行为、品格和事件进行道德判断，通过道德判断来确定自己的行为，参与社会道德生活。

一、道德判断

道德判断是道德主体基于一定的道德直觉或道德意识，对道德动机、行为、品格、事件进行的一种基本道德活动。人们基于道德判断而做出自己的行为决定，基于道德判断而对人、对事进行评价。因此，道德判断处于道德主体的道德活动的中心地位。有着内在的道德意识、道德直觉的成熟的社会个体，都可被看作道德主体或具有道德主体的地位。界定道德主体的依据主要在于个体本身的条件，即作为社会成员的个体本身已经具有内在的道德意识，形成了一定的道德良知或道德品格。一般而言，个人是在长期的社会化过程中，从一个最初的自然人转化为社会人或道德主体的。当我们能够以自我的道德意志或道德意识来行动或判断时，就意味着我们已成为道德主体。

人们无时不在对自己的行为或将要发生的行为以及周围发生的事件进行判断，并依据自己的判断来确立自己的行为目标或行为方针。不过，并非所有的判断都是道德判断。人们的判断可依据道德意义区分为道德判断和非道德判断两大类，即具有道德意义的判断和不具有道德意义的判断。所谓具有道德意义的判断，也就是可为一定的道德体系所覆盖，或可依据一定的道德准则、规范进行判断的行为和事件。道德判断对于自己身外的事件或世界，是一种评价性的判断，即判断也就是评价。如拷打人是一种道德的恶，是错的行为，这是道德判断，也是道德评价。对于自己行为的判断，可以是回顾性的判断，就是对自己行为的反思性判断，这种反思性判断也可被看作评价性的——如果是肯定的评价，行为主体对于自己的行为会产生一种满足的感受；也可以是对未开展的行为进行预测性的判断，对于自己的行为进行的预测判断，则可被称为行为决定性的判断，即通过道德判断来决定自己做什么是对的、做什么是错的。

一般而言，道德判断可分为行为判断、品格判断和事件判断三大类。

行为判断。行为判断可分为义务判断和动机后果判断：

1. 义务判断。义务判断可分为两类：一般义务判断和特殊义务判断。

（1）一般义务判断，如：

所有人都是平等自由的。
遵守诺言是对的，违背诺言是错的。
爱你的邻人。
我们应行事正义（公正）。

（2）特殊义务判断，如：

你的行为是不公正的。
你应当尽你的责任。
我应该说真话。
你不应该打小孩。

一般义务判断是对于处在相关社会背景条件或思想、宗教背景下的所有相关人来说，都具有普遍道德意义的判断。特殊义务判断则是与个人的具体行为相关的道德判断。

2. 动机后果判断。动机后果判断是指对行为本身的发生以及后果的道德判断，这也可区分为一般判断和特殊判断，如：

我们应当行善避恶。
我们应当扬善抑恶。
他的动机是善良的。
他的后果是好的。

在这里，一般判断不具体地指称某一个人，应被看作一般性道德要求；特殊判断则针对具体的行为事件。

品格判断。品格判断也可分为一般判断和特殊判断，如：

好公民即为善者。
善者并不等同于好公民。
我们应当做个好人。
仁爱是一种美德。
她是好人。
她不是好人。
他的品德败坏。

事件判断。这里的事件判断，是指并非一个人的行动而是某个集团，或某种集体性的行动所造成的事件，如环境污染、社会运动等：

环境污染是对人类的危害，我们应当制止。

侵略战争是不正义的，我们应当反对。

对处于危急中的人们，给予及时援救是对的。

这里需要指出的是，道德判断的语言理论认为，上述所有的判断都可以用情感性的语言来表达。这些判断用情感性的语言表达出来，并没有在意义上对于这些判断增加什么，但从情感上看，的确又与一般描述性语言不同，从而使得我们可以说有一类情感性的判断。如我们说“盗窃是错的”以及以“呜拉”来表达“好”或“赞同”，都是一种情感性的判断。当我们说“盗窃是错的”、“污染很可怕”、“反对战争”以及“呜拉”时，它们强烈的情感性色彩表达了我们对一类行为或事物的主观性色彩，它们同样具有表达我们的认知和影响他人的道德判断的功能。

道德判断的特点在于，无论是哪一类判断，都内在具有道德判断的主体可以将其判断一般化为所有有理性的存在者都可从理性上赞同的特征。或者说，这些判断的背后都有某种一般性的标准在起作用，而这些标准是所有有理性的存在者都不可以合理拒绝的。如当我们说出“你不应该打小孩”时，它隐含着这样一个大前提：大人打小孩是不对的。至少判断发出者认为应当把这作为一条普遍的行为准则而不得被其他标准或理由超越，或否定。还有如“我应该说真话”这样的道德判断，至少包含着这样的道德前提：所有处于我那样处境中的人都说真话才是对的。或者说，判断发出者愿意将它作为一条普遍准则来看待，而不被其他标准超越或否定。

二、非道德判断

非道德判断，即不是从道德立场或道德意义进行的判断。这些判断同样使用好、坏、应当、不应当等概念。如：

他应当去读书。

这是一辆好车。

你应有一块好表。

这里的天气好。

你不应当走。

你是教师，应有一套好衣服。

这里路远，你应该坐车。

美是人人都应当追求的。

你应当去自首。

宗教生活方式是最好的生活方式。

公民的权利应当得到保障。

非道德判断同样是一类在人类生活中广泛运用的判断，虽然它们并不具有道德意义，但同样对于人们的行为具有意义或价值。这类判断之所以同样需要使用好、坏、应当、不应当等概念，是因为在人们的生活中，对于不同的事物、身份以及行为，都有除了道德意义之外的相应习惯性标准或期待。比如小汽车就有不同的档次，因而在人们的心目中也就有好与不好的概念，同时也有对应于正常车的旧与坏的概念。上述这些非道德判断，除了那些不能归类的判断外，还有一类可称为功利判断的判断。所谓功利判断，即某物对某人的有用性或使用价值。如一块好表，之所以是好表而不是坏表，是从它的功能意义上讲的。行为的功利性是从行为的后果意义上讲的。如果从行为的后果意义上看，也可看作功利判断，但这类功利判断现在一般认为是道德判断，即后果主义的或功利主义的道德判断。

应当看到，在精神价值领域里同样有其他类型的非道德判断，如审美判断、法律判断、宗教判断和政治判断等，这些就是上面所列举的最后四类判断。当然这四类判断也同样可以以其他形式出现，如这辆车外形很好看，这朵花很美，她看上去很漂亮，等等。这些语句虽然没有使用应当、好之类的词语，但同样是审美判断，表明人们感觉或把握到了事物的美。审美意义上的应当与好，却不是道德意义上的应当与好，它表明了一种审美的追求与满足。我们必须意识到美与善之间的区别，即审美判断与道德判断之间的区别。美是人们的感性精神所欲求的理想形式，是人们在审美对象面前所感受到的一种感性精神或心理的满足状态，是主观与客观的统一。康德曾明确指出快适、美和善三者的区别，他认为，快适、美和善都是令人愉快的表象，快适和善都与欲求能力有关系，快适是一种因刺激而生的官能性愉快，善则是理性对于一个客体或一个行为的存在的一种愉快，因此它们都是有利害关系的。康德说："在这三种愉快里只有对于美的欣赏的愉快是唯一无利害关系的和自由的愉快；因为既没有官能方面的利害感，也没有理性方面的利害感来强迫我们去赞许。"① 正因如此，审美判断是静观的。所谓静观，即不掺杂任何欲求和意志活动，审美主体所关心的不是对象性存在，而只是它的纯粹形式。所以，康德认为，美本来只涉及形式，审美只是单纯通过审美对象的形式而给人愉快，与对象的内容无涉。因此，审美判断是与道德判断性质不同的一类判断。审美判断中的美，是一种在审美愉悦意义上的判断，它诉诸我们的感性，道德判断则更多诉诸我们的理解，或由文化习惯的理解所形成的直觉。审美也需要直觉，这些直觉也同样与长期的社会文化熏陶分不开，如印第安人以身上插飞禽等动物的羽毛为美，而我们的文化则不这么认为。

当然，我们也看到审美判断涉及人性美、行为美、品德美等与伦理道德判断相关的判断。怎样看待这些审美判断？实际上，把这一类判断看成审美判断，还不如把它们看成道德判断。我们所说的人性美、行为美、品德美，都是道德精神方面的理想形式，人们把它说成美，如美德（virtue），实际上是把美的特性加于道德品性之上，表达了人们对道德品性的某种向往和追求。因此，虽然审美判断与道德判断有着内在区别，但这并不意味着两者是完全分离的。就理想形式而言，美与善是内在统一的。就人性美、行为美、品德美而言，实际上就是人类的感性美、外在美与理性美、内在美的统一。把审美判断加于道德判断之上，并没有减少或降低道德判断的分量，而是对道德判断的意义起着增量的作用。实际上，早在古希腊，柏拉图就认为，人类对善的理想的追求也就是

① 北京大学哲学系外国哲学史教研室．十八世纪末—十九世纪初德国哲学．北京：商务印书馆，1960：91.

对美的理想的追求。美与善的理念都是最高的理念，而且最高的美即为最高的善。

法律判断与道德判断有着内在关系。在一定意义上，凡是法律意义上的刑事犯罪，都是道德上的严重错误，如偷盗。小偷小摸一般没有达到法律上的量刑要求，因而并不是需要法律惩罚的错误，但却是道德错误；偷盗达到一定的数量，则就是法律制裁的行为。道德上的许多消极性要求，如不得杀害无辜、不得偷盗、不得强暴奸淫，不得伤害他人等，如果触犯了这些，都是道德上的错误。其中，杀害无辜，强暴奸淫，既是道德上的恶，同时也是法律意义上的恶。因此，法律判断为恶的刑事行为，在道德判断上都是恶的行为，但在道德上判断为恶的行为，并不一定是够得上法律惩罚的恶，也就是其恶的程度达不到法律上判断为恶的程度。道德判断是法律判断的基础，法律的规范性基础不在本身，而在道德那里。法律判断之错以道德判断之错为先。如果在成文法的意义上是错的，但在道德判断的意义上不是如此，那只能说明成文法错了，依据成文法的法律判断错了。这是因为，任何成文法的权威性都可错性地与统治的权力交织在一起，因此，如果不以规范的力量为基础，而只依赖其政治权威性，法律判断的依据就成了问题，也就失去了判断的有效性。如法西斯统治时期的德国也颁布了许多法令，但因那些法令的反道德性、反人类性，它们一颁布出来就失去了规范有效性。

宗教判断是任何宗教信仰者所持有的判断。就任何一个真正的教徒而言，他或她把这个世界上曾经发生或正要发生的事件或行为在概念上分为两大类：一类为世俗事务，另一类为与他或她的信仰相关的事务，或者说神圣事务。他或她用信徒的眼光看待世俗事务，把为他或她所信的神或主服务看得高于一切。在信徒那里，神的戒律或律令高于世俗世界的道德律令。不过，同时也要看到，任何一种经过历史检验而留传下来的世界宗教，无不把世俗道德纳入自己的宗教道德体系之中，并作为宗教道德的基本要求。如佛教的五戒，基督教的摩西十诫。摩西十诫中除了强调要尊耶和华为唯一的主的诫命外，其他的都可被看作世俗道德的诫命，这些诫命得到了神或天主的强化，因而在信徒那里，比非信徒的履行更多了一层保障。不过，我们要看到，如在中世纪的托马斯·阿奎那那里，神学的德性高于世俗的德性，或者说，仅有世俗的德性并不能确保人们的德性高尚。因此，宗教判断高于道德判断。在克尔凯郭尔那里，审美生活低于道德生活，道德生活低于宗教生活，宗教生活方式是境界最高的生活方式。这实际上是对于宗教判断与道德判断的关系，提出了道德判断服从于宗教判断的理解。这里的问题是，如果这两种判断在道德上是不相冲突的，道德判断服从宗教判断并不损害社会生活中世俗的善。但如果这两种判断在道德意义上是相冲突的，那就必然损害世俗世界中道德的善。如果把本宗教之外的世界和人类都看成敌对的异教地区与异教徒，那就必然产生严重的道德冲突和宗教冲突，甚至某种严重的危机，震惊世界的“9·11”事件已经深刻说明了这一点。当代世界的宗教多元性这一事实，已经产生了这些宗教徒以及非教徒之间（这里有两种意义，即相对于A宗教，B宗教徒即为非教徒，反之也一样；同样，教徒相对于没有信仰的无神论者来说，他们是教徒，而后者是非教徒）如何和平相处，而不重演异教之间的悲剧的现实问题，而且这已经是这个世界的和平与安宁的重大课题。

相对于宗教判断以本宗教的教义为依据，道德判断则诉诸人的理性，诉诸可普遍化的标准和准则，或者说，诉诸所有有理性的人都不可以合理拒绝的理由。因此，道德判断有着最大的普适性。当代世界宗教界也在努力超越本宗教的立场而发现普适性的道德原则。其发现，即使是在不同的宗教道德原则之间，也可以找到许多共通性的道德原则，或不同文化都承认的金规。在不同的宗教文化中，都有类似于金规的普遍准则。因此，在一定的意义上放弃本宗教的立场，而转换到道德判断的立场，这是全球化时代世界和平与安宁的需要。

政治判断与道德判断的关系是一类极为复杂的关系，这涉及政治理解的两种模式，一种是施密特式的，一种是亚里士多德式的。施密特式的理解把政治判断与道德判断分离开，把政治判断看成与道德判断性质完全不同并且凌驾于道德判断之上的一类判断。施密特的政治概念是以敌友概念为中心的政治概念，政治本身意味着一种敌我生死斗争。不同的文化、规范立场之间的人可能发生道德上的冲突，或审美方面的冲突，但这种冲突可以在一种相对共存的基础上继续下去，如宽容。从道德的、审美的冲突发展到政治冲突，则意味着一个根本飞跃，即一种质的变化，这时的冲突不可能再按照原有的道德的、理性的方式来解决，施密特说："任何宗教、道德、经济、种族或其他领域的对立，当其尖锐到足以有效地把人类按照敌友划分成阵营时，便转化成了政治对立。"① 政治对立是一种源于经济、道德等冲突而超越其上的对立，因而其中的任何一方以道德判断来指称对方的美丑、善恶已经没有意义，道德判断和审美判断在这里已经不起作用。在他看来，所有政治活动和政治动机都可归结为具体政治性划分，即敌与友的划分。然而，政治敌人并不一定在道德上是邪恶的，或在审美方面是丑陋的。敌友的政治判断使得道德判断和审美判断失去了意义。施密特完全抽空了政治判断的规范性基础，原因在于他对政治权威的迷信。在他看来，政治权威的决断甚至可以与法律规范分道扬镳，他说："若用一个悖论来表示就是，权威证明了无须在法律的基础上制定法律。"② 也就是说，如果权威的政治判断确定了谁是我们的敌人、谁是我们的朋友，那么，权威的政治决策就可以抛开所有道德的、法律的考虑，为所欲为地打击敌人。既然政治的需要高于一切，道德的考虑和法律的考虑也就可以全然不顾了。施密特完全把人类社会描述为一种政治权威掌控下的霍布斯式的自然状态，而没有意识到如果人与人之间完全没有规范性的社会基础，将会呈现一种怎样的状态。诚然，我们应当意识到，道德的、经济的以及政治的冲突可能发展到不可以和平的方式解决的程度，可能非要以流血冲突或权威的政治高压来解决不可的程度。但我们同时要看到，政治关系并非只有以敌我关系为中心这一种模式，即使把它看作一种非常状态，也不可能理解为可以完全蔑视道德与法律规范的存在。如果完全蔑视道德与法律判断对政治活动的约束性，那就必然使得政治失去规范性的基础，从而使得这种赤裸裸的权威政治完全失去合法性。实际上，施密特所向往的完全是一种专制主义的政治，或者说，施密特的政治模式恰是一种专制主义的政治模式。因为只有在专制主义的政治统治之下，专制君主才把政治置于道德与法律之上。

---

① 卡尔·施密特．政治的概念．上海：上海人民出版社，2003：153.

② 同①12.

在西方，古希腊的亚里士多德创立了政治学。亚里士多德对政治的理解，对西方传统的政治理解有着十分深远的影响。亚里士多德的政治学，是对古希腊政治制度的一种理论概述。古希腊的城邦制度，是一个全体公民都有参与权的制度。政治本身预设了平等公民参与政治的资格，在这一前提下，亚里士多德十分重视公民的德性。他认为，公民的德性是双重的，既可作为统治者的德性，又可作为被统治者的德性。因此，亚里士多德的政治眼界是强调公民平等地分享政治权力。亚里士多德还把城邦政治与家长制统治区分开，他说："政治家所治理的是自由人，主人所管辖的则为奴隶。家务管理由一个君主式的家长掌握，各家家长以君臣形式统率其附从的家属；至于政治家所执掌的则为平等的自由人之间所付托的权威。"① 古希腊的城邦是自由人的城邦，城邦运作确立于奴隶制之上。亚里士多德虽然承认奴隶制，但他同时认为是自由民组成城邦，城邦的政治治理不是奴隶制的管理，不是家长式的专制统治，而是平等公民拥有平等权利，政治统治是公民的自我治理。政治权威不过是自由民托付的权威而已，因而没有绝对的权威。政治所要履行的社会管理职能，不是通过对敌人的暴力镇压来达到，而是通过某种集体决策——让所有公民都有资格参与的方式即公民大会来达到。自由平等的公民身份，非暴力解决社会秩序问题，是这一政治概念的本质之所在。在这个意义上，政治是在对全体公民的平等给予尊重前提下的政治，政治是强调公民德性的政治。因此，对公民权利的保护是这一传统政治观的核心。政治判断以道德判断为前提，道德判断是政治判断的基础。当代所有的自由主义政治哲学都继承了亚里士多德的这一政治哲学传统。这也是以洛克为代表的古典自由主义的传统。洛克强调公民政府的出现或存在，是为了补救霍布斯式的自然状态给人类带来的种种不适合的地方，即保护公民的自由权、生命权和财产权，而不是要给全体社会成员即公民带来公民对政府的奴隶式的服从关系。如果是那样，人们还不如回到自然状态。

因此，亚里士多德式的政治理解，总是与正义、权利、公民身份、好生活以及有德性的行为联系在一起的。政治本身是与道德联系在一起的，政治概念是一种规范性的政治概念。虽然马基雅维利和霍布斯开启了政治与道德相分离的倾向，但无论是人们所重新发现的共和主义还是传统的自由主义以及现代自由主义，都无不把公民权利放在核心地位。政治的合法性在于它的规范有效性，即使是有专制主义倾向的霍布斯，也把他的自然法的道德哲学置于他的政治哲学的中心。霍布斯的问题在于他并没有始终贯彻他的逻辑，即人们离开自然状态的动因没有在他的社会里贯彻到底。他的道德哲学最终偏离了他的哲学前提，即对公民权利尤其是生命权的保护。公民权利是现代民主政治的道德基础，舍弃这一基础，也就没有现代的民主政治。在这个意义上，政治判断内在蕴含不可忽略的道德判断。换言之，政治合法性在于合规范性。

但这并不意味着政治的泛道德主义理解，或政治道德化。政治道德化、道德政治化是对中国传统政治的一种特征描述，指的是以传统的道德观念（孝、悌、仁、爱等）与政治服从观念（忠君）为一体的政治与道德。道德领域与政治领域有重合的地方，但不是完全重合，尤其是在专制制度下，完全的重合意味着道德完全为专制统治服务，即取

---

① 亚里士多德. 政治学. 北京：商务印书馆，1965：19.

消道德领域里自由意志的作用，而只承认政治服从的需要。专制制度下的政治服从是不认可自由意志的道德判断的。我们指出规范性的政治概念，指出亚里士多德式政治概念的规范性特征，是强调政治受到了规范性的制约，不受规范制约的政治是野兽式的统治，是人类社会的灾难。

当然，道德政治化或政治道德化可以从两个方向理解，即政治受到道德的制约和道德受到政治的制约。如黄仁宇在《万历十五年》中所描述的明神宗在道德氛围下的无奈，就是政治受到道德的制约。道德受到政治的制约，在道德完全政治化的社会氛围下，则完全取消了道德应有的地位和作用。如在我国的“文化大革命”期间，道德完全从属于极左政治，道德的功能和作用也就无从发挥。我们对政治的规范化理解，强调的是道德对政治的制约作用，而完全政治化的道德，则只有极左政治的标准，或者说只有符合极左政治标准的才是道德的。因此，政治的规范化理解是与道德政治化或政治道德化完全不同的。

道德判断与非道德判断的关系是复杂的。但一般来说，除了道德与宗教判断的关系，以及道德与政治判断的关系中的施密特式政治模式之外，道德判断如果与其他判断发生冲突或抵牾，道德判断具有优先性或凌驾于其他判断之上的地位与意义。或者说，道德判断相对于其他判断具有基础性的地位。如果忽略道德判断的地位，其他判断在社会生活中的功能和意义就值得怀疑。如蔑视道德判断优先性的施密特式政治模式，只能反映它的政治专横性甚至非人道性。宗教判断的优先性，如果从宗教所具有的强化道德的世俗功能来看，仍然内在包含对道德判断的尊重。同时，在对待与异教的关系上，如果宗教判断凌驾于道德判断之上，即不尊重世俗的道德判断，则必然导致对非本教信徒的其他民族和人们的野蛮与残酷。

第三节　道德理论

道德判断是需要准则或原则的。当我们说什么是善或我们应当怎样行动时，我们依据的可能是常识道德或一般道德直觉，也可能是某种理论性的道德准则或原则。对于日常道德准则或常识道德进行阐发和研究，是规范伦理学理论的主要功能。理论性的道德准则或原则也就是得到理论阐明的准则或原则。因此，道德判断的充足理由，是由道德理论或伦理学理论提供的。一个确定性的道德判断总是有某种充足的道德理由，这种道德理由则是由某种道德理论提供的。然而，并非现代所有的道德理论都可以为我们的道德判断提供依据。这是因为，自从 20 世纪以来，伦理学理论内部已经有了新的划分，即划分为元伦理学、描述伦理学、规范伦理学和应用伦理学，而元伦理学则没有承诺为人们的道德判断或道德行为提供行为指南。

“伦理学”这一概念，从发生学的角度考察它的希腊语意义，它是一门关于风俗或道德（德性）的学科。社会风俗习惯是广义的社会制度，在起源意义上，社会制度与风俗习惯具有内在关联。就伦理学的研究而言，风俗习惯和制度是社会层面的道德现象，而道德德性则是个体层面的道德现象。就个体层面的道德现象而言，还可区分为道德意识现象和道德行为现象。社会的风俗习惯和制度等通过规范或规则而与个人道德内在联结起来。有三种论述伦理学的方式：历史人类学的或社会学的、实践科学的和理论哲学的。第一种方式调查与描述不同民族、时代的风俗和道德，观察与收集关于人的行为和品行的资料。道德社会学、道德民俗学的研究在这一范围之内，道德心理学的研究也在这一范围之内。这一般被称为描述伦理学。第二种方式则探讨人类风俗和行为的类型的价值，研究伦理规范的正当合理性，研究不同道德层面的问题以及内在关系。这种研究一般被称为规范伦理学。传统伦理学的研究主要集中在这一方面。第三种称为元伦理学的研究，研究前两种伦理学所使用的道德命题、概念以及道德判断的内在逻辑，即对前两种研究中使用的概念进行哲学分析。20 世纪 70 年代以来，面对现代社会的人类实践中所出现的新问题，如生命医学、现代经济及企业以及生态环境等领域的问题，产生了第四种伦理学，即应用伦理学。

一、描述伦理学和规范伦理学

描述伦理学是对社会道德现象进行经验性叙述和理论再现，而不研究行为的善恶及标准和对人们的行为提出正当或应当的劝告。描述伦理学运用一些与伦理学相关的社会科学、人文科学的研究成果和方法，包括社会学、心理学、人类学、民俗学等，来研究社会的道德现象，这些研究不是采用内省的、思辨的方法，而是运用自然科学的、实证科学的方法对道德进行客观的观察、调查、因果分析、功能分析和历史比较。描述伦理学采用各种相关学科的成果和方法，从而具有相关学科的特点，在一定意义上是与相关学科相结合的综合科学、交叉科学。如道德社会学既对社会道德现象采取社会学的研究，又对社会道德现象进行伦理学的分析。

描述伦理学作为伦理学的一个组成部分，可以被看作伦理学理论的一种特殊类型。如果把规范伦理学与描述伦理学看成一个整体，那么描述伦理学既为规范伦理学提供经验基础，又是规范伦理学的一种理论补充。描述伦理学不仅能够通过文献与田野调查对人类历史上的道德类型进行实证性的研究，而且能够对现实生活领域的道德现象进行具体的量化分析，如对不同职业领域的职业道德状况进行定性定量调查，从而为规范伦理学提供客观的材料和科学的数据。

自伦理学成为一门相对独立的学科以来，规范伦理学就是伦理学理论研究的主要形态。伦理学以道德现象作为研究客体；在道德现象中，规范是一本质因素。在规范伦理学的意义上，规范不仅包括类似不说谎、不偷盗这样的判断人们行为善恶的规范，还包括社会制度意义上的规范，即制度也是一类规范，它在伦理学的研究范围之内。规范决定人们道德行为的善恶等价值特性，规范（如正义）决定制度的品性。规范伦理学是对人们道德上的正当与错误、善与恶的规范和判断的研究，是对社会制度的伦理品性以及应当如何的研究。规范伦理学对于人类的行为提出某种标准，倡导某种价值原则，直接与人们的道德实践或社会伦理相关。规范直接蕴含人类的行为品性、社会制度和生活方式应该怎样的意义。

规范伦理学的核心问题可以说是这样一个问题：什么是判断行为善恶的标准？或者说，根据什么来判断行为的善与恶？围绕这一问题，可以说有如下三个相关问题：

1. 德性问题，即什么样的品质（品格）在道德上表现为善，什么样的品质（品格）表现为恶。但是，对于人们的德性问题，如果没有表露出其德性的行为，人们也就难以对一个人的品质善恶下判断。因此，对一个人的德性判断是与对一个人的行为判断分不开的。人们正是通过对一个人的行为的观察和判断才可确定一个人是否善，是否具有一定的德性。一个具有一定德性的人，也就是在道德方面具有正当行为的人。他之所以如此，那是因为他的行为一贯体现了这样的意志倾向，或他一贯坚持了这样的行为。因此，德性伦理学是与对行为的相关研究分不开的。亚里士多德的《尼各马科伦理学》是最早的西方伦理学著作，实际上也就是最早的一部德性伦理学著作。在这部著作中，亚里士多德对德性恰是通过相应的行为种类加以限定的。

2. 从规范伦理学的传统来看，另一个基本问题是关于社会的风俗习惯、制度的伦理问题。在西方的传统中，伦理学最早也可说是一门关于风俗习惯的学说。同时，对于社会制度的研究也是西方伦理学的一个传统。亚里士多德不仅通过人们的行为来研究德性，同时也通过政治制度来研究人们的品性。传统的规范伦理学认为，人们的各种品行，不仅是自我习惯发生作用的结果，更重要的是社会的风俗习惯、制度发生作用的结果。一个社会应该如何组织，一个社会有着怎样的风俗习惯，对人们的道德精神、道德行为有着重要的影响。因此，这一问题与上一问题有着相关性。一方面，人们的行为和品质在根本上是受到社会环境的影响的；另一方面，只有考虑到应该培养人们什么样的行为和品质，才能提出应该有什么样的社会环境的问题。

3. 内在价值问题。所谓内在价值，是指一个事物因自身的缘故而值得人们欲求，或一事物就其本身而言是善的，它作为目的而言是善的。换言之，任何事物，不是因其造成的后果，而是因自身固有的性质而值得人类追求。因此，内在价值又可称为自有价值。内在价值是与外在价值相对应的。所谓外在价值，是指一事物作为手段而具有的价值，并非因自身而具有的价值，它作为手段而言是善的，这意味着它仅仅是达到善的手段。在伦理学史上，各派伦理学说都对这个问题做出了自己的回答。如快乐主义认为，快乐是内在价值，知识、权力、威望、友谊、爱情等许多其他价值构成内在价值的基本因素。对内在价值的探讨，涉及行为标准这一中心问题。因为把某种事物看成具有内在价值的事物，就是确立了一种可欲求的价值目标，一个行为正当与否，就在于它所带来的行为后果，即它是否有助于目的的实现，如果一个行为有助于目的的实现，那么它就是正当的、善的，否则，它在道德上就是不值得肯定的。在行为的目的意义上，内在价值往往又可理解为终极价值，它是人们行为所要实现或达到的价值。然而，另一种观点则认为，即使是同一个人，在不同时期也可能有不同的善恶观，因而不同时期的行为者对于道德上善恶的评价观点是不同的，甚至是相冲突的。因此，不是行为的后果目的，而是行为本身应当遵循的规范，即行为是否合乎一定的规范问题，才是规范伦理学的道德标准。这样两种观点构成功利论伦理学和义务论（道义论）伦理学的争论。相当多的理论家认为，功利论和义务论是两种主要的规范伦理学理论。

自从20世纪80年代以来，德性伦理学得到了迅猛发展。实际上，自亚里士多德以来，德性伦理学一直是占主导地位的规范伦理学。与近代以来占主导地位的义务论或功利论主要从行为的意义上讨论道德问题不同，德性伦理学强调对人的品德或德性的研究。在目前的英美学术界，德性伦理学已经被认为有着与义务论和功利论同等重要的地位。

二、应用伦理学

应用伦理学是自20世纪70年代以来兴起的伦理学研究的新领域。作为伦理学研究的一个分支，应用伦理学还处于发展之中，对于应用伦理学的概念本身以及应用伦理学作为一个学科分支的特点，理论界还有相当大的争议。有人把应用伦理学定义为分析研究诸如人工流产、动物权利和安乐死这样一些具体的、有争议的道德问题的伦理学分支。有人则把应用伦理学定义为研究如何运用普遍道德原则和道德规范去解决具体的、有争议的道德问题的学问，是一种使伦理智慧通过社会整体的行为规则与行为程序得以实现的智慧。所谓"应用"，是将理论上得到阐发的道德原则、规范运用于现实领域中；所谓"有争议的问题"，是指在道德生活的实际领域里，历史上没有定论的问题。笼统地说，应用伦理学是研究生命医学、经济、生态、科技、政治等不同领域里现实的、有争议的伦理问题的学问的总称。还有人认为，应用伦理学应当有它自己的学科特性，有自己的基本原则、规范，而不是简单地"应用"某种成熟的理论观点。应用伦理学是应对在现代科学技术条件下社会问题、人生问题对伦理学所提出的挑战，在第二次世界大战后的民主背景下兴起的新型伦理学研究，因此，必然有着反映民主社会要求的最基本的规范原则，如不伤害、自主、尊重生命、公正、责任等。应用伦理学的任务在于，面对随着现代科技发展和社会生活的深刻变化而涌现的紧迫的伦理道德问题，从现存的各种立场出发，通过理论性的话语或交谈，以期得出一种理论的共识或最终无可争辩的基本原则。应用伦理学就是这样一种话语交往平台。

生命医学伦理是应用伦理学中发展最为迅速、争议最为激烈的一个领域。珍视和保护生命是传统伦理学的一项基本原则，然而这一原则在现实的医疗实践中经常受到堕胎、植物人、"克隆"人等问题的挑战。这在生命医学伦理领域引发了一系列相关课题的争议，如：人类胚胎是否算人？堕胎是否算谋杀？人类胚胎发展到何种阶段才算是人？怎样给死亡下个定义？从心脏还在跳动但脑已死的人体中摘取健康器官的行为是否合乎道德？如何实现医疗资源的公正分配？人类"克隆"是否合乎道德？"克隆"人类违背了什么道德戒律？还有传统伦理学对医护人员的道德要求主要是关怀爱护、不伤害等，但不注重诊断、治疗过程中病人的知情权、参与权，而当代医学伦理则要求医生更多考虑病人的利益，病人的参与权、知情权以及隐私权。在病人的自决权益与医生的救死扶伤职责之间可能发生冲突，以及病人选择安乐死的权益与社会伦理问题等，构成了当代生命医学伦理学的基本课题。

生态环境伦理也是当代争论多、人们颇为关注的一个领域。当代生态环境伦理要求人们重新反省人类与自然之间的关系，认识人类对自然环境以及自然中各种动植物的责任。当代生态环境伦理所要研究的重要课题是：人与自然物之间有没有道德关系？如果有，那么如何理解人与自然物之间的道德关系？还有，我们应该站在什么立场来看待人与自然的关系？我们保护动物、环境和大自然，最终是为了自己的利益，还是那些被保护对象本身就拥有神圣不可侵犯的权利，因而人类不得危害？赞成前一种观点的人被称为人类中心主义者，而赞成后一种观点的则被称为大自然权利派或非人类中心主义者。

在人类中心主义者看来，我们之所以保护环境，无不是为了人类的幸福和发展。人类中心主义这种观点的哲学依据在于，只有人类才具有内在价值，而自然万物都只有为人类所需要的外在价值或工具价值。当代生态环境伦理要求人们转变人类中心主义的思考模式，把动植物以及一切自然物都看成具有不同程度的内在价值和存在权利的存在物。人类中心主义把人类置于动植物和自然之上，没有意识到地球是人类的生存家园，而大自然才是人类的生存之根。要转变以往对待大自然的那种主宰式、掠夺式的思维模式，就要把非人类存在者也看成道德主体，或道德病人，把大自然纳入道德共同体，对非人类存在者讲道德。

经济伦理同样也是人们所关注的一个热门领域。经济伦理问题是人类社会实践中的一种特殊类型的道德伦理问题，经济伦理不仅关注人类经济活动本身的道德基础、道德规范、道德秩序等问题，而且关注社会经济活动以及人们的经济生活各个方面的伦理道德问题。这里不仅涉及国家经济政策的宏观调节，涉及企业在生产、流通、销售等各个环节上在道德方面的认知与自我约束，而且涉及个人在生活方式、物质消费上的道德选择。就经济伦理而言，有以下一些基本问题：（1）人类经济生活所具有的特殊的道德意义是什么？（2）人类经济生活本身是否存在一种道德维度？是否需要道德规范、原则的调节？（3）人类经济生活与社会生活之整体以及自然生活环境有着怎样的价值关系？对于这些问题以及相关问题的研究，构成了经济伦理探讨的基本课题。

企业伦理是经济伦理研究中的一个亚层次伦理，但在经济伦理研究中处于一个显著的地位。由于当代社会经济活动的主体是企业或公司法人，所以企业伦理的研究对于经济伦理的研究具有重要意义。企业伦理所研究的，是企业在经营、管理等经济活动中的伦理问题。企业伦理研究可分为这样三个层次：微观层次、中观层次和宏观层次。所谓微观层次，是指企业员工的职业角色伦理、个人的伦理价值观、企业内部个人与个人之间的伦理关系等问题。所谓中观层次，是指企业作为一个经济团体和社会实体所具有的价值观与经营理念。在这里，不仅影响企业决策的领导者的价值理念对于中观层次的研究具有重要意义，普通员工的价值观、道德观和社会责任感对于企业形象同样起着重要作用。所谓宏观层次，是指企业与社会和环境的关系。企业与消费者的关系、企业与自然生态环境的关系是其重点。但无论从哪个层次看，企业的社会责任都是其中心性的概念。

三、元伦理学

元伦理学不是像规范伦理学那样，要做出某种实质性的道德陈述，提出某种道德原则或道德准则规范体系，而是对我们做出决定、警告、劝说、评价使用的言语和概念进行研究，对道德概念、术语以及进行道德判断的言语的逻辑结构进行研究。一般而言，我们把对伦理事实的陈述，或对社会生活中道德规范、道德原则的论证，看作规范伦理学的任务，而把对有关道德术语的意义和用法的讨论，对道德概念的分析，对道德断言的逻辑特征，对道德论证的性质或善的构成物的分析论证，看作元伦理学的任务。

我们可从规范伦理学与元伦理学的对照中看出元伦理学的特征。一般而言，规范伦理学总是力图建立某种价值意义的规范伦理学体系，或至少也要说明某些基本的规范伦理学的陈述是如何具有合理性的，为某种规范伦理学辩护。当然，有些伦理学家，如尼采，他们激烈地批评传统观念和社会道德，他们试图说明，至少某些道德体系是不合理的。但他们在批评既存道德的同时，也在提倡某种他们认为应该有的道德。有的伦理学家则力图说明常识性的道德规范的理论基础，如康德和西季威克等。他们力图从理论上证明，人们的常识性道德及其原则的合理性。

元伦理学则不同。元伦理学家总是在规范伦理学确立自己陈述的地方，分析和阐明规范伦理学的陈述。在他们看来，作为第一层次的与道德实践相关的理论表述，仅是他们分析、研究的基点，他们关心规范伦理学家做出的断言或提出的原则，但他们的研究不是对某种道德体系的论证、推理，他们也不是对规范伦理学家所提出的理论进行描述、说明或辩护，甚至就常识性的道德术语而言，他们也不试图告诉我们应当如何生活或证明某种生活方式的合理性。艾耶尔认为，应当把对道德概念的哲学探求与在社会生活中应当如何生活这样的问题严格区分开。元伦理学家提出：规范伦理学所提倡的那种道德究竟是什么？并且，元伦理学家提出这样的问题：作为一种理论探讨，规范伦理学是否可能？如果可能，如何才能进行合理的探讨？在伦理学研究中，规范伦理学家提出，我们应当行善。元伦理学家则提出：为什么我们应当行善？你所说的“善”是什么意思？规范伦理学家回答：善的生活也就是有价值的生活。元伦理学家则提出：价值是什么？在元伦理学家看来，哲学研究的任务是道德语言或道德术语，他们所能从事的就是对道德语言、概念进行逻辑分析或概念分析。在他们看来，哲学家并不是预言家，他们对“道德真理”并没有特殊的感悟力，因此，他们没有特殊权利来向他们的同伴进行说教，也没有权利告诉人们应当如何生活。当然，也有许多人认为规范伦理学并不是一种说教，而是以一种直接的、特殊的、决疑性的或选择的方式告诉人们如何安排自己的生活。规范伦理学是要批判不合理的道德信念，寻求某种普遍的、能够得到合理证明的道德原则。元伦理学的一个中心问题在于对规范伦理学的合理性进行论证，即论证规范伦理学理论在逻辑上是否可能。如果不可能，那就要在哲学上说明为什么它是不可能的。

自从20世纪70年代以来，元伦理学有了极大的发展。几乎英美国家的著名大学里都有因研究元伦理学而著名的伦理学家。当代元伦理学虽然还做语言分析的基本功，但其研究领域已经大大扩展了。从艾耶尔、史蒂文森的情感主义理论已经发展出称为表达主义的理论，如阿兰·吉伯德（Allan Gibbard）的理论与情感主义的理论一样，拥有“道德判断并不表达我们对道德事实的信念，而只是表达我们的非认知性道德态度”这一情感主义的基础性论点。但他同时认为：“我的判断表达了通过我的深思熟虑所达到的精神状态，我表达了我对较高层次的规范的接受，而这是与我自己对规范判断的权威性一致的。”① 因而被称为规范的表达主义。这表明他在道德语言的特性研究方面不仅继承了情感主义的特点，而且有了新的发展。同时，元伦理学又不限于情感主义的理论路线，而从事实与价值的区分这一元伦理学的基础点扩展到了道德实在的全面研究，如

① Allan Gibbard. Wise Choice, Apt Feeling. Cambridge, Massachusetts: Harvard University Press, 1990: 179.

道德实在论、自然主义、道德相对主义、准实在论、虚无主义等的研究。道德实在论坚持强调社会存在着道德事实，这类事实的存在不依我们的认知或感受而转移；相对主义、虚无主义则否认认知性道德真理的存在；还有虚构主义对比科学与道德的不同，提出道德只是人的一种虚构；等等。另外，道德心理学的研究也成为元伦理学的重要领域。对动机、欲望、行动的理由等的研究已经成为元伦理学研究的焦点。应当看到，当代西方的元伦理学显然把道德哲学的研究引向了一个很深的层次，当代杰出的元伦理学家都是杰出的哲学家，如布莱克本、斯坎伦等。许多当代的研究对我们来说还是相当陌生的，而且他们研究的许多方面也已经超出了作为道德判断理由的规范伦理学理论的范围。本书希望对规范伦理学理论有一较全面的交代，规范伦理学理论也是当代西方大学伦理学课的基本内容，而对于元伦理学的介绍，一般都置于元伦理学的课堂。因此，对于哲学层面的元伦理学理论的研究、阐发，则留待其他项目来进行。

元伦理学、规范伦理学和应用伦理学，是当前伦理学的基本领域。但这样的划分只是出于理论研究的方便，实际上它们具有极为密切的联系。规范伦理学关注行为判断和行为判断的标准，实际上是对苏格拉底式的问题的回答，即对“什么样的生活是好生活?”的回答。善的标准也就是好生活的标准，即什么样的生活在道德上是值得肯定的生活。对我的行为的评价与判断涉及“我应当成为一个怎样的人?”这样一个问题。规范伦理学是一种劝善的伦理学，确立道德上的善恶标准在于引导人们向善。元伦理学则研究规范伦理学所运用的基本道德概念以及道德判断的逻辑问题等，如果我们对于道德判断中所运用的概念都没有清醒的认知，道德概念的混乱就会使得我们无法知道自己的行动怎样才是正当的。当人们提出“你所说的正义是哪种意义上的正义?”或者“你所说的善是真的善吗?”时，人们就进入了元伦理学领域。应用伦理学所面对的是道德实践领域里所提出的实践问题。规范伦理学提出了各种实质性的道德主张和道德原则，但是，如果回答不了社会生活实践中提出的伦理道德问题，也就不可能为规范伦理学所提出的道德主张进行合理辩护。因此，应用伦理学不仅是应用规范伦理学所提出的基本原则来解答道德实践中的问题，而且有助于规范伦理学的发展。

参考书目

本尼迪克特．文化模式．北京：华夏出版社，1987.

塞缪尔·亨廷顿．文明的冲突与世界秩序的重建．北京：新华出版社，1998.

卡尔·施密特．政治的概念．上海：上海人民出版社，2003.

亚里士多德．政治学．北京：商务印书馆，1965.

维柯．维柯著作选．北京：商务印书馆，1997.

陈真．当代西方规范伦理学．南京：南京师范大学出版社，2006.

思考题

1. 文化相对主义和规范相对主义的含义是什么?

2. 我们应该怎样看待道德真理？
3. 什么是道德判断和非道德判断？
4. 审美判断、法律判断、宗教判断与道德判断的关系是什么？
5. 政治判断与道德判断的关系是什么？
6. 有几种伦理学理论？其基本内容各是什么？

第二编

功利主义

导论

在人类思想史上，功利主义（功利论）是一种有着悠久历史的思想传统。在古希腊以及古代中国，都可发现具有功利主义色彩的学说。如墨子提出“兼相爱、交相利”的基本观点，提出凡言凡行都要以是否有利于天下百姓为标准。在近代伦理学理论中，功利主义是成熟的规范伦理学理论形态之一。在西方，直至前现代社会，亚里士多德的德性伦理学都是主导性的规范伦理学。相对于前现代的传统时期，功利主义与义务论是近代以来最基本的规范伦理学理论。这两者都是取代传统的德性伦理学而居主导性地位的。不过，进入 20 世纪中后期，德性伦理学有复兴之势。功利主义又可称为后果论（consequentialism）理论。① 后果论伦理学并非只有功利主义这一类，如利己主义伦理学强调行为后果对行为者的利害关系，也可看作后果论的。所谓“后果论”，是指行为的对错或正确与否仅取决于行动的后果或效果（consequence）。后果论伦理学是与非后果论（non-consequentialism）相对而言的，非后果论一般而言指的是义务论（deontology，或称为“道义论”）。义务论的伦理学主张行为的对错并不取决于行为的后果或效果，而由行为本身的性质决定，行为的性质则取决于行为

① consequentialism 这一概念，既可译为后果论，也可译为效果论。“后果”或“效果”都可指英文中的 consequence。多年来，国内伦理学界在讨论行为的动机与后果时，所用的都是“效果”这一概念。“后果”这一概念所指的是行为直接产生的东西，“效果”这一概念较之“后果”这一概念，既包括了直接性的后果，同时更多的是指行为的影响或影响力。本书更多地使用“后果”这一词而不用“效果”这一词，是因为考虑到，“效果”这一概念没有“后果”这一概念那么明确地直指行为所产生的东西。行为的发生，是动机在前，通过行为过程而产生什么，而这一行为之“果”就是“后果”。“效果”这一概念往往表示的是通过什么而发生作用或某种行为对什么产生了影响，如我们说到某种药物的效力或效果。因此，它也包含后果之意，但比后果的意思更宽泛一些。

的动机；或者说，是动机的好坏决定行为的好坏。

一、后果论

功利主义的后果论，是指行为的非道德意义后果对于评价行为具有决定性的意义。就行为的后果而言，存在有道德意义的后果和非道德意义的后果之分。所谓“有道德意义”，是指行为的后果本身直接具有道德意义，如善、正直、义举等，这类行为本身可直接用道德词汇来表述。所谓“非道德意义”，是指行为的后果可用自然性质的语言来表述，并不需用道德词汇来表达，或把善还原为自然性质的事物。如“欲望的满足”或“不满足”，欲望指的是人的欲求，是一种自然事实。类似的语言还有快乐与痛苦等，指的都是人的自然感受、自然事实。这些都可看作行为的后果。后果论的伦理学主张行为的对错取决于行为的后果，功利主义是一种最基本的后果论，功利主义强调行为的后果决定行为的道德价值（善、恶等），而这一后果就是快乐、痛苦等行为的非道德价值的自然事实。

后果论的伦理学又可称为行为者中性的（agent-neutral）伦理学，义务论的伦理学又可称为行为者相关的（agent-relative）伦理学。所谓行为者中性，是指后果论的伦理学强调的是行为的后果，而不是行为者本身的因素对于行为所起的作用，或者说，行为后果的好坏与行为者动机的好坏无关。义务论的伦理学则强调行为者本身的因素对于行为所起的作用，行为的责任、义务是与行为者相关的，如康德的义务论强调出于责任的意志或动机对于行为所起的决定作用，因而是行为者相关的伦理学。但相对于德性伦理学的中心是行为者而言，义务论仅仅是“行为者相关的”。后果论的伦理学对于行为价值的评价，不着眼于行为者的动机或品格，而着眼于行为对这个世界的相关事态所起的作用，如使快乐的量得到增加。实际上，后果论的伦理学，如功利主义的伦理学，一般都认为行为的道德价值要通过非道德的理由才能得到辩护，义务论的伦理学则主张行为的道德价值本身就可以提供辩护。

后果论的伦理学把个人的动机或品格只看成达到行为后果的工具。与义务论的伦理学强调动机具有内在价值不同，后果论的伦理学的基点在于外在价值或后果价值，而把个人的动机或品格只看成促成最有价值的后果的工具，认为行为动机或行为本身只具有工具价值，而没有独立的内在价值。内在价值与外在价值是相对而言的，所谓内在价值，指的是行为本身或某种道德性质本身不因别的因素而具有的价值。如义务论的伦理学认为，遵守诺言这一道德行为并不因它所达到的后果而具有价值，仅因它是道德的行为而具有价值。如果遵守诺言带来了对自己利益的损害，这并不减损这一道德行为的道德价值。因此，就行为而言，某种行为不因作为达到某种目的的手段而有价值，也就是承认了行为本身内在所有的价值。如果把某种行为看作达到某种目的的手段而具有价值，这指的是行为的手段价值或工具价值。如把遵守诺言或商人的诚实看成牟利的手段，行为的这种工具价值要从对后果的评价中才可得知，或还原为非道德的后果评价才可得知。如商人认为诚实不能实现自己利益的最大化，也许他就会采取欺骗顾客的手法来牟利（当然，功利主义并不一味提倡自我利益的最大化，它还有一个最大多数人的最大利益原则对行为的约束性）。义务论的伦理学则认为，行为的动机或行为本身的价值不可还原为其他非道德的如利益等自然事实或自然属性。对于像遵守诺言、忠诚、勇敢等动机或行为，本身就具有独立的内在价值，不可把它们做工具主义的理解，不可把它们看作达到某种自然后果的有用工具而具有价值。只把这些道德价值看成工具价值，就贬低了这些道德因素本身的价值。

二、功利主义的形式与特征

功利主义伦理学包括多种强调后果决定行为或政策对错性质的伦理学理论，如行动功利主义、规则功利主义和理想功利主义等。一般认为，功利主义最基本的形态是行动功利主义和规则功利主义。在伦理思想史上，功利主义思想源远流长。古希腊的苏格拉底和柏拉图的思想中就包含功利主义的观点。功利主义伦理学在近代得到发展，其成熟的理论形态是以边沁、密尔为代表的功利主义思想。20 世纪以来，出现了功利主义形态的区分。最主要的区分是行动功利主义和规则功利主义。自从有了这一区分，现在人们也把边沁的功利主义理论看作行动功利主义，而把密尔的功利主义看作规则功利主义。但也有人把他们所提出的功利主义称为经典功利主义或传统功利主义。由于边沁、密尔的功利主义对于当代功利主义思想都有着奠基性的意义，因此，我们分别对边沁、密尔的功利主义思想与当代行动功利主义、规则功利主义进行论述。

后果论是功利主义伦理学的最基本特征，但它不仅是后果论的，而且还有其他特性。第一，与后果论的特征相关的是，功利主义也是目的论的伦理学。把后果置于道德评价的中心地位，也就是把目的放在同样重要的地位。目的论的行为特征是行动者通过选择一定有效的手段或途径，并以适当的方式来运用这种手段，从而实现其目的。亚里士多德的伦理学是目的论的伦理学，亚里士多德认为，所有的人类行为都有其目的，这一目的就是善。如何实现善或善的实现是亚里士多德的目的论意义之所在。就功利主义而言，目的的实现对于行为的评价具有决定性的意义。在可选行动中实现最大的善，是功利主义的目的论的意义之所在。

第二，功利主义从总体上看是一种快乐主义的幸福论或福利主义（welfarism），或以欲望的满足为基础的幸福论或福利论。功利主义通常把“功利”理解为人的福利或幸福。“福利”的意思是“过得好”（faring well）。早期的功利主义者如边沁以“快乐”与“痛苦”的量比来定义“幸福”或“福利”。如果快乐的量多于痛苦的量，则是幸福或“过得好”。当代功利主义把幸福或福利看成个人的实际欲望和偏好的满足。在个人幸福原理之上，功利主义还有社会总体幸福的原则，即最大多数人的最大幸福。

第三，功利主义把快乐看成善，或善的事物，把快乐与善等同起来。虽然像摩尔这样的理想功利主义者，把美感、爱、友谊、德性等都看成具有内在善的事物，但总的来看，功利主义把善看成欲望的满足，或者说，能够产生快乐的事物。

第四，功利主义认为，行为后果的非道德价值，也就是可评价为善或恶的那个后果，取决于行为所带来的有益的后果与不利的后果这两者相加的总和。如果相加后的净余值是正值，则为善；是负值，则为恶。或者说，在道德上前者是对的行为，后者是错的行为。并且，功利主义对行为的要求不仅是求得后果上为正值的那个结果，而且是求得在可选行为中最大化正值的那个结果。因此，对功利主义而言，一个行动是道德的，当且仅当这个行动在可选行动中能够产生最大的善。

功利主义的幸福论以及这一最大化功利原则，不仅是一种个体幸福论，而且是一种可运用于生态环境、医疗保健、经济、政治决策等重大社会领域的伦理学。边沁功利主义的出现，就边沁自己的意愿而言，是为当时的立法和政治改革提供伦理学基础，因此，功利主义一开始就是一种政治哲学的道德基础理论。或者说，功利主义的原理可以成为对广泛社会领域里社会决策的对错进行伦理辩护的依据。一个行为或一个政策，可以从是否能够为最大多数人带来最大幸福来判断它的正当性。

功利主义的这一原理运用于社会政策领域，即当涉及多数人的多重结果时，功利主义对于某项政策的道德评价所依据的是积聚性（aggregative）特征。如一项政策涉及福利水平不同的A、B、C、D、E五人，假设A的水平是2，B的水平是8，C的水平是13，D的水平是−5，E的水平是−15。如果实行分配政策X，其结果是，A是4，B是10，C是17，D是−1，E是−6；如果实行政策Y，其结果是，A是5，B是26，C是80，D是−3，E是−15。按照功利主义的评价，实行政策X的结果是净福利为24，而实行政策Y的净福利是93，所以，实行分配政策Y是正确的选择。功利主义最初是作为一种公共道德标准而出现的，功利主义这一标准强调社会福利总量的增长以及它的最大化实现，即若某项社会政策的实施能够带来社会福利总量增长的最大化，实施这项政策就是合理的、正当的。

第三章

边沁的功利主义

杰里米·边沁（Jeremy Bentham，1748—1832）的功利主义是伦理思想史上第一个成熟的功利主义理论体系。边沁是英国著名的哲学家、法学家和伦理学家。边沁一生著述颇丰，他的著作有《政府片论》《为高利贷辩护》《道德与立法原理导论》《宪法法典》《义务论》《行为的原动力》等，研究领域涉及政治、经济、伦理、逻辑、心理与法律等。但值得指出的是，他所研究与献身的领域主要是立法和法律改革，他的功利主义理论是他的立法理论的伦理学基础。他的第一部著作《政府片论》提出了一个功利主义的理论纲要，在《道德与立法原理导论》中，他更为全面地论述了自己的功利主义思想。

第一节　功利主义的思想传统与时代背景

一、思想传统与时代背景

边沁功利主义伦理理论的出现，既有思想史上的渊源，同时也是时代的需要。在思想史上，功利主义是一种强调人的感性需要和感性快乐的幸福论。在古希腊，这样一种感性快乐幸福论，即使是在强调理性对于道德生活具有决定性意义的苏格拉底那里，也可以找到相应论点。[①] 伊壁鸠鲁

① 关于“快乐”这一主题，它几乎不断出现在柏拉图的所有对话讨论中。不仅在早期的《高尔吉亚篇》《普罗泰哥拉篇》中有过较详尽的讨论，在晚期的《菲利布篇》中更有对快乐的详尽讨论。他提出“快乐”是一个在意义上有许多差别的词，它事实上是一个综合命题；他还区分了真快乐与假快乐，对于快乐和痛苦进行心理学的考察，等等。

的幸福主义是古希腊哲学史上影响最大的快乐幸福论。伊壁鸠鲁的快乐论是一种感性快乐论，在他看来，快乐就是身体的无痛苦和灵魂的不受干扰。[①] 伊壁鸠鲁认为，我们所有行为的目的都是免除痛苦和恐惧，而一切快乐的起源和基础都是感性快乐，如果没有感性快乐，也就不会有其他快乐。对于伊壁鸠鲁而言，人生的目的在于追求快乐，快乐是幸福生活的开始和目的，快乐就是人生最高的善。如果没有感性快乐，也就没有了基本善。不过，伊壁鸠鲁在强调感性快乐的同时，并不仅仅停留在感性快乐上。他同时重视精神快乐，甚至把精神快乐看得高于感性快乐。在他看来，是理性给了灵魂最完满的快乐，一个有理性的人享受给他的最大福利并且终生享受。对于肉体的快乐，应当以理性来衡量。

随着中世纪的到来，感性幸福论长期沉寂。在中世纪人的视野里，人是罪恶深重的生存者。人生是趋向上帝的旅途，人只有不断贬抑自己，才能得到上帝的拯救。人的精神只有摆脱肉体的桎梏，才有得救的可能。在基督教看来，人的一切罪恶来自人的肉体欲望或自然的情欲，它阻碍和干扰了人心中上帝的律法，使人屈服于情欲而犯罪。人类由于情欲的束缚陷入原罪而不能得救，只有靠信仰上帝，服从上帝的律法，才能灭绝趋恶的根源，使自己得救。

13 世纪以来的文艺复兴，是人的重新发现。这个“人”的发现，也就是“个人”的发现，是对一个有情感、有欲望、有尊严的个人存在的发现。在文艺复兴时期的思想家看来，不是上帝，而是人的情欲、人的生存是人类社会的基本事实。文艺复兴的主题就是：人是感性的、有情欲需要满足的，以人道对抗上帝，以人性对抗神性。在这种反叛上帝的过程中，为人的感性幸福进行道德辩护是历史的最强音，感性幸福成为启蒙的主题。文艺复兴时期的思想家如但丁、薄伽丘、达·芬奇、伊拉斯谟以及莎士比亚，无一不是以自己的笔来讴歌人的感性。纵观从 13 世纪的文艺复兴到 18 世纪的启蒙运动，感性幸福论是第一级的主题，理性启蒙才是第二级的主题。历史提出的首先是“感性存在”的权利，其次才是“理性的权利”。无论是英国的功利主义还是德国以康德为代表的义务论，都是这一思想精神转换的体现。同时，无论是近代功利主义还是义务论，都体现了文艺复兴以来对人的重新发现所确立的人道主义，即将个人置于中心地位，强调人的价值、权利和尊严。

二、边沁与英国传统

边沁的功利主义理论是近代第一个成熟形态的功利主义学说。边沁思想的背后是整个文艺复兴以来的传统，但边沁直接继承的是近代英国的功利主义观点。他将他那个时代的功利主义思想做了系统的整理和发挥。从哲学上看，英国的感性经验论是边沁的功利主义的哲学基础，在洛克之后，18 世纪的英国哲学观点中普遍存在着功利主义的观点。在孟德威尔、哈奇逊、休谟以及亚当·斯密的思想中，都包含着丰富的功利主义思想。法国思想家受其影响，爱尔维修以及霍尔巴赫也不例外。

值得指出的是，哈奇逊在功利主义思想发展史上有重要地位。哈奇逊第一次明确提出了功利原则和类似于边沁的快乐计算的理论。在哈奇逊那里，假设一个行为产生的快

---

① 苗力田. 古希腊哲学. 北京：中国人民大学出版社，1989：649.

乐的量与其他行为所产生的快乐的量相等，就要看它所普及的人数，也就是说，德行是善的量与享受的人数的乘积。凡是能够产生最大多数人的最大幸福的行为，就是最好的行为，反之，就是最坏的行为。同时，他提出，对于行为的道德性，有类似于公理的命题。哈奇逊一共列出了五条公理，如其中第一条是，行为产生的公共善的量，是行为者的仁爱与能力的乘积；第二条是，行为产生的对于私人的善，是其自爱与能力的乘积。

对边沁的思想有直接影响的，则是休谟在《人性论》中有关功利的思想。边沁曾说他在读到休谟《人性论》第三卷“道德学”中关于“功利”的论述时，“顿时感到眼睛被擦亮了”①。休谟的功利概念启发了边沁，使他找到了建构自己理论的立足点。休谟在《人性论》中揭示了德性的两个并列的本质：功利性（或有用性）和愉悦性。休谟认为德性的功利性“对于行为倾向的反省具有最大的影响，并决定我们的义务的重大的方向”②。这种功利性是德性的“促进人类或某些个人幸福的倾向”，德性的这种有用性是与使人感到愉快的特性联系在一起的。他认为，使人愉快的那些品质都被认为是对人有用的，并且有促进他的利益与快乐的倾向。休谟对德性概念性质的分析，使他得出了功利主义的结论，即德性值得追求，不仅在于它的功利性，而且在于它使人愉悦。也就是说，德性的价值在于它的有用性。在休谟看来，有用性是人们对于正义、忠实、荣誉、忠诚以及纯洁给予高度敬意的依据，而且也是和其他社会德性如仁慈、慷慨、仁爱等密不可分的。因此，在休谟那里，基本德性为人们所重视的根本原因，在于其有用性，或在于道德性与人们的利益内在相关。休谟说：“这些品质只被认为是达到目的的手段，并且随其适合于那个目的的程度而使我有不同程度的愉快。”③ 德性只是手段，而不是生活或实践的本质构成或本质特性。麦金太尔曾深刻指出，以亚里士多德为代表的德性传统是把德性置于生活与实践的中心位置，以德性为人类生活的本质构成因素。而功利主义的德性规则把德性作为达到某种个人目的的手段，休谟的这种态度与后来美国哲学家、科学家和政治家富兰克林的德性观是一致的。富兰克林认为德性之所以有用，是因为它对获取财富的有用性。边沁则从休谟对德性的功利性讨论中直接受益，把功利看成整个道德的基础。④

第二节　功利原则与快乐主义

一、道德行为对错的标准

行为的对错好坏判断是规范伦理学的一个基本课题。什么样的行为在道德上是对或正确的行为？什么样的行为在道德上是错或不正确的行为？或者说，行为本身是依据什么来决定其对错的？边沁认为，只有合乎功利原则的行为才是对或正确的行为。他说：

---

① 边沁．政府片论．北京：商务印书馆，1995：149 注 2.

② 休谟．人性论．北京：商务印书馆，1980：632.

③ 同②631.

④ 边沁说：“一切善德的基础蕴藏在功利之中。”（同①）

“一个人对于一项符合功利原理的行动，总是可以说它是应当做的，或者至少可以说它不是不应当做的。也可以说，去做是对的，或者至少可以说去做是不错的：它是一项正确的行动，或者至少不是一项错误的行动。应当、对和错以及其他同类用语做如此解释时，就是有意义，否则没有意义。”① 边沁在这里讲了两个重要的伦理学问题，一是行为的对错是以符合某种原理来判断的，在这里，也就是依据功利原理来判断。二是“应当”、“不应当”、“对”和“错”这些概念的运用。这些概念都是道德哲学或伦理学的关键性概念，“应当”或“不应当”表明一个行为的正当性与否，“对”或“错”是对行为性质的判断。无论是说一个行为是应当或不应当，还是说一个行为是“对”或“错”，都要有行为判断的标准。也就是说，只有依据一定的标准才能判断一个行为应当或不应当，一个行为对或错。这个标准对于功利主义来说，就是功利原理。功利原理可以作为判断行为的唯一标准或最终标准，或者说，判断行为对错的基本原则或主要原则。

那么，什么是功利原理或作为基本原则的功利原理？边沁说：“功利是指任何客体的这么一种性质：由此，它倾向于给利益有关者带来实惠、好处、快乐、利益或幸福（所有这些在此含义相同），或者倾向于防止利益相关者遭受损害、痛苦、祸患或不幸（这些也含义相同）；如果利益有关者是一般的共同体，那就是共同体的幸福，如果是一个具体的个人，那就是这个人的幸福。”② 所谓“功利”，即行为或政策对于相关个体或大众的幸福的效力或影响。所谓功利原理，也就是依据这样一种功利原则进行行为或政策的价值判断的原理。共同体的幸福涉及政治领域里的公共决策，个人幸福则涉及个人行为领域。在边沁看来，无论是政治领域还是个人道德行为领域，功利原理都是衡量其决策和行为对错的真正标准。以边沁的话来说：“功利原理是指这样的原理：它按照看来势必增大或减少利益有关者之幸福的倾向，亦即促进或妨碍此种幸福的倾向，来赞成或非难任何一项行动。我说的是无论什么行动，因而不仅是私人的每项行动，而且是政府的每项措施。”③ 边沁把功利原理看成衡量个人行为和政府措施的基本原则。行为或政策措施可能造成增加或减少利益相关者的幸福的后果，功利原理也就是依据这样一种后果来进行评价的原理。

幸福是边沁功利原理的内涵规定，而边沁的幸福概念实际上是为快乐的概念所规定的。好处、实惠尤其是快乐，在边沁那里是幸福的同义词。同理，损害、痛苦或祸害，则等同于不幸。边沁说，在一般的行为中，有着共同的目标或趋向，“我所说的目标，就是幸福。任何行动中导向幸福的趋向性我们称之为它的功利；而其中的背离的倾向则称之为祸害”④。因此，所谓“功利”，也就是边沁所说的幸福或福利，而幸福也就是快乐。因此，功利是与快乐的增进和痛苦的减少内在相关的。增进幸福与减少痛苦，又是边沁的利益概念的实质内容。

边沁的功利原则，还有另一方面的重要内容，即最大多数人的最大幸福。边沁从他的第一部著作《政府片论》起，就提出了将最大多数人的最大幸福作为正确与错误的衡

① 边沁. 道德与立法原理导论. 北京：商务印书馆，2000：59.
② 同①58.
③ 同①58.
④ 边沁. 政府片论. 北京：商务印书馆，1995：115-116.

量标准。他认为这一标准虽然早已被人提出，但在方法上和精确度上都需要发展。[①] 后来，边沁则认为，以快乐的增进或痛苦的减少为基本内涵的功利原理需要最大幸福或最大福利原理来补充或取代。因此，边沁明确地把最大多数人的最大幸福原则看成功利原则。边沁的功利原则涵盖了两个方面的内容：一是个人幸福，即个人的快乐；二是最大多数人的最大幸福。最大多数人的最大幸福作为功利原则，这是边沁的社会理想，也是他的立法改革与法律改革的目标。合乎功利原理的行为或措施也在于这样两个方面。从个人方面看，个人的行为合乎功利原理，也就是有着增大个人幸福的倾向，那么就是应当做的行为，或对的行为；从社会方面看，如果政府的措施合乎功利原理，也就是有着增大共同体的幸福的倾向，那么就是正确的举措或对的举措。

边沁明确意识到了个人幸福与社会幸福的区别。个人幸福是与个人的苦和乐相关的课题，社会幸福或者说最大多数人的最大幸福则是与官员们的行为密切相关的，有时他把它简单地说成最大幸福原理。边沁把幸福作为至善目标。不过，边沁的这种最大量幸福的原理容易引起误解，因为最大量的幸福，也可以说是少数人的幸福，而不是多数人分散享有的幸福。但对于边沁来说，我们应看到他始终是认为，最大量的幸福只有当最大多数人的幸福得到实现时才能达到。

那么，怎样看待个人幸福与最大多数人的最大幸福的关系？在边沁的词汇里，最大多数人的最大幸福也就是社会利益，个人幸福也就是个人利益。因此，我们只要看一看他是怎样看待社会利益与个人利益的关系，就可以明了了。他说："共同体的利益是在道德术语中所能有的最笼统的用语之一，因而它往往失去意义。在它确有意义时，它有如下述：共同体是个虚构体，由那些被认为可以说构成其成员的个人组成。那么，共同体的利益是什么呢？是组成共同体的若干成员的利益总和。"[②] 边沁认为，共同体是个虚构体，它只不过是由组成它的成员所构成。因此，共同体的利益也就是个人利益的总和。边沁所说的共同体，也就是我们所说的社会。community 这一英语单词也可译为"社会"。边沁是以"共同体"这一术语来谈社会，因为政府的措施是关涉到社会的。正因为边沁把社会看成是它的成员所构成的，如果离开其成员的利益来谈共同体或社会的利益，那就是空话。因此，理解个人利益是理解社会利益的关键。他说："不理解什么是个人利益，谈论共同体的利益便毫无意义。当一个事物倾向于增大一个人的快乐总和时，或同义地说倾向于减少其痛苦总和时，它就被说成促进了这个人的利益，或为了这个人的利益。"[③]

前面我们看到，边沁认识到个人利益与社会利益是有区别的，这种认识应看作他献身于法律改革的认识论前提。但在这里，他把社会利益只看作个人利益的简单的量的累

---

① 边沁．政府片论．北京：商务印书馆，1995：92.

② 边沁．道德与立法原理导论．北京：商务印书馆，2000：58．在这段话里，可能引起误解的是最后一句：共同体的利益是组成共同体的若干成员的利益总和。其英文原文确实是"若干成员"(several members)，周辅成先生主编的《西方伦理学名著选辑》则把它译为"所有单个成员的利益之总和"(周辅成．西方伦理学名著选辑：下卷．北京：商务印书馆，1987：212)。虽然这不是忠实于原文的翻译，但我认为，这是边沁自己想要表达的，因为他前面已经谈到了共同体是由其成员的个人所组成。

③ 边沁．道德与立法原理导论．北京：商务印书馆，2000：58.

加，可以有这样两种解读。一是每个人都努力追求自己的快乐的最大化，那么自然而然也就增进了社会的利益。对边沁理论的这一解读并非全是谬误。社会利益与个人利益确实有区别，但并非没有内在关联。这种关联性特征自从近代以来的（自由）市场经济制度实行以来，已经得到了几百年的历史的证明。近现代社会与古代社会的一个本质区别就在于，在以往的传统社会中，统治阶级的利益往往就是社会利益的代表，并占据了主要的社会利益。例如奴隶社会的奴隶就不享有社会利益的身份地位。以自由市场经济制度为基础的近现代社会情况则不同。这种经济制度决定了，进入这一市场的普遍主体（包括市场的全部商品生产者与消费者）的利益或利益占有状况，决定了市场经济的繁荣程度。因此，在这种经济制度下，如果每个人都努力追求自己的利益，那么无疑将增进社会利益。这就是边沁的同代人亚当·斯密在《国富论》中借“看不见的手”的生动比喻所说的市场效应。

二是对于共同体的利益追求，如果不将它虚幻化，那就必须落实到个人利益那里。或者说，体现在个人利益的增进或增长上。很难想象一个社会或一个国家的财富增长了，其成员或其国民的财富在总体上却得不到增长。边沁指出，增进共同体的幸福倾向应当体现在对其成员个人幸福的增进上。不过，无论是这两种解读中的哪一种，都有将共同体或社会的利益还原为个人利益的倾向，而没有意识到这两者的区别。但从边沁作为立法和政治改革者的意图来看，边沁是把共同体的幸福奠基于个人幸福之上，这种倾向是合理的。

二、苦乐原理

边沁的功利原理的实质性内涵是幸福概念，而幸福与不幸，在边沁这里都可归结为苦与乐。快乐与痛苦是边沁功利主义伦理学的深层标准。

苦乐原理是边沁的功利主义理论的基石。边沁继承了英国经验论的感觉论传统，主张从人的感性经验而不是从理性的前提来确立道德理论。在他看来，道德观念、道德原则不是来自天赋的观念或先验的原则，而是来自人的感性体验。他在《道德与立法原理导论》的开篇第一节中写道：“自然把人类置于两位主公——快乐和痛苦——的主宰之下。只有它们才指示我们应当干什么，决定我们将要干什么。是非标准、因果联系，俱由其定夺。凡我们所行、所言、所思，无不由其支配：我们所能做的力图挣脱支配地位的每项努力，都只会昭示和肯定这一点。一个人在口头上可以声称绝不再受其主宰，但实际上他将照旧每时每刻对其俯首称臣。”① 快乐与痛苦在深层次上支配着人类的行为，因而是我们判断行为是非的根本标准或最终标准。边沁强调，构成社会共同体的每个成员的幸福与安宁，是立法者所应注意的唯一目标，并且，每个人都应以这样一个标准去规范自己的行为。换言之，在边沁看来，每个人可以做最后决定的东西，除了快乐与痛苦这两个主宰以外，就没有别的了。追求快乐和避免痛苦对于人类行为的支配意义是如此之大，以至于除了这两个主宰之外，就没有别的任何东西可以被看作对人类的行为有最终的支配作用。在边沁看来，人类身心的天然素质，决定了人们在一生中的绝大多数场合一般都信奉这个原理。

---

① 边沁．道德与立法原理导论．北京：商务印书馆，2000：57.

边沁从四个方面探讨了人类快乐与痛苦的根源和约束力量。这四种根源和约束力量是：自然、政治、道德和宗教。边沁说："快乐和痛苦通常出自四种可辨认的来源，它们分别可称为自然的、政治的、道德的和宗教的；只要属于其中每一种来源的快乐和痛苦能够产生束缚任何法律或行为规则的力量，它们就全都可称为约束力。"① 也就是说，人类的快乐与痛苦可以追溯到这样四种根源，具有这样四种约束力量。所谓自然来源和自然约束力，指的是快乐与痛苦来自人的自然生命过程，而不受任何人的意志干预。快乐与痛苦由社会共同体内一个或一群有权势的特殊的人掌握，这些人掌管社会成员的快乐与痛苦的资源分配。在这个意义上，政治成为社会共同体内每个成员快乐与痛苦的来源和约束力量。边沁认为，快乐与痛苦的道德来源和道德约束力，体现在人们的日常生活之中，如他的邻人因对他的道德品格不悦而不给他任何帮助，他遭受火灾之难就是来自道德约束力方面的惩罚和痛苦，又如他人的同情之心可给穷困之人带来解救之乐。快乐与痛苦的宗教来源和宗教约束力量，指的是快乐与痛苦来自一个超然玄虚的最高存在，这是在信仰者那里，由于信仰而产生的快乐与痛苦。边沁认为这四种来源和约束力量是快乐与痛苦最基本的来源和制约力量，这与边沁所处的文化和历史环境相关。如边沁没有把个人的自我实现的努力看成快乐与痛苦的来源以及对于快乐与痛苦具有约束力量，而把宗教看成基本约束力量，这反映了西方社会的宗教背景。

边沁讨论的合理之处在于：人类的快乐与痛苦有其来源；同时，对于其来源而言，又不仅仅是来源，而是具有约束性的力量。并且，边沁意识到，人类的快乐与痛苦是在各种人类生活和精神层面广泛存在的现象，同时对于人类的精神生活和社会制度都具有无所不在的约束力量。边沁认为，无论是人类的道德、政治还是宗教，或受益于或受阻于快乐与痛苦这样两种力量。并且，就个人而言，几乎没有人会不关注这些力量，这些力量是与个人的动机和谋划内在联系的。或者说，人类行为的动机没有不与追求快乐与避免痛苦相关联的。边沁不知道义务论的伦理学完全不把快乐看成行为的动机。在义务论看来，不是快乐，而是德性原则才是行为的出发点。

这里道出了边沁功利主义伦理学的出发点。在他看来，人类的一切行为动机以及合理性依据都根源于快乐与痛苦，它们是人类行为的根本原因。人是一种追求快乐与避免痛苦的动物，趋乐避苦是人的本性，文艺复兴以来的思想家、文艺家反复提到了这个论点，在边沁这里，它达到了一种哲学的概括。诚然，人有许多动机、许多目的，或者说，有不同的动机、不同的目的，边沁在他的《道德与立法原理导论》中详尽地讨论了各种行为动机、意图以及相应的利益。然而，边沁从事这种研究的目的是在证明，每一个动机或冲动的力量完全在于与之相关联的快乐与痛苦，人类的行为完全处于快乐与痛苦的统治之下。对快乐的追求与对痛苦的避免是人的行为的最深层动机，在这个意义上，它们也就成为人类行为的最终目的。边沁甚至认为，人类的其他一切义务、正义、责任、德性，都并非与快乐和痛苦无关。实际上，一旦从它们那里抽掉快乐与痛苦的因素，它们也就变得毫无意义了。在边沁那里，任何崇高、高尚的东西，任何宗教义务论的责任与神圣的东西，都被拉到了这个人类感性的地平线上，受到这种感性快乐与痛苦

① 边沁．道德与立法原理导论．北京：商务印书馆，2000：81.

的最终裁决。一切神圣、光辉的东西失去了它神圣的光环，服从于这个粗俗的感性本体的判断。在边沁看来，人类除了快乐与痛苦以外，再也没有别的东西可以作为最后的行为依据了。

然而，边沁所主张的苦乐是人类行为动因的论点是有着内在困境的。他把趋乐避苦作为人类行为的动机，可是在动机的意义上，功利主义所认为的快乐只是一种期待中的快乐，并不是一种已经实现了的快乐。已经实现了的快乐对于行为者无动机意义可言。因此，就动机而言，这种期待中的快乐仅是一种观念形态的东西，也就是说，所谓具有动机意义的快乐只是一种观念而已。对于边沁的这种论点，元伦理学的创始人摩尔指出，边沁是不正确的。在摩尔看来，并不是一种欲望的观念，而是我想到了或正在从事的这种活动，使我产生了快感。这种快感的存在，才是行为的动因。摩尔不过是对边沁的功利主义观点做了修正。从义务论的观点看，无论是否有我所向往或体验到的快乐，都是不重要的，正确行为的动因不出于爱好或任何主观的原因，而来自对责任或义务的尊重。

三、后果论

在伦理思想史上，边沁极为重视对动机的研究与分析，边沁强调人类的一切行为都是为了追求快乐与避免痛苦，或者说，追求快乐与避免痛苦是人类行为的深层动机。然而，是动机决定行为的善恶好坏吗？边沁对这一问题做了否定性的回答。边沁认为，任何人类行为都有引发或产生它的动机。这在边沁那里，就是意愿性动机。所谓“意愿性动机”，是指“通过影响一个有意识的存在物的意愿，起了促使后者在任何场合去行动或自愿避不行动的作用”①。这种动机又可称为“实践动机”。前面已述，边沁从苦乐原理出发，认为人们一切行为的最深层根源在于人的趋乐避苦的倾向。动机必然涉及行为，而激发行为的是快乐或痛苦。快乐或痛苦的这种源动力何在？边沁说：“一个人要由任何动机来支配，就必须在每个场合不只是考虑导致其行为的那个事件，还必须考虑它的后果；只有这样，关于快乐、痛苦或任何其他事件的意念才能引起其行为。”② 快乐与痛苦对于行为的作用是从后果论的意义来理解的。这可以被看成“预期的动机”。或者说，有预期的快乐值得追求和有预期的痛苦使我们回避，这就是行动的动因。在这个意义上，动机论转换成了后果论。换言之，快乐或痛苦是我们意愿之中的，而不是先于我们的行动已经存在于我们的状况之中的。但是，这个行为的善恶好坏的确需要我们依据是否能够实现意愿中的快乐和避免痛苦来确定。

相比较之下，康德式义务论伦理学的动机论，主张一个行为是否善良，是否符合道德，不是看一个行为的后果，而是看一个行为是否出于善良意志，善良意志之所以善良，并不在于它所发出的任何行为一定可以获得一个好的效果，而在于它本身就是善良的，在于行为本身是道德的。也就是说，动机论只是强调动机的道德性，而不是看一个行为是否带来好的结果。后果论则相反，一个行为是否善良，主要看一个行为是否会带来好的结果。只要一个行为能够带来快乐的结果，那么这个行为也就是合乎道德的行

① 边沁．道德与立法原理导论．北京：商务印书馆，2000：148.

② 同①149.

为。因此，与义务论认为从行为的动机就可得知行为的善恶或动机本身就有善恶之分不同，边沁从功利主义后果论出发，认为仅仅从动机本身完全不可能判定行为的善恶、好坏。

在边沁看来，人们常说行为发生于善或者恶的动机，动机善行为也就善。但这种说法并不确切，因为这里所说的动机是指“内心”而言的。就内心的动机而言，总可指向某种快乐或痛苦。然而，由于快乐本身具有内在价值，并且就任何人而言，除了痛苦的避免以外，快乐就是唯一的善了。痛苦本身是一种恶，并且是唯一的恶。否则，善恶二字就没有意义了。同样，每种快乐都是善，而每种痛苦都是恶。在边沁看来，任何人都不可能把痛苦作为追求的动机。

功利主义的苦乐原理的一个根本特点在于，把苦与乐看成在本质上就是善与恶的代名词。快乐本身具有善的内在价值。功利主义把一切带来个人的感性痛苦的东西都看成恶，直接否定了宗教禁欲主义对人的感性幸福的压抑。边沁指出，禁欲主义所赞成的行为是以它们趋向于减少当事者的幸福为准的。凡谴责任何起码的、无论从何而来的快乐本身的人，都是禁欲主义的信徒。禁欲主义反对人的感性快乐与幸福，但“禁欲主义原理却从未也永远无法由任何生灵自始至终贯彻到底。只要有十分之一的地球居民坚持实行之，一天之内他们就会使地球变成地狱”①。压制自己的感性欲望，一心向往天国，甚至摧残自己的肉体的人，在中世纪被看成圣徒般的人物，如中世纪形容枯槁的苦行僧。从把奉行禁欲主义看成道德典范到视其为道德的恶，分明可以看到道德世界已经转换了。功利主义是新起的道德精神的代言人。认识不到精神世界的这种深度转换，也就无法认识到功利主义的现代意义。

就边沁的功利主义而言，它强调每个人的动机都在于求得快乐，因此可以得出这样的结论：“不存在任何一种本身是坏的动机。”② 从字面上看，我们是否可以得出结论说：边沁也持有一种善良意志论？其实，边沁并没有这个意思。他是说，如果从动机上看，任何人都不会求痛苦，因而也就不会求恶，因此，从动机上是说明不了行为的善恶好坏的。“就好坏而言，动机同其他每一种本身既非痛苦亦非快乐的事情一样。如果它们是好的或坏的，那只是因为它们的效果：好是因为趋于产生快乐或避开痛苦，坏是因为趋于产生痛苦或避开快乐。于是，从一个同样的动机以及从每一种动机当中，可以产生好的行动，也可以产生坏的行动，还可以产生不好不坏的行动。”③ 很显然，边沁并没有唯动机论的倾向，恰恰相反，他强调唯有效果才能决定一个行为的善恶、好坏。

边沁对于人类的各种动机，从正反两方面进行了全面的考察。边沁通过经验性的考察，指出也许任何一个好的动机、善意的动机，都可以从相反的角度把它看成坏的动机；而一些人们认为是坏的动机，从相反的角度，也可以被看成好的动机。如对于淫欲、残酷、贪婪这样的坏动机而言，“没有一种动机不可以在许多场合下成为好的动机”这一命题也是正确的。不存在绝对好或绝对坏的动机。边沁说，把这些坏动机的名称同

---

① 边沁．道德与立法原理导论．北京：商务印书馆，2000：69.
② 同①152.
③ 同①152.

它的效果分开来看，它们便是性欲、不快以及爱财。把性欲的后果看成坏的时候，便给它一个坏名称（淫欲），于是淫欲就永远是坏的动机。因为假如这动机的效果并不坏，那它就不会有，或者最低限度不应该有这样一个淫欲之名。于是，当说“淫欲是一种坏动机”时，这一命题只涉及“淫欲”一词的含义；假如换一个代表同一动机的词说“性欲是一种坏动机”，这命题就错了。“于是，我们看到所有那些流俗道德的说教谈吐之无聊愚蠢，它们采用淫欲、残忍、贪婪之类名词，将这些词打上受人谴责的烙印。”① 边沁的这些议论充满了辩证观点，也表达了他的功利世俗性道德的基本观点。

然而，边沁动机论的辩证观点只是说明，仅从人的内心状态出发，并不足以说明人的行为的善恶。行为的善恶并不取决于动机的善恶，因为就动机本身而言，它是善是恶本身仍是一个有待考察的问题。以一种或然性的善或恶的动机的性质来决定行为的性质，就失去了行为本身的坚固根基。真正决定行为善恶特性的是行为的后果，要看其是增进还是减少了个人、他人或社会的快乐或幸福。因此，一种动机在一种情况下可以说是善的，而在另一种情况下也可以说是恶的，或在恶劣的情形下可称为极恶的。很清楚，行为的功利性后果是唯一的标准。一项动机要既保险又恰当地称为好的或坏的，唯一的办法是应当根据它在每个具体场合的后果或效果。或者说，不存在任何本身就坏的动机，因此也不存在任何本身就纯粹好的动机，任何一个动机的好坏因其后果或效果的好或坏而定。如果任何一种动机在其效果上能被恰当地说成好的或坏的动机，那么只是根据它在一定时间内可能有的所有好坏效果的对比而言。

四、快乐与痛苦的不同量

边沁的后果主义把行为所趋向或产生的快乐或痛苦的后果看成评价行为的唯一标准。凡能产生或趋向于产生快乐的行为就是好的行为，反之，则是坏的行为。然而，这仅仅是将行为的善恶好坏的性质与追求快乐和避免痛苦联系了起来，行为的后果是带来快乐还是带来痛苦决定了行为善恶的性质。同时，边沁意识到，快乐与痛苦不仅有种类的不同，而且也有程度的不同。行为后果所带来的快乐与痛苦的不同决定了行为的性质的不同；同时，在一种性质的范围内，由于快乐与痛苦的量的不同，其善恶程度也是不同的。一种行为可能既带来快乐，也带来痛苦。那么，怎么看待这种行为？为了确立后果论的行为标准，功利主义伦理学必须研究这些问题。同时，边沁为了法律改革尤其是立法量刑的需要，对于这些问题都进行了深入细致的研究。

边沁对快乐与痛苦进行了详细划分，如将简单的快乐分为感官的快乐、财富的快乐、技能的快乐、好名声的快乐、期望的快乐等，将简单的痛苦分为匮乏的痛苦、感官的痛苦、笨拙的痛苦、回忆的痛苦、期望的痛苦等。借助于联想原理，几种简单的苦乐可以复合成一种复杂的苦乐，一种复杂的苦乐也可以分解为几种简单的苦乐。

边沁确立以快乐与痛苦的量而不是性质作为后果论的细致标准。快乐与痛苦的性质和量的问题是功利主义所遇到的最为困难的问题之一，怎样看待它们取决于持这一观点的哲学家。边沁尽管意识到快乐与痛苦有不同的种类，但他认为不同种类的快乐与痛苦没有质上的区别。他认为，小孩玩图钉游戏的快乐与大人从诗中得到的快乐在性质上是

---

① 边沁．道德与立法原理导论．北京：商务印书馆，2000：168.

一样的。在边沁看来，快乐没有质的不同，只有量的区别。把不同质的快乐看成在性质上是一个东西，是边沁的基本的、重要的论点。因为快乐只有量的不同，怎样计算快乐的量，在边沁那里就有极其重要的意义。对于快乐与痛苦的价值的大小及量的计算，边沁提出了一个十分复杂的理论。在他看来，对于快乐与痛苦的价值的大小，有这样七个衡量因素：（1）它们的强度，即快乐与痛苦有多强；（2）它们的持久性，即快乐与痛苦持续的时间；（3）它们的确定性或不确定性，即对于快乐或痛苦是否可以从我们所从事的活动中产生，我们有多大的确定性；（4）在时间上的远近；（5）它们的继生性，即快乐与痛苦之后随之产生同类感受的机会，也就是快乐之后还是快乐，痛苦之后还是痛苦；（6）它们的纯度，即快乐与痛苦之后不产生相反的感性的机会，快乐之后不产生痛苦，痛苦之后不产生快乐；（7）它们的范围，即受快乐与痛苦影响的人数的多少。这里前四个因素应被看作单独估价任何一个快乐与痛苦本身时所应注意的因素。（5）和（6）两个因素则应被看作相关性事物的性质因素，也就是行为的性质，它不是快乐与痛苦本身的性质，而是涉及行为或事物发展的趋势。第七个因素则涉及一个行为对于人群的影响。

那么，对于这七个因素，应怎样进行计算？边沁认为，对于任何一个人的快乐或痛苦，都可以如下方式进行计算：首先，依据这些因素，对于某个行为首先产生的快乐或痛苦的价值进行计算；其次，对于那个行为的初次快乐或痛苦之后产生的每一快乐或痛苦的价值进行计算；最后，总计所有快乐的价值和所有痛苦的价值，将这两个方面加以衡量，如果快乐的价值量大于痛苦的价值量，快乐的总值大于痛苦的总值，其差额就表明这是一个好或善的行为趋向。反之，如果痛苦的总值大于快乐的总值，其差额就表明这个行为有着坏或恶的趋向。① 对于每个人的每个行为是如此计算，对于一个群体或一个集体的总的行为也是如此计算，对于政府决策的评价也是依此标准：其结果的总的价值趋势体现在快乐的价值量是否大于痛苦的价值量，如前者大于后者，则为好，为善；反之，则为坏，为恶。例如，假设有一位快乐主义的功利主义者，同时他又是一个慈善家。他现在拥有一段闲暇的休假时光，因而面临这样一个选择：他是利用这段时间去美丽的海滨度假，还是做志愿者去为边远山区的穷困乡村服务？现在他依据边沁的计算法进行计算，去海滨度假可以得到休假的快乐，他可以得到 1 000 个幸福单位；而去边远山区为穷困乡村服务，他可以得到 10 000 个幸福单位。依据这个计算，他应当去边远山区做一个志愿者来度过这些时光。

边沁的这个苦乐计算法是他的功利主义理论的一大特色。功利主义作为一种后果论，就体现在它强调行为所带来的快乐与痛苦的后果。在可选行动方案中最大限度地增加快乐或减少痛苦，体现了功利主义的价值趋向。在某种意义上，这一理论很符合我们日常生活的直观，即我们通常会认为，我们所做的事情是求得快乐、减少痛苦，也就是追求幸福。这一理论似乎很“科学”，它将数学的精确性原理运用到幸福的计算上，认为这样在道德领域就有了类似于数学的精确性、清晰性。边沁力图把功利主义的道德理论建构得如同自然科学那样具有科学性。在这里，我们明显地看到自然科学对于社会科

① 边沁．道德与立法原理导论．北京：商务印书馆，2000：88.

学的影响。力图使人文科学成为如同自然科学那样精确的科学，是从 18 世纪到 20 世纪上半叶西方社会人文科学领域里涌动的一股潮流，这种思想倾向在罗素和摩尔所开创的逻辑实证主义那里达到巅峰。在这个意义上，摩尔虽以批判古典功利主义而扬名于世，但他确实把边沁的这种努力贯彻到底了。然而，当人文科学成为像自然科学那样具有精确性的科学时，正如维特根斯坦所做的那样，要使伦理学成为科学的，那就意味着把伦理学驱除出科学研究的范围。因为维特根斯坦认识到，伦理学的语言是不可分析的。[①]但是，快乐或痛苦是可以计算的吗？

就边沁本人的计算法而言，可以说，确实还没有人像他那样制定出如此细致的计算公式以及计算表格。同时，边沁不把快乐分为不同质的快乐而只区别价值量的大小，避免了因快乐的质的不同而可能陷入的自相矛盾。因为，如果承认一种快乐在质上优越于另一种快乐，那么必然会得出某些快乐是可取的，而某些快乐是不可取的这样的结论。这样，就必然会与快乐的量大则更为可取的结论发生冲突。然而，边沁的苦乐量的计算法仍是不可能的。这是因为，对于任何快乐与痛苦，都不可能像机械力学那样进行定性与定量的准确分析。如前面所举的例子，一个人利用休息时间去度假，为什么就可说是 1 000 个单位而不是 1 001 个单位的幸福呢？我在发烧时有一阵凉风的快乐感受与喝一杯冰水的快乐感受在量上有多大区别？同时，任何人的快乐与痛苦都不可能具有确定或恒常不变的稳定性。这是因为，快乐与痛苦是人的心理感受。对于这种心理感受，不仅在每个人那里就其程度而言是不同的，而且这种心理感受本身也是不可量度的。即使是同一种行为对于不同的人引起的相同的快感，其价值意义也是不同的。因为我们每个人不可能切断自己的生活史和生活背景，仅取某种行为来对它进行它所引起的快感意义的评价。每个人都处在他自己的生活背景的关联之中，抽掉了这种背景条件，一个事件对于某个人的喜乐或悲痛感就是不可理解的。一个从来没有失去自由的人与一个失去自由的人对阳光或行动自由的快乐感受是完全不同的。

边沁功利主义的快乐主义倾向还有一个问题，即它对人的行为价值取向的理解过分简单化了。一个人不可能仅仅追求快乐，如摩尔的理想功利主义所说的，幸福的目标可以是多元的，如交友、写诗、主持公道与正义等都可以成为人生追求的目标。有些目标并不意味着就有快乐可言，如人们必须克服艰难险阻去实现自己维持社会正义的目标，所得来的可能只有困苦、打击、迫害甚至流亡、死刑等。但这并不意味着这样的行动就没有道德上的重大意义。

参考书目

边沁．道德与立法原理导论．北京：商务印书馆，2000．

边沁．政府片论．北京：商务印书馆，1995．

---

① 维特根斯坦认为，伦理学如同宗教一样，是超验的，因而是不可分析的。所以，在科学领域里，不可能有伦理命题。而给这种科学主义的倾向以致命打击的，是胡塞尔和伽达默尔。我们看到，只有胡塞尔的现象学以及伽达默尔的哲学诠释学，才对这种唯科学主义的倾向进行了彻底清算。伽达默尔的诠释学对于这个世界的人文科学或精神科学的一个贡献就在于，正是他的工作，使人们清楚地意识到了，将人文精神科学等同于自然科学是一种何等荒谬的幻想，因为人文精神科学（包括伦理学）的本质特性就是非精确性。

休谟．人性论．北京：商务印书馆，1980.

思考题

1. 功利主义的基本特征是什么？
2. 述评功利主义的苦乐原理。
3. 述评功利主义的后果论。

第四章
密尔的功利主义

约翰·斯图亚特·密尔（John Stuart Mill，又译为约翰·穆勒，1806—1873）是詹姆斯·密尔的长子。詹姆斯·密尔是著名的经济学家与哲学家，边沁的密友与边沁学说的忠实信奉者。密尔自幼受到父亲在智识方面严格而系统的教育与训练。11 岁那年，他帮助父亲整理著作，并随后开始学习逻辑学和政治经济学，12 岁就读完了柏拉图的全部著作，14 岁在法学家的帮助下学习研究法律。而在 14 岁之前，他几乎没有机会与同龄小孩一起玩耍。詹姆斯对儿子严格教育，是希望他长大后能够成为第一流的边沁式功利主义思想家。密尔实现了其父亲的愿望。但密尔后来承认，他父亲对他的系统训练仅在理智方面，对他的实践与情感生活的教养则被忽略了。他在青年时期即发生了一场精神危机，对为之奋斗并接受训练的目的失去了信心。他问自己：功利主义社会改革的成功就能给功利主义者带来幸福吗？他的回答是否定的。学习功利主义的快乐原理首先在他自己的精神生活中引起了困惑。经历了这场精神危机后，他意识到，功利主义原理可能给很多人带来幸福，但并不意味着能够给功利主义者自己带来幸福。并且，他重新思考功利主义原理，认识到单纯追求快乐本身并不能带来幸福。因此，虽然幸福仍是他的奋斗目标，但不是他生活的直接目的。并且，他不再把全部注意力放在外部事物上，而是第一次将自己的内心情感与内心修养放在人类幸福的适当位置上。密尔因此对幸福概念达到了一个更加丰富的、与边沁不同的理解。实际上，密尔的精神危机暴露了边沁的功利主义的内在缺陷，即在边沁的功利主义的苦乐原理中，没有将人的内在精神快乐的价值放在应有的地位。并且，以密尔的父亲为代表的边沁主义者所关注的主要是社会改革，世人觉得他们是一些狂热分子，是一些感觉粗糙而“缺乏对诗歌与艺术的欣赏能力”的人。因此，边沁的精神危机意味着他对边沁功利主义的不满，同时也意味着他对边沁理论的修正与发展。

密尔在他父亲的引导下，从小就是一个边沁学说的崇拜者。他在十五六岁时读了边沁的著作，立即萌生了一种感觉，就是先前的一切道德学家都已被取代了。边沁所理解与运用的功利原则，“把我对事物的概念统一起来了。现在我有了主张，有了一个信条，一个学说，一个哲学；按照这个词的最好意义，也有了一个宗教；对它的反复灌输和传播能够造成一生的基本的外在目的”①。但这并不意味着密尔仅仅从边沁那里吸取思想资源，他从小就开始阅读柏拉图、亚里士多德的著作，后来又系统研读过英国和法国的启蒙哲学思想。同时，他又深受他那个时代的浪漫主义以及自由主义思想的影响。因此，这使他在坚持边沁功利主义的主旨的同时，能够突破边沁思想的狭隘性，将功利主义理论引向他所理解的更完善的程度。

密尔的研究领域广泛，一生留下了大量著述，主要有：《逻辑学》《经济学原理》《论自由》《代议制政府》《功利主义》《奥古斯都、孔德和实证主义》等。其中涉及伦理学的主要著作是《功利主义》与《论自由》。

第一节　对功利主义的修正与证明

边沁把快乐看成人生追求的唯一目标，认为除了快乐就没有别的目的。同时，边沁认为快乐没有质的区别，他曾说过，儿童的图钉游戏与对诗的欣赏给人带来的是同样的快乐。攻击边沁功利主义的人则把快乐主义说成粗俗堕落的学说，讥笑其为从污泥中取乐的猪的信条。自伊壁鸠鲁以来，强调感性快乐的快乐主义就受到类似的攻击。实际上，伊壁鸠鲁派的快乐主义比边沁的仅有量的区别的快乐主义的内涵更为合理一些。虽然伊壁鸠鲁认为一切善的根源都在于口腹的快乐，但在他看来，理智的、情感的以及道德情操上的快乐高于感官的、肉体的快乐，或者说，精神的快乐高于肉体的快乐。边沁把快乐看成唯一目标，同时强调快乐只有量的区别，无疑肯定了任何快乐在质上都是一样的，自然要遭受到更强烈的攻击。

一、快乐的质

密尔以捍卫功利主义自居，他对功利主义所做的最重要的贡献就是对幸福概念做了相当重要的分析，尤其是对快乐做了质的区分。他把快乐区分为低级快乐和高级快乐，或者纯粹的感性快乐和精神快乐。密尔意识到，边沁之所以受到人们的攻击，就在于他被人们误解为功利主义仅仅强调感性快乐。密尔指出，实际上，快乐有高级与低级之分，高级的快乐优越于低级的快乐。密尔指出，我们对于其他任何东西都进行品质与分量的区分，但唯独对快乐只进行量的区分，这未免有点不合情理。

那么，怎么看待快乐的质与量的区分？密尔指出，假设有两个快乐，首先我们应当

① 索利. 英国哲学史. 济南：山东人民出版社，1992：256.

进行质的区分而不是去考察两者的量的不同。在密尔看来，不同质的快乐不可同日而语。质的优越远胜于量的多少。什么样的快乐是高级快乐？什么样的快乐是低级快乐？密尔指出，极少有人愿意享受兽类的快乐而变成比人下等的动物，没有有智力的人愿意变成傻子，没有受过教育的人愿意变成无知识的人，没有有良心的人愿意变成自私卑鄙的人。密尔将人与动物相比，将有智力的人与傻子相比，将受过教育的人与无知者相比，将有道德的人与没有道德的人相比，无疑包含了前者的快乐与后者的快乐的质的区别。密尔在这样讲时包括了两层意思：一是精神快乐与感性快乐的区分，二是精神文化、道德意义的快乐与缺乏文化知识、道德情操者的快乐的区分。密尔认为前者不愿意变成后者，也就是认为前者不愿意以自己的快乐来换后者的快乐。

密尔进而分析欲望满足的问题。他注意到，天资低的人，完全满足的机会最大，或者说，获得满足的机会比天资高的人更多。天资高、精神文化修养高的人的欲望比那些天资低、文化层次低的人多且难以满足。如果以此而论，那么，精神文化层次高的人是否比精神文化层次低的人更不幸福？密尔认为，这是混淆了幸福与满足这样两个概念。人们注意到，天资高的人总是有那么多的不满足，他们所期望的幸福总是不能得到满足，而那些要求少的人，那些天资低的人，他们的要求由于不高，总能得到满足。依密尔之见，这并不能认为天资高或文化层次高的人比天资低或文化层次低的人更不幸福。这种不满足并不使天资高或文化层次高的人羡慕天资低的人或文化层次低的人。因此，密尔认为，做一个不满足的人比做一头满足的猪好，做不满足的苏格拉底比做傻子好。猪与人比，猪是吃了什么都不想，也就是只要感性生命的需求得到满足就快乐或满意，而人多少总会有些烦恼。“烦”在存在主义哲学那里，是人的生命的一个符号，但人总不愿自己活得像一头蠢猪。苏格拉底是一个哲学家，他终生都在探求社会与人生的真理，对于雅典人的精神状态总是不满，但苏格拉底的探讨成就了雅典哲学，把雅典哲学推向了高峰，并因此而使整个人类受益。虽然并不是人人都能做苏格拉底，但人们总愿做苏格拉底而不愿做什么都不想的傻子。中国有句古话：“难得糊涂。”这句名言似乎是对糊涂的赞美。但这并不意味着人们真的很糊涂，而是说糊涂很难。实际上，有些人的所谓“糊涂”是装糊涂，而这也就是所谓“聪明”。

密尔通过对什么人容易感到满足、什么人不容易感到满足的分析而得出结论，幸福与满足不是同一个概念。这样的结论也就意味着，在那些天资高或文化层次高的人那里，虽然他们有着那么多不满，依密尔的理论，他们仍然会感到幸福。为什么？因为他们从自己的天资或文化修养中得到的快乐远胜于他们从中得到的不满足。假设上帝让某人做投胎选择：或做一头满足的猪，无忧无虑，可以活1 000年，可达快乐的总量是1 000个单位；或做苏格拉底，但只能活70岁，虽然他的快乐指数每年只可达10个单位，但他的不满足指数也达到10个单位（假设10是极限），他由此导致的痛苦（烦也是一种痛苦）指数为5。快乐与痛苦（如果不考虑不满足指数）相加减，结果幸福指数为500。那么，依边沁的理论，这个人应当做一头无忧无虑的猪。如果不能投胎做猪，也要投胎做像猪那样什么都不想的人（傻子）。但是，依密尔的理论，即使做苏格拉底的快乐指数远没有做一头满足的猪那么高，那也不能说做一头满足的猪好。因为快乐或幸福有质的不同。苏格拉底所拥有的那些快乐或幸福指数虽然那么低，但那是一种与猪的快乐相比根本不同质的快乐。他所拥有的天资所带来的快乐或幸福感使他的幸福远高于他人，也就是质的优越远胜于量大的快乐，高等的快乐优于低等的快乐。

这里的问题有二。一个问题是，如果苏格拉底与傻子的看法不同，那怎样理解呢？也就是说，傻子并不认为苏格拉底真的很幸福，而自认为自己很幸福，那怎么办？我们依据什么标准来裁定到底谁真的更幸福？如果我们依据傻子的标准，很明显，我们不可能改变傻子的看法。为什么我们一定要依据苏格拉底的标准呢？因为只有依据苏格拉底的标准才知道傻子真的不幸福。或者我们可找到一个不偏不倚的标准，一个价值中性的标准。如果没有这样一个标准，我们怎能做出一个公正合理的评判？也就是说，这个标准并不等同于苏格拉底的标准，而是在这两者之外可以评判这两者的标准。或者可以找到一个理想的观察者，没有任何立场的中立者，这样才可以做到不偏不倚。只有一个理想的观察者，一个不带任何感情、充分知情而又不带偏见的观察者，才可以做出公正合理的判断。依密尔的看法，只有这两种快乐都体验、经历过的人，才有这样的判断权利。密尔说，苏格拉底知道这两个方面。如果苏格拉底没有这两种体验，他怎么知道这两个方面？像庄子所说的，有人观鱼，欲欣赏鱼之乐。而人们不无理由地问：子非鱼，焉知鱼之乐？当人们提出这样的问题时，也总可以这样去质疑那提问的人：子非我，焉知我不知鱼之乐？实际上，苏格拉底作为一个最聪明的人，不可能知道一个最笨的人的快乐。这里的“知道”实际上是一种生命的体验，而不是认知。没有这种生命体验的人，必定不知道那种幸福或快乐。实际上，即使是这样一个两方面的体验都有的人，也是有价值偏向的，依密尔之见，即倾向于肯定苏格拉底式的快乐。

不过，密尔认定苏格拉底的快乐优于一个傻子的快乐，表达了一种人们对于人类生活的直觉。这种直觉也就是密尔所认定的，一个智力高的人，一定不会愿意把自己变成一个傻子；一个有良心的人，一定不会愿意把自己变成一个自私的人；一个有文化修养的人，一定不愿意把自己变成一个粗野的人，前者不愿用自己的快乐来交换后者的快乐。正是在这个意义上，密尔得出快乐的优越远胜于量多的结论。

另一个问题是，许多能享受高等快乐的人也会受诱惑而去追求低等快乐，这怎么解释呢？密尔的回答是：这与他们能够完全享受高级快乐并不矛盾。他们之所以放弃高级快乐而去追求低级快乐，是因为他们的品格不健全。实际上，密尔这里是认定高级的或精神的快乐优越于低等的或感性的快乐。一个人如果完全不知道美食的快乐，不知道基本的两性的愉悦，不能不说是人生的一种遗憾。密尔完全无视感性快乐，所体现的是一种清教徒式的生活态度。密尔在一定意义上完全把低级快乐与人的感性快乐等同起来，这个等同使他把感性需求的快乐与精神需求的快乐对立起来。实际上，人不仅需要精神的快乐，而且需要感性的快乐，两者都是人的需要，虽然儿童的编针游戏所带来的快乐与成人的诗歌创作所带来的快乐有质的不同。

密尔把快乐进行质与量的区分，也改变了边沁的后果论的内涵。这是因为，从边沁的观点来看，行为的善恶取决于行为所能带来的快乐与痛苦的量；现在，行为的效果不仅要看它所产生的快乐的量，更重要的是要看所产生的快乐的质，那个更优质的快乐即使量是微小的，也优于质较次但量巨大的快乐。但这并不意味着密尔不是后果论者，他仍然强调行为所带来的后果（幸福或快乐），只是这种快乐加上了“质”这个限定条件。

因而，这已经不是边沁意义上的后果论了。

二、对功利主义的证明

密尔对快乐的质的区分，是要消除人们对功利主义的误解，回答对功利主义的主要批评。然而，密尔不仅提出了对功利主义的修正理论，而且提出了功利主义的证明理论。一般规范伦理学理论都涉及最终原则或最高原则，对于这类最终原则或最高原则的证明是这个理论本身的任务。密尔也力图给出这个证明来为功利主义的根本原则辩护。

密尔首先把功利主义的幸福原则作为一种目的论的原则来处理。他认为，从人性上看，人人都把幸福或福利作为目的来欲求，一切其他东西都只因它是取得幸福的工具才成为可以欲求的。或者说，幸福是人的最终目的，因为人们都欲求它，所以它是可欲求的；而可欲求的，也就是值得欲求的、有价值的。这是这样一个论证：

(1) 人人都把幸福作为目的来欲求。

(2) 除了幸福之外，没有什么其他东西能够被欲求为目的本身。

(3) 幸福是人们作为目的所欲求的，那么作为一个目的本身就是可欲求的。

(4) 幸福作为目的是唯一可欲求的，也就是值得欲求的。

(5) 每个人都把幸福作为目的来欲求，那么普遍幸福就是人类行动的恰当目的。

上述论证的第一步与第二步是说，幸福是人类所欲求的唯一目标。从第二步到第三步，则从所欲求的转换成可欲求的，或者说，能够欲求的。而从第三步到第四步，则从可欲求的转换成一种价值判断，即值得欲求的。从第四步到第五步，则把每个人对幸福的欲求转换到普遍幸福的欲求。我们可以看看密尔这五步转换的逻辑推理的有效性问题。

从第一步到第二步，密尔在《功利主义》的第四章中做了大量的论证。通过那些论证，密尔是要说服大家，只有幸福才是人们所欲求的唯一目的。例如，如何看待人们所说的不计功利地欲求德性？密尔认为，在这个意义上的德性追求，已经是在把幸福作为目的的意义上来讲，而德性已经成了幸福的一部分。因为幸福的种类是很多的。在密尔看来，其他东西，如健康、金钱、权力或名望等，起初是达到幸福的工具，后来则成了人的幸福概念的一部分。因此，幸福实际上是密尔的各种追求的总名。在这样一个总名下，幸福成了人们所追求的唯一目的。但我们能够接受密尔的论证吗？是否有那种值得我们追求而不归在幸福名下的东西？比如我们在一个不正义的社会环境中追求社会正义，维持社会正义，可能招致世人的误解、攻击乃至被人置于死地。历史上这样的例子不可胜数。在中国历史上有像屈原这样的典型，还有许多立志改革的法家代表人物，许多人最后都没有得到幸福，有的人甚至身败名裂。当然，如果为密尔辩护，我们可以说他们追求的是社会幸福，而不是个人幸福。但是，即便社会幸福，他们也往往看不到实现的可能，有时也因社会环境的恶劣而动摇了意志。从义务论的观点来看，有比幸福更高的价值追求，这就是义务或责任。从中国哲学的观点看，比幸福更高的价值追求就是道的追求。“道”是最高概念，幸福也应从属于它。体道、证道或坚守道是高于幸福的追求，尤其是高于个人幸福的追求。如果说社会幸福也是其目标，那应当看作包括在道之中，是道中所有的。因此，这个论证从第一步到第二步就不是普遍有效的论证。

从第二步到第三步，密尔依靠的是一个类比推理：

(1) 见到一个东西才可证明这个东西可以见到。

(2) 听到一个声音才可证明这个声音可以听到。

(3) 某人欲求这个东西证明这个东西是可欲求的。

一个物体的可见性是我们确实见到了它，有一个声音的唯一证明是我们确实听到了它。而当我们说某种东西是可欲求的唯一证据是，我们确实欲求它。然而，正如摩尔在《伦理学原理》中所说的，这个类比并不成立。密尔从一个有效的前提过渡到了另一类不同性质的事情，所以是不成立的。一个物质性东西存在的证据确实可以说是我们能够看到它。一个声音出现过我们也能够说确实我们听到了它。但并不能因此而说某人欲求这个东西，这个东西就是可欲求的。因为欲求某个东西只是一个心理事实，这个心理欲求需要指向客观存在的某种东西，而从心理事实性的欲望并不能推出我们就可得到这个欲求对象。因为人们欲求某物是一回事，客观上那个欲求主体是否能够得到它是完全不同的另一回事。第一步和第二步并不能担保第三步的有效性，因此，密尔的这个推理链在这里就断裂了。

第三步到第四步，是从一个可得到的欲求转换成一个价值判断。这里有几个问题。首先是，可得到的欲求对象并不一定就是值得欲求的，这是因为欲求对象本身是否值得欲求取决于欲求本身的正当性。其次是，可得到的并不意味着就是可满足的。如果一个人口渴而想喝水，正好他发现有水，但知情的人却告诉他，此水不能喝，水里有毒。因此，虽然有可得到的水，但那特定的水并不能够满足人们的欲望。或者说，那特定的水能够满足人们的欲望，但其后果却是坏的。因此，仅仅从人们实际欲求某物，并不能证明某物就是值得欲求的。因为这里不仅有一个人们应不应该欲求它的问题，还有一个欲求对象本身值不值的问题。

从密尔所辩护的内容来看，这里有这样的问题，即密尔不同于边沁，他的幸福概念内含无所不包的个人追求物。可在这里，不同的人的追求并不意味着在价值意义上是共同的，或没有争议的。

从第四步到第五步，实际上是从个人幸福追求到普遍幸福追求的转换。因为每个人都追求自己的幸福，都把自己的幸福作为目的，因而普遍幸福也就是人类追求的目的。密尔在这里做了巨大的跳跃。人人都追求幸福并不等同于人人都追求普遍幸福，或者说，人人所有的幸福并不就等同于社会的普遍幸福。因为普遍幸福包括他人的幸福，而不仅仅是行为者自己的幸福。因为人们追求自己的幸福，因而就认为人们会把他人的幸福作为自己的追求目标，这在逻辑上是行不通的。当然，我们可以假设某人天生就是一个利他主义者、一个仁慈的人，因而总是想到他人的幸福或社会的普遍幸福。但是，我们不可能假设所有人都是利他主义者而不是利己主义者。一个利己主义者会说：我为什么要为他人着想？因此，如果没有任何限定或前提，从第四步到第五步，在逻辑上不可能有必然的联系。

密尔是想通过这个证明来论证功利主义的基本原则，即每个人的目的都在于社会的普遍幸福。这个证明并不成功。但是，密尔在《功利主义》第三章中对于社会情感与功利原则的关系的说明却比他在第四章中的证明更为有利。在这里，密尔指出，只有在所有人的利益都得到社会协调或保护的前提下，“在人与人之间形成的社会才变得可能。只有按照所有人的利益都要得到平等照顾这个认识，在平等的人类个体之间形成的社会才能得以存在……他们必须设想他们自己至少要禁止无礼地伤害他人，禁止生活在一个不断相互对立的状态中。他们也熟悉与他人合作这个事实，把集体的利益而不是个人利益看作自己行动的目的。只要他们在进行合作，他们就可以把自己的目的鉴定为他人的目的；因此，他们至少就会有这样一种临时感觉：其他人的利益也是他们自己的利益。社会联系的强化、社会的健康成长，使每个人至少在很大程度上去考虑他人的利益”①。密尔认为，是社会情感构建了功利主义道德的约束性力量。没有社会情感，没有人与人之间相互合作的事实，也就不会有人把他人的利益看成自我的利益，从而普遍幸福作为人人都应奉行的原则也就不存在。然而，我们看到，密尔这里的思想明显地受到了亚里士多德的影响。密尔从共同体的层次进行论述，认为是共同体成员的相互合作的实践产生了人们的相互利益观念以及维护相互利益的需要。如果从利己主义的视野出发，即使生活于一个共同体中，由于人的自私本性的作用，人们也不可能按照共同体利益的观念或普遍幸福的观念来行动。

第二节　幸福

幸福是功利主义的中心概念。什么是幸福？在边沁的功利主义意义上，幸福就是快乐的追求或痛苦的免除，或者说，幸福是快乐的量大于痛苦的量，是快乐的最大化。一方面，密尔认可边沁对幸福内涵的界定；另一方面，密尔又不局限于把幸福限定为快乐，尤其是感性快乐。因此，在密尔这里，幸福是一个有着多重意义的概念。

一、具象化的幸福

密尔虽然没有给幸福这一概念下一个定义，但他在不同的论述过程中从不同的方面对于幸福有过一些界定。如他说：“幸福是一种利益（good），各人的幸福是他自己的利益，因而公共幸福是一切人的集团的利益。”② 功利、利益、幸福与快乐这四个概念，在边沁的功利主义里可以相互诠释。在密尔这里，其利益概念仍不排除快乐的内涵。密尔完全肯定地说到，教人以幸福的功利主义的哲学家，他们所说的幸福，“是痛苦少而短暂，快乐多而有变化，并且主动的快乐比被动的快乐断然占多数的生活，全部生活中有一些片刻的极乐；而且生活的全部基础，就在于人期望由生活得到的不要比生活

---

① John Stuart Mill. Utilitarianism//Joseph Katz，Philip Nochlin，Robert Stover. Writers on Ethics：Classical and Contemporary. Princeton：D. Van Nostrand Company，1962：128.

② 同①130.

能赋予的更多。具有这样成分的生活，在幸而得到的人看来，始终是值得称为幸福的”[①]。不过，密尔确实扩展了功利主义的幸福概念，并在论述过程中，逐步地从主要使用快乐概念过渡到主要使用幸福概念。

密尔对幸福概念的运用最突出的地方在于：将幸福概念具体化，具体化为人们对不同的具体目标、具体欲望的追求。如密尔讲到幸福不仅在于对金钱、名望、权势的追求（由于是获得幸福的手段因而是幸福的组成部分），更重要的是，他还说到，崇尚德性、追求健康、热爱音乐以及追求个体的自由发展，都是幸福的要素。密尔也意识到，像他这样将幸福看作对具体欲望的追求和实现，有可能使人们产生一种错觉，即幸福只在于那些各不相干的生活目标中，幸福是支离破碎的，因此他说：“就像爱音乐或要健康……这些欲望都包括在幸福之内，它们是组成幸福的欲望的某些要素。幸福不是一个抽象的观念，而是一个具体的整体，音乐、健康等就是这个整体的某些成分。”[②] 但是，这个具体的整体的中心是什么？对于这个问题，我们找不到密尔的回答。

密尔把具象化的幸福分为两个层次：一是因它自身而作为幸福是可欲的，它可以作为幸福目的的一部分，同时它又是取得幸福总量的工具；二是只因它是达到幸福目的的工具，因而与欲望对象发生了强烈的关联，从而也把它看成幸福的一个因子，如金钱、权势等。由此看来，第一层次的因素是幸福的基础性因素，但在密尔那里，这种因它自身而可欲的东西，并非只有一个，如健康、音乐等其他的人生快乐或享受性东西都在此之列。德性也是如此。密尔认为，德性从其本性上看，本来不是幸福目的的一部分，但人们在不计利害地爱好德性时，已经使它变成了幸福的一部分。这些因素之所以是幸福的基础性因素，是因为它们有利于我们幸福的原始欲望（original desire）的满足。正是在这里，我们发现了一个深层次的概念。具象化的幸福虽没有中心，但都服务于幸福的原始欲望。可什么是原始欲望？密尔没有给予界定。从密尔进行这些相关具象化幸福论述的所有文字来看，我认为，这就是追求快乐与免除痛苦。或者说，其 original desire 就是 primitive pleasures（原始快乐）。在这个意义上，密尔在根本点上没有离开边沁。不过，通过对幸福概念的具体而复杂的论述，尤其是对快乐进行质的区分，密尔已经将幸福改造得具有一种新的形象，这种形象就不再是边沁式粗俗的快乐。

二、德性幸福

密尔为幸福概念赋予的新内涵之一，就是对德性在幸福中的作用的重视。密尔认为，在有助于达到幸福的最终目的的诸多工具中，德性应居其首；并且认为，德性可以变为本身即是幸福此外无其他幸福目的的东西。他不仅提出德性是可欲求的，而且主张人们应当不计功利地欲求德性，应该为德性自身而要德性。在这里，密尔的论点包括：(1) 德性是幸福的工具；(2) 德性就是幸福。对于“德性就是幸福”的论点，我们首先回顾一下思想史上的有关论点。

德性就是幸福的论点，在思想史上，有亚里士多德的观点，还有斯多亚派的观点。

---

① John Stuart Mill. Utilitarianism//Joseph Katz, Philip Nochlin, Robert Stover. Writers on Ethics: Classical and Contemporary. Princeton: D. Van Nostrand Company, 1962: 115.

② 同①132.

在此，我们首先简述斯多亚派的观点。斯多亚派认为，人是理性的动物，人应依照自然，遵从理性而不是追求快乐而生活，只有遵从理性而不是追求快乐，才是善，才是幸福。遵从理性而生活，也就是依照道德而生活。对于人来说，是理性引导人的行为趋于道德与善。斯多亚派认为，快乐则不同，快乐可以为善，也可以为恶，可以是高尚的，也可以是卑下的。就快乐是善的而言，快乐本身并不是原始性的东西，快乐只是道德善的从属物，它不是由自身规定为善的。因此，快乐本身不能称为善。只有其本身固有的，由其本性所规定的性质即德性，才可称为善。快乐不具有这种特性。德性本身也可以带来快乐，这种快乐因其原生性的德性而具有善性，而不是德性因快乐而有善性。对于亚里士多德的德性幸福论，首先我们要看到亚里士多德的幸福概念与功利主义的幸福概念的不同。麦金太尔指出，古希腊的 eudaimonia 是一个在现代英语中难以发现有相对应的概念的词，现在一般译为"幸福"，它是指良好生活和在良好生活中的良好状态，一个人的自爱以及与神明相关的状态。亚里士多德强调德性的实践是这种状态的必要的、中心的部分，并非仅仅是确保这种生活的准备性实践。对于快乐，亚里士多德认为，快乐为一切生物所共有，它也伴随着一切选择。我们总是以快乐与痛苦来调节我们的行动。这个论点是与功利主义一致的，而在这之后，就有区别了。亚里士多德认为，应当区分合乎德性的快乐与不合乎德性的快乐。一切行为和情感都伴随着快乐与痛苦。快乐仅仅是伴随性的，它因活动成果而产生，以避开肉体的快乐为快乐，这就是节制，而沉湎于享乐的人的快乐就是放纵。同样，高尚与利益总是令人快乐的。

功利主义的快乐论是本源论，趋乐避苦是人的本性。密尔的德性就是幸福的论点仍然没有离开这个功利主义的"阿基米德点"。密尔认为，德性本来是一种求得幸福的工具。它和其他工具性的东西（如权势、名声、金钱等）一样，由于与我们的欲望对象之间发生了一种极强的联系，从而变成了目的（幸福）的一部分。"由于它有利于满足我们的原始欲望，要不就是与这种满足相关联，它自身就成为快乐的来源，而且不仅在永久性程度上，在它所能包括的人生范围上，甚至在强度上，都比原始的快乐更为可贵，否则生活就成了一个很缺少幸福来源的可怜的东西。"① 对于德性，密尔认为，除了有利于取得快乐，尤其是有利于免除痛苦以外，人们本来没有要有德性的欲望与动机。但是，由于德性与苦乐这样相连，人们就会觉得它自身就是一种善（利益），并且追求这种善与追求其他善一样热烈。在这个意义上，把德性看成幸福与把追求金钱、权势、名声看成幸福是一样的。换言之，对于人的幸福而言，德性这种手段与金钱、权势、名声等外在手段是没有区别的。

正是在这样一个论点上，我们发现了亚里士多德主义的德性幸福论与功利主义的德性幸福论的根本区别。在亚里士多德那里，唯有符合德性的行为才是幸福的。在他看来，快乐有不同的种类，只有与德性相符的快乐才是人的幸福所在。功利主义则认为，凡是能够成为追求幸福的工具的东西，如权势、名声、金钱等，由于它们能带来快乐，都是幸福的构成因。当然亚里士多德并不否定物质财富对于幸福的作用，他并不是一个

① John Stuart Mill. Utilitarianism//Joseph Katz，Philip Nochlin，Robert Stover. Writers on Ethics：Classical and Contemporary. Princeton：D. Van Nostrand Company，1962：132.

禁欲主义者。但他并不认为外在的财富对于幸福具有与内在的德性同等意义的作用。在亚里士多德看来，这两者是有根本区别的。

三、公共幸福与自我牺牲

功利主义除了有关于个人幸福的观点外，还有关于公共幸福的观点。亚里士多德的幸福论认为，相关社会成员在共同体之中对共同体的共同善的追求——这种德性行为不仅是幸福的基础，而且就是幸福本身。因为在亚里士多德这里，善、德性与幸福三者是不可分割的统一体。正因为如此，在亚里士多德这里，个人幸福与公共幸福由于德性生活而不可分离地内在统一起来。功利主义（包括密尔的学说）的幸福论没有这种德性与幸福的逻辑蕴涵关系，因而它必须分别对个人幸福与公共幸福进行理论阐释。可当密尔将目光转向公共幸福时，我们发现，他却明显地表现了亚里士多德式的倾向。在密尔看来，正是在公共幸福面前，德性幸福与金钱、权势以及名声的区别显示出来了。密尔认为，这后三种爱好往往使爱好它们的人有害于属于同一社会的其他分子，而“德性是促进公共幸福的首要条件”①。

功利主义的理想，是造成一个个人幸福与社会公共幸福一致的社会。② 密尔说：“第一，法律与社会组织应该使个人的幸福或（从实际方面说）利益，尽可能地与全体的利益和谐一致。第二，教育与舆论对于人的品格有着极大的力量，应当在尊重普遍幸福的命令的前提下，如此运用这种大势力：在每个人的心灵上将他一己的幸福与全体的利益不可分割地联结在一起，特别是将他自己的幸福与这种类型的行为实践——无论是消极的还是积极的——都结合在一起。”③ 密尔设想，这种教育与舆论熏陶，不仅使他不能设想妨害公益的行为与他自己的幸福会相容，而且要做到促进公共幸福的直接冲动可以成为人人惯有的行为动机。密尔设想这样一个个人利益与公共利益没有冲突的社会。在这个社会里，个人利益能够得到充分实现，公共利益也在个人利益得到实现的时候得以实现。在边沁的功利主义的影响下，尤其是在边沁的最大幸福原则的影响下，英国出现了一股社会主义和空想社会主义的思潮，如欧文的空想社会主义及其实践。欧文的追随者、空想社会主义者威廉·汤普逊在《最能促进人类幸福的财富分配原理的研究》一书中，就从最大幸福原则中引申出将幸福普遍化、平等与公平的学说。密尔受到了边沁思想所激起的社会改革与空想社会主义思潮的影响，所以他的思想更多地体现了那个时代的特色，较之边沁的思想有更多公益论的特色。

正是从这种公益论出发，密尔不仅强调德性对于个人幸福的作用，而且强调德性对于公共幸福的作用，因而在诸多可致幸福的工具中，密尔认为唯有德性具有至上的价值。正因为密尔具有这种公益论的倾向，所以他认为，人们不仅应该不计功利地欲求德性，而且应该为德性本身而求德性。不计功利地遵从德性，并不意味着德性对于行为者本身毫无益处，而是德性本身就给行为者带来快乐。不计功利地遵从德性仍具有内在的

① John Stuart Mill. Utilitarianism//Joseph Katz，Philip Nochlin，Robert Stover. Writers on Ethics：Classical and Contemporary. Princeton：D. Van Nostrand Company，1962：132.

② 密尔甚至说功利主义的行为标准不是行为者一己的幸福，而是一切与此行为有关的人的幸福。但我认为这似乎是行文的问题，功利主义的行为观既强调一己的幸福，同时也强调公共幸福。

③ 同①118.

功利性。

密尔公益论的倾向不仅体现在他强调个人幸福与社会幸福由于德性而内在一致，而且体现在他强调个人为了公共幸福或最大幸福而牺牲个人幸福的合理性。他说：“功利主义绝不是不主张自我牺牲的道德不是它所有的，而只是把斯多亚派或宗教超验派的道德看成正当合理的。功利主义的道德认识到在人们之中为了其他人的利益牺牲他自己的利益的力量。它只是拒绝承认牺牲本身是一种善。一种牺牲如果不增加或不有利于增加幸福的总量，功利主义则把它看成浪费。只有这种自我舍弃是值得赞扬的：它是致力于其他人的幸福，或达到其他人的幸福的工具，或者是致力于人类集体的幸福，或者是在人类集体利益限度内的个人幸福。”① 斯多亚派的、宗教超验派的以及康德的义务论原则都内在包含着德性超越感性幸福，甚至为了道德原则而牺牲幸福的理念。密尔认为功利主义并不否认德性牺牲的价值，但它有一个前提，这种牺牲一定要带来其他人的或人类整体的利益。仅从功利主义的自我牺牲论与义务论的自我牺牲论的比较来看，似乎功利主义更合理，因为它毕竟还强调这种牺牲所换来的其他人的或社会的利益。纯义务论所主张的为了道德原则而做出的牺牲，并不是从这种牺牲带来的后果进行评价，而仅仅是从这种行为是否符合或服从道德原则的意义上进行评价。如朱熹所提出的“饿死事小、失节事大”就是纯义务论的自我牺牲论。

不过，就西方思想史而言，近代以来的功利主义与义务论对于幸福的理解各执一端的状况，明显地表明了摒弃亚里士多德主义所带来的理论困境。在亚里士多德那里，德性（义务）与幸福（个人幸福与公共幸福）是内在统一的。正因为它是内在统一的，所以“自我牺牲”在亚里士多德的理论体系中没有位置。他根本就没有想到，伦理学应有“自我牺牲”这一说法。在亚里士多德的伦理学和政治学中，人类的目的是人类在本性上所趋向的善（幸福），这个目的在个人那里，是通过个人的德性行为所达到的。共同体的善是共同体的成员的共同追求，因而不存在自我牺牲的问题。在这个意义上，“自我牺牲”的说法实际上是放弃了人类本性所趋的目的。因此，尽管密尔的德性幸福论有着亚里士多德式的倾向，但由于他的理论仍然建立在个人幸福与公共幸福相区分的基本论点上，所以在面对权衡个人幸福与公共幸福的问题时，当他倾向于认为公共幸福更为重要时，他就不得不提倡自我牺牲说了。

密尔提出自我牺牲在功利主义的体系中应占有一个重要地位的观点，是对于功利主义者唯一地追求快乐或幸福的基本观点的重大修正。尽管密尔将边沁的快乐置换成了幸福，但密尔对于多样性的幸福的论述从来没有离开快乐这一“阿基米德点”。可他在这里却提出，不给行为者个人带来任何善而只给公共幸福带来好的后果的行为是符合功利主义标准的。这表明了在功利主义的个人幸福（快乐）与最大幸福原则之间存在冲突的可能。或者说，它表明了功利主义的最大幸福原则并不一定需要以个人幸福为基础，两者之间并没有必然的逻辑联系。将密尔的这一论点与“最大多数人的最大幸福原则”蕴含着的多数幸福而不是普遍幸福的观点联系起来，我们可以看到功利主义“只要是能给

---

① John Stuart Mill. Utilitarianism//Joseph Katz，Philip Nochlin，Robert Stover. Writers on Ethics：Classical and Contemporary. Princeton：D. Van Nostrand Company，1962：118.

多数人的幸福带来好的结果的行为，就是善的行为”这一论点的根本弱点。

后来的反对者们假设了许多具体情境让我们思考功利主义的这一缺陷。麦金太尔指出，即使对最大多数人的最大幸福概念给予最好的和最仁慈的解释，在许多情况下，把它作为一个标准而导致我们赞许的行为也将和我们在正常情况下认为是我们应当做的行为发生尖锐冲突。假设有一 10 个人的群体，其中 8 个人都是虐待狂，他们要将另外两人尽情折磨、虐待以取乐，那两个人有什么理由反对他们的虐待？假设这 10 个人就是人类的全体，那两个人不应为了多数人的幸福而牺牲自己的快乐吗？有一个典型的事例是一个后来的批评家即 E. F. 卡里特提出的。如果满足一定的条件，绞死一个无罪的人极有可能有助于公共幸福。在以往的社会生活中，经常不乏这样的情形。如由于误信某人杀了人，被害一方一定要处置这个人，如果不交出他并处死他，他所属的整个群体就可能处于危机中，或把他们所有人杀绝。因此，对他执行死刑将使其他所有人免于死亡。因此，就功利主义的观点来看，我们应当杀死他。对于这类批评，麦金太尔指出，一个倔强的功利主义者可能回答，正是这类事情是我们应当做的。而当这类回答与多变性的快乐概念相结合时，我们就可认识到它的危险，因为以功利原则凌驾于我们的生存原则（一个人不应当为他没有犯的罪而被绞死）之上时，功利主义的公共幸福概念就可以特许任何暴行。麦金太尔说：“在我们这个世纪（指 20 世纪。——引者注），公共幸福的观念能够如此使用已有了充分的证明，特别是这种高尚精神适合于极权主义者用来开脱他们对他们社会中大规模罪行的责任，例如奥斯威辛集中营或广岛的原子弹事件。但可能遭到反驳的是，这确是对功利主义的一个道德的而不是哲学的异议。对此，回答是很清楚的：在为我们提供区分善恶标准的借口下出现的功利主义，提供给我们的是经过修订了的善恶概念，以至于假如我们接受它，我们就能够承认，任何行为，无论多么邪恶，它本身并不是罪恶；或者说，功利主义并不禁止作恶。因为所有行为是以它们的后果来评估的，并且假如一个行为的后果将产生公共幸福，那么这个行为，无论是对无辜者还是对谋杀犯，或者对犯强奸罪的儿童，执行死刑都是正当的。”①

功利主义面对这种责难，从它的功利原则本身是无从反驳的。实际上，这表明了功利主义的内在缺陷。功利原则即使是最大多数人的最大幸福原则，也不是自足性、自我完满性的原则。至少从维护功利主义的立场出发，也需要对它的原则进行限定。换言之，需要有超出功利主义的标准之外的标准来检验功利主义，或者说，功利主义的标准并不是一种完备性的标准，还需要其他因素来补充。密尔提出道德制裁力以及正义与功利的关系问题，就是对功利主义的重要补充。

第三节　道德原则的制约力与正义问题

道德原则的制约力与正义问题是功利主义必须回答的两个重要问题。或者说，功利

① A. MacIntyre. A Short History of Ethics. London：Macmillan，1966：239.

主义作为一种成熟的规范伦理学理论，必须考察对于行为的制约力量。同时，功利主义作为一种社会决策理论，也必须回答它的正当性或与社会正义的联系问题。

一、道德原则的制约力

功利主义是一种目的论的伦理学。功利主义提出最大幸福原理或个人幸福与最大多数人的最大幸福原则，是把它作为道德评判的标准来看待的。密尔认为，既然人们把幸福作为自己追求的唯一目的，那它同时也就是道德的最高标准。功利主义把达到这一目的看成最大的善，而把有碍于这一目的的实现看成最大的恶。那么，道德标准、道德原则对行为的制约力何在？用密尔的话来说，道德原则以什么力量来使我们遵守它？它的制裁力（sanction）何在？为什么人们有责任、有义务不做行凶抢劫、谋杀、撒谎的事情？为什么人们应当有责任、有义务增进公共幸福而不是别的东西？人们常常拿这一类问题来责难功利主义。密尔认为，其他一切伦理学理论也和功利主义一样，都应当回答这一类问题。

实际上，边沁并没有从这样一个视野来提出问题。边沁谈到对快乐与痛苦的四种约束力量，他所说的基本上不是密尔问题意义上的制约，而是讨论快乐与痛苦的不同来源。他谈了快乐与痛苦的四种来源：自然的、政治的、道德的和宗教的。如所谓自然的来源，是指没有任何人意的干预，也没有超自然的神意的特殊干预而来的苦乐；所谓政治的来源，是指苦乐出自某一政治人物之手。边沁所说的“道德的”来源或约束力量，则说的是快乐与痛苦操在社会上的随便什么人之手，这些人是在当事人的生活过程中，依着每个人自发的脾气偶然与之发生的利害关系而产生苦乐的。从边沁的这种认识可见，关于道德对行为的制约力这一问题，他的观点几乎是不着边际的。

密尔将道德的制约问题从边沁的苦乐来源问题拉回到传统伦理学所讨论的问题上。密尔辩护说，功利主义也具有其他一切伦理学系统的制裁力。这种制裁力可以分为两类。一是外部的制裁力，如人们期望得到其他人的宠爱，或得到上帝的宠爱。密尔认为，公共幸福作为一条道德原则，作为道德上的义务的根据，也可以被看成一种外在的制约。这种制约的力量在于，任何人，无论他们自己的行为怎样不完善，他们对于自己的一切行为，假如认为会增进别人的幸福，总会希望得到赞美。外在的赏罚，无论是来自人类还是来自上帝，都可被看作外在的制约（制裁）。

二是内部的制裁力。密尔认为，与外部的制裁力相比，内部的制裁力是最后的制裁力。一切外部的制裁最后都要归依到内部的制裁。内部的制裁力只有一种，即我们自己内心的感情。密尔说：“我们自己内心的一种情感，一种伴随违反义务而起的相当强烈的痛苦；这种痛苦，在经过适当培育道德品性的人那里，遇到比较严重的场合，就会强度增高，使他觉得违反是万不可能而自然退缩不做。这种情感，假如是无偏私的，与纯粹的义务观念相连而不只牵连特种义务或任何附属的情境，那么它就是良心的本质。”① 在密尔看来，功利主义与其他任何一种伦理学理论一样，都将良心

---

① John Stuart Mill. Utilitarianism//Joseph Katz, Philip Nochlin, Robert Stover. Writers on Ethics: Classical and Contemporary. Princeton: D. Van Nostrand Company, 1962: 125.

作为最终的制裁者。因此，在什么是功利主义的最后制裁力的问题上，并没有什么可使功利主义者为难的。换言之，功利主义并不是一种特殊的伦理学理论，它和其他伦理学理论完全一样，行为的正当与否，就看良心的最后裁决。在这里我们可以看到密尔向传统伦理学理论的归依。在密尔看来，制裁力，就它是无偏私的范围而言，始终是良心上的。

然而，良心到底是什么，看来密尔也难于界定，他只说良心是一大团情感，人若要做违反是非标准的事，就必定要冲出这个感情的重围，并且假如违反了这个标准，这团情感就要变成悔恨而重现于良心上。因此，在他看来，义务观念有制约力量就在于这团感情上。而"这种感情是构成良心的基本成分"①。从功利原则到良心制裁，这之间可能有相当多的理论环节需要填补。不过，我认为，密尔能够这样不用任何实质性的内容来界说良心，可能与他处在英国的道德感的传统背景中有关。哈奇逊把仁爱的道德感看成德性源泉，认为人的天性中崇高与善良的品质必然会做出高尚的道德选择。巴特勒则把良心置于重要的地位。在巴特勒那里，良心被置于最高层次，是正当的主宰，对各种行为及其动机发出道德的判断和指令。休谟的同情论则强调同情是人性中的一种强有力的情感因素，它能够控制我们的心灵，使我们跳出自我的圈子，去关心社会与他人。斯密认为，人的同情是一种设身处地地为他人分担由环境所激发的感情的天性。无论一个人多么自私，在他的本性中都明显地存在着某种关心他人的命运和幸福的感情。密尔的良心论实际上是把对他人的关心看成自己的义务。在他看来，直觉论的伦理学与功利主义的伦理学无论怎样争执，在如下问题上都是没有争执的，即它们相信重视他人的苦乐是一种道德义务，因为它们主张道德的大部分取决于对他人利益的尊重。

这样看来，密尔的行为的制裁力实际上是尊重他人利益与社会利益的感情所起的作用。在他看来，功利主义的这种道德情感不是没有自然基础的，这种自然基础就是"人类的社会感情，要同人类成为一体的欲望——这个欲望现在已经是人性中一个强大的原动力，并且可喜的是这一个欲望，就是没有特别教诲，也是会受文化进步的影响而渐渐变得更加强烈"②。他说现在人人觉得自己是一个社会人的想法已经根深蒂固了，但他没有想到即使在20世纪仍然有人（弗洛伊德）认为人在本性上是一个自然人，社会文化与文明进化的结果只是对人性的压抑。同时，密尔对人性过于乐观的观点对现代人类社会状况的理解也是有问题的。

现在要问：密尔诉诸道德感证明最大幸福原则是成功的吗？他能回答类似于前面提出的责难吗？我认为，这只能更加证明密尔离开了功利主义的利己主义基础，但仍然回答不了前面的责难。这是因为，社会人的这种情感可以解释最大幸福原则具有的道德基础，但仍然没有回答为什么我们不能为了多数人的利益而无辜地牺牲少数人的利益或生命的问题。

---

① John Stuart Mill. Utilitarianism//Joseph Katz, Philip Nochlin, Robert Stover. Writers on Ethics: Classical and Contemporary. Princeton: D. Van Nostrand Company, 1962: 125.

② 同①127.

二、功利与正义

密尔意识到，正义问题构成对功利主义的最大挑战。他说，在思想史上的一切时代，使人不容易接受功利或以幸福为是非标准的学说的最大阻碍之一来自正义观念。密尔的辩护首先是找出正义观念的共有特性，然后指出具备这种特性的正义观念或正义感是与功利观念内在一致的。

密尔的研究是先列举与正义（公正）或非正义（不公正）相关的一些具体情形，然后再从正义的起源等方面考察正义内在的根本原则。

他首先列举了以下五种运用正义概念的情形：

> （1）把任何人的身体自由、财产以及任何依法应属于他的东西剥夺掉，多半会被认为是不公正的。
>
> （2）把不应该属于他的权利剥夺掉，这种情况较为复杂。可能授予他权利的法律是坏法律，遇到这样的情况，对于违反这种法律是否正义的问题会有不同意见。有人主张，法律无论多坏，人们都应遵守它。密尔认为，这等于为罪恶的制度进行辩护；人们只有违反法律才能反抗这种法律，这种主张使得恶法律反而能够抵抗这个唯一反对它的有效武器。不过这种主张还有另一个强有力的理由：即使恶法律也应拥护，因为这是权宜之策（expediency，或译为“权宜”“方便”“便利”）。“权宜”是密尔讨论正义时所用的一个重要概念，它所表明的是任何原则都有例外，任何例外只要有正当理由，都是合理的。这里这种权宜性理由是，因为守法的情操不可侵犯这种精神对于人类的公共利益是极为重要的。但是，无论是持反对意见者还是持肯定意见者，他们都认为，法律不是正义的最后标准，法律也许做正义所不容的事情，对某人是善而对另一人则可能是恶。人们认为法律不公正，这个根据就不在法律上，而在于不公正的法律侵犯了人的权利。那么，这个权利就不是法律上的权利，而是道德上的权利。这里的第二种不公正也就是将任何人道德上的权利应得的东西夺去或扣留不给他。
>
> （3）人们公认每个人得到他应得的东西为公正，也公认每个人得到他不应得的善或遭受他不应遭受的恶是不公正。实际上，这是亚里士多德的部分正义论中的比例报赏公正论。
>
> （4）失信于人，破坏所认可的契约是不公正的。
>
> （5）偏私是不公正的。在不应有私恩偏爱的事情上专给某个人好处，也抹杀其他人。密尔认为，在权利所关系到的场合，不偏不倚就是义务，而这个义务已经被包括在给予每个人权利的更普通的义务之内。

不偏私意义上的公正观念是与平等观念紧密联系在一起的。密尔认为，平等观念在正义的概念以及正义的实践中都是一个成分，并且人人都认为平等是正义的命令，但在那些权宜之计允许不正义的地方除外。人们认为即使不平等也是合理的，其理由也就在于权宜或便利。但也有这种情况：人们认为并非权宜的制度也不是正义的制度，如使得奴隶没有任何需要保护的权利的制度。那些以为社会财富应当按阶级来不平等分配的人，不认为这个制度不正义，但是以为这个分配制度并非权宜的人会认为这个制度不公正。即使是主张平等的人，也因对于权宜的不同看法而对什么是公正有不同看法。共产主义者认为除了平等分配原则外，其他的一切分配都是不公正的，有人则以为需要最多的人应被给予最多才是平等，也有人以为工作最努力、贡献最大的人应得最多才算公正。但密尔认为，这些都是对便利意见的差异而产生的对公正看法的差异。密尔说："自然的公正感可以诉诸这其中的任何一个来作为它的好理由。"①

以上是密尔考察的第一阶段。通过这一阶段的考察，密尔得出了正义概念内在隐含权利概念的结论。不过，对于平等权利的问题，在不同的具体情形中，都有着权宜变通，因而产生分歧。接着，密尔从正义概念起源的意义上进行考察。密尔指出，正义这个概念的原始意义是遵从法律。希伯来人的正义概念整个地是守法，希腊人与罗马人虽有所不同，但他们仍然承认法律和法令是正义的主要成分，而法律所规定的行为也就是人们必须履行的义务。在这个意义上，义务这个观念总含有照理应该强迫当事人履行的意思。密尔把义务区分为两类：一类为强制性的义务，这类义务是有相当权利的义务；一类是非强制性的义务，这类义务是可以随我们的意愿来实行的，如仁慈的义务，但它是不发生任何权利的义务。密尔通过对正义概念的考察，再次发现了正义概念内在隐含的权利概念。他说："我们审查正义这个名词的各个通俗意义，就发现它通常含有个人权利的意思：这个权利就是一个或一个以上的人所应有的，就像法律赋予财产或别项合法权利时所赋予的。"② 密尔意识到，凡是有权利的地方，都有公正或正义的问题，这种问题不是仁德的问题。这是与慷慨、仁慈等其他的道德责任不同的地方。

密尔再从消极方面来探讨正义的问题。所谓消极，也就是侵害行为为不正义与惩罚施行侵害行为为正义的问题。密尔认为，对施行侵害行为实施惩罚是正义的，因为它是人的两种自然情感的发展，一是自卫的冲动，二是同情。密尔认为，我们对于被侵害者的同情，对于这种侵害行为的愤怒与反抗都是很自然的倾向。密尔把它看作一种本能，认为这是所有动物都具有的本能。与其他动物相比较，人类的这种同情的范围是大大扩展了。人类的智力使人可以领悟到自己个人以及自己所属的社会的共同利益，从而凡威胁一般社会安全的行为在人看来也是威胁自己个人安全的行为。因此，从消极意义上看，正义的情感起源于所有动物都具有的对自己或自己所同情的同类受伤害而想要抵抗或报复的感情，以及人类所特有的明哲利己的观念。基于这个基本点，密尔认为，有一项权利是社会应保护而使人人应享有的，这就是安全。这是"除了物质的营养以外最不可少的必需条件"。这种权利是人人平等的。在密尔这里，这构成了正义的最低限度的要求。密尔认为，人类不要彼此伤害的道德律，对于人类的善比任何其他东西都重要。正义义务的首要成分就是遵守这些道德律。"所以，给每个人所应得的，即以善报善、以恶报恶，这个原理，不仅被包含在我们定义的那种正义观念里面，而且是那种强烈感情的适当对象，正是这种感情把正义的价值置于权宜之上。"③ 密尔认为，这个世界上流行的大多数正义原理，只是他所说的这种正义原则

① John Stuart Mill. Utilitarianism//Joseph Katz，Philip Nochlin，Robert Stover. Writers on Ethics：Classical and Contemporary. Princeton：D. Van Nostrand Company，1962：138.

② 同①140.

③ 同①147.

实现的工具而已。密尔从上述内容中最终得出了一个正义概念内蕴的根本原则：平等权利与公平报偿。平等权利作为正义的核心原则，内蕴在文艺复兴以来的感性幸福论深层的个人价值论中。这个价值理论的最初表达就是人类的自我保存以及趋利避害的本性。这个本性是每一个人类存在者所共有的。这个个人价值论经过文艺复兴和启蒙运动，已经成为近现代西方思想家的共同财富。[①] 无论是近代以来的义务论（以康德为代表）还是功利论都不可回避它，这个价值原则构成了近代以来的正义理论的核心。密尔回到这个价值原点上，进而指出："假如我们的责任在于给每个人应得的，以善报善，以恶制恶，那也就必然意味着，我们必须（假如没有更高的义务禁止我们）对于一切应受我们同等的好待遇的人给予同等的好待遇，社会必须对于一切应受社会同等的好待遇的人（就是绝对地应受同等好待遇的人）给予同等的好待遇。这是社会分配正义的最高抽象的标准；一切制度、一切好公民的努力，都应该尽量归向于这个标准。但是，这个重大的道德义务还有更深的基础，它是最基本道德原理的直接表现，并不只是由后起的或引申的理论推演而来的。这个道德义务已被包括在功利原理，即最大幸福原理的本义内。"[②] 密尔指出最大幸福原则与正义的核心原则是内在一致的，或者说已经被包括在它的本义里。

密尔的这个辩护是否成功？无论是近代以来的义务论还是功利论，它的深层价值原则都是个人权利原则。在这里，密尔实际上是依据平等权利原则，提出我们应该给每个人同等好的待遇。因此，仅仅依据最大幸福原理不可能得出这个结论。实际上，我们也看到，功利主义的最大幸福原理有着游离它的个人感性幸福原理的内在可能，但密尔说它没有游离。然而他的这种说法在他那个时代就已经得到了斯宾塞的回答。斯宾塞认为，功利原则（最大幸福原理）不足以作为行为善恶的标准，因为功利原则还应有一个更基础性的原则，就是人人享有幸福的权利的平等原则。我认为斯宾塞的这个批评是对的。要使功利主义避免我们前面提到的诘难，就必须对最大幸福原理进行必要的限定；这个限定必须是根据一个在它之外的标准，而不是把它自身作为标准，因为将它自身作为标准来限定自身在逻辑上是荒谬的。在这个意义上，功利标准就不是最后的标准，或者说不是最根本的标准。

参考书目

John Stuart Mill. Utilitarianism//Joseph Katz，Philip Nochlin，Robert Stover. Writers on Ethics：Classical and Contemporary. Princeton：D. Van Nostrand Company，1962.

---

① 要反对启蒙运动以来的思想倾向，就必须否定深藏于这一运动深处的个人权利意识。麦金太尔深知这一点。在《德性之后》中，他把权利意识的出现看成抛弃亚里士多德的德性传统的结果，并进而认为近代出现的权利概念只是一个虚构，就像人们虚构"独角兽"一样。因为要回归亚里士多德，就必然放弃现代的权利意识。而在哲学上放弃权利意识，再也没有指出它是虚构的来得简便。然而，这一权利意识不可能放弃。它是近代以来的一切近代性（现代性）社会理论的出发点。

② John Stuart Mill. Utilitarianism//Joseph Katz，Philip Nochlin，Robert Stover. Writers on Ethics：Classical and Contemporary. Princeton：D. Van Nostrand Company，1962：148.

思考题

1. 简析密尔对快乐的质的区分的意义。
2. 简析密尔功利主义证明的问题。
3. 简析密尔的幸福观。
4. 简析功利与正义。

第五章

行动功利主义

边沁、密尔的理论作为成熟形态的功利主义理论，在近代以来的社会伦理实践和政治改革实践中发挥了重要的作用。边沁、密尔之后，功利主义作为一种规范伦理学学说，仍在发展过程之中。20 世纪以来，学界一般把边沁、密尔的功利主义理论称为古典（classical，或"经典"）功利主义理论。边沁、密尔的理论由于把快乐看成唯一值得追求的目的，也就是具有内在价值的事物，因而也被称为"快乐主义（hedonistic）的功利主义"。20 世纪摩尔的功利主义作为一种新型的规范伦理学，提出不仅快乐具有内在价值，是值得追求的，而且其他精神事物，如对诗的欣赏、对美的享受以及人与人交往的快乐都具有内在价值，都值得追求；并且，摩尔明确地把精神事物看得比物质事物更有价值。因此，摩尔的功利主义被称为"理想的功利主义"（ideal utilitarianism）。

20 世纪以来，功利主义理论最重要的发展是行动功利主义和规则功利主义这样两种理论形态的出现。"行动功利主义"和"规则功利主义"的概念最早为布兰特在《伦理学理论》中提出并进行论述。布兰特认为，快乐主义的功利主义和理想的功利主义都可归在行动功利主义的名下。何为行动功利主义？依据布兰特的观点，行动功利主义的论点可被界定为："在所有 X 能做的事情之中，如果做 A 有可期望的最大效用集（maximum net expectable utility），那么，X 的客观责任就是做 A。"[①] 依据行动的后果，或依据行动可期望的后果来决定行动，是行动功利主义的基本论点或特征。行动功利主义在 20 世纪又有新的发展。最为著名的行动功

---

① Richard B. Brandt. Ethical Theory. Englewood, Cliffs, N. J.: Prentice-Hall, INC., 1959: 382.

利主义形态是斯马特的行动功利主义。20 世纪的行动功利主义与古典功利主义在理论上有着渊源关系，但仍然有它自己的新特征。在这个意义上，我们仍是在新型的行动功利主义的意义上论述行动功利主义，而且仍把边沁、密尔的功利主义看成古典功利主义。

第一节 行动功利主义的一般特征

一、可期望的最大化的效用集

行动功利主义渊源于古典功利主义，是对古典功利主义的一种理论提升，或理论修正。依据布兰特的界定，行动功利主义的主要论点可以被表示如下：在所有 X 能做的事情之中，如果做 A 有可期望的最大化的效用集，那么 X 的客观责任就是做 A。首先，这里要解释的是：什么是“可期望的最大化的效用集”？功利主义是一种后果论的伦理学，即判断行动对与错的唯一依据是行动的后果。这个后果也就是行为主体所预期的东西，或可期望的东西。关于最大化的效用集或功利集，功利主义强调在可选行动项中，如果某种应做的行为所产生的后果是所有可选事态中最好的或最大量的，那么你的责任就是从事这一行动。其次，功利主义所谓“可期望的”，也就是指比那种微弱的可能性更大些的可能性。所谓“微弱的可能性”，也就是在可期望的意义上，目前我们还难以预知的可能性。如有些行动或活动可能对于几千年的历史文化都会有影响，如书写《圣经》、进行一场世界战争等，但这些重大事件的影响几千年的历史意义不在我们关注的范围之内。换言之，功利主义所考虑的效用或功利的总和，是比较切近现实的影响或影响力。功利主义所要考虑的是：如果我们有了行动 A，某种对于我们而言有着最大可能效用或功利的事件将可能发生；如果我们有了行动 B，则那种对我们有着最大可能效用或功利的行动就不可能发生。在这个意义上，行动 A 将是我们应当采取的正确行动。

布兰特指出，怎样确定哪一个行动所产生的可期望的后果是最大化的效用集仍然是一个有待讨论的问题。这是因为，将要采取的无论是行动 A 还是行动 B，都有可预期的后果，这些后果可被标明为后果 A 或后果 B。对于这些不同后果，哪一些是最大化的效用集？在一定的意义上，不仅是行动所产生的事态优越于他者，而且还在于评价主体的可得到辩护的偏爱。即效用有时从不同的评价标准来看，是可能产生争议的。因此，在争议发生时，往往是主体本身的偏爱来决定哪一种行动是最优的可选方案。对于怎样确定可期望的最大化的效用集问题，快乐主义的功利主义所依据的是这样的观点：唯有快乐是具有内在价值的东西。也就是说，功利主义的偏爱是建立在考察行动所产生的快乐的强度和持久性这样的基础上的，功利主义依据这样的标准来确立可期望的最大化的效用集，从而确立什么是我们应当做的。但是，快乐主义的功利主义者不考虑这样的判断方式会有问题，但实际上究竟哪一个行为过程将产生最大的快乐，这不仅是一个判断问题，而且是一个偏爱问题，因为任何一个行为过程将产生的快乐以及它的强度、持久性都是一种可能性。因此，仅仅依据功利主义的标准不能解决采取行动 A 还是行动 B 的问题。他必须像非快乐主义者那样，诉诸偏爱来决定哪一个行为过程将产生最大化的效用集。他做出采取行动A还是行动B的决定不仅在于判断，而且在于自己的偏爱。

行动功利主义作为一种行为评价理论和作为一种行为决定理论有着明显的不同：作为一种评价理论，由于行为正在进行或已经完成，因而可依据相应的后果进行评价；作为一种决定理论，则不得不对不同的可能性进行预测或估计。同时，也可能在最大化的快乐效用集与最大可能性之间进行平衡。因为也许产生最大化的快乐效用集的可能性并不是最大的，而功利主义可能选择的只是那种在可选行动方案中最大的。

行动功利主义把可期望的最大化的效用集作为行为判断和行动决定的最后依据，因而可以说这也就是行动功利主义的公式化原则。那么，这一行动功利主义的准则与人们的日常性道德规则之间是怎样的关系？人们一般都把按照“遵守诺言”或“要说真话”这样的常识性道德规则来行动，看成在大多数时候每个人的责任。但如果行动功利主义的准则与这些常识性道德规则发生冲突怎么办？行动功利主义认为，如果发生冲突，或者说如果遵守这些常识性道德规则可能有损于一般福利或最大幸福，行动功利主义所要依据的就不是常识性道德规则，而是功利主义的原则。在行动功利主义这里，一般大众所接受的道德准则并没有那种不可撼动的地位。

二、可取之处及问题

与其他的道德理论比较，如规则功利主义，行动功利主义最大的长处，一是在于它的简明性。行动功利主义告诉我们，我们的责任在于采取那些能够产生最大效用或功利的行动。或者说，为了最大化我们的福利，我们有责任去做某种事情。非功利主义，如义务论，关于我们的责任则是一系列的要求，这些要求并不可能有这样的简洁性，因而它们不可能有这样清楚明了的解释。二是在于行动功利主义对于行动的选择的明快性。行动功利主义做出判断所依据的只是最大化的效用集。与规则功利主义比较，我们就可以知道这一点。规则功利主义认为在多项行动选择方案面前，决定这些选择方案的因素不是别的，只是道德规则或准则。如果这些准则之间发生冲突，如我们所说的忠孝不能两全时，我们应当选择哪一个行动方案？这两项道德规则或准则本身不能给我们答案，我们必须诉诸更高序列的原则来做决定。如在古代，只有确立忠于国君的原则高于孝敬父母的原则才可解决这一冲突。

从行动功利主义的视野来看，义务论还面临着这样的问题：义务论总是承认某些准则所规定的责任是自明的责任，如不说谎的责任可以被看作自明的责任。但这样自明的责任往往使我们感到困惑。如假设医生通过检查知道了一个病人身患绝症，医生和家属都知道他很脆弱，如果把这个真实消息告诉病人，病人有可能在几个月内就死去；如果不说实情，病人由于心情稳定，则可能多活几年。义务论的自明的责任就是不说谎，但明显的后果则是造成病人过早死亡；而行动功利主义的最大福利原理则告诉我们应当不告诉病人实情，我们的道德直觉会在行动功利主义这边。

电影《集结号》讲了一个这样的故事：团长要一个连去执行阻击任务，以掩护大部队转移。团长告诉这个连长说，你们听到集结号就撤退。然而，一直到这个连的战士除了连长一个人之外全部战死，都没有人听到集结号。战争结束后，这个连长始终带着这个疑问：为什么他没有听到集结号？后来，他在团长的墓地见到了当年的小号手，小号手告诉他，团长根本就没有让他吹集结号。因为他们连的任务就是阻击敌人以掩护大部队转移，如果他们早撤退，那么大部队就会有更大的伤亡。团长知道这是让这一连的人都送死，但他不忍心说出来，所以才善意地说只要阻击任务一完成，就吹集结号。他们的牺牲换来了大部队转移的时间或减少了大部队更多人的伤亡，从行动功利主义的最大化的效用集规则来看，以小的牺牲换来更多的生存，这是值得赞同的。或者说，当面临着两种不同量的牺牲的可能时，无疑最小的牺牲选择是合乎道德的。

在制定政策决定的选择中，最大化的效用集规则往往成为主要的依据。假设现有一批医疗资源。如果用在某种疾病的普查上，那就有可能将这一资源的相当一部分用在没有这一疾病的人身上，虽然我们可以知道这一疾病的发病率，但却没有更多的资源来医治已经发病的人；如果把它集中用在已经患有这种病的病人身上，将使得这些病人得到更好的医治。在这种情形下，最大化的效用集规则也许就是恰当的决策选择。

然而，依据行动功利主义的最大化的效用集规则来做出行动的决定，也可能做出道德上不可允许的行为决定。假设有一对父子，父亲的经济状况很好，但他不愿意把钱给自己的儿子一家；而儿子一家的经济状况不好，很穷困。父亲不愿意把钱给自己的儿子一家，是因为他的身体很不好，需要请人来护理，而且看病、吃药都要钱。但这个父亲就是有人护理也活不了多久，同时因为疾病他也活得很痛苦，而把护理的钱和买药的钱给他儿子，他儿子一家会过得很快乐。医生告诉儿子，他父亲的病情会一天天恶化，虽然还有几年才可能去世。再假设这个儿子可以不被他人发觉而很快置其父于死地，即提前结束父亲痛苦的生命，这样做不会带来法律上的麻烦。依据行动功利主义的最大化的效用集规则，结束父亲的痛苦和给自己的家人带来福利是儿子的责任，但人们一般不会这样认为。当然人们还可以说这个儿子年轻，为什么不去找工作？但假设那个时期就业状况也不好，他很难找到工作，而他父亲的去世可能就是解决家庭困境的最快办法。但他应当这样做吗？很明显，我们的直觉告诉我们在道德上这是不对的。

类似的情形也出现在如下案例中。假如有一位母亲，她有一个九岁的女儿。假设这位母亲在当地没有任何亲人，只有你这样一个好邻居。有一天，她被查出得了绝症，不久将离开人世，她因治病耗尽了她的资产。在离开人世前，她把照料她年幼女儿的责任托付给你，出于同情或怜悯，你答应了她的请求，虽然你明确意识到以你的经济能力抚养她的女儿可能有一定的困难。不久，这位母亲就去世了，因而没有人知道你的诺言。那么，在这种情况下，你可以遵守诺言，把那个女孩接过来抚养，但你将承受巨大的经济压力，你的福利将因此而受到损害。你也可以不遵守诺言，把孩子送去孤儿院。这样你的经济不会受到任何损失，也没有任何人因此而指责你。从非功利主义的观点出发，遵守诺言应当被看作自明的责任，而无论对于你的福利将产生怎样的不利后果。如果从行动功利主义的规则出发，那就意味着，是否看重我们的诺言，就在于这个诺言行动可能产生的效用集的大小或好坏。如果对于我们的福利所带来的是不利后果，行动功利主义将做出不赞同的判断。或者说，行动功利主义并不会把这样的诺言看成自明的责任。

不仅在存在对自我福利的最大化造成损害时，行动功利主义可以做出不赞同的判断，而且，如果在道德准则面前，不遵守道德准则可以造成对我的福利的最大化，那么，行动功利主义也可能做出赞同的判断。如逃票乘客所得到的好处，就是不遵守大家都遵守的规则而得到的。行动功利主义回答不了有比最大化的效用集更应当肯定的东西是什么的问题。在上述情形中，都存在着一个道德责任的价值虽然不能带来最大化的效用或功利，但却比最大化的效用更有价值的问题。

行动功利主义还有一个最大的问题，就是如果行动的最大量的好的后果只有在赞同非正义的条件下才能获得，行动功利主义不会不赞同它。对于这一问题，我们在对斯马特的行动功利主义的讨论中再具体讨论。

第二节 斯马特的行动功利主义

斯马特（J. J. C. Smart，1920— ）提出了当代最著名的行动功利主义理论。前面只是从最简明的意义上介绍了行动功利主义的最主要的特征，斯马特则联系古典功利主义的理论，将上述特征做了深入的阐述与发展，使得行动功利主义理论成为当代一种成熟的功利主义理论。

一、取消边沁与密尔的区别

边沁与密尔的重大区别就是，边沁没有对快乐的质进行区分，只承认快乐有量的不同。在边沁看来，儿童的编针游戏和成人对诗歌的欣赏所带来的快乐在量上是相等的。密尔则认为快乐不仅有量的区分，而且有质的不同，不同质的快乐与不同量的快乐是不可同日而语的。在密尔看来，人们宁可追求高级快乐，即使高级快乐的量远不如低级快乐的量那么大。密尔由此得出结论说，人们宁可做一个不满足的苏格拉底，也不愿意做一头满足的猪。苏格拉底的不满足比傻子的满足更好。换言之，苏格拉底可能不是很快活，但他更幸福。

密尔的这样一个论点蕴含着这样几层意思："幸福"这一概念与"满足"这一概念是可分离的。密尔通过自己的生活实践所得来的直觉感受到，越是精神文化层次高的人，可能越不满足，但他们可能比那些精神文化层次低的人更幸福。斯马特认为，密尔之所以这样认为，主要是看重幸福概念中的评价成分。但"幸福"首先是一个描述词，其次才是一个评价词。在评价词的意义上，具有密尔价值观的人才会赞同密尔的看法。这也就是为什么密尔会认为精神快乐高于简单的世俗快乐。然而，斯马特认为，从"幸福"所具有的描述意义上看，"幸福的概念同满足的概念具有不可分割的联系，也就是说，尽管幸福的外延更为广泛，但是，一定的幸福总要包含适度的满足"①。把幸福与人的心理满足状态分离开来是斯马特不能接受的。在他看来，幸福总是与人感到一定程度的满足相联系的。他认为，如果我们不承认幸福概念所具有的描述意义，而只承认它所具有的评价意义，从而把一个痛苦的、过得不够快乐的，甚至根本就不快乐或者一直感到非常不满足的人称为"幸福"的人，这是十分荒唐的。"称一个人是幸福的条件是：

① J. J. C. 斯马特，B. 威廉斯. 功利主义：赞成与反对. 北京：中国社会科学出版社，1992：20.

他必须在相当长的时间内感到适度的满足和快乐。这是最低限度的条件。”[①] 在斯马特看来，只有满足了这些最低限度的条件，才能对各种满足和快乐进行评价，按照幸福的标准进行分等。当斯马特把幸福的概念与满足和快乐相等同时，他就把密尔幸福概念中的亚里士多德主义的成分清除出去了，而回到了边沁的快乐论的幸福论。不过，斯马特指出，他运用幸福与快乐这两个概念，并不意味着把快乐与幸福相等同。幸福与快乐概念对人的满足或适意状态的描述区别在于，幸福概念有着时间长久的意思，而快乐概念则没有。一个人可以说在两点一刻感到快乐，但几乎没有人会说他在两点一刻感到幸福。幸福包含各个时刻的快乐。但斯马特忘了说，一个长久没有实现的意愿如果在两点一刻实现了，人们都会认为自己在那时感到幸福。

在斯马特看来，边沁这样的纯粹快乐论的功利主义者也会同意密尔的观点，即宁可选择做不满足的哲学家，而不选择做满足的傻子。斯马特的依据之一是，边沁也是一位主张社会进步的思想家。苏格拉底式的思考相比较那些性情懒散、终日悠闲自在的人来说，无疑具有更大的社会价值。诗人通过自己的诗歌创作，使人们的闲暇时光充满快乐，数学家通过自己的钻研推动科学的进步，虽然诗人或数学家可能不满足，但他们的成就使得更多的人得到满足。

斯马特还认为，最复杂的精神快乐也是最丰富的精神快乐。阅读诗歌能够使人的精神升华，增强人的感受性。按照边沁的观点，醉心于数学也是一种应当鼓励的快乐，因为数学的发展是决定人类进步的一个因素。并且，许多饮食男女的快乐，不仅缺乏丰富性，而且沉溺于其中有可能导致负作用，如嗜酒成性导致身体变坏，饮食过度导致肥胖，等等。

但这样说，并非意味着斯马特从另一角度赞同密尔对快乐的分等，而只是说密尔的理论也可得到边沁理论原则上的赞同。更重要的是，斯马特并非认为简单的快乐就没有更大的内在价值，而只有密尔所说的高级快乐才更有价值。

对此，斯马特以一个心理学上的老鼠电流刺激试验给出了强有力的说明。试验人员将电极插入老鼠大脑的不同区域，通过对不同大脑区域的刺激来观察老鼠所做出的行为反应。当给不同的大脑区域输入电流时，有的老鼠表现为愉快，有的表现为痛苦，有的则没有任何反应。在刺激能够产生快感的试验中，老鼠甚至学会了按电钮，它通过不断地按电钮来刺激自己，几乎忘记了寻找食物。在有些试验中，老鼠坐在电钮边数时间，隔几秒钟按一次电钮来刺激自己。斯马特说，老鼠电流刺激的这个试验使人想起那些骄奢淫逸的生活图景，一个大脑里插满各种电极的人，使用不同的电钮，使他纵情于声、色、吃、喝等肉体快乐之中。这就是我们的伦理思想所憧憬的理想吗?

斯马特认为，反对人们耽于声色口腹之欲的理由是，虽然它自身是快乐的，但它将有损于未来的快乐，影响身体健康等。但是，如果这种快乐不会带来不好的后果，像一个已经失明的人，电流刺激重新使他获得了看到光明的快感，我们也能说这不好吗？斯马特假设，如果一个人在办公室或工厂里完成自己的工作，仅仅在晚上回家后过几个小时的电流刺激生活，这种快乐是如此之大而又易于重复，即使因为缺乏丰富性也没有关

---

① J. J. C. 斯马特，B. 威廉斯. 功利主义：赞成与反对. 北京：中国社会科学出版社，1992：21.

系。那么，我们能说这种快乐不值得或没有价值吗？从人类社会的远景来看，人类的发展总有一天将会达到这样一种图景：在那时，没有饥饿和贫穷，人们的工作极度轻松，完善的社会条件足以保证人们把他们的时光消磨于电流刺激的快乐享受之中。那么，这样一个社会是令人满意的社会吗？这就是我们所追求的千年王国吗？斯马特肯定地说，纯粹快乐论的回答是肯定的。斯马特认为，无论我们是否说电极操作者“幸福”，但我们说他是满足的，也过得快乐，这是没有疑问的。而依斯马特的理论，幸福的要素就是满足与快乐。只要我们承认某人是满足的与快乐的，我们就没有理由不肯定这种行为的后果。

斯马特通过返回到边沁而取消了边沁与密尔的区分。这一返回的特征就是取消了幸福与快乐的丰富内涵而将幸福与快乐都归结为一种感性快乐，甚至是一种电流刺激的快乐。以过这样一种快乐生活为目标，对于斯马特来说并没有什么不好。

二、行动的正确与错误

行动功利主义是后果论，或效果论。前面已经指出，当可选行为是可期望的最大化的效用集，这就是行为正确或正当的标准或依据。或者说，行动功利主义仅依据行为可能产生或所产生的福利后果或效果的好坏来判断行为正确与否。斯马特对于这一行动功利主义的唯一原则进行限定，认为这里所说的福利后果或效果不是对某个人而言的，而是对全人类或一切有知觉的存在者而言的。斯马特说：“采取行动A而不采取另一可选择的行动B的唯一理由是，采取A比采取B会使人类（也许是全部有知觉的存在者）更幸福。”[①] 这也就是说，采取行动A比采取行动B有着可能的更好后果。斯马特把这样一种行动后果作为行动功利主义的基本原则，并且把这样一种原则称为普遍化仁爱原则。

在斯马特看来，这是一种普遍幸福原则。对于一个行动的后果或效果，人们应当从总体上进行判断。所谓总体，即相关的所有总体，也就是可能影响到的全体存在者，同时在时间上包括现在和将来的效果。假设存在两种总体境况：第一种境况是，1 000 000人饮食无忧、无灾无病，从事有趣和令人舒心的工作，享受着交流、学习、工作、艺术和音乐等快乐；第二种境况是，999 999人享受着同等的快乐，但有1个人遭受着牙痛或伤风感冒的痛苦。那么，对于这样两种总体境况，几乎没有人会喜欢第二种而不喜欢第一种。因此，如果我们是善良而仁慈的，我们总会希望有更多的人获得更大的幸福，而不是相反。

行动功利主义的普遍幸福或总体境况选择所追求的是总体性的较好，因而行动功利主义并不重视总体境况内的公平分配问题。斯马特说：“我们似乎更看重最大限度的幸福，不看重平等分配，更看重幸福的可能性和心灵状态快乐的精神生活性质以及其他性质。”[②] 也就是说，只要对不同的总体境况进行比较，如果总体境况A比总体境况B好，那么所谓普遍幸福原则也就能够得到满足。假设上述的1 000 000人的幸福指数总计是10 000万，其中10%的人口占有了其70%的幸福指数，而其他90%则只占了其30%的

---

① J. J. C. 斯马特，B. 威廉斯. 功利主义：赞成与反对. 北京：中国社会科学出版社，1992：30.

② 同①34.

幸福指数。尽管人人都无忧无虑、无灾无病，但在财富和资源的占有上存在着巨大的不平等，斯马特并不认为这有什么问题。罗尔斯强调，仅当以一种公平正义的方式最大限度地增进普遍幸福时，才能最大限度地增进普遍幸福。以不公平的方式增进幸福，会使一部分社会成员得不到他们应当得到的幸福或幸福资源。斯马特认为，就像我为了防止牙痛而选择去看牙医的痛苦一样，我要解除鲁滨孙的痛苦而不得不为琼斯选择一个痛苦。换言之，真正要实现平等的幸福只能是一种虚假的幻象。斯马特只是满足于可选总体的更多的善，而不考虑在一个社会内部其总体的善是如何分配的。他对于一个富人占有绝大多数资源而穷人一无所有或只有基本生活资源（所谓无忧无虑）的状况而心满意足。

斯马特之所以能够这样考虑，是在于他像边沁那样看待总体境况的比较。边沁运用快乐与痛苦的计算法从而得出一个行动是否正确的判断。斯马特认为，总体境况是复杂的，就像一个行动会给行为者带来快乐同时也会带来痛苦一样，总体境况不能不考虑行动的各种后果。一个总体境况就是各种后果的正负值的总和。如X行动有4/5的可能给史密斯带来吃冰淇淋的快乐，1/5的可能给她带来牙痛的苦恼；与此同时，X行动也有3/5的可能给琼斯带来同情的快乐，2/5的可能给她带来嫉妒的不愉快。假定除X以外，史密斯唯一可能的选择就是Y。Y对史密斯谈不上什么好或坏的效果，但却会有3/5的可能使琼斯想睡觉，2/5的可能使琼斯想散步。那么，我们就可以想象由X和Y这样两种不同行动所带来的总体境况。（1）对X来说，有四个像史密斯那样吃冰淇淋的人，有一个像史密斯那样牙痛的人，三个像琼斯那样同情的人，两个像琼斯那样嫉妒的人。（2）对Y来说，有三个像琼斯那样想睡觉的人，两个像琼斯一样想散步的人。那么，通过对这些行动的总体后果的计算，我们就应当知道要采取什么行动。斯马特这个形象的例子在于说明，一项行动或一项社会政策的后果或效果是多方面的，我们不可能从单方面来看待总体境况，单方面的境况构不成总体境况。通过计算，当正面的后果超过负面的后果，并且通过可选方案的比较，A比B的总体后果更好，那么我们采取A的行动就是正确的。

斯马特这样的解释不能为行动功利主义忽略公平问题进行辩护。毫无疑义，公平分配或公平的正义分配会给少数富有者带来利益的损害，但如果照顾少数富有者的利益，则必然损害多数社会成员的利益，尤其是社会最少受惠者的利益得不到应有的补偿。

行动功利主义对于行为正确或错误的判断除了遵循行动功利主义的所谓普遍仁爱的普遍幸福原则，或总体境况比较的选择外，遇到的另一个基本问题就是如何对待日常行为的道德准则问题。

斯马特认为，在日常生活中，行动功利主义按照习惯和依据固定的准则做出的任何行动都不与行动功利主义相矛盾。当有人落水时，他没有时间考虑各种可能性，如这个落水者是一个好人还是一个罪犯，救起这个人到底是好事还是坏事。他只能依日常道德行事。同时，他也不可能不厌其烦地计算各种微小行动的各种可能性，如果这样，那我们都可能变成疯子。但行动功利主义不可能把遵循日常生活中的道德准则变成偏见而固执地执行。如他在面对两份工作的选择时，一份是很高报酬的工作，另一份则是很低报酬的工作，但已经对别人做出了承诺。在这样可选择的行动面前，行动功利主义者不会以一味履行自己的承诺来欺骗自己，他甚至会以低估不履行承诺所带来的后果来安慰自己。规则功利主义则不然，它认为，我们应当遵守最佳的普遍规则，即使在特殊情况下服从它会带来坏的后果。斯马特把规则功利主义的这种态度看成“规则崇拜”。行动功利主义则不是规则崇拜。斯马特认为，行动功利主义理论的必要性就在于在那些确实需要人们进行行动选择的境遇里，提供某种决定做什么的原则和方法。也就是说：“在不依据习惯而是根据思考和选择行动的情况下，他必须运用功利主义的标准。”①

如果遵守日常道德或在日常生活中遵守日常的行为准则不会给我们的生活带来什么不便或不利后果，那么在行动功利主义者看来，这就与行动功利主义者的判断没有区别。如果遵守日常道德如遵守诺言等带来的是对自己不利的后果，行动功利主义者就以最大化的效用集或最佳后果的功利主义原则来判断自己的行为正确与否。当然，如果人们总以行动功利主义的标准来决定行动选择，人们就可能会对其道德品性产生怀疑。但行动功利主义还有另一考虑，即这样做如果不被人发现的话，就无疑是可以的。如斯马特为一个第二次世界大战期间在伦敦生活的、不遵守用电标准限制的法国人辩护。在他看来，这个人超标用电不会被发现，并且也不会因他一个人超标而给整个供电系统带来什么问题，但同时又给自己带来最大福利，就是正确的行动选择。② 如果两个行动有同样的后果或同样好，这些行动或某个行动则谈不上正确与否的问题。功利主义的标准或原则只是运用于“可选择的行动”，而对于这些可选择的行动，行动功利主义是把效用原则或功利原则放在首位，并不考虑尊重日常道德。行动功利主义者不像规则功利主义者把道德原则放在重要的地位，也不像义务论强调道德原则的绝对命令性，而只是看是否符合其功利原则或斯马特所说的普遍仁爱原则。

“可选择的行动”不等于“正确的行动”。可选择的行动是指多种行动方案存在的可能，正确的行动则是那些行动中具有最好可能后果的行动。当我们在充分知情的情况下，采取了可能带来可预知的最好行动后果或最大化的效用的行动时，我们这样行动也就是理性地行动。理性地行动也就是采取正确的行动，并且努力取得最大化的好的后果。在这个意义上，斯马特不仅以行动功利主义的理由来界定“正确”这一概念，也完全以行动功利主义来界定“理性”这一概念。完全不顾后果地执行绝对命令——这一康德的实践理性规定完全在斯马特的视野之外。行动功利主义者完全不知道，有一种行动，遵循道德命令的行动，无论产生何种后果都是正确的。在一种灾难面前，救人的行动，无论是否把人救出，都是正确的。

从行动功利主义的标准来看，正确的行动是能够产生最大化的效用集，或最大的好的后果或效果的行动。然而，这种后果或效用，是在其影响力多大的层次或意义上说的？如当今人类的罪恶，是不是亚当、夏娃那次偷吃禁果的行动所产生的后果？一个行动效果长久或遥远到什么程度，我们可以把它看作这个行动应当承担的责任？是不是像投一块瓦片，在一个池塘中激起的所有涟漪，直到最后一圈，都归于那个投掷的行动？

---

① J. J. C. 斯马特，B. 威廉斯．功利主义：赞成与反对．北京：中国社会科学出版社，1992：43.

② “行动功利主义者认为，如果法国人的行动无人知晓，在这种情况下，他应当多用电和气。”（同①56）可见斯马特鼓励不诚实。

我们在什么意义上要考虑一个行动的遥远效果？斯马特认为，亚当与夏娃的事例表明，理性的功利主义者在做出决定时，不必在每种情况下都预设池塘涟漪的假定。我们的理性不可能为无穷遥远的效果而担忧。如果我们要这样假定来考虑行动的后果，我们便不知道该怎么行动。在斯马特看来，我们的行动要考虑的后果是那些可以预测的后果，或在最近的将来的后果。

但斯马特的行动功利主义的这一总体境况的后果论仍然是有问题的。假定的行动效果距离行动的发生相当遥远，为什么我们就难以对这样的后果或效果进行评价？行动功利主义忽略了一个重要的问题，即在遥远的行动后果之间的那些中间环节。一种行动总会引出一种境况，如果我不采取某种行动，便不会出现这种境况。因此，行动与境况的因果关系是相当清楚的。依据后果论，这一关系自然涉及伴随任何其他我们可实现的效果的计算。威廉斯指出，在非后果论者看来，某些这种境况与其他境况之间存在重大的区别，因为在其他境况里，某个其他人的行动是最终后果“必不可少的中间环节”①，而对后果论来说，全部因果关系都是相同的。

行动的后果不仅有一个“遥远后果”的问题，还有一个在复杂的事物因果链中怎样看待其自身的问题。斯马特引述了这样一首童谣：

因为缺少颗马钉，
一块马掌走丢了。
因为少了一马掌，
一匹好马没有了。
因为少了一匹马，
一位骑手遇难了。
因为少了位骑手，
整个战斗失败了。
由于战斗失败了，
整个王国覆没了。
都因少了颗马钉，
一切事情都完了。

这么说来，都是马倌黑人史密斯的过错。但斯马特认为，要黑人史密斯承担整个王国覆没的责任，是难以接受的。如果这样责备他，他会精神失常。导致王国覆没的不是黑人史密斯的疏忽，而是战斗中的关键部位出了问题。那么，这是谁的责任？“行动功利主义者始终如一地认为，责任的概念完全是形而上学的荒谬观点，难道不能用‘责备’谁最有用来代替责任吗？在这种千钧一发的战斗的情况下，责备许多人无疑是有用的。尽管我们不能过分地责备其中的任何一个人。这种情况与以下这种情况不同，例如，如果一场战役的失败是由一位酩酊大醉的将军造成的，那么责备一个特殊的人是有用的。”② 实际上，这里的问题是，一位骑手的遇难与整个战斗的失败有没有这么紧密

① J. J. C. 斯马特，B. 威廉斯．功利主义：赞成与反对．北京：中国社会科学出版社，1992：92.
② 同①52.

的关系。如果战斗的失败是由于没有拖来大炮，那么史密斯的疏忽就不是可以责备的。虽然行动的后果应当把所产生的总体境况计算在内，但就某一个行动的总体境况或总体效果而言，总是存在着它所可能有的边界。或就其遥远，或就其细微的意义而言，可以不在其总体效果的意义上进行考虑。在这里，斯马特是合理的。他把因果关系与评价问题联系在一起，指出对最终的总体后果评价而言，细小的因果关系并不足以说明总体性问题。史密斯的错误虽然在总体后果的意义上不可责备，但他因疏忽导致一位骑手的丧生则是完全可责备的。

三、行动功利与非正义

行动功利主义把行动的后果或所产生的福利的大小看作判断行动正确与否的唯一标准。行动功利主义在面对可能产生的行动的非正义性与行动的最大福利时，坚持行动的最大福利标准，从而许可行动的非正义。斯马特以麦克洛斯基所设想的一个案例来说明这个问题。假设一个小镇上的法官只有“诬陷”一个作为替罪羊的无辜者，才能平息一场严重的骚乱。如果骚乱发生，成百上千的人将会死去，小镇将会遭到严重破坏。反对法官诬陷的理由是，法官的不诚实、不正直有可能被发现，那么，虽然可以因此而救这个小镇，但将会削弱人们对共同体的法律和秩序的忠诚与尊重，这种后果可能比成百上千人痛苦地死去更坏。但是，这样的反对理由并不能成立，可以想象有充分的事实证明这个法官的行为不会被发现。因此，反对法官这种行为的理由是不可靠的。

斯马特认为，这个案例的这种结果迫使人们承认，如果行动功利主义是正确的，就必须诬陷那个无辜者。在斯马特看来，在这个案例中，某人可能会采取正确的行动功利主义的行动，但我们也许不喜欢他或怕他，这是毫无疑义的。但斯马特说：“如果非正义是两恶之中择其小恶（依据人类的幸福和苦难来判断），如果这种境遇真的出现了，那么反对功利主义的结论也是非常令人讨厌的，因此他认为，在某些境况下，一个人必须选择更大的苦难，也许是非常大的苦难，例如像成百上千的人痛苦（地）死去这样的苦难。”[①] 因此，如果伦理学理论是功利主义的，人们有时只好接受非正义或不正直，而那些受过正统教育的人事实上不喜欢这种可能性。义务论的伦理学不可能使行动功利主义者满意，因为义务论的伦理学坚持道德命令的不可调和性，在他看来，这包含了不应防止那些可避免的灾难（有时是非常大的灾难，如千百人的死亡）的观点。有谁能调解严重的非正义与千百人的死亡这种苦难的冲突呢？在斯马特看来，如果坚持行动功利主义的后果论，就必须赞成在这种境况下的非正义，赞同法官的不正直和不诚实。

实际上，这是行动功利主义在对待日常道德或道德准则上与行动功利主义的判断标准之间冲突的一贯态度的体现。我们的日常道德情感或道德态度可能不赞成行动功利主义的结论，但斯马持认为，要找出一种完全投合全体人类成员的心理的伦理学理论是不可能的，甚至找出一种完全满足一个人在不同时期、不同境况下的心理的伦理学也是不可能的。在他看来，如果相信这个世界不是我们所希望的那样混乱，人的道德情感也是混乱的！是人的道德情感的混乱导致人们不能从情感上接受非正义或不道德吗？如果这样的不道德能够带来好的结果，为什么人们仍然可能不接受？

---

① J. J. C. 斯马特，B. 威廉斯．功利主义：赞成与反对．北京：中国社会科学出版社，1992：68-69.

就斯马特所援引的麦克洛斯基的案例来说，斯马特由于坚持行动功利主义的后果一元论的观点，在这里完全忽略了被诬陷的那个无辜者的个人生存权利。从表面上看，这是以小恶来换取避免大恶的好的后果，但从长远来看，只要再有这样类似的情景发生，人们就都可以以这样的理由要求他人做出牺牲。从一种更坏的角度来看，如果有人以社会的名义来宣布，但实际上只是某人的罪恶愿望，只是由于他握有公共话语权力，从而可以以社会的名义来宣布，那么那些无辜者也就不得不为了那种所谓的"最大化的社会效用"而做出所谓的牺牲。在第二次世界大战前希特勒政权所发起的以优生学的名义屠杀无辜儿童的运动，以及战前和战时对犹太人的屠杀，不都是以种族或社会的最大化效用为借口而进行的吗？由于某些人厌恶另一些人，如果前一部分人是多数人或占多数的民族，而后一部分人只是少数人或占少数的民族，那么，为了确保前者的最大幸福或福利，是否可以让后者做出无谓的牺牲，或者让后者在地球上消失？很显然，我们不可能得出这样的结论，问题就在于它侵犯了社会正义。可在斯马特看来，这样的结论是可以接受的。

从无辜者个人来看，任何人的生存权利都是平等的。边沁不是说过，一个只能算作一个，而不能算作更多吗？即使是一个群体，其群体成员的生存权利，就他们个人而言，也并不大于那个被诬陷者的个人生存权利。

能够为行动功利主义进行辩护的唯一理由是，在生命的天平上，一端是一个人的生命，另一端是千百人的生命。从功利主义计算的社会福利的总量意义上看，千百人的生命的福利总量的绝对值远远大于一个人的生命的福利总量。这同样是在边沁的一个只能算作一个，而不能算作更多的意义上说的。如果在尼采的"一个优秀的人，抵得上一万个人"的意志哲学的意义上，我们的计算就会改变。当然，边沁的观点更代表了现代民主的一般意识。因此，如果仅仅从这个案例本身而不从对这一案例的处理后果的影响来看，我们或者选择让无辜者去死，这样能够拯救千百人的生命，或者坚持道德的崇高性，但结果可能就是一场灾难。

参考书目

J. J. C. 斯马特，B. 威廉斯．功利主义：赞成与反对．北京：中国社会科学出版社，1992.

思考题

1. 简析行动功利主义的基本特征。
2. 简析斯马特行动功利主义的后果一元论。

第六章

规则功利主义

行动功利主义由于坚持以行动的后果作为判断行动的唯一标准，从而在逻辑上蕴含着对于日常道德甚至对于正义原则的否定性结论。同时，行动功利主义也难以回答像诺齐克的快乐机[①]这样的诘难。为了避免行动功利主义的困境和把功利主义从一些批评家的批评中解救出来，不少哲学家提出了规则功利主义。

行动功利主义认为，一个行动是否正确，与行动者在那个情境中所能采取的其他行动相比较，唯一的判断依据是该行动后果的价值。规则功利主义则不同，规则功利主义强调行动的道德特性是为规则所决定的，同时，规则功利主义坚持行动的功利或效用后果，把道德规则与行动的最大效用后果联系起来，认为正确的道德规则应该是那个能够带来或增加最大效用的规则。规则功利主义与行动功利主义的不同在于，行动功利主义直接诉诸行动的后果，规则功利主义则间接诉诸行动的后果。

规则功利主义的发展沿着三条思路。一是诉诸经验规则来解决行动功利主义所遇到的问题，这被称为简单规则功利主义（primitive rule utilitarianism)，但这一思路与行动功利主义没有根本的区别。二是企图将功利主义与康德义务论结合起来，试图通过功利原则与义务论原则的互补，来避免行动功利主义所遇到的问题。三是将一种道德规则的体系所产生的效用与另一种相竞争的道德规则体系所产生的效用相比较，认为能够产生

① 当代著名哲学家罗伯特·诺齐克举例说，假定神经心理学家设计了一台使人快乐的机器，只要将人的大脑和许多可以刺激大脑的电极连接起来，就可以让人犹如身临其境地感受到自己正在写小说、在度假、在谈情说爱，等等。总之，让人感受到自己在做一些令自己感到愉快的事，虽然自己实际上正在一个漂浮在水面的容器里。(Nozik. Anarchy，State，and Utopia. New York：Basic Book，1974：42-43)

最大效用或功利后果的那个道德体系就是决定一个具体行动的正确性的依据。与行动功利主义相比较，第三种是整体性的，而不是由单一行动的后果来决定。这种规则功利主义被人们称为间接规则功利主义（indirect rule utilitarianism）。

第一节　简单规则功利主义

一、简单规则功利主义的规定性

简单规则功利主义与行动功利主义的区别在于，它把规则与后果联系起来，强调规则对于行动道德价值的决定性。简单规则功利主义可以定义如下：(1) 一个具体行动是正确的，当且仅当它与某种道德规则相符合；(2) 一个道德规则是正确的，当且仅当在可选的规则中，普遍遵守该规则能够获得最大的效用或社会福利。

简单规则功利主义的特点在于，把对某个行动的判断与某个规则联系起来，通过对可选规则的考察，来确定所选取的那个规则是否能够带来最大的效用或功利，从而确定行动的正确或正当性。简单规则功利主义与行动功利主义的共同点在于，两者都从行动的后果来判断一个行动的正确与否；不同在于，简单规则功利主义间接地通过规则来判断。

简单规则功利主义把一个行动与行动所采取的某个规则联系起来，而不联系行为的规则系统或规则的背景来进行说明。简单规则功利主义力图通过对规则的说明来避免行动功利主义所遇到的困境。如由于行动功利主义直接诉诸后果，而无法避免人们所批评的非正义的问题，以及像对待说谎对我有利这样的问题。只要说谎对我有利，能给我带来最大效用或功利，我就说谎，而当对我不利或不能给我带来功利我就不说谎。布兰特批评行动功利主义说："这意味着，假如你雇了一个男孩来整理你的草坪，他完成了这项工作向你要工钱，你将付你所承诺的工钱，仅当你不能发现你的钱有比这更好的用途时。它隐含着，你每月带支票回家，仅当你不能花在其他的开销上时，你将用它，你用它来支付你的家庭和你的日常开销。它意味着，如果你的父亲正在生病而且不可能好转，维持他就将耗尽家中的财力和他人的快乐，那么，如果结束他的生命而不会激起众怒，或不会成为一个坏榜样，那么，你的明确的责任就是结束他的生命。规则功利主义的长处，至少某些形式的规则功利主义，避免了某种这样的反对它的含义。"① 由于行动功利主义不考虑日常道德，或通行的道德规则，往往产生使人们无法接受的结论。规则功利主义强调规则对后果的作用，使得人们能够至少不会像行动功利主义那样行动。

二、简单规则功利主义中的规则问题

从行动功利主义转向规则功利主义是要避免行动功利主义所产生的困境。然而，人们对简单规则功利主义的研究发现，简单规则功利主义本身有着规则方面的问题，并且它其实并不能避免行动功利主义所产生的问题。

---

① Stephen Darwall. Oxford：Consequentialism. Wiley-Blackwell，2003：209.

行动功利主义由于仅仅从单个行动的后果意义上来判断它的正确与否，因而可被称为原子论的行为理论，简单规则功利主义所关注的同样是对于行为的单个规则，这同样是原子论的。

简单规则功利主义通过把规则与其所产生的后果联系起来，告诉我们在什么意义上我们的行动是正确的，实际上也就是告诉我们在什么意义上规则是可接受的。然而，对于一个社会成员什么规则是可接受的，通常取决于这个社会成员所生存的那个社会，甚至是那个社会的某个历史时期。因为道德规则不仅有社会文化的差别，而且有社会历史时期的差别。道德规则所要求的也就是我们有义务去做的，当然，如果面临某项行动选择存在着多种道德规则可能的情况，我们可以实施简单规则功利主义的规定。但是，在实践中，我们往往会发现，人们经过自己的慎思，所选择的往往不是规则告诉人们所要做的，而是觉得自己应当凭良心去做的，或有责任去做的，那往往是违反世人所公认的规则的，或不是社会认可的准则或规则。如对待税收制度，著名非暴力抗议者梭罗就持反对的态度，在他看来，拒不交税是他的责任。还有，在传统的道德视域里，未婚女子与一名离婚成年男子结婚是不被赞许的，可在那名女子心目中，这样做才是她的责任，也是她的最大利益之所在。在这样的情况下，简单规则功利主义是什么也不能告诉我们的。

如上面所提到的那个例子，那名与离婚成年男子结婚的女子的最大利益就来自反叛传统道德规则。这里实际上涉及了什么是最大效用或功利的问题。或者说，在客观上，什么是一个人的最大功利？如果在客观上不是，而在主观上是，那就意味着当事人的认识有错。当我们说到“客观”时，在某种意义上也就是诉诸非个人的标准，从快乐论的功利主义的标准来看，也就是快乐与痛苦的量的比例决定最大功利。但从道德规则的意义上看，那只是她个人的感受，得不到道德规则的赞许，或许持有传统道德偏见的人会认为这是一种不幸。我们是以多数人的感受还是以当事人的感受为标准？如果以当事人的感受为标准，我们就回到了行动功利主义的后果论。如果以传统道德论者的感受为标准，我们就只能否定当事人的结论。然而，快乐与痛苦的感受实际上是一个个人体验的问题。如果说，当事人的快乐体验引起了其他人的不快的感受，依据这样一种双重后果，我们能够判断他的行动是错的吗？简单规则功利主义回答不了这个问题。

还有，当以简单规则功利主义指导具体行动时，它会得出与行动功利主义一样的结论。这个问题被称为“外延等值的问题”（the problem of extension equivalence）。如遵守诺言是一个大家公认的可接受的道德规则，在康德伦理学的意义上，一个可能的规则就是要求遵守所有的诺言而没有例外。我们可以在有这样一个规则比没有规则所产生的后果更好的意义上接受这样一个规则。但我们知道还有另一个规则：任何规则都有例外。我们如果还有功利主义这样一种最后诉诸的原则，就应当赞许这个规则，而不是两者都赞成。这是因为，如果违背诺言在某些特定条件下能够带来更好的后果，那就意味着我们应当赞同这样一个允许例外的规则。像不许说谎这样的规则，一般都允许有例外。那么，在什么情况下不说谎、在什么情况下说谎，就要依据行动功利主义的后果论来考虑了。关于说谎与不说谎实际上这里有两个规则：在一般情况下我们不应说谎，这是一个规则；在特殊情况下我们应说谎，这是一个例外的规则。如说真话、不说谎可能危及某个人的生命，我们可以说，应当说一次谎。那个有害的后果，危害人的生命，就是一个可以例外的充足理由。当遵守规则与功利原则相冲突时，我们就不遵守规则。因而任何规则都可以表述为：遵守该规则，除非不遵守该规则会产生更大的社会后果。这样一条规则与行动功利主义的结论没有区别。

即使没有这样的冲突的情形会发生，如果在一个社会中对于某类行为存在着多个相容性的规则，或者说，在社会接受的意义上都可称为"正确"的规则，那么我们应该遵循怎样的规则？这里的问题在于，一个有道德的人，同时也是一个有着自我利益追求的人，并且受到他的自我偏好的影响。如果站在功利主义的立场上，他将采取的是那个对他有利的规则。在这个意义上，无疑会倾向于那种能够带来最大功利或社会福利的规则。如果他是一个利他主义者，他可能选择的是那种给他人带来更多福利的规则。利他主义者的选择是错的吗？简单规则功利主义同样也回答不了这样的问题。

第二节　霍斯伯斯的规则功利主义

一、霍斯伯斯的改进

简单规则功利主义力图避免行动功利主义所产生的问题，但由于简单规则功利主义无法阐明功利原则与道德规则之间的关系，仍然无法避免行动功利主义的问题。如果在遵守规则与最大后果之间产生冲突，简单规则功利主义就只有退回到行动功利主义的老路。当代美国哲学家约翰·霍斯伯斯（John Hospers，1918—2011）对规则功利主义进行重新规定，改进了规则功利主义。

霍斯伯斯意识到，简单规则功利主义的问题在于，仅仅从履行简单规则的后果与某个行动的关系入手来考虑规则对行动的意义。霍斯伯斯则把功利主义的后果论与康德的义务论结合起来，即把功利原则与规则的普遍化后果联系起来，从而避免行动功利主义与简单规则功利主义所出现的问题。霍斯伯斯说："在道德生活中，每一个行动都受某个规则的支配，而我们判断该行动正确还是错误，不是根据该行动的后果，而是根据它的普遍化后果，即根据采纳该行动的规则的后果。"① 在这里，霍斯伯斯对于简单规则功利主义的最大改进就是引入规则的普遍化后果这一概念。简单规则功利主义只考虑该规则在某个行动中所产生的后果，霍斯伯斯则把规则的后果放在同一类或相类似的情形中，来考虑某个规则可能对于行动带来的后果。

康德义务论中一个基本的形式原则是，一个行动是否正确，主要取决于该行动所遵循的行为准则是否可以普遍化。如果一个行动所遵循的准则能普遍化，那么这个行动在道德上就是正确的，如果不能，那么就是错误的。所谓可普遍化，就是在相类似的情况下，其他人或所有处于这种处境中的人都将像我这样行动。康德义务论与行动功利主义

---

① John Hospers. Rule-Utilitarianism//Louis Pojman. Ethical Theory: Classical and Contemporary Readings. CA: Wadsworth Publishing，2002：204.

和简单规则功利主义的一个重要区别就在于，这些不同形式的功利主义都强调行动的后果，而义务论则不强调行动的后果，只强调是否可普遍化。霍斯伯斯则把康德义务论的形式原则吸收进来，结合功利原则，考虑如果将该行动所遵循的道德规则普遍化可能产生的后果。因此，结合义务论形式原则，霍斯伯斯的规则功利主义是，当我们要选择一个行动时，我们应当这样提出问题：我在这样一种情形下采取的道德规则如果普遍化，其社会后果将如何？这意味着，即使在某个特殊的情形下，如我在现在的处境中采取这样的行动规则来指导自己的行动，可能会得到不好的后果，但就一般而言，像我在这样的处境中采取的规则，则有可能导致好的后果，那么，即使当下我采取规则的行动所带来的后果不好，我也应当采取这样的行动；反之，如果在我当下的处境中，虽然我所采取的行动规则有可能产生好的后果，但就一般而言，则有可能带来坏的后果，那么，即使这个行动对我现在来说会产生好的后果，这样的行动在道德上也是错误的。就像康德所举的例子，由于我的处境，我只有撒谎，说保证在什么时候能够还你的钱，你才会把钱借给我，也就是说，我明知自己没有能力在那个时候还钱，但我还是这样说了。这种明显的撒谎行为能够使我得到好处，但如果我问自己：如果人人都像我这样撒谎，或者说，把不遵守承诺普遍化，会产生什么样的后果？这样一衡量，我马上就知道自己的行动是不对的，我如果是一个有道德良知的人，就不会以这样的手段来获得钱财。

前面在谈到行动功利主义时，讲到小镇的例子。那个小镇上的法官只有诬陷某个无辜者才可平息那场暴乱。也就是说，这个法官只有对法律不诚实才可平息那场暴乱，而如果能够平息那场暴乱，则更多的人就可幸免于难。按照行动功利主义的原则，这个法官应当诬陷那个无辜者。按照霍斯伯斯的规则功利主义，则要问：如果将我在这种情形下所遵循的准则普遍化，将会产生什么后果？不是问我当下的情形中，我对法律的不诚实可能带来的好的结果，而是问，如果所有人在这样的情形下都采用这种对法律不诚实的规则，将会产生怎样的后果。很明显，这样的行为将动摇人们对法律的信念，法律将得不到有效的遵守，因此，从普遍意义来看，这必将引起更大的社会危害。因此，按照霍斯伯斯的规则功利主义，我们就应维护法律的尊严，而不诬陷无辜者。

霍斯伯斯的规则功利主义可以被概括如下：一个行动在某种情境中在道德上是正确的，当且仅当，它被证明是正确的道德规则所指导的；道德规则被证明是正确的，当且仅当，在可供选择的规则中，人们普遍采用这一规则所产生的社会后果比不采用这一规则要好。

二、克服行动功利主义以及“外延等值”的问题

前面谈到，布兰特曾批评行动功利主义说，假如你雇了一个男孩来整理你的草坪，他完成了这项工作向你要工钱，你只是在发现你的钱不能有其他更好用途的时候才将承诺的工钱付给他。如果你的父亲正在生病而且不可能好转，维持他的生命将耗尽家中的财力和他人的快乐，如果结束他的生命不会激起众怒，或不会成为一个坏榜样，那么你的明确的责任就是结束他的生命。行动功利主义只是从行动的后果来判断一个行动的道德意义，无从反驳布兰特的这一类批评。霍斯伯斯也假设了一个棒球比赛中的棒球手的

例子来说明这个问题。他假设有一个击球员，三击不中，按照规则，他应该出局下场。如果这个击球手对裁判员说，让我再击一次，就这一次，下不为例。裁判员会对这一要求感到很荒唐。让我们假定，如果裁判员让他多击一次，不仅他会很高兴，而且观众会意外高兴，因为多数观众是支持他的，他的对手以及支持者也不会因此而太不满，因为对比赛结果没有影响，这只不过是加击一下而已。但即使这些理由都成立，我们仍然会认为这是很荒唐的请求。这个请求打破了惯例。霍斯伯斯设想这样的个案是想指出行动功利主义的问题。在行动功利主义那里，没有理由反对这样一个举动，因为它能够带来更好的后果。对于规则功利主义则不存在这样的问题。霍斯伯斯的规则功利主义则认为，多一次击球是违反规则的，在规则上就是错误的，因而，即使能够带来更大的好的后果也不是正确的行动。

霍斯伯斯的规则功利主义可以指出布兰特所举的第二次世界大战期间在伦敦的法国人用电的例子中的错误。那个法国人不按规则用电，既不会有人知道，从总体上看也不会带来负作用，而且对于做“逃票乘客”的当事人，无疑带来了冬天满足生活需要的好处。因此，行动功利主义无疑赞成这样的行动。然而，不遵守规则的“逃票”行为无疑是错的，无论这个后果给当事人带来多大的社会福利。从霍斯伯斯的规则功利主义来看，“逃票”行为所遵循的规则如果普遍化，就必然带来不良的社会后果。不仅如此，“逃票”行为违反了大家都应遵守的规则，因而这一行为本身就是错误的。

简单规则功利主义可能出现与行动功利主义同样的问题，这类问题被人们称为“外延等值”的问题。要解决“外延等值”的问题，就要处理规则的例外问题。简单规则功利主义出现“外延等值”的问题，在于简单规则功利主义依据功利原则或功利后果原则来判断是否在履行一个规则时可以有例外。因而，它就像行动功利主义一样，当需要道德准则时，就可诉诸准则；当履行道德准则不能产生最大化的后果时，就允许这样的行动有例外。霍斯伯斯的解决方案是，与简单规则功利主义和行动功利主义考虑行动的后果不同，霍斯伯斯只考虑规则的后果，而不考虑具体行动的后果。同时，他对于规则的例外现象进行单独处理，即当某项规则在某种特殊情形下产生不了好的后果因而必须承认有例外时，霍斯伯斯不把它看成规则的例外现象，而把例外也看成一种规则现象，即看成是一种独立的规则。如“不许杀人”这条禁令，一般而言不许杀害任何无辜者，这里不仅包括一般而言的好人，也包括那些违法犯罪者，他们只要没有犯杀人罪或严重到足以判死刑之罪，都不得被杀害。实际上，那些严重犯罪因而需要受到死刑惩罚的罪人，也不是任何私人可以任意处置的，而是国家的公权力机关来执行。因此，“不许杀人”对普通人就是一条禁令。然而，如果有人要杀害你，你就有正当防卫的权利，在你正当防卫时，如果你不把罪犯杀死，他就要杀死你，那么法律就认为你可以杀死罪犯。在这里，杀死罪犯就是“不许杀人”的一个例外。但霍斯伯斯把这看成与“不许杀人”的规则同等的一个规则，即“不许杀人，除非正当防卫”。为何一条规则的例外也可以成为一个独立的规则？霍斯伯斯的标准是看这样的例外是否可以普遍化，而不仅仅是一个特例。只要可以普遍化，依据普遍化的后果而不是依据某个具体行动的后果，以效用或功利原则来衡量，就可知这样的例外是否可以成为一个规则。“不许杀人，除非正当防卫”就可以满足这样的要求。这也表明，“不许杀人”这个规则在这里不能适用，只有与它相反的另一个规则才适用。类似的还有“不许撒谎”，但如果不撒谎就不能救人一命，那么我们就应当撒谎。如果处理这样的情形的规则可以普遍化，那么，我们就可以说，“如果不撒谎就不能救人一命，那么我们就应当撒谎”就可以成为一个规则。这样，我们就可以避免简单规则功利主义与行动功利主义的问题。简单规则功利主义与行动功利主义的问题之一就在于规则的例外情形。霍斯伯斯的处理就是不允许规则有例外，而把所有的例外都与规则一样并列为规则。

霍斯伯斯以这样一种方式处理了规则例外的情形，但他还必须面对不同的规则之间的冲突问题，如我们所说的“忠孝不能两全”。按照行动功利主义的解决方案，如果一个人在忠与孝之间发生冲突，那么，就要看体现这样两种德性的行动哪一个能够带来更大或更好的后果；简单规则功利主义从规则来看行动的后果，同样也会得出行动功利主义的结论。霍斯伯斯的规则功利主义的方案要考虑的则是：在忠与孝冲突的情形下，只考虑忠这种规则的要求或只考虑孝这种规则的普遍化，将会产生怎样的后果？同时，一个人不仅会面临因为角色的不同而产生的规则冲突问题，而且会面临因为时间或境况的变化而产生的规则冲突问题，如遵守诺言的规则与救人生命的规则的冲突。假设我在某天上午9点必须出席公司的一个签字仪式，但就在我去签字场所的路上，路边的湖里发生了一起路人落水的事件。正好我是第一个在场者，而且我的水性也不错。然而，如果我去救人，必然会耽误时间；如果我不救人，我会感到很不安。按照行动功利主义的方案，签字仪式所订合同关涉到公司的发展前程，假设这是一次很难得的机会，我作为公司法人代表，如果不按时到场，必然引起对方不满，从而错失良机；因此，只救一个陌生人与一个公司的发展相比，无疑后者的价值更大，那么，我就不应救人。简单规则功利主义同样把可选规则与后果联系起来，如果看重公司的发展，那么也必然得出与行动功利主义同样的结论。霍斯伯斯的规则功利主义，则把规则的普遍化后果作为首要考虑因素，而不是把某一次行动的后果作为首选考虑，那么，无疑会得出应当去救人的选择。当然，在有些情形下，如果不同的规则有发生冲突的可能，到底采用哪个规则，并不是简单地考虑就可做出决定的。霍斯伯斯认为，如果是在这种情形下，可能需要详尽的研究，才可清楚我们到底采用哪一个准则才是最合理的。

霍斯伯斯的规则功利主义在一定程度上克服了简单规则功利主义与行动功利主义所产生的问题。但霍斯伯斯的规则功利主义由于把例外当成规则来看，同样面临着人们的诘难。其问题在于，一个规则可能在不同的情况下会有不同的例外，那么，这些例外按照霍斯伯斯的规则功利主义，都应当成为不同的规则，这将导致规则太多、太细，规则太多、太细，使得人们用起来发生困难，或无法记忆。在这个意义上，有了太多的规则等于没有规则。同时，霍斯伯斯的规则功利主义有与简单规则功利主义、行动功利主义同样的问题，即它们都是以行动的后果来确定一个行动在道德上的对与错。然而，许多规则的履行所涉及的是发生在行动之前的因素，而不是在行动之后的因素。如遵守诺言的规则所赞许的行动，是针对行动发生之前的承诺，而不是针对行动之后的结果。

第三节 布兰特的间接规则功利主义

理查德·布兰特（Richard B. Brandt，1910—1997）是功利主义传统中重要的美国哲学家。布兰特对功利主义的贡献是提出了规则功利主义。现在，相比较其他人的规则功利主义，人们把他的规则功利主义称为“间接规则功利主义”或“理想的规则功利主义”。

一、基本规定

布兰特是最早提出行动功利主义与规则功利主义区分的人，也是最早系统阐明规则功利主义的人。布兰特对规则功利主义的定义是：“一个行动是对的，当且仅当它与一套道德规则一致，并且，对规则的承认将有最好的后果。”① 有时候，他也将“最好的后果”改称为“最大化的后果”或“最大化的效用集”。尽管“最大化”是在量上讲的，“最好”是在质上讲的，但这样两种对于行动后果的评价都是功利主义的评价。同时，由于布兰特并不纠缠于边沁或密尔的质与量的问题，因而在他这里这两者也就没有区别。与霍斯伯斯的规则功利主义的不同之处在于，布兰特提出的是一套规则，一个社会的道德规则体系，而不是某个规则；在其他地方，布兰特也说是“理想的规则体系”，它是一个共同体稳定的实践所确立的理想的规则体系。这也就是人们把他所提倡的功利主义称为理想的规则功利主义的原因。他有时又把这套规则称为道德法典（moral code，或译道德法则）。布兰特认为，有许多理想的规定，这些规定决定了什么行为是对的或是必须做的。确定行为对错的规则体系或那套规则对于不同的行为者而言可能是不同的，这取决于行为者所在的社会共同体的不同。在布兰特看来，这套规则有这样一些特征：第一，包含对于当事人的冲突处境给予指导的规则，在某些处境中，人们可能面临多重利益冲突。处理这些冲突的规则诸如罗斯所提出的自明的义务（prima facie obligations），包括遵守诺言的规则，对亲人感恩的规则，以及不伤害他人的规则，等等。第二，不包括微小的规则，如果涉及许多细小事情的规则都成为规则体系中的规则，则会出现像霍斯伯斯的例外规定那样，因规则太多而等于没有规则。第三，规则不能太多，多到普通人不能了解和掌握。第四，这套规则不能包括不能承受的要求。如果这些规则所要求的义务给人们的负担太重，就可能导致人们不信任规则，或形成伪善之风。第五，履行这套规则将给当事人带来最好的后果，但这并不意味着履行规则能使当事人更精明，也就是说，履行规则不应有太多的计算和考虑。布兰特认为，既然这套规则能够给人们带来最好的利益，那么，对于普通的道德行为者来说，尤其是那些道德境界不是很高的人，在规则适合于他们的利益的地方，就有可能滥用这些规则。因此，布兰特提出，这套规则不可有太大的灵活性。②

---

① Stephen Darwall. Consequentialism. Oxford：Wiley-Blackwell，2003：220.

② 同①221.

类似于霍斯伯斯强调普遍化的后果，即对规则的普遍遵守将带来的后果，布兰特提出对规则的承认。布兰特指出，他这里的“承认”具有认知的意义，即是“可学习的”或“可理解的”，因而这套规则是有一般智力的人能够理解因而可得到他们认可的。一套道德规则被人们所采用，意味着“了解和相信它的规定性，行为与这套规则的一致，也就是说，我们能够期望有一般良知的人使他们的行为与规则一致，他们相信规则是关于行为对错与必须履行的行为的原则”①。怎样的规则是可普遍化的规则？霍斯伯斯语焉不详。布兰特把它与正常人的道德理智联系起来，诉诸规则的可理解性，以及正常道德能力的人的道德良知。在布兰特看来，有正常道德良知的人认可这套道德规则，也就将遵守它，因而人们也就会履行它。人们对规则的承认与认可也就意味着当出现可运用的实践情境时，人们将履行它，而规则的履行就会产生最好或最大化的效用或后果。布兰特所说的规则的履行是从社会规则体系的意义上讲的，即整个社会的规则体系得到认可后的功效或效用，而不是某个规则的效用。不过，就人们的具体行动而言，无疑是某个行动遵循某个规则。布兰特既从总体背景的意义上看待这样的规则和行动，也明确谈到在选择规则时，某个履行规则的行动所产生的最大效用或功利至少是和可选规则一样大或好时，才是正确的或对的。

二、从理想状态到现实社会

布兰特的规则功利主义之所以被人们称为“理想的功利主义”，不仅在于他提出的那套规则是理想的道德体系，还在于他提出这套规则是“每个有良知的人都会承认或认可”的规则，并且他假定这是在那样一个共同体中每个正常的、有良知的人的认知。但实际上，对于道德法典或道德法规，除了少数规则，如对于谋杀的禁令外，远不是在所有的具体社会或人类共同体中的所有人都一致认可或赞同的。如当代西方人对于人工流产的讨论，对于安乐死的争论，等等，都表明了分歧的广泛存在。这与布兰特所说的有普通良知的普通人对道德规则或道德法典的认可相去甚远。并且，在现实生活中，有人极端不道德，也有人极其高尚。对于那些有着极其恶劣的品质的人，永远也谈不上对于道德法典的承认或认可。即使是正常的有道德良知的人，也不可能对于那些大家都应当承认或认可的可能最大化功利的规则有一致意见。布兰特承认，他所提出的这种对行动对错的检验确实具有一点乌托邦的性质。

怎样看待布兰特所提出的规则的理想性？应当看到，布兰特自己既看到了它的意义，同时也意识到了它的不足。针对这种不足，布兰特提出了他的修正案。布兰特认为，理想性的规则也有它的意义和力量。我们无论赞扬什么理想，这样一种理想观念都是有用的。他指出，我们问资本主义经济体制是否适合未来理想的社会，也就是问现在的道德法规是否能够适用于这样一种社会。因此，一种理想的观念在决定我们所赞同的未来的理想方面将起重要的作用。同时，布兰特也承认，虽然理想观念或理想体系对于人们对未来的构想有意义，但是，单凭这点它不足以成为对现实世界中行为对错的判断依据。

理想的规则功利主义对行为对错的检验是诉诸有普通良知的人所承认的道德法典中

---

① Stephen Darwall. Consequentialism. Oxford：Wiley-Blackwell，2003：220.

的规则的可欲求性，但对于这样一个社会中的圣徒或恶棍的行为，则不知道可以提供什么来检验。布兰特也意识到，一个理想社会的道德境况与一个现实社会的道德境况是很不相同的。在一个理想的社会里，如果人人都能够按照道德良知来行事，那么，也就不需要法律的惩罚，对于抗恶的法规也就没有了意义。因此，理想社会中的道德体系与现实社会中的道德体系在性质上以及在规则方面都是不同的。当然，最为严重的问题是前面所提及的，布兰特对于规则体系，诉诸普通良知的普通人的一致同意，但现实生活中的分歧是不可避免的。

针对这样一些问题，布兰特认为应当修正对规则功利主义的规定。首先，把“认可”意味着“所有人都承认”转换为“所有人都相信规则表述了道德要求”。其次，避免“所有人都接受规则”这样的界定或规定。这样修正这一理论后，布兰特重新将之表述为：“一个行动是对的，当且仅当它与可理解的一套规则一致，并且，对在那个时候的行动所遵循的具有道德约束性的规则的认可将最大化内在价值；所有现实中的人是在如下意义上接受规则的：这些规则是与现存的正当决定了的道德承诺相容的。”① 布兰特的这一修正维护了规则功利主义的基本规定，即规则的一般接受将最大化效用或功利，但同时避免了“所有人接受”这样的内涵。这是因为，个人的道德承诺可能是不同的，因此就可能并不是所有人都接受某一规则。布兰特认为，对于这一适用于现实社会的规则功利主义的规定，其有效性取决于实际人口中接受它的比例，以及那个时候已存在的惯常通行的信念，即一个社会中接受它的人越多，其流行效用（功利）就越大。

三、规则体系的多层次性

一个社会的道德体系或道德法典是否存在冲突的可能？如果存在，一种功利主义的理论如何来解决这样一个问题？在讨论行动功利主义时，我们遇到了功利后果与正义或权利的冲突问题。规则功利主义则是从履行规则的后果意义来讨论功利主义的基本问题。然而，规则功利主义必然遇到不同规则之间存在冲突的问题。布兰特也意识到，道德问题常常是复杂的问题，面对一个行为选择的决定，往往就存在着行动规则之间的冲突问题，如存在着相反的义务与责任的冲突。在正常情况下人们有履行诺言的义务，但在特殊情况下却有履行诺言的义务与不伤害他人的义务之间的冲突处境。那么，怎么处理这种冲突？现代义务论者罗斯提出了自明的义务理论，但自明的义务并没有为这样的冲突提供指导。

布兰特认为，一个社会的完整的道德规则体系必然包括多层次的规则和原则，它是一个多层次的规则和原则体系。最低层次（the lowest level）的规则，也就是第一层次（the first order）的规则，它提供那些日常处境中所需要的道德原则，如同罗斯所提出的自明的义务中的那些规则，如不要撒谎、遵守诺言、尊重生命，等等。实际上，布兰特是在罗斯自明的义务的意义上谈第一层次的规则。布兰特把自明的义务看成第一层次的规则。在这里，布兰特明显地吸收了义务论的最新成果来充实他的功利主义。布兰特指出，相比较于那些自明的义务，我们不会把诸如最大化功利或效用看成第一层次的规则。布兰特意识到，自明的义务的一个重要特征是，所有自明的义务都有一个条件从

① Stephen Darwall. Consequentialism. Oxford：Wiley-Blackwell，2003：225.

句，这个条件从句所说的就是在什么情况下有怎样的例外。例如，除了有特殊情况或可解释的理由，我们都应遵守诺言。谁也不会认为，我们在任何情况下都应当遵守所有的诺言，或各种类型的诺言，如在基于错误信息的前提下我们所做出的承诺。另外，自明的义务之间有冲突的可能，如不要撒谎和不要伤害他人的义务之间有时就有可能发生冲突。这些冲突不可能依靠这些义务本身来解决。

对于第一层次的道德义务之间的冲突需要更高层次的规则来解决，因此，布兰特认为在他的道德规则体系内，应当有第二层次（the second order）的规则。这些规则具体规定了如何解决基本规则之间的冲突；或者说，在两个基本规则发生冲突的情形下，哪个具有优先性。如在不伤害他人和遵守诺言这两个规则之间，哪个有优先性或首先应当履行哪个？这就要有更高层次的规则。在布兰特看来，某个涉及不伤害他人的第二层次的规则应当是：为了产生某种善，不伤害任何人，除非所获之善比伤害更大。布兰特认为，我们每个人大致都相信有这样一类规则，如不伤害他人是比遵守诺言更强的义务。为什么前者是比后者更强的义务？对第一层次义务的讨论只能告诉我们它们之间有冲突，只有从更高层次的规定，才可知道为什么应当如此。但由于人们的道德生活涉及各个方面、涉及相当不同的生活领域，因此，几乎可以说，类似于这样的第二层次的规则是相当多的。布兰特认为，我们可以不精确地陈述这样一类规则为"实质性更大"。也就是说，解决这类冲突必须衡量相冲突的义务或规则，如果履行规则A所获功利或效用单位为10，履行规则B所获功利或效用单位为9，那么，履行规则A的行为就是"实质性更大"，从而也就是规则功利主义所赞许的行为或在道德上为对的行为。在这个意义上，布兰特又把它称为"剩余规则"（remainder-rule）。他认为剩余规则可以涵盖所有这类可能的情形。这是对没有足够明确规定的低层次规则之间的冲突如何解决的高层次的规则。换言之，布兰特认为，第二层次的规则可以被概括为剩余规则。但是，剩余规则所内蕴的那个效用、功利或社会福利，是边沁意义上的还是密尔意义上的？我们并不清楚，或者在布兰特的意义上，两者兼而有之。

布兰特强调，如果仅仅依据履行规则所产生的可比较的功利或效用后果来确定剩余规则，排除其他因素对它的干扰，那它就与行动功利主义没有两样。因此，布兰特说，剩余规则应当是："一个人应当履行某个行为，当且仅当他知道相关事实且这些事实在他的大脑里有生动的形象，并且他也受过这个法典中的其他规则的教育，同时，他也不受超出所了解的法规之外的利益的影响，这样一个人有义务履行这个行为。"① 一个人可能还感觉到明确的规则与不同程度的其他义务有关联，剩余规则允许我们比较其他义务或规则可能导致的行动后果，但要排除履行规则之外的利益诱惑，从而使我们坚定履行规则的决心。如果遵从行动功利主义，假设在履行规则之外的利益更大，就可能不履行规则。但布兰特的规则功利主义强调排除这样的考虑，从而避免了简单规则功利主义的"外延等值"问题。

规则功利主义是对传统的古典功利主义的重大改进。这一改进的特点就在于向义务论伦理学和德性伦理学靠拢，加强对道德规则、义务和德性的强调或把这些因素纳入自

① Stephen Darwall. Consequentialism. Oxford：Wiley-Blackwell，2003：228.

己的理论体系。不过，实际上，自从密尔以来，功利主义理论就已经开始了这样一种努力的方向。现代行动功利主义有回到边沁的倾向，但这种回归更多地暴露了功利主义理论的问题；规则功利主义则力图克服行动功利主义的问题，规则功利主义做了多种努力，布兰特的规则功利主义是其中比较成功的一种。规则功利主义通过把规则与行动或行为联系起来，使得功利主义理论向义务论伦理学和德性伦理学靠拢。这一改变使得原有古典功利主义理论中个人利益倾向与公共福利倾向的对立或紧张，在一定程度或意义上被遮蔽起来。值得指出的是，功利主义的理论并不是到布兰特这里就止步了，行动功利主义和规则功利主义以及其他形式的功利主义在当代还有发展。西方当代把它们都归到"后果主义"这一范畴下，这一范畴包括了多种功利主义理论以及多种其他形式的后果主义理论。如人们认为，利己主义的伦理学理论可以被看作一种后果主义，但不是一种功利主义。不过，功利主义可以被看作后果主义中最重要的一种，并且作为一种极其重要的规范伦理学，仍然有着强大的生命力。

参考书目

Stephen Darwall. Consequentialism. Oxford：Wiley-Blackwell，2003.

思考题

1. 简析简单规则功利主义的问题。
2. 简析布兰特的间接规则功利主义的特征。
3. 试述行动后果与规则后果的区别。

第三编

义务论

导　论

20 世纪 80 年代，在我国有一个感动全国的典型事例。一个风华正茂的军医大学学生张华，为了救一个掉下粪坑的年近六旬的老农而牺牲了自己的生命。这样一个道德范例曾经引起了广泛的讨论，其焦点是：一个军医大学学生因救一个老农而死，是值得还是不值得？或者说，以一个年轻大学生的生命换一个老农的生命到底值得不值得？如果说只要有人掉进粪坑有生命危险，就有义务进行救助，而不管其后果如何，那这就是义务论的道德命令论。如果仅仅从后果来看张华救老农，那这就是后果论的观点。义务论（deontology）又称道义论，是规范伦理学的重要理论形态之一。义务论可以在一个基本点上相对于后果论而得到界定。我们知道，后果论坚持认为，判断一个行为在道德上的对与错，主要依据的是行为所带来的后果。后果论认为，道德价值最终是工具性的，因为后果的价值是优先考虑的，后果的价值本身既可以是道德性的善，也可以是非道德性的“好”。所谓非道德性的“好”，是指快乐、欲望的满足等自然性的目标的促进或实现，这些目标本身不具有道德性。一个行为具有某种道德价值，只是表明这个行为的道德价值对于这些后果性的道德善（价值）或非道德性的价值实现具有某种工具性的意义和作用。换言之，所谓行为的道德价值，只是在它所促进或增进的后果的善或好的意义上的价值；反之，如果说一个行为没有价值，或没有道德上的正价值，从而说这个行为是错的或恶的，那只是因为这个行为所带来的后果。义务论则相反。义务论者认为，行为的道德价值不能由它所带来或促进的后果来决定，而是由行为本身甚至动机本身决定，一个行为的道德价值的大小、正负以及这个行为的对与错，取决于行为动机和行为本身的对错，而不在于它所促进的世界事态的改变。

一、义务论的一般形态

从义务论的哲学基础来看，可分为直觉主义的义务论、规则主义的义务论和契约主义的义务论。

在直觉主义的义务论看来，道德原则或规则在道德判断和道德行动中不起作用，而起作用的是人们的直觉、良心和信念等个人的道德能力。直觉主义的义务论又被称为行动义务论。这种直觉主义的义务论认为，人们凭自己的内在道德直觉，就可以直接感到什么行为是对的，什么行为是错的。这种直觉论，在历史上就是道德感理论，如巴特勒的道德感理论就是这样一种直觉论。人们的道德感既是人们判断行为在道德上对与错的内在眼睛，同时也是人们之所以行善的内在动因。然而，这种诉诸人的直觉、良心、信念等因素的直觉主义义务论，仅仅把人的直觉、良心、信念等看成人的道德基础，无法回答人们在一些道德情境下的道德争端中所提出的问题，如在某些特殊情境下医生的责任问题。医生有保守病人秘密的责任。假设某个精神病患者向一个医生吐露他有谋杀 A 的心理倾向。这个精神病患者是出于对这个医生的信任才向其袒露了这种心理，但并不意味着他真的要这样做。在这个时候，这个医生如果告诉 A 这个信息，如果因此而引起了 A 对这个病人的异常举动，那么，病人就再也不会信任医生，从而使得医生与病人之间再也无法建立信任关系。如果对 A 和其他人保守这个秘密，并积极进行治疗，这个病人可能会因为医生的信任而情绪稳定，从而不会发生悲剧，但也可能因此失去了 A 的自我防卫的最好时机。这时，这个医生就面对着相互冲突的责任，即忠于医生的职守和保护无辜者的责任，到底依据什么来解决这样的道德困惑，直觉主义没有相应的原则。因此，直觉主义者虽然所说的是诉诸良心或信念，但他所承认的可能是一批原则，如果这些原则发生冲突，直觉主义没有进行一个优先性排序的原则。并且，人们从直觉上判断一个行为是对的或错的，实际上暗含着诉诸某种道德原则或规则。而在面对可能发生道德判断上的冲突的情境或案例时，直觉主义本身则不可能提供一种清晰的思路，因为直觉主义对于相互冲突的道德原则，都有可能从直觉上加以认可。直觉主义的观点是，有不可还原的多样性的不同的道德上的对与错的特征，它的道德相关性不能从更基本的原则或推理得出，但可以通过直觉来发现。

规则主义的义务论则不同。这一类义务论者认为，如果某个行为（被人们判断为）确实是错的，那么这就表明，所有相同情况或类似情况下发生的类似行为都可能是错的。如我今天不遵守交通规则被认为是错的，那么在所有相同或类似情况下发生的这类行为都是错的。这类行为之所以是错的，是因为这类行为违反了一个或多个规则。人们之所以判断这些行为是错的，那是因为这个规则或这些规则在这些相同或相类似的情境中都是有效的、起作用的，或至少人们认为其应当是起作用的。但行为者本人没有遵守这个规则或这些规则，他没有做他应当做的事，所以他的行为才是错的。规则主义的义务论可分为一元规则义务论和多元规则义务论。一元论者主张，尽管存在许多人们应当遵循的行为道德规则，但最终的规则或根本性的规则只有一个，其他规则都是从这个最终的规则或根本性的规则中派生出来的。这些规则的有效性都可追溯到这个最终的规则或根本性的规则。多元论者则认为，最终起作用的规则不可能只有一个，而是多个或一批规则，这些规则在不同的方面或不同的行为领域里的作用是不能以其他规则来解释的。或者说，它们是不可通约的，如基督教的摩西十诫所颁布的十条道德律。信徒们会指出，并不可以说它们之间有哪一个归属于哪一个的问题，它们都是行为所应诉诸的最终依据。当然，这些都是要在信仰的基础上发生的，但这就涉及另一个问题，即宗教道德的最终依据的问题。这个问题超出了我们这里讨论的范围。在当代生命伦理学中，相当多的学者认为，自主原则、不伤害原则、尊重原则和公正原则是最重要的四条原则，这些原则在面对不同的问题时，或者分别起作用，或者共同起作用，并且这些原则不可化约为某一项其他的所谓更基本的原则。

直觉主义也可以是义务论规则主义的直觉主义。如罗斯的义务论，既是直觉主义的，也是规则主义的。直觉主义的规则义务论者认为，在许多规则或道德的基本概念中，至少有一个规则或概念是不能通过推理来论证的，这个概念或规则只有通过直觉来把握。如罗斯认为，像正当（对）与善这些概念都是不可分析的，都要以直觉来把握。他同时认为，我们的直觉可以告诉我们基本的道德原则，或直觉到一般的义务，但对于在具体情境中的道德判断，什么是最基本的义务，仅靠直觉是不够的，还必须运用推理分析。因此，罗斯是很典型的直觉义务论者。

相对于多元论的义务论和一元论的义务论，又可把它们分别称为实质性的（substantial）义务论和形式的（formal ）义务论。实质性的义务论伦理学认为，行为的对错和责任的标准在于行为本身或行为发生的背景条件。如不偷盗、不杀人、以德报德、见义勇为等，这样的行为就是本身正当的或对的行为，就是义务的体现。在一种责任、命令或规定条件下的行为，也是一种义务行为，如这是上帝的命令，这是人权，你必须听从或尊重，这是你的职责等，这类行为的正当性来自一定的背景而不是履行这个行为的后果。

形式的义务论伦理学认为，行为正当的标准在于履行行为所依据的准则规范之间的逻辑关系以及不同的道德判断之间的必然联系，例如一个人的前后行为在价值立场上的不同，甚至体现相冲突的道德判断和道德义务，因而必然表现出一个人在道德判断的逻辑上前后矛盾。这样的行为，也就难以说是正当的。形式的义务论强调逻辑形式上的一致性，如果在逻辑上不一致、不统一，就不是真正履行了义务。形式的义务论伦理学力图解决实质性的义务论面临的多元价值间的道德冲突，如讲真话的义务和不伤害他人的义务的冲突。

形式的义务论伦理学在历史上的典型代表就是康德的伦理学。形式的义务论伦理学的基本原则是可普遍化原则。这种可普遍化原则以分析哲学的逻辑语言来表述就是，如果某谓词 P 因为主词 S 具有某性质 Q 而从属于该主词（这里的“因为”表示充分理由），那么，P 也就逻辑地必须从属于所有其他具有 Q 的主词 S_1，S_2，S_3，…，S_n。如果某人否认 P 从属于 S_1，而承认因为 S 具有 Q 所以 P 从属于 S，那么，他就自相矛盾了。因为当他声称 S 具有 Q 所以从属于 S 时，他的这种说法就含有所有具有 Q 的 S 都是 P 的意思，但是当他继而否认具有 Q 的 S_1，S_2，…，S_n 是 P 的时候，他就前后不一致了。从形式上看，这是他的道德思维的逻辑矛盾，而可普遍化就是从这种形式上看的可普遍化。

这种逻辑语言所表述的可普遍化原则对于道德行为的应用如下。对于某人来说，某种行为是对的或错的，对于任何处于类似情况下的人都可以说是对的或错的。这种可普遍化原则是形式的而不是实质性的，即不涉及行为本身的实质性内容，因为它是抽象的而不是具体的，因而可以为不同的道德判断的内容所填充。它的正确性在于逻辑上无矛盾性，就个人而言，是没有前后矛盾，就类似情况而言，在于普遍共通性或通用性。P 意味着对或错，S 意味着履行某种行为的人。因此，如果某人 S 说对于他来说做 X 是对的或正当的，比如说许假诺，因为他具有 Q（Q 在这里意味着想要避免某种不便，"因为"在此意味着充分理由或充分的证明条件），那么，这个人就必须承认许假诺对于其他想要避免某种轻微不便的人来说都是对的或正当的。如果 S 否认 S_1 这样的行为是对的，或者，否认 S_1 对 S 来说是对的，那么，他就陷入了自相矛盾之中。因为，如果对于他来说避免不便许假诺是对的或正当的，他的行为也就隐含着这样的意思：对于所有想要避免那种不便的人来说，许假诺都是对的或正当的。然而，如果现在他在 S_1 那里否认这种行为的正当性，那等于是说，对于有些想要避免不便的人来说，许假诺是不正当的或不对的，而这就使他陷入了逻辑困境。

契约主义的义务论认为，道德原则的基础在于契约或所有相关者的同意。道德涉及所有利益相关者，只有所有利益相关者共同认可的原则才是行为应当遵循的原则。在一个社会共同体内，道德是通过自然习俗的长期演化而来的，而在原初道德的意义上，社会道德的多种规则是人们在共同生活的相互默契中达成的。近代以来的契约论伦理学则进一步强调道德规则的契约论特征，如霍布斯明确提出道德法则是人们在社会契约的基础上建构的。当代著名的伦理学家罗尔斯也把契约论的原初状态放在他的理论的基础性地位，提出人们在原初状态下契约性选择的原则对于社会制度以及社会生活本身的决定性意义。

二、正当优先于善

正当（对）与善是伦理学的两个基本概念。所有的义务论伦理学都把正当置于优先地位。把正当与善看作伦理学的两个基本概念，是西季威克对现代伦理学的重要贡献。西季威克在《伦理学方法》中指出，一种伦理学理论的性质取决于是以正当（right）还是以善（good）作为基本概念。以正当为基本概念的伦理学和以善为基本概念的伦理学是两种不同性质的伦理学理论。前者是义务论的伦理学，后者是目的论的伦理学。古希腊亚里士多德的德性伦理学是目的论的伦理学，现代的功利主义也是目的论的伦理学。目的论就是强调行为以适当的手段来达到一定的目的。这种目的不是别的，就是善，或以善标明的目的论概念。我们在前一编指出，功利主义是一种后果论的伦理学，强调以后果来判断行为的道德价值，也就是后果的善决定行为的善。义务论伦理学的中心概念是义务，而不是目的。义务论强调行为的道德价值取决于行为动机和行为本身的性质。体现义务的中心性的是"正当"这一概念。正当这一概念表达的是一种具有权威性的规定，一种行为应当服从的规则或命令。西季威克指出："在把行为视为'正当的'这一认识之中包含着一种履行这一行为的有权威的规定。"① 西季威克把正当与善看作伦理学的两个基本概念，认为它们体现出两种不同的道德理想的作用。善作为伦理学的基本

① 西季威克．伦理学方法．北京：中国社会科学出版社，1993：128.

概念体现在道德理想上是诱人的（attractive），正当作为伦理学的基本概念体现在道德理想上是命令性的（imperative）。善作为有待实现的目标，体现的是诱人性的特点。它作为理想引领人们的行动，或指明行动的方向。正当则是规范性的原则体现，所以其特点是命令性。

西季威克把善概念既作为手段善也作为目的善来理解。就手段善而言，如果我们只考虑作为获得某种更远的善的手段才是善的东西，我们就可以不诉诸人的欲望或选择，而直接把善解释为适合或符合于产生某些效果的目的。当我们把善概念应用于终极目的时，我们就必须为它寻找一种既适用于手段又适用于目的的意义。按照西季威克的理解，这就是“整体的终极善”。西季威克认为，这种对善的追求的行为表明“善”不像正当行为所依据的那样，是处在我们的能力之内的，而是人们应当欲求和努力实现的。西季威克说，把善作为基本概念，“道德理想也被呈现为诱人的而不是命令的。当我们把我们受到道德鼓舞而做的行为，或它所体现的品性，判断为自身即为‘善的’（而不仅仅把它看作获得某种更远的善的手段）时，我们所采取的似乎就是这种观点”①。

当然，这样理解正当与善的关系并不意味着在把正当置于优先地位时没有善的地位，或把善置于优先地位时没有正当的地位。正当与善这两个概念对于伦理价值所起的作用是与行为者的义务观一致的。如果正当是基本概念，那么只要善是与责任的要求相一致的，行为者就把善作为一种可正当欲求的对象来看待。如果善是基本概念，那么为了获得一个人所欲求的，正当就是一个人应当做的事。所以我们能够说，伦理价值的命令性概念使得正当优先于善，而有引诱力的概念则使得善优先于正当。换言之，将正当与善这两个概念中的哪一个置于优先地位，决定了另一个的从属地位。功利主义伦理学把善概念置于首位，置于优先地位，也就决定了功利主义把正当放在从属于善的地位。

无论是直觉主义的义务论、规则主义的义务论还是契约主义的义务论，它们都强调正当（right，又可译为“对”）对善（good）的优先地位。康德明确地提出正当对于善的优先性，他说：“善和恶的概念必定不是先于道德法则（从表面上看来，前者甚至似乎必定构成后者的基础）被决定的，而只是（一如这里所发生的那样）后于道德法则并且通过道德法则被决定的。……不是作为对象的善的概念决定道德法则并使之可能，而相反是道德法则在其绝对地配享善的名称的范围之内，首先决定善的概念并使其可能。”② 这里所说的正当对善的优先性，并不仅仅是说优先考虑，而更是说，由于正当与善是伦理学的两个基本概念，哪一个被放在前面，就使得我们可以说，这一个对于另一个有着决定性的作用，被置于前面地位的概念对于被置于后面地位的概念产生一种支配性的影响和解释力量。正当优先于善，是说正当原则或行为的正当性决定了行为的善性质。这就是义务论伦理学的特征。如果说善优先于正当，则是根据善的增加或善的总量的增加来看待行为或决策的正当性。这种正当性，即是功利主义的正当性，它是被善的概念所决定的正当性。义务论的正当性则不同，它是决定善概念的正当性，它本身不为善所决定，它的正当性不来自善，而来自它所认可的道德原则。罗尔斯是当代最重要

① 西季威克．伦理学方法．北京：中国社会科学出版社，1993：127．

② 康德．实践理性批判．北京：商务印书馆，1999：68-69．

的义务论者，他的义务论同样强调正当对善的优先性。在罗尔斯看来，是正义原则决定人们的什么欲求是合理的、正当的，而不是仅仅把欲望的满足看成善的。换句话说，正义原则决定了人的欲望和行动的善的问题。因此，在这个意义上，正当优先于善。

思考题

1. 简析义务论的一般特征。
2. 简析为何正当优先于善。

第七章

康德的义务论

康德伦理学是现代义务论理论中最重要的理论。康德（Immanuel Kant，1724—1804）是西方哲学史上最伟大的哲学家之一，也是对当代西方哲学包括伦理学影响最大的哲学家之一。康德的伦理思想和政治思想是启蒙运动最优秀、最典型的产物。启蒙运动是康德那个时代的思想运动和社会运动，理性原则和自由、平等、宽容等原则是启蒙运动的基本原则。启蒙运动在时间上虽与我们相距遥远，然而，我们这个时代至今仍然处在启蒙精神的影响之下。自由解放是几百年来当代世界风起云涌的政治运动的主题，平等是几百年来政治经济领域里的基本追求，宽容是我们这个文化和宗教多元的世界的基本要求。康德思想是启蒙运动思想的杰出代表，因此，康德的伦理思想对于当代伦理生活以及政治生活仍然具有重要的意义。

康德是一个典型的学者，他一生平淡而没有任何传奇色彩，平静地过着他的书生生活。一个对当代世界的思想有着如此重大影响的人，平生只有一次到一百公里外的一个城市旅行，除此之外，终生没有离开过他所生活和工作的城市。他的一生都是在东普鲁士的哥尼斯堡度过的，并且终生没有结婚，这可能归因于他早年的经济状况。这里需要指出的是，他绝不是一个不受公众（尤其是女士）欢迎的人物。他热心于参加除了哲学之外的各种沙龙，他的谈吐优雅风趣，尤其在有女士在场时。他的生活十分有规律，据说大家惯常根据他做保健散步经过各人门前的时间来对表。他的生活完全是学院式的、平静的；然而，他的思想和精神则是永远不平静的。康德的思想和哲学是一个永远活跃的精神源泉，为后世带来了无比深远的影响。

康德的兴趣广泛，著述颇丰。宇宙学、哲学、伦理学、神学、美学以及知识论等都是他的写作以及讲课所涉及的范围。他是著名的宇宙星云假说的创立者，因而也被后人称为天文学家。在康德的著作中，《纯粹理性批判》、《实践理性批判》和《判断力批判》这“三大批判”是他最重要的哲学著作。当然，这并不排除康德的其他一些著作或论文也是十分重要的。如他的《永久和平论》至今仍是一篇极其重要的政治哲学论文。在“三大批判”中，《实践理性批判》是他重要的伦理学著作。对于康德的伦理学来说，还有《道德形而上学的基础》（又译为《道德形而上学原理》）、《道德形而上学》等也是十分重要的论著。人们谈到康德的伦理学，自然就会想到他的墓志铭：有两种东西，我们愈是时常反复地加以思考，它们就愈是给我们的心灵灌注了时时翻新、有加无已的赞叹和敬畏——头上的星空和心中的道德律令。内在的道德律令和外在的自然规律具有同等的重要性，都是康德认为具有神圣意义的，处于他的伦理学的中心地位。

康德的义务论是一个既十分艰深而又十分丰富的伦理学理论。它涉及责任、义务、道德普遍法则、善良意志、目的王国、道德与自由等诸多内容。在这里，笔者力图对康德伦理学的一些基本内容给予清晰的阐述。

第一节 责任

道德责任是康德伦理学所需要考虑的第一个问题。人们为什么要履行某种行为，是因为这种行为是道德的行为吗？道德的行为就是人们一定要履行的行为吗？一般而言，人们做事总要分一个对错，力图避免错的，而力争做正确的或对的事。人们总是希望做对的事，而避免做错的事。道德的行为在另一种意义上就是对的行为，或正确的行为。道德判断不仅是对已经发生的行为或所做的事情的判断，而且是对自己所要做的或将要做的事情的判断。一个正常而思维清醒的人，总是要做被人们认为正确的或对的事情。“责任”这个词所表达的就是对我们行为的要求，即要求我们能够做到合乎规定或合乎道德规则地去行动。换言之，这在道德上是对的，也是应当的。“应当”所表达的是行为的必然性。责任这一概念在英语中有两个词 obligation 和 duty，或者说，这两个词是同义词；它们也都可被译为义务，其对应的德语词是 verbindlichkeit 和 pflicht。这两个德语词同样都可被译为汉语的义务和责任。不过，前一个德语词更强调约束性，而后一个则更强调本分事或分内事的意义［如说 *Ich habe nur meine pflicht getan*（我只是尽了我的本分）］。就英语词而言，obligation 对行为的规范性要求没有 duty 那么强。康德在谈到责任或义务时，上述两个德语词都用了。他在《道德形而上学原理》中用的是 pflicht 这个词。责任具有约束性的意蕴。同时，责任作为当事人所内在承担的，也具有动机性。就康德来说，他不仅强调责任的约束性，而且更强调责任所具有的动机性。

一、责任与善良意志

怎么理解责任的动机性？为了回答这个问题，需要从责任的内外区分来探讨。

谈到责任，首先要问的是：责任是外在的还是内在的？一般来说，一个人担任什么职务，从事什么工作，就是一个什么样的角色，因此，就有他所应负的责任。或者说，我们每个人都处于社会结构的某个角色位置上，这一社会角色规定了你应当具有什么样的职责、使命和任务，因此也就有了你的责任和义务。这里的责任与义务，无疑包括了道德责任。然而，在这个意义上的责任，又无疑是外在的责任，即外在于你的社会结构或你所承担的角色使你不得不负有责任。在我看来，这可以说是一种外在的责任，这种责任是可以与你相契也可以与你分离的。如果你承担了那种职责，那么就是你的责任；如果你不再被赋予那种职责，那么你就不再负有这种责任。所谓内在的职责，是你无论是否处于那种职位都必然要尽的责任，是作为人而言你应有的责任。康德所说的道德责任，是这种意义上的而不是前一种意义上的责任。

就康德本人而言，他提出了一个类似于我们前面所说的外在责任与内在责任的区分。康德的外在责任指的是法权关系上的责任，内在责任则指的是道德责任。《道德形而上学》有两个部分：第一部分是法的形而上学，康德处理的主要是法权关系问题，这也就是外在责任的问题；第二部分则为道德形而上学。所谓外在责任，即不干涉他人的自由与财产的责任，这是法权意义上的责任或正义（法）的责任；内在责任即为德性或道德的责任。前者与外在的自由相关，后者与内在的自由即意志自由相关。法的责任涉及权利，权利产生于正义的普遍原则。依据普遍法则，外在的行动要以这样的方式来进行：你的意志的自由使用与每个人的自由相容，自由只因自由之故而受限制，你的自由的范围是与他人的自由一致相称的。外在责任又可称为正义（法）的责任，是与外在的自由相称的。内在责任即德性或道德的责任，它不同于法的责任，是内在的自由，即意志自由，是意志所承担的责任。内在责任产生于道德的至上原则，服从于实践理性的规定，因而是所有有理性的存在者都具有的。或者说，这类责任能够运用于所有人的意志。因而，内在责任涉及动机，产生人们行动的动力，推动人们去做道德上应当做的事。

前一种对责任的划分有助于对康德的责任观的理解。内在责任来自实践理性的规定，是有理性的存在者的责任，因而是作为人而言所应有的责任。因而，这就涉及对人或人性的理解。在康德看来，是理性，或者说，纯粹实践理性决定了人的特性或人的行为的道德特性。人作为现实的存在，既是后天的经验性存在，但更为重要的是先天意义上的纯粹实践理性的存在。实践理性决定了人的特性或人作为一种自由的存在。人的意志内在服从的是人的理性为自己所确立的法则，这种法则即为自主性的法则。因此，不是外在的因果性或经验性的规定，而是实践理性先天地规定了人的特性或人的行动的特性。道德要求在本性上是绝对的，是普遍必然性的，其原因就在于，它是理性代表它自身在做规定而不是满足人在经验领域里关切到各种爱好（偏好）而做规定，它不对我们的感性经验让步。用康德在《伦理学演讲》中的话来说，纯粹实践理性既提供了一个善的判断原则（principium iudicationis bonitatis），同时也提供了一个善的实施原则（principium executionis bonitatis）。实践理性所体现的道德的善，最集中地体现在善良意志的特性上。康德说："在世界之中，一般的，甚至在世界之外，除了善良意志，不可能设想一个无条件善的东西。"① 善良意志是无条件地善的，康德从三个方面来谈它的无条件善："并不因它促成的事物而善，并不因它期望的事物而善，也不因它善于达到预定的目标而善。"② 那么，它因什么而善呢？由于"意愿而善，它是自在的善"。换言之，善良意志，也就是仅因它自身而善良。所谓"善良意志"，也就是善良的意愿，或动机善良，并不因它所促成的后果的善而成为善的。康德强调，在这个世界上只有一个东西具有无条件的价值，这个东西就是善良意志。相对照的是有条件的善或有条件的价值。所谓有条件的价值，即某种行为或某种东西的价值依赖于它的条件，如手段的价值取决于它所实现的目的的价值。欲求对象的价值取决于实现这个欲望是否对行为者的幸福有所助益。一个东西具有无条件的价值，在于这个价值不取决于外在的任何东西而取决于它本身，"它是自在的善"，因而在任何条件下都是有价值的。在康德看来，善良意志就是这种无条件的价值（善）。

然而，康德对于善良意志却有更多的规定。善良意志的"善良"，首先在于它受到理性的规定。康德说："我们终究被赋予了理性，作为实践能力，亦即作为一种能够给意志以影响的能力，所以它的真正使命，并不是去产生完成其他意图的工具，而是去产生在其自身就是善良的意志。"③ 但何为"产生"？实际上意志是每个人本来就有的，因此，所谓"产生"也就是给予意志决定性的影响力，即理性规定了我们的善良意志。这种理性并非需要哲学理论的提升，在康德看来，即使是最普通的老百姓，也能够运用自己的理性，并把它作为判断价值的标准。因此，康德的善良意志并不是什么神秘的意志，它就是普遍人的正常的善良意志。康德说："手里有了这一指针，在一切所面临的事件中，人们会怎样善于辨别什么是善、什么是恶，哪个符合责任、哪个违反责任……让他们注意自己的原则，那么既不需科学，也不需哲学，人们就知道怎样做是诚实和善良的，甚至是智慧和高尚的，由此也可以推断，每一个人，以至最普通的人，都能够知道，每一个人必须做什么，必须知道什么。"④

善良意志所说的实际上是意志本身的善性，而所谓意志的善，在行动中或者在行为的选择中，实际上就是动机的善的问题。一个行动的善不需要问它的后果如何，它所期望或实际所带来的结果如何，而是看这个行动本身是否出于一个善良的动机。如有人不幸落入水中，面临着生命危险。在这样一种情境中，如果有人在场而且会游泳，那么他就应当不顾后果地去救人。即使没有把人救上来，也不能证明他的行为不是善的。如果在这样一种情境中，有人水性很好，他下去将落水者成功救上来的可能性很大，但他在下水救人之前提出条件，说如果他把人救上来了，必须付多少钱给他。这样救人，即使把落水者救上来了，也不能说是一个道德高尚的行为，而是一种交易行为。假设没有人答应他的金钱要求，他就可能不下去救人了。因此，这种交易行为很难说有多高的道德价值。

---

① 康德．道德形而上学原理．上海：上海人民出版社，1986：42.
② 同①43.
③ 同①45.
④ 同①53-54.

动机善良的行为也就是出于责任的行为。康德区分了出于责任的行为与合乎责任的行为。在商品交易活动中，卖主不向无经验的买主索取过高的价钱，这是合乎责任的行为。之所以说这是合乎责任的行为，是因为，在交易活动中，商人对待客人一视同仁、童叟无欺，这是他的责任。但康德认为，很难说商人这样做是出于责任和诚实原则，还是出于这样做对他有利。换句话说，合乎责任地做某事，只是因为这样做能够给行为者带来别的什么利益（自利目标），而不是因为从本意上出于责任。出于责任是对责任本身的直接爱好，而不是出于任何别的目的。康德还以保存生命的例子来做说明。他说，保存自己的生命是每个人的责任，每个人对此都有直接的爱好。在平常的情况下，人们无忧无虑，保存生命就只是合乎责任，而不是出于责任。但是，如果身处逆境，并且有着无以排解的忧伤使生命完全失去乐趣，在这种情况下，那身遭不幸的人仍以钢铁般的意志与命运抗争，虽然不爱生命但却仍然保存着生命，那么，保存生命就不是出于爱好和恐惧，而是出于责任。在上述意义上，康德区分了三种动机：出于责任的动机、直接出于爱好的动机（在这一行动中得到享用）和间接出于爱好的动机（这一行动是达到另一目的的手段）。责任被履行是出于责任还是出于某种自私的目的，康德认为，这是易于判断的。如商人的行动既不出于责任也不出于直接的爱好，而是来自自私的目的。

康德强调，只有出于责任的行为才可体现善良意志。出于责任也就是把责任看成行为的动机。在康德的意义上，责任不仅具有约束性，更为重要的是具有动机性。康德把道德责任看成善良意志的体现，同时也把善良意志看成在行为中对责任的体现。如果仅仅把责任看成约束性的，那我们对责任的理解就永远是把它看成外在于我们的某种东西，而没有看成我们的内在要求。只有把责任看成内在要求，它才会变成我们的自觉要求。

在这里，看看当代道德哲学关于内在论与外在论的争论，也许对理解责任的动机性是有益的。内在论者认为，人的道德行动的动机与人所意识到的道德判断内在相关。如果某人认识到了或接受了一个道德判断，那么他在行为动机上就必须依据这个道德判断而行动。在这个意义上，动机可以被看作因这种道德判断而起的，因而就个人心理而言，道德判断与动机内在相关。说某种行为是对的那个理由，也就是我们要那样行动的理由，即使一个行为对或正确的理由就是我们可按照它来行动的理由。外在论则不把个人行动的理由与道德判断联系起来。道德判断所得出的某种行为是对的或正确的那个理由，仅仅是使得那个行为对或正确的理由，但并不是必然使得我要如此行动的动机理由，即判断所依据的理由与使我行动的动机理由往往并不是一个东西。然而，我们的常识认为，说某个行为是对的，应当包含要履行这个行为的理由。既然这样做是对的，为什么不这样做呢？这里包含了某种不可拒绝的理由。人们如果不这样做，则不能合理地为自己辩护。但同时又要看到，人们对道德判断的确认与人们的行为动机之间仍是有区别的，即人们的行为动机来自人们内心的考虑，或产生于人们的欲望。如果说道德判断（判断某个行为是对的）提供了人们行动的理由，那么就必然把某种限制或约束施加在人们的欲求上，除非人们的动机是可普遍化的或必然的（即它本来就是合乎规范的）。因此，道德判断就具有规范性的力量：它们是具有约束性的。我们大多数人相信，一个行为是对的就是我们要履行这个行为的理由，内在论似乎就是更为合理的。内在论抓住了我们感觉的一个要素：道德判断有规范性力量，它们具有动机性作用。

康德的责任伦理揭示了同样的道理。责任不仅具有约束性，而且具有动机性的效力。责任所表明的是行为的应当，在康德看来，应当就是行为的必然性要求。同时，责任表明了行为本身所具有的道德善性，做出于道德意识或意愿的事，也就是做在道德判断意义上对或正确的事，是正常的理性要求。在这个意义上，人的欲望本身并不意味着它是与理性相对立的，而是说，人的欲望可以得到理性的范导或沟通，从而做出与理性相符的道德行为。

二、道德的三个命题

如果没有责任概念，善良意志概念就得不到阐明。康德强调责任，是强调行为中的责任，正是在这个意义上，康德进而谈到行为，并提出了道德的三个命题。

什么样的行为具有道德价值？康德提出，道德的第一个命题是：只有出于责任的行为才具有道德价值。出于责任就是出于善良意志，也就是动机的善。不是出于爱好（偏好），而只是出于责任的行为，才具有道德价值。康德把出于责任与合乎责任区分开，认为即使是合乎责任也没有道德价值。康德指出，如像商人的行动，出于自私的目的，他的行动虽然合乎责任，但仍然没有道德价值。即使是直接的爱好，康德也并不认为就具有道德价值。这里仍然可以保存生命的例子来说明。康德说，保存自己的生命是每个人的责任，每个人对此都有直接的爱好，而在逆境中保存生命的人，他的行动就具有道德价值。

康德还区分了直接的爱好与间接的爱好。间接的爱好的例子就是诚实商人的例子，即以合乎责任的行为来达到自私的目的。当然，也许我们今天不这样认为，即诚实的商人也可有出于责任的诚实行为。直接的爱好，康德谈到了对他人的同情的行为，他明确地说到富有同情心的人“全无虚荣和利己的动机”①。他赞扬这样的行为是友善的行为，把同情的行为与荣誉相比，认为同情的行为是合乎责任的行为。康德认为，同情的行为无疑优于类似于诚实商人的行为。然而，即使如此，康德仍把同情的行为看成没有道德价值的行为。

在康德看来，同情的行为类似于对荣誉的爱好的行为，像荣誉那样有益于公众因而是合乎责任的。但康德坚持认为，道德行为不能出于爱好，而只能出于责任。同情的行为类似于对荣誉的爱好，它所有的只是道德的影像。同情者因在周围撒播快乐而感到愉快，因使别人对他的工作感到满足而感到欣慰。在康德看来，同情者之所以同情地帮助他人，就在于从同情的行为中得到快乐。康德坚持认为，这种快乐并没有至上的目的意义，这是出于爱好而不是出于责任。帮助他人表明的是必要性（这才是出于责任），而不是行善者的快乐。当然，也可作如是观：快乐不是同情者的行为的目的，但却是他采取的目的的理由。但即使如此，康德仍然向我们表明，有这种个人爱好因素介入其中，就不可能有道德价值。

康德把出于同情而帮助他人与出于责任才帮助他人对立起来，把出于情感、感情或

---

① 康德．道德形而上学原理．上海：上海人民出版社，1986：47．

欲望而采取某种仁慈的行为与出于责任而采取某种仁慈的行为对立起来。出于责任帮助他人，并不为舒适的自然感或欲望所支持。出于责任的行善行为仅仅是由于行为者有行善的意愿，这种意愿越是在艰苦或不能给行善者带来任何好处（包括快感）的情况下越能体现出来。他以《圣经》中爱你的邻人的道德戒律说明这个问题。他指出，爱作为爱好是不能被告诫的，然而出于责任的爱坐落于意志之中，不受不断变化的同情的影响，只有这种爱才是可被告诫的。康德严格地把爱好与责任对立起来，认为出于快乐动机的行为不具有道德价值，并没有很强的说服力。因为即使出于快乐的动机，也不能证明就没有道德价值。从道德情感论或道德的个体发生发展来看，同情是人的道德感或道德发展的一个关键环节。卢梭就认为，没有同情，个人不可能从私己性的情感发展到对远邻的爱，或人类之爱。但我们要看到，康德在这里是要把自己与英国的情感论划清界限。哈奇逊以及休谟等人，强调道德的动机来源于类似于同情这样的道德情感。当然康德在这里的观点是与康德自己的逻辑内在一致的。在康德看来，同情心不能作为道德的基础，康德提出的比较有说服力的理由是，出于同情心的行为并非必然导致正确的道德行为。比如，对一个罪犯的同情可能导致不正确的行为。但康德真正站得住脚的理由是，出自同情心的行为与一个理性的人依据理性所认为是道德上正确的行为之间没有必然联系。因此，一个人如果不是出于责任，而是出于其他动机，如同情心，则有可能做出道德上错误的事情，如对杀人犯的同情可能导致成为窝藏犯。① 只有在这个意义上，才可指出出于同情心动机的行为并不必然具有道德价值。

第二个命题是：一个出于责任的行为，其道德价值不取决于它所要实现的目的，而取决于它所被规定的准则。出于责任即出于善良意志。另外，即使是出于责任，也要看这种行为所遵循的准则。康德强调，道德行为的道德价值不依赖行为对象的实现，而依赖行为所遵循的意愿原则，与任何欲求对象无关。这里有两个基本要点：一是从消极方面看，行为的道德价值不来自它所履行或完成的东西；二是从积极方面看，行为的道德价值取决于准则或意志的原则。或者说，说一个行为的道德价值不在于它的目的而在于它所采用的准则，是说其价值在于采取这个行动及其目的的理由。

在一条重要的脚注里，康德解释了什么是准则。他说："准则就是意志的主观原则。客观原则就是实践法则，如果理性完全掌握欲望的话，它对有理性的存在者，主观上也有实践原则的作用。"② 康德把准则称为主观原则，也就是说，是一个有理性的行为者所据以行动的准则。康德认为，如果人们通过理性把外在的客观原则转化为自己个人的行为准则，那么客观原则实际上就变成了个人的主观原则。在康德看来，有理性的存在者完全能够按照法则行动，而使法则见于行动的必然，需要理性的介入；如果没有理性，人们就不可能将外在的客观法则转化为自己的行为准则。如果理性完全无遗地规定了意志，那么，有理性的存在者的那些"被认为是客观必然的行为，就是主观偶然的"③。康德把理性所认可的客观法则看成意志的准则。因此，这一命题也就是第一

① Stephen Darwall. Philosophical Ethics. Boulder，Colorado：Westview Press，1998：151.

② Immanuel Kant. Practical Philosophy. Cambridge：Cambridge University Press，1996：56.

③ 康德. 道德形而上学原理. 上海：上海人民出版社，1986：63.

命题的扩展。

康德对道德价值的这种强调，实际上隐含的是对个人行为选择自由的强调。他的行动所依据的准则或理由是他自愿选择的。换言之，一个有理性的人必须审慎地考虑他正在进行的活动或他的行动的依据。毫无疑义，一个人的行动与他的欲求是相关的。但康德认为，你的欲求本身不能确立行为的道德价值。你可能选择那种使你的欲望得到满足的行为，但你应当在你的行动中，以你所遵循的准则来达到欲望的满足。否则，你的行为本身就没有道德价值，或者欲望的满足就不是正当合理的。这样，正是你的准则表达了你采取这个行动的正当理由。

康德强调行为的道德价值在于它所遵循的准则而不是它的目的，这并不意味着他认为行为没有目的。康德相信，所有人的行为都有某种目的。然而，康德认为，人们达到目的可以采用不同的准则或依据不同的理由来进行。如出于责任而帮助他人和出于同情而帮助他人，虽然目的一样，但理由并不相同。准则是衡量道德价值的唯一尺度，因此对于准则的选择就十分重要。当然，人们也可以把行动所要实现的目的看成衡量行为成功与否的标准，即把后果作为准则来看待。但那并不是康德的标准，而是后果主义的标准。如你承诺明天早上要把借用的录音机还给我，你知道我明天早上必须用它，因此你克服你不早起的习惯以及路途中的困难，把录音机送到了我的手中。当我拿到录音机时，我感到很高兴。这个行为具有道德价值，不是因为你满足了我的使用目的和使我感到高兴，而是因为你（克服了你的不便）遵守了你的诺言。你的行为得到尊重，因为你选择了来自责任动机的这个准则。

第三个命题是：责任就是由于尊重法则而产生的行为必要性。这一命题解释了康德的责任，即道德责任的根源之所在，以及为何出于责任的行为才具有道德价值。前面已述，康德的第二命题所强调的准则，实际上是将客观的法则通过理性而转化为自己的主观准则。把这两个因素加在一起，我们就可以弄清楚，为什么康德说只有出于责任的行为才具有道德价值。因为责任不是别的，只是由于尊重客观的法则而产生的行为必要性。责任体现的是不得不做的事，即行为的必要性。这种行为不是那种我们想做就做，而不想做就不做的行为。它的必要性不是来自我们的欲望和爱好，它们不决定行为的必要性。在康德看来，意志应该完全摆脱一切外在的影响，摆脱意志的对象，所以，客观上只有法则，主观上也只有这种对法则的尊重，即准则才能规定意志。这种受到准则规定也就是法则规定的意志，即善良意志，它所体现的就是责任。有了这种来自法则的责任，也就知道了什么是必须要做的行为，什么不是必须要做的行为。尊重法则的规定性，意识到某种行为的必要性，这就是责任，行为的道德价值即在于此。所以，康德的三条命题是统一的，是一个整体。

还有，责任涉及对法则的尊重，尊重即是对所尊重之物的价值的认可。尊重涉及我们对于我们将要做的事的理由，这个理由优先于我们的欲望和爱好。或者说，如果我们的欲望和爱好与尊重的对象不一致，那么我们必须尊重的是尊重的对象而不是我们的欲望和爱好。因此，尊重涉及对我们的欲望和爱好的理性约束。这种约束也就是我们不得不尊重它的感情。有了这种尊重，我们也就承认，它的价值远比爱好的对象的价值更大。然而，这种对客观法则的尊重，实际上不过是对自己的内在善良意志的尊重，因为正是我们的内在善良意志体现了法则的规定。

这里有康德伦理学的一个重要区分，即准则（maxim）与法则（law）的区分。所谓准则，也就是将客观的法则转化为自己内心的准则。对于法则，康德把它们区分为自然法则与自由法则。无论是自然法则还是自由法则，康德都把它们看成具有普遍性的法则。自然法则不仅描述了事物如何存在的状态，而且规定了事物必须如此存在的状态。它表达的是一种物理的必然性。自由法则所描述的是在一定的情境中人们应该如何行动。它所描述的是一种道德或实践理性的必然性，而不是物理的必然性。自然法则与自由法则的区别在于，前者决定其因果性的原因在于外在的自然，后者则是意志决定行动或事物变化的起因，或者说，是意志自己决定自己。道德是人为自己立法，所以道德的规则是人的自由的规则，如“你应遵守你的承诺”就是自由的或道德的法则所决定的。因为你的承诺是自己确立的。法则是普遍的，在于法则所描述的是普遍性情形。它以如下条件句形式来表达：任何人处在……情况下，那么，都会……。

但在这里有一个情况需要指出，康德强调法则、准则构成了行为必要性要求的责任，这并不意味着康德认为所有的责任都是由那种不可侵犯的、没有灵活性的规则所构成的。康德区分了严格的责任和宽泛的责任、不完全的责任和完全的责任。所谓严格的责任，即那些不能有例外的责任，出于这种责任的行为（或因责任要求而不能做的行为）是严格地被要求的行为，在这种行为上的错误是道德上的错误且必须受到道德上的谴责。康德举了一个许假诺的例子来说明。一个人在困难逼迫的情况下，觉得需要借钱，他也很清楚，自己并无钱归还。但事情明摆着，如果不明确地承诺在一定的期限内偿还，他就什么也借不到。因此，他乐于做这样的承诺。人们为了自己的私利许假诺，这在任何情况下都是错误的。康德说：“在我需要金钱的时候我就去借，并且答应如期偿还，尽管我知道是永远偿还不了的……现在的问题只是，这样做对吗？”① 在康德看来，检验这样一种行为正确与否的试金石就是问这样一种行为是否可以普遍化，或把这种利己主义的准则普遍化为一种普遍法则，这样就会发现它的自相矛盾。即如果一个人在困难的时候，就使他的随便而不负责的诺言成为普遍法则，那么很清楚，这将使得一切诺言都不可能实现，因为人们再也不会相信他所做的保证，而这样的结果也就是一切诺言都不可能存在了。这个例子的反面就是永远不许假诺。也就是说，如果把许假诺普遍化，其结果只能是自相矛盾。永远不许假诺则永远不会自相矛盾，从而只有这样才可验证其是正确的。康德对于这类责任的规定是很严格的，即如果陷入矛盾，人们就不能把自己的准则当作普遍法则。也就是说，只要把它作为普遍法则从而显得自相矛盾，那么正确的就是不显得自相矛盾的那个方面。这是一类严格的责任。

宽泛的责任则找不到这种内在的不可能性，我们在违背它时，却不能把相违背的东西（主观准则）提升为普遍法则。这涉及确立目的方面的情形。在生活中，我们总是被要求确立这样或那样的一些目的，而在追求目的的过程中，如何实现目的和应当做些什么则是我们的责任。这些方面的缺陷或不足不是我们在道德上的错误，而只是优点的不

---

① 康德．道德形而上学原理．上海：上海人民出版社，1986：74.

足。如一个人有充分的机会发展他的能力和增长他的才干，但他却无所事事，过着悠闲的享乐生活，让自己的才能白白浪费。康德问：这种忽视天赋才能的做法，除了和享乐准则相一致外，能与人们称为责任的东西一致吗？人们能够把这作为一条普遍法则吗？在康德看来，人们总不会愿意让它成为一条普遍法则，而愿意从不同的方面把自己的才能发挥出来。对于此类例子，康德虽然也认为不能成为普遍法则，但却不是那么严格地认为可能自相矛盾。

与此类似，康德还将责任划分为完全的责任和不完全的责任。所谓完全的责任，不允许有利于爱好的例外，即完全的责任不允许爱好在其中起作用；而不完全的责任，爱好将在其中起作用，如前面所说的发挥个人才能的例子，则必然有爱好在其中起作用。出于责任与出于爱好的对立，只是在严格的责任意义上的。这类责任应当被看作严格意义上的道德责任，即从行为的理由看，只有出于责任的行为才可意识到它的必要性。从同情的立场（或爱好）去帮助他人，并不是说同情的爱好错了，而只是说，同情作为爱好虽然能够与出于责任的行为一样，达到帮助他人的仁慈目的，但是，同情的爱好对于达到它的目的，具有为行为者带来满足爱好和快乐的功能。如果从这个意义上来认识助人的行为，那么就有可能把助人的行为看成利己性的行为，而意识不到出于责任的必要性。因此，康德对责任概念的动机分析，是为了发现无条件的善的原则。①

第二节　绝对命令与假言命令

康德关于道德的三个命题已经涉及普遍法则的问题，或行为准则是否可以普遍化的问题，也就是康德的绝对命令和假言命令的问题。无论是从普遍法则还是从绝对命令的角度看，可普遍化的问题都是核心的问题。前面讨论的责任问题，涉及行为的必要性，

① 爱好（在康德看来，爱好就是习惯性的欲望）或欲望与理性（责任）的关系，在康德的理论中呈现出一种十分复杂的情形。我们在《道德形而上学原理》的第一部分，发现康德严格地把感性爱好与责任对立起来，责任所体现的是为实践理性所规定的善良意志。但在第二部分谈到不同的责任区分时，康德承认爱好在有些责任中是起作用的。在其他著作中，当康德讨论行为时，他考虑了感性因素对行为的作用。在《单纯理性限度内的宗教》中，康德提出行为是为感性所诱导的而不完全是由感性所规定的，因为理性必须提供足够的补充力量。而在从1794年到1795年的一系列演讲中，按照听讲者的记录，康德主张，无论是感性的刺激还是知性的同意，对于规定意志都是必要的。康德提出，一个（感性）动机能够决定一个行动的意愿，只是在这个人将某种原则采用为他的准则的情形下才有可能。亨利·阿利森据此提出他的结合论，他说："它（这种结合论。——引者注）实际上是康德关于理性行为能力的必得言及的一切论述的深层基础……现在我们只需指出这种理论的两个特征就足够了……首先，该结合论说明，对康德而言，一种爱好或欲望自身尚不足以自行构成行动的理由。欲成其为行动的理由，只有涉指某种规定着我们应当追求何种爱好或欲望来获得满足的行为规则或原则……其次，结合论也使我们得以更加清晰地见出康德的理性行为能力概念与其先验统觉学说之间的联系，康德自己亦暗示过这一联系。因此，按照这一理论，我们可以说，正如'我思'必须要能伴随我的一切表象以便使之都成为'我的'表象，也就是说，使我能够通过它们表象任何事物，同样，'我视取'也必须要能伴随我的所有爱好，如果这些爱好要成为作为理性行为者的'我的'爱好，即如果它们要提供行动的动因或理由的话。再者，正如感性直观只有纳入概念之下才能涉指对象一样，感性爱好亦仅就其被'结合到一个准则之中'，亦即被纳入一个行动规则之下时方能与意志对象相关。"（亨利·阿利森．康德的自由理论．沈阳：辽宁教育出版社，2001：48）阿利森的结合论很经典地指出了康德的行为说的特征，值得在这里大段引用。

康德伦理学还有另一个重要问题，这就是行为或行为准则的普遍化或普遍性问题。这样两个问题对于康德伦理学来说都是极为重要的。

一、准则的可普遍化

行为或行为准则的可普遍化或普遍性，对于康德伦理学之所以重要，在于康德把道德行为与理性行为内在联系起来，认为一个道德行为一定是一个理性行为。普遍有效性是指对于所有有理性的行为者而言，是在他们都具有理性能力的意义上承认其有效性。或者说，在康德看来，道德行为是以理性行为的特征为前提的。理性行为的一个典型特征就是不自相矛盾。如果一个人同时既相信 B 又相信非 B，那么我们就说这个人的信念是自相矛盾的。如果一个人既欲求 B 也欲求非 B，那么我们就说他的欲望有矛盾。如当我们既想下决心去做什么，同时也下不了决心时，我们说我们矛盾得很。在论及哪一个准则可成为普遍准则而没有矛盾时，是说我们的准则可以普遍化而没有矛盾。在康德看来，一个有理性的行为者，他的道德行为不仅仅是说他自己的行为前后没有矛盾，更重要的是，在是否可普遍化上没有矛盾。没有矛盾不是说不考虑行为的处境和性质，这个行为或这种行为都同样是有理性的或非理性的，可普遍化而没有矛盾，仅仅是认为它是真正合理的行为。

真正合理的行为是在可普遍化准则指导下的行为。在康德看来，我们可以作为行为准则的那个准则，应当是可以使其成为普遍法则的那个准则。行为准则的可普遍化表述是对行为和选择理由的充分正当性的检验。那么，什么准则可以成为普遍法则，什么准则又不能成为普遍法则？康德以什么标准来确定什么准则可成为普遍法则？康德的标准就是，你所意愿其成为普遍法则的那个准则不会有矛盾，或不自相矛盾。那么，在什么情况下，我们所意愿其成为普遍法则的那个标准不自相矛盾呢？我们在前面讨论康德所说的严格的责任和宽泛的责任时，已经涉及了康德所说的普遍法则与矛盾的问题。这里我们继续展开讨论。

在康德看来，人们要将自己的准则普遍化，但并非所有的准则都有这种可能。不可能具有这种普遍性的准则是将在普遍化的情形中产生矛盾的那些准则。康德认为产生矛盾在于这样两个方面："有一些行为的性质是这样，其准则不能被看作自然的普遍法则而没有矛盾，更不能意愿它应该这样。在另外一些行为中，虽然找不到这种内在的不可能性，但是仍然不可能把它们的准则提高到自然的普遍法则的地位，因为这样一个意志将与它本身发生矛盾。"① 康德在这里指出了两种矛盾，一种是概念上的矛盾，另一种则是意愿上的矛盾。多年来，人们对于康德的矛盾说提出了三种解释：第一，逻辑矛盾的解释。依据这种解释，如果你的准则与普遍化有矛盾，那你的准则普遍化就具有逻辑的不可能性。康德所举的许假诺的谎言例子就是这样一个例子。许假诺使得诺言的实践成为不可能，或不可想象。康德告诉我们，如果许假诺的人将自己的准则普遍化，诺言就变得不可能，因为没有人会再相信他。在这里我们可以这样设想，某人正在许一个虚假的承诺，但同时我们要想到，人们不可能许这种人们不相信或不可能接受的假承诺。因为一个承诺涉及人与人的相互关系，或者说在关系中存在。你许了一个假承诺，并且

---

① Immanuel Kant. Practical Philosophy. Cambridge: Cambridge University Press, 1996: 75；康德. 道德形而上学原理. 上海：上海人民出版社，1986：75.

你将你这个行为所依据的准则普遍化，即人人在这种自私自利的情况下都可以许假承诺，那么就没有人相信还有承诺了，因而承诺本身就不存在了。我们可以想象这种情形：每个人都想许这种假承诺，但人们太多地受到了假承诺的伤害致使承诺作为一种人际互信的形式已不存在了。因此，一方面是人们想许这种假承诺，另一方面是这个世界上已经不存在这种假承诺了。因此，假承诺的存在本身在逻辑上就是不可能的。将一个准则普遍化使得这个行为不可想象、不可思议，那么我们就可以说这有逻辑矛盾。

第二，目的论的矛盾解释。如果你意愿你的准则成为目的论的自然体系的法则，那么将产生矛盾。这是因为，或者是你的行为与某些自然目的相反，或者是你的准则不能成为目的论意义上的法则。这里所讲的自然法则或自然体系的法则，是指事物本身所遵循的法则或应遵循的法则。如康德所举的对待自己的才能和天资的行为态度。一个有才能的人，在受到文化培养之后会在多方面成为有用的人。他也有充分的机会，但他宁愿无所事事，而不愿下功夫去发挥和增长自己的才干。康德问：人们能够认为自然可按照这样一条普遍法则维持下去吗？他指出，人们总不愿让这样一种行为态度成为一条普遍的自然法则。在康德看来，增长自己的才干和自然才能的发挥，是人本身从自然目的论的角度看的题中应有之义，即一个有才能的人，增长自己的才干和发挥自己的才能才是符合自然的普遍法则的。人们一心无所事事，不愿增长和发挥自己的才干，只图安逸和享乐，这种行为意愿是与目的论意义上的自然普遍法则相矛盾的。人们指出，康德在这里所说的与自然法则相矛盾，不是在因果论的意义上（即使行为者贪图享乐而在后果上造成对自己不利的后果，但如果行为者愿意接受这个后果，则他就不会认为这种行为不当），而是在目的论的意义上，即与人性的系统和谐的目的论相矛盾。

康德所举的自杀的例子也是目的论的矛盾。他说，一个人经历了一系列无法逃脱的恶邪事件而感到心灰意冷，厌倦生活，因而想结束自己的生命。“他的行为准则是：在生命期限的延长只会带来更多痛苦而不是更多适意的时候，出于自爱，我就把缩短生命当作我的原则。那么进一步的问题是：这条自利原则，能否成为普遍的自然法则呢？人们立刻就会看到，以情感促使生命提高为职志的自然竟然把毁灭生命作为自己的法则，这是自相矛盾的，从而也就不能作为自然而存在。”① 在康德看来，人的生命存在的自然目的在于使生命得到提升和延续。或者说，我们的本能能够告诉我们自杀与生命的自然目的不相符。实际上，我们发现，康德自己提供了一个目的论判断的一般原则。他说：“在一个有机物、一个与生活目的相适应的东西的自然结构中，我们发现这样一个基本原则，这就是在这里面没有一个用于一定目的的器官，不是与这一目的最相适合的、最为便利的。”② 我们可以依据康德提出的这个适用于一定自然目的的原则来检验一定的行为类型，如对自杀行为的分析。自爱本身出于自我保存的自然目的，而在自然的体系中，将出于自爱的自杀准则普遍化，这种自爱的行为就与最适应于自我保存目的的本能相冲突。以康德的话来说，人们马上就会发现，这是与生命自然的本能相矛盾的，“以情感促使生命提高为职志的自然竟然把毁灭生命作为自己的法则”。人们在将一

① Immanuel Kant. Practical Philosophy. Cambridge：Cambridge University Press，1996：74.

② 康德. 道德形而上学原理. 上海：上海人民出版社，1986：44.

种实践普遍化时不难发现违反了这样的自然目的，因而发现这样一种矛盾。在这个意义上，实践有一个标准性的目的，与普遍性的矛盾致使人们发现其他方式去达到这个目的，而放弃那些与这种目的相违背的实践。

第三，实践的矛盾解释。如果将你的行为准则普遍化，你的行为将不可能达到你的目的，或者说，如果人人都像你那样依据你的准则行动，你的目的将在实践中被挫败。在这里可以举出的是康德的许假诺而可得到钱的例子。许假诺是某人得到钱的手段或前提，但他的假诺之所以会被人相信，或者是因为他从不许假诺，或者是因为他人从不许假诺。如果人人都许假诺，那么，诺言也就没有人相信了，许诺言的行为也就不存在了，因此，假诺也就不可能有了，许假诺的人也就得不到靠许假诺而来的钱了。他以许假诺作为手段来达到他的目的，但在普遍化他的准则时，我们就会发现以这种手段来达到他的目的必然会被挫败。以康德的话来说，通过普遍化的检验，表明诺言的实践以及据此而达到的目的都成为不可能的了。

值得指出的是，康德并不认为这三种解读有什么不同。实际上，这三种解读是非常接近的。逻辑矛盾的解释是说这种实践如果普遍化将不可能存在，这种行为也是不可想象的。目的论的矛盾解释是说你不能将你的行为准则普遍化，如果那样，就意味着你的实践将与自然的目的不相适应。实践的矛盾解释是说你如果将你的准则普遍化，就意味着在追求你的目的时你的准则将不再有效。

二、一般命令式与假言命令

可普遍化的准则在康德这里也就是绝对命令。所谓“命令”（imperative），也就是康德的行为准则或法则。然而，“命令”或命令式是一个内容复杂的多种命令的总称。有多种多样的命令，这些命令共有的形式，即为一般命令式，或各种命令式的共同之处。在康德这里，命令所表达的就是一种“应当”或“应该”。康德认为，“一切命令式都用应该（Sollen）这个词来表示”①，在英语中，“应该”这个词对应的是 ought。那么，怎样理解这个应该或应当？康德认为，应该或应当表明的是理性的客观法则与意志的关系。不过，这种关系不是那种必然地决定与被决定的关系。意志本身有着它的自主选择的可能性。但是，意志只有遵从外在客观的法则才是善的。在康德看来，实践的善不是别的，是理性的呈现物向意志展示的东西，并由此而使得意志能够在做出决定时有客观的依据，而这也就有了行为或行动的应当或应该。命令式向我们表明，什么样的行为是善的或好的，支持这种善或好的理由就是与意志相关的实践规则。

依康德的理解，作为理性存在者的人并不可能完全自觉地依从客观法则，或与客观法则完全一致。人是有理性的，但并不是完全理性的，还受到爱好、兴趣以及嗜好、欲望等多种因素的支配和影响，即人除了理性本能以外，还有非理性的本能。因此，人就是不完全的理性存在者。对于人这样的不完全的理性存在者而言，客观法则几乎就具有一种强制性。但人能够听从理性，确立理性的权威，这体现在人能够把理性的客观法则既看成必然的，同时又看成必需的要求。这种要求就是应当或应该的要求。全部命令式，不仅仅是道德命令，都用应当或应该来表示。应当或应该，从行为主体方面看，表

---

① 康德．道德形而上学原理．上海：上海人民出版社，1986：64.

明主体承认客观法则作为自我行为准则的价值与意义，即主体个体对客观法则的尊重；从客观法则角度看，则表明客观法则相应地具有了对主体人的行为的指导地位，行为主体不遵从它则是不应该的。在这个意义上，命令式所表明的行为都是具有必需性的行为，表明客观法则具有某种强制性作用。

在康德看来，虽然具体的命令式多种多样，但从哲学上看，基本的命令式只有两种，或是假言（hypothetisch）命令，或是绝对（kategorish，categorical）命令。假言命令的前提条件在于一个目的已经确立并且把行为作为达到这个目的的手段。绝对命令则不是这样，它所要求的是履行某个行为但并不以任何先在性的目的为条件。这里涉及对 kategorish（或 categorical）的理解，因而也涉及翻译问题。我赞成耶鲁大学教授沃德（Allen W. Wood）的意见。沃德说："在康德的意义上，一个命令并不限定于任何语法形式，而是作为那支配被理性自我控制的意志的任何原则。既然正如我们所看到的，'善'（好）这个词对于康德来说，所涉及的是理性所承认的作为实践必要性的东西，因而这一表述：'这样做是一件好事'，是很适合于作为一个命令所起的作用的（无论我们是否把好这个词看作具有道德的特征）。也不能把'假言'和'绝对'这两个词理解为仅仅有一种语法上的（或逻辑上的）意义。"① 沃德的意思很清楚，康德运用假言和绝对（现在人们译成"定言"，主要是从逻辑上理解）这样两个概念，主要是要区分两种指导行为的原则，而不仅仅是一种逻辑意义上的运用。我们在说"你做出了一个承诺，你应当遵守它"时，表达了你所有的一种道德责任，同时也说出了一个指导行为的绝对命令或行为原则，而不是指具有某种逻辑上的规定。沃德指出，当具有语法上无条件的祈使句"注意"这个短语用在如下意义上时，它是作为假言命令起作用的：当我应当把我的注意力转向某种即刻可能发生的危险，而我不得不避免对我身体的伤害时，这个"注意"所表达的祈使要求就是假言的。因为康德指出，只作为达到行为之外的目的的手段而成为善良或好的行为的，这种命令是假言的；假若行为自身无须假借目的来说明就是好的或善的，而且必然处于一个自身就合乎理性的意志之中，以这种命令来作为其原则，那么这种命令就是绝对的。康德对假言与绝对的区分很明显、很清楚，这就是判断行为是否善良以是否有一个先在性的目的为依据。

当我们确立一个目的，这个目的或是从可能的角度出发确立的，或是从现实的角度出发确立的，前者可被称为或然性的目的，后者可被称为实然性的目的。依这些目的的区分，可把假言命令区分为或然性的原则和实然性的原则。不考虑任何目的的绝对命令，则是必然的原则。确立目的直接涉及的是意图，即有目的也就会有相应的行为意图。实现意图也就是实现目的。有一个目的，是所有有理性的存在者所共有的命令的独立对象，这就是对幸福的意图。我们把行为的实践看成满足幸福要求的手段，那么这样的假言命令就是实然性的。幸福的意图或者说追求幸福是人的先天的本质，人们天然地具有选择实现自己的最大幸福的工具的技巧，然而，怎么实现这些意图，往往取决于所采取的手段或方法途径。为了达到某种目的或实现意图而采取的手段或方法途径，是技艺性的。康德把这称为审慎（klugheit）："涉及实现自己幸福的工具的选择的命令，是审慎的命令，

---

① Allen W. Wood. Kant's Ethical Thought. Cambridge：Cambridge University Press，1999：61.

它总是假言的。”①

假言命令既可是审慎的规劝，也可是技艺性的。假言命令只涉及为了达到某种目的而采取的手段或途径所发出的指令，一般可被称为技艺性的。在这个意义上，由于假言命令只涉及手段而不涉及目的，所以目的是否善良不在它的视域范围之内。一个医生所做出的治病救人的决定与一个放毒者投毒药致人死亡的决定，就它们都是服务于一定的意图而言，在价值上没有两样。有各种各样的目的，就要有实现这些目的意图的各种各样的手段，这在康德那里都被称为技艺，而有关这些技艺的行动指令都是假言命令。这样，依康德的理解，几乎在人类生活的所有领域里，假言命令都存在。人类行为的目的意图性，是人作为有理性的存在者的一个本质规定。有目的意图的存在，也就必然有如何达到这些目的意图的手段、工具的问题，实现这些目的意图的指令被统称为假言命令。这个假言命令可做如下概括性的表述：

> 如果你确立了目的Z，那么，你应当尽你所能地履行对于达到目的Z而言是必不可少的必需的任何行为。②

康德进而提出假言命令何以可能的问题。有了目的，就要求有相应的达到目的的手段与方法。康德指出，如果理性对行为有决定性影响的话，理性的行为者就必然会寻求达到自己目的的手段与方法。这种对手段或方法的寻求要求，就是假言命令。康德指出，假言命令是一种分析命题，因为它是从意愿所达到的目的出发的。③ 要达到什么目的，这已经对手段有了预设，即目的对于行动已经有了预先要求；并且，“愿望所达到的目标，就是把它当作我的后果，这已经是把自己当作一个行动着的原因了，也就是把自己当作一个工具的使用者了”④。或者说，我们完全可以从分析命题来说明这些假言命令存在的根据。当我们有了某种目的，理性的命令就是寻求达到这个目的的手段或工具。

审慎命令，在与幸福概念相关的意义上，与技艺性命令一样，也是分析性的。康德说：“因为在两种情况下，都是谁想要按照理性的必然要求，在力所能及的范围内达到目的，他也就想要为达此目的必不可少的手段。”⑤ 但是，康德指出，幸福与上述技艺

---

① Immanuel Kant. Groundwork of the Metaphysics of Morals//Practical Philosophy. Cambridge：Cambridge University Press，1996：69. 这里审慎的德语原文是 klugheit，这一德语词的意思是“聪明”“机智”，英译者把它译为 prudence。英译者对此专门做了一个脚注。在此脚注中，译者指出，审慎有两层意思，一是有着“这个世界的知识”之名，二是“私人审慎”。第一层意思是指一个人为了达到他的目的，而用知识影响其他人的技能。第二层意思是在所有那些私人目的上具有达到他的持续利益的眼光。如果在第一层意思上不是那么足够，而在第二层意思上够得上，也可称之为审慎；而如果在第一层意思上是审慎的，而在第二层意思上并不如此，那么可说是既聪明又狡猾，但在总体上是不审慎的。

② Allen W. Wood. Kant's Ethical Thought. Cambridge：Cambridge University Press，1999：62. 康德自己从来没有提出过一个假言命令的公式，这是沃德所概括的一个公式。

③ 所谓分析命题，也就是谓语被包括在主语概念之内，并且可以通过分析主语概念而得到，如“一切结果都有原因”就是一个分析命题，因为可以通过分析结果而得到原因。一个综合命题就是谓语并不被包括在主语里的命题，如“一切事件必有原因”是一个综合命题，在这里，“原因”并不被包括在主语里，也不能通过对主语的分析而得到。我们不需理解事件有原因就可以见到一个事件。为了证明综合命题，我们必须到主词项之外去发现某种“第三项”。

④ 康德. 道德形而上学原理. 上海：上海人民出版社，1986：68.

⑤ 同④69.

性的手段相关的目的不同的是，幸福是一个很不确定的概念，因为幸福概念包括的因素全部都是经验性的，必须从经验中借来。然而，经验性的幸福感受只是人们从体验中得来的，是一种据于经验的对于未来的想象的产物，因此，并不能把这样一种经验性体验和想象性东西作为对未来的诠释，因为未来总有某种不可预测性。但人们对幸福的追求本身就是对未来的追求。因此，在对幸福的追求过程中，人们美好的愿望与实际的实现之间存在着距离，并且会发生人们所想象不到的变化。正是在这个意义上，人们不可能找到一条使他们真正幸福的、万无一失的原则。只有无所不知才能做到这一点。康德指出，在这个意义上，没有一条对于幸福的确定性的原则，它只能听从经验的劝导，如生活要严肃、节俭，待人要有礼貌、谦虚，等等。因此，关于追求幸福的假言命令与其说是理性的诫命，不如说是审慎的劝导，它并不规定什么对于幸福来说是普遍必需或普遍必然的东西。尽管如此，从机智命令作为达到目的的手段命令来说，命令都是对想达到目的的人，指示他愿意采取的手段，从而是分析性的。

无论是关于个人幸福的假言命令还是关于达到目的的技艺性的假言命令，在道德上都是中性的。我们不能因它们是假言的就认为它们不合理，或不道德，也不能说这些假言命令是如何符合道德的。这些领域里的假言命令不涉及道德判断。但如果在道德领域里，则不同。在康德看来，道德领域里的命令只有绝对命令才是道德的。

三、绝对命令Ⅰ

道德命令不是假言的，这是因为，道德命令不像在技艺以及运用机巧的那些领域里的命令，是建立在外在客观的目的前提上的；道德命令是无条件的，不以经验中或现实中的某种客观前提为依据。康德指出，一般说来，在设想一个假言命令的时候，除非我已知它的条件，否则，事先我并不知道它的内容是什么。但是，在设想绝对命令时，并不需要设想它所要服务的前提与目的，而只要看我们的行为准则是否与法则的普遍性相符合，即除了行为准则应该符合法则的普遍性之外便一无所有。绝对命令是一个实践原则，它限定着意志不与任何既定的目的相关，它是与假言命令相对的，是无条件地不考虑任何既定目的的。在这里，我们首先应当把握绝对命令与假言命令相区别的特性。技艺性或审慎的假言命令是关涉到行动者的具体目标的（手段或工具），绝对命令则是超越于具体目的的，只关涉到行动的准则，即只有行动准则能够上升为普遍立法法则的准则，其准则也就是绝对命令，或具有绝对命令的品格。

在确定了与假言命令相区别的特性之后，再看看绝对命令的其他特性。首先，怎样看待绝对命令与任何特定目的无涉这种规定性？与任何特定目的无涉仅是就绝对命令作为形式而不关涉到质料而言的，但在这里并不意味着服从绝对命令的行为没有目的。康德并不认为遵循绝对命令的行为缺乏目的。从行为的意义上看，康德伦理学认为，人类作为理性行为者，其行为不可能没有目的。没有理性的动物是依本能而行动，作为理性存在者的人，则是依预先意识到的目的而行动。其次，更重要的是，人类的理性能够设立超越于具体目的的普遍法则，这些实践法则指向更普遍、更一般的目的（这个问题涉及实质性的绝对命令，在讨论绝对命令Ⅱ的时候我们再具体论述），行为准则符合实践的普遍法则，也就使得自己的行为从具体目的中超拔出来。然而，超越于具体目的的绝对命令并不意味着普遍性的形式法则没有目的，而是说，它内蕴着一般性的目的。最后，普遍法则能够指明什么目的应当确立，什么目的不应确立。或者说，有了普遍法则，我们就能知道行动的具体目标是否合乎绝对命令的要求。普遍法则或者说绝对命令能够校正我们的具体目标。在这个意义上，涉及绝对命令与假言命令的关系。在技艺性命令或审慎命令的意义上，可以说假言命令在道德上是中性的，但是，如果以绝对命令或普遍法则来检验假言命令的目的，就可知其在道德上是否具有合法性。如医生可用药治病救人，也可用药置人于死地（无辜杀人）。对于不同的目的而言，关于怎样达到这些目的的假言命令是技艺性的，其目的（例如无辜杀人）如果不能通过绝对命令的检验，那么在道德上就没有合法性。

虽然形式的绝对命令并不意味着与实质性的行动意义无关，不过，对于普遍法则或形式的绝对命令的特性，还是应当主要从形式的绝对命令超越于任何经验这一特性上来把握。绝对命令的普遍性只能从其先验性上来理解，这是因为，任何与经验相关或与实质性的目的相关的命令都具有具体的局限性或个别性的特殊性。从本性上看，绝对命令的普遍性必须限定在那种不参照任何欲求的客观意志上。康德说："正是为了那种不顾意志的一切主观差异而使这个德性原则成为意志的形式上的最高规定根据的普遍形式，理性才同时把这个德性原则宣布为一条对一切有理性的存在者而言的法则。"① 康德指出，绝对命令作为实践法则，类似于几何学的公设，它完全是先天的而不是经验的，它被先天地表现为绝对的实践命题，或者说，不从经验中或任何外在的意志中借来某种东西。这之所以可能，是因为实践的普遍法则只涉及形式而不涉及内容或质料，是主观形式的法则。或者说，只有上升到普遍性的准则，也就是普遍法则，才是超越于一切具体目的的法则，从而才是对一切理性存在者有效的法则。

康德对绝对命令有几种表述，如下：

> 我应当毫无例外地以这样的方式行动，按照这一方式，我也能够要求我的准则成为一个普遍的法则。②
>
> 仅按照同时能够要求成为普遍法则的准则去行动。③
>
> 你应当这样行动，即你行动的准则仿佛通过你的意志成为一个普遍的自然法则。④
>
> 我们必须能够要求我们行动的准则成为一个普遍的法则。⑤
>
> 要这样行动，使得你的意志的准则在任何时候都能同时被看作一个普遍立法的原则。⑥

康德在两部重要伦理学著作中对绝对命令的几处表述，大致意思是一样的，即强调

---

① 康德．实践理性批判．北京：人民出版社，2003：42.

② Immanuel Kant. Groundwork of the Metaphysics of Morals//Practical Philosophy. Cambridge：Cambridge University Press，1996：71.

③ 同②73.

④ 同②73.

⑤ 同②75.

⑥ Immanuel Kant. Critique of Practical Reason//Practical Philosophy. Cambridge：Cambridge University Press，1996：164.

你自己的行为准则应当同时可以或能够成为普遍法则，或普遍立法的原则。“可以”或“能够”，在康德那里是 will，也就是意愿或要求。这种意愿或要求，也就是应当。在康德那里，应当包含了可能。对于康德而言，一个行动者合逻辑地可以要求“某件事情”发生，即使那不是行动者自己的行动，如每个人都应遵守承诺。但有些事情是无法要求的，因为根本不可能，如你不可能要求某人同时既在 A 地又不在 A 地。人们合逻辑地要求发生的某事，在康德看来，是对所有理性行为者普遍有效的。一个行为是道德的或符合道德的，那么就意味着，在这个世界上，每个理性行为者都将这个行为的准则看成行为的法则，并应按照这个法则行动。这也就是只有那种能够同时成为普遍法则的行为准则才是行为正当的依据，人们若依据这种准则行事，那么就是道德的。在康德看来，这对于所有理性行为者来说，对于这个世界上的任何行为来说，是没有例外的。

那么，在怎样的情况下，个人准则不可普遍化呢？不可普遍化的问题包括了两种情况：一是如果将某些准则普遍化，对于这个世界本身来说，是自相矛盾的；二是行动者的要求和意志本身包含了自相矛盾的东西。就第一种情况而言，再以康德所举的借钱不还的例子为例。康德所举的是道德领域里的假言命令的例子：如果我没有钱，我就会向朋友借钱，我只要承诺一定还钱就能借到钱，虽然我知道我无法如期还钱。这个例子所隐含的准则是：为了我的需要，我可以许假诺；或者说，出于我的利益考虑，只要许假诺可以行得通，那我就许假诺。康德对于主观准则的检验就是把它转换为一个普遍原则或普遍法则。如果它作为普遍法则能够成立，那么，依据这个准则行事就是道德的；否则，就是不道德的，或在道德上是错误的。就这个例子而言，把它转换成普遍法则：任何人需要钱，都可以许假诺向朋友借钱（因为只有这样能得到钱）。

这样一个类似于普遍法则的“准则”能够成立吗？在康德的普遍法则的意义上，在其中每个人都以这样一个准则行动的世界是不可能存在的。因为按照这个准则行动的世界包含了自相矛盾的东西。首先，假设你第一次因许假诺而得到了钱，但你第二次仍然按照这个准则行事就不可能成功了。在你这里，你的许假诺的实践就不得不终止了。其次，假设这个世界中的一半人对另一半人都按照借钱不还的假诺言来行动，那么，那另一半人可能受骗一次，但受骗第二次的可能性就不大了。最后，假设那另一半人对前一半人以其人之道还治其人之身，既然前一半人已经运用骗术来借钱，即他们明知那另一半人不会还钱，那他们还会把钱借给那另一半人吗？因此，行动者无法要求许假诺的行为准则成为普遍法则。

把康德的这个关于普遍法则的情况给予公式化的表述就是：一个行动是道德的，当且仅当该行动准则能够普遍化，而一个准则能够普遍化，当且仅当每个人都能按照该准则行动。①

个人准则不可普遍化的第二种情况是，行为的准则或行为者的要求本身包括了自相矛盾的东西。如我们还可以设想，这个许假诺的人只是在急需钱的时候才会这样，而且也许他只这样做一次，下次就不再这样做了。如果这样，也就很明显，他明知他自己的

---

① 陈真. 当代西方规范伦理学. 南京：南京师范大学出版社，2006：117.

准则不可能成为普遍法则。如果他因此而得到了甜头，从此到处行骗，即以此为他自己的普遍法则，最终人们识破他而使得他的许假诺的实践不能继续。用康德的话说，人们再也不会相信他所做的承诺保证，而把所有这样的表白都看成欺人之谈。因此，就他本人而言，他的准则和实践本身也是自相矛盾的，也不能将这样一个假诺言的准则普遍化。康德也讲了一个在道德方面自相矛盾的例子。一个人在自己有能力给别人帮助的情况下对他人的苦难处境冷若冰霜。在这时他的想法是我对谁都无所求，也不妒忌谁，因而对于他人的事我一概不闻不问。然而，任何人都不可能从不需要帮助，在他需要帮助的时候，那别人为什么要帮助他呢？如果他人也像他那样行事，那他就得不到任何帮助，因而他的自利行为最终使得自己受害。在这种情况下，他就是自相矛盾的。如果把这种自利行为普遍化，可以得到这样的结果：一方面，我要求每个人都要像我那样行动；另一方面，我又希望在需要帮助的时候有人能够帮助我，即使他不能因此而得到好处。因此，我的要求是自相矛盾的，因而在道德上是错的。针对绝对命令的第二种情况，有的学者提出可逆性标准：一个行动是道德的，当且仅当该行动的准则是可逆的；而一个准则是可逆的，当且仅当行动者愿意每个人都按照其行动。①

康德强调可普遍化准则作为绝对命令的形式，只是涉及形式而不涉及内容（质料），因而是先验的而不涉及经验。然而，当认真考察康德的普遍化标准，即考虑在什么情况下不可普遍化时，康德不仅诉诸逻辑上的不可能，而且诉诸经验，即可以经验证明存在着自相矛盾的情况。并且，在这个意义上的康德义务论具有后果论的特征。许假诺不可普遍化是在后果论的意义上讲的，即许假诺的行为本身导致这种行为没有存在的空间。自利行为的自相矛盾性，同时也可以是在后果论的意义上讲的。当别人需要我们帮助的时候，我们不给予帮助，那当我们需要别人帮助的时候，为什么别人应该帮助我们呢？人类的正义（公正）情感以及仁爱的情感，都具有某种相互性，如果我们的公正情感或仁爱情感得不到应有的回报，就必然会导致某种责备或怨恨。这种责备或怨恨恰恰是后果性的，或是从可逆性上来理解的。

康德明确表示他的绝对命令不同于“你不希望他人那样待你，那你也不应那样待人”的金规。在康德看来，这条基督教的金规既不包括对自己的责任的根据，也不包括对他人的责任的根据，因而不可能成为普遍法则。康德认为，自我责任和对他人所负责任的根据都在于我们能够将我们的准则普遍化，或我们的准则经得起普遍化的检验。但人们仍可认识到这两者有着相似之处。依照金规来判断一个行为的对错，也就是在那样行动时设想一下，当他人处于这样的情况之下，他们会怎样行动，如果你觉得他人会怎样对你，那你也应那样行动。或者从消极的意义上，他人将不那样待你，那你也别那样待他人。这类似于孔子的“己所不欲，勿施于人”。不过，孔子格言的方向是从己出发，而金规的方向则是从他方来设想。如果你能那样设想，那你的行动在道德上就是对的；如果不是，在道德上就是错的。金规强调的是相互性。康德认为，作为行为的普遍法则不可能从相互性的角度来界定。但是，康德的普遍法则同样可以从相互性层面来解读。相互性也可以说是可逆性。康德在《道德形而上学》中讨论“爱人如己”的准则时认

---

① 陈真．当代西方规范伦理学．南京：南京师范大学出版社，2006：118.

为，这样的准则在遵循准则的自由行动关系时获得了普遍立法的地位，而这种普遍立法就体现在“我愿意任何他人都对我有善意，因此，我也应当对每个他人有善意”①。毫无疑义，康德所提出的实质内涵既是相互性的，也是可逆的。实际上，康德在讨论具体原则的可普遍化时，也没有排除这一考虑。康德说：“作为普遍立法者，将我和我之外的所有他人一起，按照平等的原则包括在交互善意的义务之中，并且允许你自己对自己有善意，其条件是：你也对任何他人有善意，因为只有这样，你的准则（行善的准则）才获得普遍立法的资格，一切义务法则都建立在这上面。”② 金规作为道德原则，所强调的是道德主体之间的相互性期待，这种期待是对道德行为的回报性。康德同样以一种相互对待的原理来解释“爱人如己”。我与所有他者的平等相互性或可逆性，也就是康德的普遍法则，或可普遍化法则所包含的要素。康德在其他地方也表示可以将绝对命令理解为上述可逆性原则：如果你诽谤了别人，你就（等于）诽谤了自己；“如果你偷了别人，你就（等于）偷了自己；如果你打了别人，你就（等于）打了自己；如果你杀了别人，你就（等于）杀了自己”③。康德的意思如果以他的普遍法则来看，就意味着：如果你诽谤了别人，那你就不能反对诽谤的准则，也就等于你不反对你自己被诽谤；如果你杀了别人，就等于你赞成杀人的准则，也就等于你不反对你自己被杀，而这正是康德赞成死刑的原因之所在。康德指出，我们在违背责任时，“实际上并不愿意自己的准则成为一条普遍法则，在我们看来也是不可能的，但我们准则的对立面在普遍意义上仍是一条法则”④。我们也许会为自己辩解允许自己有例外，但这实际上是承认了绝对命令的普遍有效性。普遍法则一定是可逆的，也是相互性的。相互性也就是普遍约束性。不过，康德的考虑是，这不是绝对命令的根据之所在，而是普遍法则本身的规定性。换言之，如果以“他人怎么待我，我就怎么待人”这样的相互性规定作为绝对命令，那就等于我们只在有相互性回报的地方讲道德，而我们也可以为我们的不讲道德找到辩护理由。

康德绝对命令的长处在于确立了道德领域里的道德命令的绝对性。这种道德的绝对价值是不能以任何理由来动摇和否定的。绝对命令的这种特性，能够克服功利主义所无法克服的问题。比如，某些不可逾越的道德底线在功利主义那里由于强调后果的最大善而变得可以允许，如杀死无辜，按照行动功利主义的准则，在某些条件下就是道德的。然而，按照康德的普遍法则，只要问你是否愿意你自己被别人无辜杀死，你就可以知道你的行为准则是否可以普遍化；你可以让别人被无辜杀死，但却不让你自己被无辜杀死，你的准则将会自相矛盾，因而是不道德的。如在本书开始部分所写的，在 A 病房有五个患者，这五个病人正等待着器官移植，如果他们找不到合适的供体，他们的生命将会出现危险。在 B 病房有一个健康人正进行体检，假设这个健康人的健康器官正好满足 A 病房五个病人的需要。按照行动功利主义的最大善的准则，这个健康人应当牺牲

---

① 李秋零. 康德著作全集：第 6 卷. 北京：中国人民大学出版社，2007：461.

② 同①462.

③ Theodore Schick, Jr., Vaughn. Doing Philosophy: An Introduction through Experiment. McGraw Hill, 2003: 346.

④ Immanuel Kant. Practical Philosophy. Cambridge: Cambridge University Press, 1996: 75.

他的生命来救这五个人；但是，从康德的绝对命令看，假设这五个患者中的任何一个人是健康人，他们将不会愿意自己成为一个活供体，因为这违反了生命的自然法则。因此，杀死健康人的做法将是严重违反生命的自然原则的行为，因而在道德上是严重错误的。而按照功利主义的原则，得不出这个结论。

对康德绝对命令的误解在于，一是认为绝对命令空洞无物，这是黑格尔对康德的误解。因为康德也说它只涉及形式，不涉及内容。但从许假诺的例子来看，康德的绝对命令绝不是空洞无物。只有能够普遍化的准则才是正当的行为准则，而许假诺的人不可能把他的准则普遍化，将许假诺普遍化的结果是这样的承诺实践不复存在。把康德所说的不涉及内容看成不受经验限制而具有的超越性，就可以理解康德对形式的强调。二是把康德绝对命令的适用范围扩大，如当代伦理学家麦金太尔对康德的批评。他说，如“三月份的星期天不吃淡菜”这样无关宏旨的事情也可以通过康德的检验而成为普遍法则。实际上，康德的技艺性的和审慎的假言命令在道德上并不是不正当的。康德当然没有排除在这些领域里存在着普遍法则，但康德的重点在于强调道德领域里只有绝对命令是合乎道德的。麦金太尔对于康德反对自杀的论证也提出了批评。任何要遵循“在前景中的痛苦大大超过幸福时便自杀”这一准则的人，依康德的检验，是这种人的意愿与所有人的生命的内在倾向相冲突、相矛盾，即与生命的自然法则相冲突。麦金太尔认为，这是一种拙劣的论证，因为这种论证无异于说，那个持有“永远保持短发”这一准则的人与所有人的头发生长本性的冲动相矛盾。麦金太尔的反驳论证是把人的非本质属性的东西与本质属性混为一谈。康德强调人的生命有着一种提高与完善的自然本性，如果在感觉痛苦或前景中的痛苦更严重时就自杀的人是与这一生命本性相冲突、相矛盾的。因此，麦金太尔的批评并没有说服力。

也有人认为，康德的普遍化检验即使在道德领域里，只要把无论什么准则普遍化，这一准则就可以成为绝对命令，即使非道德的准则也是如此。如有人提出，如果人的天性就是说谎，人有说谎的基因，那么，说谎就可以通过康德的检验而成为普遍法则。但康德明确地说到说谎不可能成为一条普遍法则，因为按照这条法则，根本就没有人相信诺言。不道德的准则普遍化将摧毁这种准则，将使它虚无化，因而是不可想象的。说谎的存在类似于逃票乘客搭便车，是因为人们在大多数时候、在大多数场合不说谎，因而才有说谎通行的可能。有人提出“杀死所有的犹太人”可以普遍化而在这个世界上不自相矛盾，并且甚至可以把自己看成犹太人来处死也不自相矛盾，但这实际上违背了康德所提出的生命自然法则。康德强调每一个人保存自己的生命是自己的责任（因此康德反对自杀），既然你必须保存你自己的生命才是符合道德的，那杀害无辜也就必然是错误的。换言之，如果你赞成杀光犹太人，而不赞成你自己被人杀，那这是自相矛盾。因此，从康德的生命自然法则出发，可以这样表述：保全所有人的生命是所有人的责任，犹太人是人，因此，保全犹太人的生命也是我们的责任。认为“杀死所有的犹太人”可以得到康德的普遍化检验，是因为这种认识仅仅看到了康德绝对命令的逻辑形式规则，而没有看到康德提出绝对命令仍然有着实质性的规则背景。相反，即使你赞成自己被人杀，仍然违背了康德的生命自然法则。不过，这里的主要问题在于：谁会甘愿自己被他人随意处死？因此，赞成随意杀死他人的人，与他自己想活下去的意愿是相矛盾的。因而这仍然通不过康德的普遍化检验。康德的普遍化检验是两个方面，一是逻辑的可普遍化，二是意愿的可普遍化。赞成杀死所有他人的人一定愿意自己活下去，因此杀死他人的意愿与自己想活下去的意愿矛盾。这与许假诺的人并不希望别人对他撒谎一样，存在着意愿上的矛盾。现代哲学家海曼（Barbara Herman）提出了一种对于康德可普遍化检验的霍布斯式的解读，即所有人无论何时都将杀死其他人，因为这是促进自我利益的安全有效的方式。海曼认为这个准则可以通过康德的普遍化检验。① 这一准则如果普遍化，无疑将导致霍布斯式的自然状态。霍布斯式的自然状态通行的准则是，自我保存是自然人的唯一生存准则，随时杀死或伤害他人是自我保存的唯一有效手段。这一自然状态是人与人的战争状态。虽然从逻辑上可以形成一个无矛盾的罪恶世界，但它明显不能通过意愿的可普遍化检验，即他自我保存的意愿与不让他人活下去的意愿矛盾，同时也违背了康德对他人的完善责任的要求。康德强调，处心积虑地践踏别人的权利，是把别人的人格仅看作为我所用的工具，因而是不道德的，更不用说以随意杀人来维护自己的利益。许多人提出康德的形式的绝对命令或可普遍化检验（即不自相矛盾因而可成为普遍法则）使得许多无关紧要的东西或道德领域里不道德或罪恶行动所依据的准则都可通过检验，但实际上，这是把康德的逻辑可普遍化检验原理与他的其他原理割裂开来。如果意识到康德的形式的绝对命令或可普遍化检验只是他的整个道德原理中不可分割的一部分，并且必须联系其他原理一起运用才是合理的，就不会出现对康德的形式的绝对命令或可普遍化检验的误解或误用。

第三节　人是目的和目的王国

绝对命令Ⅰ是康德义务论的形式原则，但是，康德的义务论不仅有形式原则，还有实质性原则。如果不把康德的形式原则与实质性原则联系起来考虑，对于康德的形式原则的理解就是不够的。在康德那里，形式原则与实质性原则都是绝对命令。因此，把绝对命令仅仅等同于形式原则也是不够的。形式原则作为绝对命令Ⅰ，那么实质性原则就是绝对命令Ⅱ。同时，康德的绝对命令Ⅱ与康德的目的王国理念又是联系在一起的，在此一并讨论。

一、绝对命令Ⅱ

康德的绝对命令Ⅱ的公式化表述是：

> 你的行动，要把你自己人身中的人性，和其他人身中的人性，在任何时候都同样看作目的，永远不能只看作手段。②

---

① Barbara Herman. The Practice of Moral Judgment. Cambridge, MA: Harvard University Press, 1993: 116-119.

② 康德. 道德形而上学原理. 上海：上海人民出版社，1986：81.

> 每个有理性的存在者都须服从这样的规律，不论是谁在任何时候都不应把自己和他人仅仅当作工具，而应该永远看作自身就是目的。①

康德明确地说到这是对于意志的绝对命令。同样，形式的绝对命令也是对于意志的命令，即对于决定行动选择的意志的命令。那么，是否对于我们的行动或行动选择而言，这样两种绝对命令同时有效？如果是同时有效，那么这两者之间是一种怎样的关系？

应当说，对于我们行动的意志而言，这两者是同时有效的。这是因为，在康德那里，形式命令的实质性内容是为实质性的绝对命令所表述的，并且，实质性的绝对命令就是形式命令的依据。形式的绝对命令对于一切有理性的存在者而言，都是普遍适用的。对所有理性存在者都是必然的法则是如何可能成为一种普遍法则的？康德的回答是，因为它不受任何主体的主观动机目的（冲动或爱好等）的影响。形式的绝对命令是理性为自己所确立的行动的客观根据，又可被称为意志的客观动机或客观目的。那么，理性的法则与意志之间的关系是怎样建立起来的？康德告诉我们，意志作为自我决定的客观理由的东西就是目的。在康德看来，任何行动都包含一个目的，没有目的，就没有行动。目的是客观的还是主观的，取决于它是为理性所决定还是不为理性而为爱好、冲动等因素所决定。一个被有理性的存在者随意选为结果的目的，或者从主体自身的爱好或冲动出发的目的，不可能具有普遍性。它只是与主体的某一特殊欲求相联系，只在这个意义上它才有价值，但这种价值不能为一切有理性的存在者提供普遍必然的行动原则。

形式的绝对命令超越了这种特殊性而具有普遍必然性，它是人为理性所指导而采取的行动。然而，它并不是与人的行动的任何目的不相关的。形式的绝对命令也就是准则的可普遍化，准则的可普遍化检验只是决定个人的行为准则能或者不能成为普遍法则。因此，就形式的绝对命令而言，它绝不是从目的上为人们的行动提供充分的理由。就此而论，首先，对绝对命令的服从如果要求准则的立法形式具有某种明确的价值，那这种要求就超出了通过对可普遍化检验的要求。其次，准则的可普遍化本身并没有消除准则所服务的行动原本就具有的目的性，只是这种目的是具体的目的，它不是行为道德性的依据。是否可普遍化是对行动所依据的准则是道德、非道德（与道德无关）和不道德的一种检验。只有符合检验的准则才是其道德性的确定依据。换言之，我们不应把形式的绝对命令与实际的行为准则区分开，实际的行为准则仍然是行为所依据的准则。

那种能够通过可普遍化检验因而能够成为绝对命令的准则，其道德性在于它们体现了责任或对责任的敬重。我们如果在违背责任时细心体察，就会发现，实际上我们并不愿意自己的准则成为普遍准则。有不同的责任，也有不同类型的责任，然而，全部责任的约束力在类型上都服从同一个原则，而不是在行为的外在对象意义上服从同一个原则。这个原则就是普遍立法原则或法则。很明显，在这类对道德责任具有促进的行为的意义上，为道德的动机所推动的人必然具有一个目的。这个目的是在那种具体责任意义

① 康德．道德形而上学原理．上海：上海人民出版社，1986：86.

上的目的。这种具体责任意义上的目的，有出于责任和符合责任这样两种。按照康德的观点，即使是这种出于责任的具体行为目的，也不是评价这种行为的依据，因为出于责任也就是不考虑行为的后果或目的。康德反复强调不依赖于经验的、在经验之外的自由意志，以单纯的立法形式作为其充足动机理由，所强调的就是这一点。

在康德看来，出于责任的行为不仅具有具体的外在目的，而且具有超越于具体目的之上的一般性目的，或内在具有一般性目的。所有那些出于责任的行为本身都服从于同一个原则，同时也都符合或体现了那种普遍义务意义上的目的，这是实践理性的目的，也是客观必然意义上的目的。这个目的不是别的，正是作为人的责任；或作为人所应有的责任，这个责任不是别的，就是对人的尊重。康德说："如若有一种东西，它的存在本身具有绝对价值，它作为目的本身能成为一确定法则的根据。在这种东西身上，只有在这样的东西身上，才能找到绝对命令的根据、实践法则的根据。"① 形式的绝对命令并非没有根据，这个根据只能在那作为目的本身（end in itself）而具有绝对价值的东西那里。绝对价值是相对于相对价值而言的，目的本身具有绝对价值，是作为自在目的而不是手段而具有价值。手段的价值是相对价值，只有目的本身——一切其他目的都为着它的存在者——才具有绝对价值。这样一种能够作为目的本身而具有绝对价值的东西，不是别的，就是人本身；或者说，只有人或人性，才可以作为目的自在地成为确定法则的根据。普遍必然性的形式命令（绝对命令）内在蕴含一种至上的或终极性的目的，这个目的不是别的，就是人性，或人本身。任何一个人，更一般地说，任何一个有理性的存在者的存在本身就是目的，具有绝对价值；而那些没有理性的存在者只有作为工具存在的相对价值，一般被称作物或东西。有理性的存在者被称作人，因为他们的本性已经使得他们自身作为目的而存在。

这里的明显矛盾在于，康德所提出的善良意志之所以善良，不在于它的后果，不在于它的目的，而在于它本身就是自在的善良。从这个意义上看，人们可以认为，善良意志和形式的绝对命令不包含目的论的解释。但认真地考察就会发现，善良意志为一个目的所推动与它的善不在于在产生任何目的方面的有用性并不矛盾。"康德所要否定的是，善良意志的善良或行为的道德价值来自对行动所要获得的东西的欲求或行为的目标所在的目的。我们将认识到，善良意志的动机性目的既不是其目标所在的目的，也不是因作为行为理由所欲求而有其价值的目的。"② 这里谈了三种目的：动机性目的、作为目标的目的和作为行动理由而有其价值的目的。后两者可以被看作一个目的，即实现意义上的目的，它与动机性目的不同。动机性目的即善良意志的动机性，是指向行为者内部的，后两者则是在行为外在指向意义上的，即它们指向的是行为者之外的对象。我们分析一下之前所举的青年军医大学学生张华救人牺牲自己的例子。如果从功利主义的价值来看，青年张华的生命无疑比一个年近花甲的老农的生命更有价值。从实现的目的来评价，我们可能会得出一个否定性的评价；但从救人的动机来看，这无疑是善良意志的体现。也就是说，动机的善良虽然也可以带来后果的善良，但评价动机不是从后果目的的

---

① Immanuel Kant. Practical Philosophy. Cambridge：Cambridge University Press，1996：78.

② Allen Wood. Kant's Ethical Thought. Cambridge：Cambridge University Press，1999：112.

意义上而是从动机目的本身来看。在这个意义上，一个行为有它之所以发生的具体目的，但从善良意志的善性或道德价值来看，它超出了这个具体目的。善良意志的道德价值可以从一种更为一般的目的上得到解读。青年大学生张华看到老农有生命危险就跳进粪坑去救老农，他所听从的是生命的价值高于一切的绝对命令，而没有考虑自己是否会有危险。

还有一个明显的矛盾是在《实践理性批判》中将形式原则与质料原则相区分，形式原则的决定性理由唯一地在于行为者的准则的立法形式，质料原则的决定性理由在于行为的目的，它是经验性的，属于自己的幸福原则。不过，如果考虑到形式原则在康德伦理学中的中心地位，就可以理解康德对其特征的强调。但康德在提出有理性的存在者从理性上服从形式原则的理由时，就需要从动机上提出服从绝对命令的理由，而这个理由就不能不涉及目的。因此，形式的绝对命令本身同样可以有某种具有绝对价值的东西作为它的依据，这种具有绝对价值的东西可以作为形式的绝对命令的目的而存在。

康德的论点是，人性，或人，一般而言每一个有理性的存在者，是形式的绝对命令的客观理由。康德所说的是，它具有绝对价值，作为目的本身能成为普遍法则的依据。因此，这里涉及怎样看待康德所说的人或人性作为绝对的终极价值或目的本身的意义。它包含这样三种相区分的价值观念：

第一，目的本身（end in itself，或自在目的）。目的本身或自在目的与相对目的相区别。所谓相对目的，是与主观欲望相关的，因而是有条件的，其价值是相对的。相对目的依赖于不同行动主体的爱好或倾向，因而是多样性的，从一个主体到另一个主体都是不同的，因而其价值是相对的。自在目的则不同，它是无条件的、客观的、对于所有有理性的存在者而言都是有效的；它与行动主体的欲望无关，因而可能对行为者具有约束作用，能够成为确定法则的理由。与自在目的或目的本身概念相接近的，是已存在的目的（existent end）的概念或存在者本身是一个目的（ existence is in itself an end）。在康德伦理学中，有两种目的，一是由于行动者所带来或引起的可追求的目的，二是存在的东西本身就值得尊重、值得保存和值得继续存在下去。前者是受到行动者的活动影响或存在于行动者的观念中的目的，它成为现实或在现实中呈现需要行动者的努力；后者则已经存在，它的存在可作为行动者的目的。从积极的方面看，如我们的自我保存或身体健康等；从消极的方面看，则是为了存在的某种东西（作为目的）而避免做什么，如为了健康而不吸烟等。

第二，绝对价值。康德把自在的目的看成具有绝对价值。所谓绝对价值是与相对价值相对应的，即不是那种相对目的所具有的相对价值。目的本身的绝对价值，或者说，具有绝对价值的目的，是超越了相对价值目的的目的。一般而言，只有在终极性目的的意义上，才可使用绝对价值这一概念。人类的每一个行动都有目的，在这个意义上，可以把人类的所有活动、所有行动都看成服从一个目的体系，在这个目的体系中，有一个目的可作为终极性目的，其他目的都为着这个终极性目的，因而其他目的都具有相对价值，而只有这个目的具有终极价值。这个目的不是别的，就是人或人性。在这个意义上，康德的伦理学是不需要预设一个上帝的，或者说，没有上帝的位置。如果有，那也只因他具有理性，因而与人具有同样的值得尊重的价值。康德在谈到尊严时也谈到了绝对价值，即尊严是不可以用市场的价格来衡量的无价物，或者说，尊严具有绝对价值。在尊严意义上的绝对价值是指尊严的价值不可用市场化尺度来衡量。尊严之所以具有绝对价值，是因为尊严是人格的体现。对人的尊重，把人尊为目的也就包含着对尊严的尊重。

第三，人性。康德的形式的绝对命令的确定性根据是人性，或者说，是把人性或人作为尊重的对象。从这个观点来看，所有行为表达了行为者对人性的态度，而具有道德善性的行为表达了对人性尊重的态度，把人性尊为一个目的。把人性尊为目的，也就是把人性本身作为一个存在的目的。就康德的人性观而言，人的本性（human nature）概念包括了三个层次的内容：生命（或动物性）、人性（humanity）和人格。生命是作为人而存在的每一个存在者所有的生命有机体，它是自我保存的基本本能冲动的物质基础。这些本能冲动被康德称为"机制性的自爱"，它是非理性的或前理性的，但却是维持我们的生存和种族延续所必需的。人格的概念在康德那里所表达的，是与对道德法则的尊重的理性能力相等同的。没有理性，或者没有道德理性，也就没有人格，我们正因为有理性，才有对道德法则的尊重，因此，理性是人格的基础。人格又体现在行为出于责任或把道德法则看作意志的充分动机。人通过理性或人因为有理性而能够把道德法则给予他自己，康德把这叫作人的自我立法。人的自我立法，就是人格的体现。人的自我立法，也就是人的自主性。尊严也是人格的重要内涵，它体现了一个人的自尊或自尊的需要。从康德的伦理学观点来看，尊严来自人对道德法则的尊重。因此，自尊的需要从人格上看，是道德理性赋予人本身的。值得指出的是，康德不仅把尊严看成为道德人格所决定的人所具有的一个属性，而且认为人因具有选择和决定目的的理性能力的人性而具有尊严，而不论其道德品性是好或坏。

人性包括我们所有的理性能力，而不仅仅是道德能力。康德从能力上理解人性概念，在他看来，人性是通过理性确立目的的能力。康德说："把他自己确立为目的的能力是人性的特征，这是与动物性相区分的特征。因此，在我们自己的人身中，理性意志是与人性的目的联系在一起的，其结果是，一般而言，借着文化，可很好地配享人性的责任；并且，就这个能力应当在人那里发现而言，应当获得和促进实现各种目的的能力。"① 康德强调，选择、欲求、评价和确立各种目的的能力是人性的能力，这种人性的能力是文化所培育的。人与动物相区别的特征是，在人的行动中，是实践理性而不是本能具有决定性的作用。不过，在人性中，实践理性从属于其他的本能，即实践理性的"假言性"使用，如发现工具，比较各种不同的目的与工具。这些目的不仅包括与道德法则相一致的目的，还包括个人幸福方面的其他责任的目的，合理性的或比较性的自爱。总之，通过理性确立目的的能力构成了我们的人性。康德在《实用人类学》中，把人性的这种倾向称为"技术性倾向"和"实用性倾向"。技术性倾向包括那些对可达到我们目的的东西的支配意识和理性能力，这里涉及所有通过学习获得的技能、艺术以及属于审慎的命令之列的审慎能力。实用性倾向在康德这里是较前者更高一些的倾向。它不仅能够使我们确立目的，而且能够使我们比较这些目的，并把它们组织为一个系统而不矛盾。人性的这些方面涉及的是形成我们自己的幸福观念的方面和把我们的幸福作为

---

① Immanuel Kant. Practical Philosophy. Cambridge：Cambridge University Press，1996：522.

一个整体来对待的能力。同时，人性的这些方面由于涉及理性指导下的行动，因而也就涉及选择的自由，以及对自我的认同和尊重。这种自由以及对自我的尊重作为一种能力而存在，表明人能够对于当下的欲望和冲动进行控制与自我调节。在康德这里，自由不仅在于积极方面的做什么，而且在于消极方面的不做什么。

在康德的理论中，人性与人格仍然有内在的联系。人性的完善，或者我们的目的完全为理性所决定，我们的意志完全响应我们道德的本能，这样的人性就变成了人格。在康德看来，人的感性爱好倾向与人的理性在人性中有相互结合的一面，但在道德领域则是一相对的倾向。感性爱好为行为提供了某种虚假的充足理由，它是人的本性中恶的倾向，是人达于至善的障碍。如果在人的意志中，这种恶的倾向能够得到理性的控制，那么，这种使人向善的障碍就可以被克服，并因此而至于善与德性。实际上，在《实践理性批判》中，一个人自己的人性和人格被说成同一个东西。① 不过，总的来看，康德对人性概念的界定还是很清楚的，即人性是人依据理性欲求、选择和确立目的的能力。在人性正常水平或成熟的社会成员的水平意义上，人能够在理性的作用下确立什么东西是可欲求的，什么东西是值得欲求的和应当追求的。

在人的本性的三个层次中，康德把人格看得最为崇高和纯粹。然而，为什么作为自在目的或目的本身的不是人格而是人性或人的存在本身？人格较之人性是一较高的层次，并且其意义主要在于道德价值。那么，康德把形式的绝对命令的依据确立在人性或人的存在本身的意义又在哪里？

首先，康德把人性和人的存在本身看成自在目的或目的本身，其实质性的意义在于康德对理性的强调。实际上，是整个理性构成了这样一个目的。康德设置这样一个目的在于确立理性的特殊地位。并且，康德强调的是全部理性，而不仅仅是与道德立法相关的实践理性。其次，就行为者服从道德法则或作为有德者而言，不能仅就有理性的行为者是服从道德法则的或有德的就把他们看作目的本身。有理性的行为者服从道德法则或作为一个有道德的行动者，所指的只是实践理性或道德法则对他们的约束力。然而，绝对命令应当对于所有有理性的存在者都具有约束力，而不论他们是否已经在行动上遵循道德法则。最后，人因具有理性，因而作为存在的目的本身而存在。在康德伦理学中，最基本的命题是理性具有至高的价值，它是任何类似于人类这样的存在者具有价值的理由或基础，如果它具有的话。把绝对命令的基础放在人性的价值上，康德所强调的是通过理性欲求、选择和确立目的的能力，而无论拥有这一理性的存在者的意志是善的还是恶的。在这个意义上，绝对命令就有了一个客观的基础。即使有理性的存在者还没有依据绝对命令来行动，他内在具有的遵循绝对命令的潜在能力也值得我们把他确立为或尊为一个目的或目的本身。同时，康德的这一自在目的或目的本身的思想不仅是指人类，而且是指所有有理性的存在者，也就是说，把有理性的存在者尊为一个目的，可以扩展到人类之外，或者说，实际上扩展到了人类之外。

---

① 康德说："在这个目的秩序中，人（与他一起每一个有理性的存在者）就是自在的目的本身，亦即他永远不能被某个人（甚至不能被上帝）单纯用作手段而不是在此同时自身又是目的，所以在我们人格中的人性对我们来说本身必定是神圣的。"（康德. 实践理性批判. 北京：人民出版社，2003：180）

为何拥有确立自己的目的的理性就足以使得人性成为形式的绝对命令的目的或自在目的？这是因为，人性所体现的选择、确立目的的能力，也就是只有人能够理性地知道什么对人是善或好，客观善的目的是理性所确立的。康德认为人是依据目的而行动的存在者。人所确立的目的，从理性上看，是善的目的而不是别的。正如亚里士多德所说的，人类的一切活动、一切探求目的都指向善。但并非所有的目的对行为者或当事人都是好的。那么，什么样的目的对人而言是好的或善的？康德告诉我们，理性能够进行选择或做出决定，虽然理性也可能犯错误，但除了理性，我们没有别的保障。那么，我们的目的之善来自何处？或者说，目的之善与恶的性质是由什么决定的？是外在的目的本身还是理性？对于目的之善，有两种看法。一种说善是这个世界上真正存在的某种东西，它是客观的，它对我们的行动而言是一种真正的实践权威，善本身必然为我们的行动提供某种理由。这是一种外在论的观点。另一种说善是相对于我们的精神或意志而言的，因而善是主观的；善可以成为我们行动的理由，但它取决于我们的态度或精神状态，是我们的精神态度使我们的行动趋向善。这是一种内在论的观点。康德的观点是，善是客观的规定性，但不是外在的客观规定性，而是来自理性意志。康德认为意志规定的客观性来自确立客观价值的理性能力。理性意志规定善的客观性，而不是规定善的主观性，理性意志不是善的东西的来源，而是事物之善的事实的规定者。理性能够选择或决定什么目的是善的，这并不意味着善或恶是外在于理性的东西，而恰恰表明，理性本身的特性使得我们能够知道什么是善或恶。理性本身是事物之善与恶的确定者，外在的善与恶体现了理性意志的规定性。这个世界本来无所谓善或恶，是我们的理性意志发现、甄别出对于我们而言的善或恶。如同我们在海中航行，如果没有航标，我们就不知道我们将驶向何处。康德强调善良意志是无条件的善良，是其他一切东西的条件，就蕴含了这个意义。

如果我们把善看作我们的理性所确立的目的，那么我们就没有理由不尊重我们自己的理性。如果没有一种善的目的是理性所确立的，那么理性或理性能力就是我们尊重的最基本目标。理性或理性能力是我们人性的体现，或者说，正是在我们的人性中见到了我们的理性，那么，也就没有理由不把我们的人性或我们的存在本身作为目的来尊重。每一个有理性的存在者都把他的存在作为目的来尊重，来自同样的合理的理由。因此，把人性或人的存在本身尊为目的或自在目的，作为一个客观目的，对于所有有理性的存在者而言都是有效的。换言之，所有有理性的存在者不仅把他们自己而且把所有其他人都尊为目的或自在目的，这也就是康德的绝对命令：每个人应把自己和他人，永远作为目的，而不仅仅作为手段。

二、目的王国

如果每个人都把自己和他人作为目的或自在目的来看待，而不仅仅作为手段，那么，康德认为，这样就产生了一个由普遍法则约束起来的目的王国。目的王国概念是绝对命令Ⅱ的逻辑推演，然而却包含十分丰富的理论内涵。首先，是尊严、平等；其次，每个人作为目的王国的成员，他所服从的是他自己。

把每个有理性的存在者都尊为目的而不仅仅作为手段所包含的意义是，人或他的人性有着绝对价值。同时，把每个有理性的存在者都尊为目的本身或自在目的，同样也包含这样的意思：每个有理性的存在者都是平等的。我们在把人尊为目的来看待的时候，是不管他的道德品性、道德地位或道德境界的高低而一律给予尊重或承认他所具有的绝对价值。这个绝对价值就是人性或人格所具有的价值。一个道德品性高尚者的人格或人性价值与一个道德品性恶劣者的人格或人性价值是平等的，都具有尊严性，因而是不可被剥夺的。我们可以剥夺一个罪犯的公民权、政治权利，但不可不尊重他的尊严或自尊。因为，一个人的尊严不仅来自他（在康德的人格意义上）的道德人格，而且来自他的人性，或他拥有的潜在的能够正确确定善恶的理性能力。

对于一个人的价值可以从不同的层次、不同的方面来看待。如一个人在不同的工作领域里的价值，一个人作为某种职业人员的价值，作为一个政治家的价值等，这些都是相对价值。在这些层面或方面的价值是一种可比较的价值，是一种有高低之分的价值。同时，一个人在道德修养方面所达到的不同境界，也可以被看作具有不同的价值。在康德看来，这些都是人所有的相对价值。相对价值可大可小，甚至为负值。人不仅有相对价值，同时还有绝对价值，绝对价值是不具可比性的价值。康德告诉我们，理性的价值或理性能力的价值是绝对的，是目的本身。或者说，人性的价值是绝对价值。在康德这里，尊严也是绝对价值。我们“对一个人的判断必须仅仅依什么构成了他的绝对价值来进行”①，这就是人性的价值或尊严的价值。康德坚持认为，即使是一个最坏的人也有尊严，同样值得任何人尊重。因此，即使是最坏的人，也应享有最低限度的尊重。为什么？因为他拥有人性或潜在的决定目的的理性能力。这不是他通过他的好的品行或他的职业努力为自己挣来的（这只决定他的相对价值），而是他作为人类的一员、拥有人所具有的人性因而有的尊严与价值。

对于任何一个人而言，有不同种类的价值，而只有人性尊严或人格尊严，在所有人那里或所有有理性的存在者那里是平等的或同等的。尊严、平等意味着应当扫除所有那些使人不成为人、使人屈辱、使人丧失尊严的社会条件。那些不同种类的价值或人所具有的社会价值或自我价值，虽然可能造成人与人之间的社会差别，但那绝不是使人丧失人所具有的尊严的条件或理由。一个社会只有能够使人的尊严充分得到实现，才是使人能够生存下去和值得生存下去的社会。在人类的历史长河中，任何历史时期都可能存在着使人的社会价值或道德行为价值得不到体现或实现的社会环境因素，但只要人的尊严能够得到保障，这个社会也就不会使人们失去生存的意义。即使不平等的社会条件使人的自我价值得不到实现，人的才华得不到尊重甚至被埋没，但只要有尊严，就有了最低的也是最值得珍惜的生存条件。

康德认为人的尊严或对尊严的承认不以人的差别或相对价值的差别为前提，从而在道德上给予每一个人平等的基础和前提。康德对人的尊重或人性尊严的强调内在深蕴的是，人或人性是最高目的。因此，普遍形式的法则或立法并非没有目的，它的一切目的就是主体人。由此得出他的实践意志的第三项重要原则：“作为自己和全部普遍实践理性相协调的最高条件，每个有理性存在者的意志的观念都是普遍立法意志的观念。”②

① Immanuel Kant. Practical Philosophy. Cambridge：Cambridge University Press，1996：88.

② 同①81.

康德强调，人之所以服从法则，不是由于法则具有某种绝对性或外在性，而恰恰是由于法则是由人自己确立的，或由于人自己就是立法者。由于这个法则是人自己制定的，所以人才必须服从。人或人性是最高目的，也就意味着人所服从的是人自己，而不是别的什么；同时也不意味着我们所服从的是他人的违背我们意志的命令，而只意味着我们服从的是我们自己。那么，怎么理解在人的关系中我们所服从的是我们自己呢？康德认为，这体现在我们任何一个人只能合理地服从的是作为普遍意志的立法观念，或普遍立法意志所产生的立法。

康德把每个人看作立法者，人为自己立法。那么，这是在什么意义上的立法呢？首先，这里我们还是要从普遍立法意义上的立法观念这一角度来认识。也就是说，康德虽然说我们人人都是立法者，即我们的行为规则都是我们自己确定的，但这并不是说我们可以任意地为自己立法。其次，普遍立法意义上的立法观念，也并不是说个人可以任意决定自己遵循哪个道德原则或不遵循哪个道德原则，而是说人作为有理性的存在者，他可以使自己的行为遵从普遍立法，而自己的意志应当是普遍立法的意志。最后，从普遍立法意义上讲的立法，虽然康德讲人人都是立法者，然而，他更多的是从人作为理性存在者的本体意义上讲的。康德讲自然现象界与本体的道德世界的区别，强调人的自由，这个自由也就是人作为自主主体的意志自由。立法自由或服从自我立法的自由是作为有理性的存在者的本体自由。

从普遍立法意志的视角，我们可以更好地解释形式的绝对命令。如在出于责任的行动中，能够排除一切自我关切，无条件地服从绝对命令，这是作为普遍立法的意志，在每个有理性的存在者的观念中完成的工作。有理性的存在者能够只按照绝对命令而不按照假言命令来行动，不以任何自私的或有顾虑的关切来行动，而只从普遍立法的观念出发，这是有理性的存在者自己给自己的命令。如果把意志服从普遍法则看作出于对其他自私问题的考虑，那么这种意志本身就没有独立性。因为这种意志本身仍需要另一种准则，以便把对自我的关切限制在与普遍法则相适合的条件之下。然而，康德认为，这种人从来就没有承担过什么责任，他的行为只不过是出于关切的必然性而已。康德说，人们通过责任而被法则约束，但没有想到他们所服从的法则是他们自己制定的，并且是普遍法则；没有想到自己之所以受约束，只是由于必须按照其自然目的就是普遍立法的、自身所固有的意志而行动。人们的行动命令总是有条件的，而不是无条件的，不足以成为道德的命令。因此，人为自我立法，自己规定自己的行动法则，而不外求。人所立法则，除了普遍法则，没有别的。这类法则是人自己的意志产生出来的，人的意志不为另外的东西所迫使。康德说，这就是自主性（autonomy），也就是自律，而它的反面就是他律。

目的王国是一个普遍立法的王国，所谓“王国”，是一个“通过共同立法因而不同的有理性的存在者成为一个系统的统一体”①。目的的普遍有效是由法则确立的，如果抽象掉有理性的存在者之间的个体差别，又抽象掉他们之间的私人目的，那么，就有可能设想所有有理性的存在者在相互联系中的有系统的目的，产生由普遍客观法则约束的

---

① Immanuel Kant. Practical Philosophy. Cambridge：Cambridge University Press，1996：83.

有理性的存在者的目的体系。这些目的不仅是相互一致、和谐共存的，而且是相互支持的。它们是有机统一的，因而这些目的可以一同追求。这个目的体系的最高目的或共同目的就是一个，那就是把理性存在者自身尊为目的。目的王国的这个目的体系都可以以人是目的而不仅仅是手段来解释或辩护。因此，这个目的王国不仅尊重那约束着所有有理性的存在者的普遍道德法则，而且同样把理性存在者作为至上的有绝对价值的目的来尊重。正如康德所说："由于所有有理性的存在者都服从这一法则，因而他们中的每一个人都不仅仅把他们自己和他人作为手段，而是同时永远作为目的。这样就产生了由普遍客观法则约束起来的有理性的存在者的系统的结合，产生了一个目的王国。由于这些法则作为它们的目的所有的恰恰是作为目的和手段的它们的相互关系，因而这样一个王国能够称为目的王国（无疑仅仅作为一种理想）。"① 在人与人的相互关系中，把人尊为目的也就是承认人的绝对价值，而不仅仅具有某种手段价值。即使是在作为某种手段价值时，也要永远把人尊为目的，作为目的来对待。

是什么普遍性的条件使得这样一种王国能够存在？康德认为，是有理性的存在者的道德，或普遍的道德状况。他说："道德和全部立法活动是不能分开的，而只有通过这种活动目的王国才成为可能。每一个有理性的存在者都被赋有立法能力，法则只能出于他的意志。他的原则就是，任何时候都要按照与普遍法则相一致的准则行动，所以只能是他的意志同时通过准则来普遍立法。"② 目的王国与普遍立法相关，普遍立法又与道德活动不可分割。在康德看来，存在着两个世界，一是服从道德法则的世界，二是服从自然因果律的自然世界。有理性的存在者生活于其中的世界是一个规范性的世界，这个世界的法则是为理智或理性所确立的，规范性的世界也是一个道德的世界或道德生活的世界。道德世界是一个与自然世界有本质区别的世界。在道德世界中，是人为自己立法，即道德律；在自然世界中，是服从自然的因果律，即自然律。人为自己立法，不仅仅是说，有理性的存在者能够为自己确立行为的法则，这种道德法则并不是自然界中本来就有的，而是人为自己确立的；同时也是说，每个有理性的存在者所服从的准则是能够成为普遍法则的准则，只有那种同时能够成为普遍法则的行为准则才具有普遍合法性，或者说，具有理性的普遍性。

从形式的绝对命令的普遍有效性到人是目的而不仅仅是手段的实质性的绝对命令，康德进而提出了人是立法者的概念。法则不来自别处，不是外在强加给人的。人为普遍法则所约束，然而同时，这些普遍法则恰恰是人自己为自己确立的。理性立法就是作为有理性的存在者的人为自己立法。那么，有理性的存在者或者说人为何能够确立自己的行为准则或普遍法则呢？在康德看来，是因为人具有自主性，或人的实践理性给予人的意志自主性。人因为是自由的，所以才能为自己立法。因此，以普遍立法为前提的目的王国就必然涉及人的自主性，即人人都是立法者，不仅作为目的王国的成员而存在，而且作为目的王国的首脑而存在。有自主性的人类存在者在目的王国所服从的法则，不是他人或异己的意志所加之于他的法则，而是他的意志为自我立法。

① Immanuel Kant. Practical Philosophy. Cambridge：Cambridge University Press，1996：83.
② 同①84.

自主性概念是康德所创立的道德哲学领域里最为重要的概念。目的王国不仅是一个平等的王国，一个人人作为有理性的存在者而受到尊重的王国，而且是一个自由的王国。在康德的伦理学中，自由的核心概念就是个人自主性的概念。从消极意义上看，自由或自主就是不受外在法则或人为的强制。如果人类的活动像自然界所发生的事件那样，只能得到因果律的解释，仅仅服从外在的因果律的规定性，那人类就没有自由；如果人类的活动完全受到他人的意志规定，没有选择的余地，没有自主性，屈从于他人的意志或强制，同样人类也没有自由。奴隶制下的奴隶之所以没有自由，就在于他们的意志受到奴隶主的支配。从积极意义上看，自主性概念是个人或有理性的存在者自我做主，能够在自己将要努力实现的行动目标前有自我选择和自我决定的权利，并且有自我承担责任的能力。自由与善的内在统一在于理性的决定能力，同时也在于理性能够把具有普遍法则意义的行为准则作为自己的行为法则。

从有理性的存在者个体自身来看，人类自由的起因在于意志自由，或者说首先由于自由意志的存在，才有人类自由的存在。假设有理性的存在者类似于没有意志的自然界的存在物，我们就不可能谈论自由问题。

其次，自由又不仅在于人的意志摆脱了外在控制的自主性，而且在于人的意志能够与普遍法则相一致或相符合。黑格尔批评康德仅仅把自由限于人类的意志领域，他认为在意志领域里，人既有希求普遍性的可能性，也有把自己的特殊性内容作为行为原则并加以实现的可能性，前者即为自由与善，后者则为不自由与恶。因此，自由只有展现于外在的社会领域，与外在社会的普遍性一致，才能实现自由与善。只有在外在的社会领域得到实现，自由才是现实的自由。实际上，康德形式的绝对命令并非仅仅限于自我的意志领域，而是诉诸普遍有效性。因此，自主性的意志自由又不仅是从起因意义上看待的自由，而且是从理性意志能够把自己的行动准则与普遍要求相符合的意义上看待的自由。

人的意志与普遍法则的一致，又体现在理性对欲望的支配上，即人不仅能够摆脱外在的支配，不受外在的某种因素的支配，同时也能够不受感性欲求的支配，而以自己的理性来支配自身，或自我主宰。前者是所谓“消极的自由”，后者是所谓“积极的自由”。这是说，在不受外在支配的同时，还必须能够理性地支配自我。一个缺乏自我调节能力或理性支配能力的人，仅仅摆脱了外在的支配，仍然没有自由。这种自我控制或者说自我主宰，又可以说是自律。人的自主与自律是内在相关的，自主不仅在于自我做主，而且在于自我约束。康德提出的人的意志与普遍法则的一致，内在包含了这个意义。真正能够自主的人，不是任意地自我做主，而是具有审慎行动的能力、对自我高度信赖的人。

人类的自由同时体现在把人或人性看成绝对价值或终极目的的意义。目的王国是一个人人都把自己和他人看成目的的王国，即使在人们的相互关系中有互为手段的一面，但任何人在对待他人的时候，都应永远把他人尊为目的，这也就意味着人的尊严的实现和人的自由的实现。一个人人不受屈辱的社会，也就是一个实现了人的自由的社会。当然，康德提出他的目的王国的理念，是把这一理念作为理想来提出的。康德意识到，这尽管是理性事实，但对于人类的现实来说，仍是一个有待追求的理想。

参考书目

康德．道德形而上学原理．上海：上海人民出版社，1986．
康德．实践理性批判．北京：人民出版社，2003．
李泽厚．批判哲学的批判．北京：人民出版社，1979．

思考题

1．试论康德的责任伦理。
2．试论康德的形式的绝对命令。
3．试论人是目的而不仅仅是手段这个命题的意义。
4．试论康德的自主性概念。

第八章

罗斯的义务论

康德的义务论以责任为中心，强调道德命令的绝对性。康德以可普遍化来检验一个行为准则的正当合法性，即如果一个行为所遵循的准则不能够普遍化，那么，就意味着这个行为本身在道德上不是正当合理的，或者在道德上是错误的。然而，在许多伦理学家看来，在实际生活中，有许多情况可能都不符合康德的可普遍化检验，任何原则都可能有例外，但并不意味着那在道德上一定就是错的。因而，康德的义务论对于人的行为要求过高，同时也并不一定符合道德生活的实际情况。但这就意味着康德的义务论错了吗？不是错了，而是存在不足。许多当代义务论伦理学家认为，康德的义务论强调责任的重要性，但康德的普遍化检验可能是一个太高的要求。因此，如果要坚持康德的义务论方向，那么就要回答康德义务论所没有回答的难题。

罗斯（Willian D. Ross，1877—1971）是当代最重要的义务论伦理学家之一。罗斯提出的自明义务论，是当代义务论的重要理论之一。在罗斯之前的义务论伦理学家和功利主义的伦理学家，尽管他们之间有很大的区别，但他们的共同之处在于，他们都试图为道德提供一个唯一的一元性的标准。康德以可普遍化的形式标准或可普遍化的检验为人们的行动提供道德标准，功利主义把最大多数人的最大幸福或行动的功利后果看作行为善恶的标准。功利主义的标准无法回答以侵犯无辜者的权利如生命权来换取多数人的生存的道德难题。康德的义务论标准可以很好地回答这个问题。然而，康德的严格义务论回答不了人们在一定的情形下可以有例外的问题，如善意的谎言。或者说，当人们说出真实情形可能是对人的伤害时，则善意的谎言应是允许的。因此，在这个意义上，似乎应当有其他的标准来解决这类问题。或者是否在一元的标准之外，还应有其他多元的标准？罗斯的自明义务论，就在于解决这样的问题。

第一节　直觉主义与自明的义务

罗斯义务论的哲学基础是直觉主义。罗斯强调义务的自明性（prima facie），也就是强调对于义务把握的直觉性。直觉主义在西方近代以来的伦理学中，有一个十分悠久的传统。现代伦理学的开创性人物摩尔，也是重要的直觉主义伦理学家。直觉主义伦理学在现当代西方伦理学中有很重要的影响。为了理解直觉主义的地位和影响力，我们简要地追述一下近代以来的直觉主义的演变与发展。

一、直觉主义的传统

人们的判断，无论是认知判断还是道德判断，一般可分为理性判断和直觉判断。理性判断是一种推理判断，包括理解、思考或反思的过程，它要诉诸理由或逻辑根据。直觉判断则不同。直觉判断往往是一种当下判断，往往是对认知对象或其他判断对象的直接反映。直觉判断不诉诸理由，或它的理由并不在判断主体那里呈现出来，人们只要面对一个案例或一个事件或一个问题，总是可以直接呈现出所需要的答案。直觉思维是人的思维的一种方式，它是人的长期理性训练的结果，或长期思维习惯的产物。在道德生活领域，则是人的长期道德生活习惯的产物，或伦理思维能力的体现。道德判断可以是推理性的理性判断，也可以是直觉判断。如发生一起偷窃案，我们当下的道德反映就是偷窃是错的。但对于一些复杂的道德现象，则需要借助推理分析，如对一起交通事故，则要对事故现场进行认真的调查分析，才可分清当事人的责任，从而才可知其道德上的责任以及法律上应承担的责任。

在近代伦理学史上，首先关注道德领域里的直觉判断的是英国的沙夫茨伯里、哈奇逊和巴特勒等人的道德感理论。沙夫茨伯里第一次把“道德感”概念引入伦理学，并把它作为伦理学体系的核心。沙夫茨伯里认为人们有先天的道德感，这一先天的道德感是人的内在眼睛，这一内在眼睛就像人的自然器官一样，只要眼睛一看到形状，耳朵一听到声音，就立刻认识到美与和谐，行动一经察觉，就能够辨别出什么是可爱可赏或丑陋恶劣。人的这种道德上的分辨能力，是人的内在眼睛，即人的内在器官。因而在他看来，人分辨善恶的能力是一种内在直觉，这种直觉能力是先天的、根植于人性中的。在中国伦理思想史上，孟子提出人有四端，即恻隐之心、辞让之心、羞恶之心、是非之心，认为这些是人与生俱来的。孟子的这一思想类似于沙夫茨伯里的道德感理论。孟子所举的有幼子将掉进井里，一路人见而救之，他不为得到乡里百姓的赞扬，也不为得到幼子父母的赞赏，而仅仅是出于恻隐之心。这种恻隐之心，就是沙夫茨伯里所说的道德感。实际上，这里讲的是一种直觉的道德判断。哈奇逊进一步提出，道德感的作用，只不过是我们心灵在观察行为和判断行为时，先行具有的一种对行为采取可爱或不可爱的意见的作用；或者说，我们的道德感在我们的心灵观察判断之前，就会告诉我们这行为可爱或不可爱。在他看来，造物主使我们以外在的感官来判断外在的对象是否可爱，同时也给了我们道德感来引导我们的行为，给我们以更加高尚的快乐，使我们在促进他人的善的同时，增进我们自己的善。因此，应把道德感看成人们道德行为的基础；或者说，正是直觉才是人类道德的基础。巴特勒则把人类的反省原则或良心与人的内在感觉联系起来，指出人的良心的考虑倾向于尊重公众的福利，人类凭本性如此密切地联合在一起，那是因为一个人的内感觉与另一个人的内感觉是如此相应。巴特勒说："我们的内感觉，及我们得自于外在感觉的知觉既是同样真实的；故自前者去推论人生及行为之鲜有例外，正如自后者去推论绝对的思辨真理之鲜有例外……试承认羞耻这个内感觉，人不能怀疑它之是否做阻止行可羞行为，正如他不能怀疑目之是否指引他的步履。"① 自沙夫茨伯里至巴特勒，他们对道德感或道德直觉的信念是坚定不移的。在沙夫茨伯里以及巴特勒等人那里，道德直觉本身内蕴人类的同情、仁爱等道德情感以及道德原则，这些情感与原则对于道德感而言是自明的，是不言而喻的。

自沙夫茨伯里、巴特勒等人提出道德感理论以来，英国伦理思想史上的直觉主义观点已经形成。在巴特勒之后，西季威克之前，就有普莱斯、里德等人。普莱斯是重要的直觉主义者，在他看来，我们的是与非的观念，必须归于我们的某种直觉力。而我们的道德观念，关于善与恶的观念，也可直接感受到，必定是一个天赋官能的感觉。普莱斯认为，我们识别行为善与恶的观念与我们识别是与非的观念具有相似的原理，而且行为的善与恶的观念也就是行为的是与非的观念，因此，我们可以判别行为善与恶的直觉类似于我们判别认知观念中的是与非的直觉。换言之，普莱斯相信对于道德事物的性质的认识，类似于知性认识的范围。我们对事物道德性质的区别，都是自明的，是一种直觉判断。当然，普莱斯还认为，当我们对道德事物进行知性判断时，还有一种内心的情感会起作用。这是道德直觉判断的特殊性之所在。

在西季威克那里，伦理学的直觉主义得到了很大发展。西季威克在多种意义上使用"直觉"这一概念，既在感性层面，如同道德感理论所表述的那样，也在理性抽象层面。在这一概念较狭窄的意义上，他所指的直觉主义是，人们假定了某些行为的正当性是无须考虑它们的后果而被认识的，是对应当做的事或应当追求的事物的直接判断。这是西季威克的感性层面的直觉主义，是第一种直觉主义。西季威克还谈到对于原则的直觉，这是以往的直觉主义没有阐明的。对于原则的直觉，本身是一个复杂的问题。因为我们的常识所认为是清晰的原则，一经分析，就会发现本身并不是很清晰。如"待人要诚实"这条原则就没有考虑我们在面对敌人时是否应诚实的问题。这样就有了第二种直觉主义，即不可能通过真正明确的和最终有效的直觉来看清某些一般规则。人们只是像对待教义那样毫不怀疑地对待日常生活的原则。这些一般规则是隐含在普通人的道德推理之中的，但要十分清楚地陈述它们，则需要有专门地、明确而稳定地思考抽象道德概念的习惯。在有哲学素养的人那里，常识道德并不是一个令人满意的体系，很难通过反思日常的思想而把所获得的一般道德命题看作科学的首要

① 周辅成．西方伦理学名著选辑：上卷．北京：商务印书馆，1996：820．

原则。这样就有了第三种直觉主义，这种直觉主义接受常识道德，但仍希望为自己找到一种它不能提供的哲学基础，并力图得到一些更为清晰而明确的原则。具有哲学反思能力的人才可得到这样一种自明性的原则。西季威克把这称为直觉主义的第三个阶段，即哲学的直觉主义。因此，在西季威克那里，有三种直觉主义，即感觉的直觉主义、教义的直觉主义和哲学的直觉主义。当然，他认为，这三种直觉主义并不是截然分开的，而是经常混合在一起的。

哲学的直觉主义所要达到的是一种直觉所能把握的自明性原则。在这个意义上，西季威克实际提出了直觉的根本内涵是指人对原则领悟的自明性。西季威克说："在人们通常承认的公正、审慎和合理仁爱的原则中，至少存在着一种可以直接凭抽象直觉认识的自明因素，以及这种因素在每一场合都依赖于个人及其目的所体现的部分同其整体的以及这些部分同整体的其他部分的关系。在我看来，人们对这些抽象真理都多少带一些明确性的领悟，这种领悟构成了'基本的道德准则是内在合理的'这一常识信念的持久基础。"① 在西季威克看来，人的直觉领悟能力为人们的常识道德信念提供了最深厚的基础。人们的这种直觉领悟能力是与原则的自明性一致的。在他看来，"我不应为目前的小善而牺牲今后的大善"，以及"我不应为我自己的小善而牺牲另一个人的大善"，就像"等量相加之和相等"这类数学公理一样是自明的，有直觉能力的人一看就知道是毫无疑问的。当然，对于西季威克来说，他并不认为所有的道德原则都具有这样一眼看过去就有的自明性，自明性还需要运用哲学分析经过缜密的分析考察才可呈现出来。这如同人们剥笋一样，要一层层地把不同质的因素，以及原则中的自明性因素分解出来才能做到。他说："正当行为的实践上的决定作用就是依赖于终极善的决定作用的。我们已经看到：（1）一经缜密的考察，我们就发现大多数公认的义务准则——甚至那些初看起来是绝对的、独立的义务准则——都是隐含地从属于更普遍的审慎原则和仁爱原则的；（2）除这两条原则以及公正或公道的形式原则之外，我们不能认为任何其他原则可以凭当下的直觉而被确认为清晰明确的原则。"② 西季威克最后确认的直觉自明的原则实际上是通过缜密的考察得到的。或者说，这种自明性是经过哲学思考之后才得到的。西季威克自己就是一个哲学的直觉主义者。

现代元伦理学的几位代表人物都是直觉主义者。摩尔是现代元伦理学的开创人，同时也是一位直觉主义者。以摩尔为代表的现代元伦理学家之所以是直觉主义者，主要是因为他们对自然主义的态度。在他们看来，以往的伦理学家犯了所谓的"自然主义的谬误"，即以自然属性的事实或超自然的事实来规定善或给善下定义，不知道善与善的东西的不同，把其他性质或自然事实视为与善性完全相同的东西，从而犯了"自然主义的谬误"。摩尔认为，善本身是不可下定义的。那么，善既不可下定义，我们怎样才能把握善或认识善呢？这就是靠直觉。在他看来，"什么是善"和"什么事物因其自身缘故而为善"的问题是自明的。因为善与善性质的问题在摩尔看来是全部伦理学的最基本的问题，在这样一个最基本的问题上，只能靠直觉来把握，所以，他的伦理学就叫作直觉

① 西季威克．伦理学方法．北京：中国社会科学出版社，1993：397-398．
② 同①406．

主义的伦理学。他的后继者普里查德同样认为，伦理学中至少有一个最基本的概念是不能分析、不可定义的，是要靠直觉来把握或领悟的。这个基本概念决定了整个伦理学理论的基础。摩尔把善作为这样的原始概念，在普里查德那里，义务和责任是这样的概念，在普里查德看来，责任与义务是伦理学中最基本的概念，它是客观的、绝对自明的，因此是不可定义的、无须推理的。

二、义务的自明性

罗斯是元伦理学的直觉主义的重要理论家。他继承摩尔的直觉主义的方法，强调直觉对于伦理学的基础性地位。他的伦理学理论可以被看作一种强调自明性（prima facie 或 self evident）[①] 的义务论的伦理学。“自明”是罗斯直觉主义义务论的一个基本概念，意思是不用证明，或不需证明其性质就可得到理解或把握，就如同我们对于一些最基本的数学定律的把握和理解一样。自明性，不是别的，就是直觉主义的。与摩尔和普里查德相同的是，罗斯也认为有一个基础性的概念是原始的、不可定义的，需要直觉来把握，这就是“正当”或“对”（right）概念；而与他们不同的是，罗斯的自明概念不仅是对正当或对的概念而言，而且其自明性指的是他所认为的义务体系，在罗斯这里，自明的义务是一批义务。[②]

康德把行为的道德性严格地确立在行为的动机意义上，即只有出于责任的行为才是真正具有道德价值的行为，如果仅仅是符合责任的行为，都不能说具有很高的道德价值，它甚至没有道德价值。罗斯认为，康德的这种说法是有问题的，因为康德说只有出于责任的行为才真正具有道德价值，这就意味着只有出于责任动机的行为才具有道德价值。康德的本意也在于此。康德强调，善良意志的善良不在于它的前提，也不在于它的后果，而在于它本身是无条件的善良，善良意志的善良也就是动机的无条件的善良。那么，康德的这种善良意志的动机性善良的问题出在哪里呢？罗斯认为，说责任的行为是出于责任的动机，必然陷入逻辑无穷系列的陷阱。他说：“那些认为我们的责任出于一定的动机的人（康德最著名的例子）一般认为，我们应当这样行动的动机是责任感。现在，假如责任感是我要履行这个行为的动机，也就必须是这种感觉：要履行这个行为——这是我的责任。因此，假如我说‘这是我的责任：出于责任感履行这个行动 A’，这意味着：‘这是我的责任：出于这种要做 A 的我的责任感要做 A’。在这里整个句子与其中的一部分有矛盾。整个句子是说：It is my duty to-do-act-A-from the sense that-it-is-my-duty-to-do-act-A。”[③] 罗斯认为，这个矛盾在于，说既是“我的责任”又是“责任感”是有问题的，对于这个句子的后一部分无论怎样修正都是一种无穷系列。罗斯指出，出于责任感去做某事，也就是说，我的责任是去做某事是出于一定的动机，而问题也就出在这里。因此，他建议：“你应当履行某种行为是在这样的假定前提下：履行某

---

① prima facie 意为“显而易见的”“自明的”，《正当与善》中译本译为“显见的”，而把 self evident 译为“自明的”。

② duty、obligation 都可以用以表达中文的责任和义务这两个概念。在一定意义上它们是可以互释的。不过，我们一般把前者译成“责任”，把后者译成“义务”。在罗斯的文本中，使用得更多的是前者。布兰特在谈到罗斯时，则基本上使用的是后者。

③ W. D. Ross. The Right and the Good. Oxford：Oxford University Press，1930：5.

种行为就是你的责任而不考虑动机……或者说，我们的责任就是做某事，而不是出于责任感而做它。”① 在康德的伦理学那里，已经把爱好、欲望以及后果等排除出动机考虑的范围，而把出于责任或责任感以及仁慈的动机看作道德的动机。在罗斯看来，既然你把那些都排除在道德行为的动机之外，那么，再留下责任感和仁慈作为动机，在逻辑上就说不过去。

我们不是出于责任感去做某事，而是因为做某事是我们的责任。这里所隐含的是，因为某事本身所具有的自明的对的性质，所以我们去做它。按照罗斯等人的理解，人类的行为在道德意义上具有对和错这样两种基本性质，这些性质对于人而言是自明的。同时，这种行为的自明性质又与人的责任的自明性内在相连。罗斯认为，责任本身具有自明性。不是某种动机在推动我们做合乎道德的事，而是责任的自明性告诉我们应当做什么。那么，这种自明性说明的又是什么呢？实际上，不是别的，就是直觉，直觉告诉我们要怎样行动。直觉告诉我们怎样行动与动机推动我们怎样行动有区别吗？罗斯认为有。在罗斯看来，正当与善是不同的。道德上的善并不意味着应该做的事（正当之事）。因此，不是功利主义的善，也不是康德意义上的善，而是自明义务意义上的正当，才是伦理学应当作为首要问题来考虑的。正当之事也就是当下要做的。这种正当判断不是来自善良意志的动机，而是来自直觉。

罗斯只承认直觉，而不承认康德式的内在意志的动机的作用，并且在如下观点上与康德进一步拉开距离。罗斯认为，责任的自明性并不意味着我们必然怎样行动。这在于在我们的日常生活中，我们处于多重有道德意义的关系中，在这些关系中，必然呈现出一些自明的义务。因此，自明的义务并不等于非要怎样做不可。这是罗斯直觉义务论的一个很重要的观点。在他看来，这些义务本身可能会使我们陷入不同义务的冲突之中。如果我们处于这些义务的冲突中，那么，我们如果运用康德的责任伦理，就无从知道怎样解决这种道德冲突。康德提出有一些责任是完全的责任，所谓完全的责任也就是在任何情况下都不能有例外的责任，如履行诺言的责任、借钱还钱的责任以及说真话（不说谎）的责任等。

罗斯指出，说履行诺言这一行为是对的，我们更多着眼的是过去而不是未来，即张三在过去与李四有一诺言，他必须履行。但罗斯认为，并不能因此而认为在有些情况下我们不履行相关诺言就错了。如尾生与某一女子约于桥下，不见女子来，但水已涨起，结果尾生抱柱而死。尾生之信是中国古代信守诺言的典范，先秦以来的文献对此有着广泛的赞誉，但罗斯似乎不赞同这种死守诺言的行为。罗斯认为，一个人痛苦地履行他的诺言，是他认为他应当这样做，而并没有想到这样做的后果。因此，在罗斯看来，一般我们认为“我遵守诺言”是对的，我们给自己的唯一理由是这种行为是对的，但在例外的情形中，如履行诺言将带来灾难性的后果，则我们不这样做也是对的。罗斯说：“我必须承认这样的情形是存在的。如果我承诺在某个时间为了某种小目的去会见一个朋友，然而，如果我没能如期履约则阻止了一场严重的事故，或减少了事故的受害者，我无疑认为我能为自己的行为辩护。这个观点的支持者可能认为，我这样想是由于我认

① W. D. Ross. The Right and the Good. Oxford：Oxford University Press，1930：6.

为，这样做能够带来更多的善。而另一种解释则是，在履行承诺的责任之外，认识到了另一种责任，即解除悲痛的责任，当我认为我以破坏前者为代价做了后者时，不是因为它产生了更多的善而是因为我认为，在这样的环境里，后者更是我的责任。”① 罗斯认为，后一种解释更符合我们在这样的处境中的真实想法。康德的可普遍化或完全的责任的观点完全不适合这种情形，功利主义的最大后果的善的解释也不符合实际。因此，如若坚持义务论的观点，则必须提出不同于康德的伦理学思想也不同于功利主义解释的观点。

在我们的生活中，有着多重有道德意义的关系（或称伦理关系），我们不仅处于诺言者和受诺者的关系之中，还处于债务人与债权人的关系、丈夫与妻子的关系、父母与孩子的关系、朋友与朋友的关系、同胞与同胞的关系之中，等等。每一种伦理关系都是自明责任的基础，每一种伦理关系都对我们具有一种规范、规则或德性的要求，在不同的环境条件下，每一种伦理关系都或多或少地对我们形成一种责任制约。并且，可能我所处的环境会形成不止一种伦理关系的要求，它们都对我是自明的责任。因此，在这种情形下，直觉往往是不够的，因为直觉可以告诉我有多种责任都是我必须履行的，但不可能告诉我在某种特殊的情形下发生冲突的多种责任，哪一种应当履行，哪一种不应当履行。罗斯认为，如果是这样，那就需要运用推理，研究到底哪一种责任要求对我来说是更为重要的，是我当下必须履行的。或者说，在自明的责任发生冲突的情况下，仅靠直觉是不够的，还需要靠理性判断来决定行动的正确性。②

在这个意义上，自明的责任也应是有条件的。或者说，罗斯提出自明的责任，不同于康德的绝对命令式的责任，绝对命令式的责任是无条件的。自明的责任是直觉告诉我们，这些是我们的责任；然而，它不仅是直觉可把握的，也是有条件的。罗斯说：“‘自明的责任’这个短语……（1）所表示的是，我所说的是这样一种责任，而事实上它不是一种责任，而是以一种特殊的方式与责任相关的某种东西……（2）自明的责任表明的是，一个人只是谈及一种现象，在这里，初看起来是一种道德处境呈现出来，而结果可能是一种幻象；然而，我正在谈论的是一种涉及这种处境性质的客观事实，或更严格地说是它的性质的一个成分，虽然不是作为‘从它的整个性质产生的适当的责任’。”③ 罗斯这些显得很迂回的语言，所说的自明的责任实际上并不是那么自明的，或不证自明的。或者说，自明的责任真正成为实际的责任，取决于一种道德处境中的全部有意义的东西。

三、自明的义务

罗斯称那些我们认为是确定无疑的责任为“自明的义务”。或更为正确地说，即那些在没有具体情况之前，或者说，在没有发现它们和其他自明的义务发生冲突之前，我

---

① W. D. Ross. The Right and the Good. Oxford: Oxford University Press, 1930: 18.

② 作为直觉主义者的罗斯，这方面思想的表达是很隐晦的。他明确提出，实际（特殊）责任不具有自明的特征，而且不是从自明的前提而来的合乎逻辑的结论，那么，我们履行的实际义务的正当性在很大程度上就是一种幸运。（同①30-31）然而，他说：“如果我们尽力凭借我们认为各种各样可能的行为会具有的特性，反思我们在带来它们的显见之正当与不当方面的能力，那么我们就更有可能履行我们的责任。”（同①30）

③ 同①20.

们认为所有的人都应该遵守的义务或应采取的行动。

在罗斯看来，自明的义务具有以下特点：(1) 它是这样一类应当采取的行动，这类行动所具有的特征使得行动具有正确的特征。如借钱还钱的行为具有“遵守诺言”的行为特征，这种行为特征使得我的行为有可能成为一个道德上正确的行为。(2) 自明的义务不是我们自己主观认定的义务，而是独立于我们个人看法的客观义务。自明的义务是我们的客观社会关系所规定的义务。(3) 自明的义务与实际的义务有区别。自明的义务是我们的直觉所意识到的义务，但不等同于实际的义务。实际的义务是依据具体情况和条件而定的、有条件的义务。一种自明的义务如果在实际情况下没有其他自明的义务与它发生冲突，那么就可以成为那种情况下的实际的义务或恰当的义务。

在日常生活中，我们处于多重社会关系之中，因此，我们有着多重自明的义务。但是，与中国伦理史上从五伦关系出发提出不同的伦理规范不同，罗斯虽然意识到社会关系对于自明的义务所具有的基础性地位，但他并不是在这一层次意义上提出自明义务的类型的。罗斯列举了七类自明的义务，并称他所列举的这些自明的义务不是完全的表单。这些义务给了我们正确行动的理由，虽然在实际情形中可能不是最后的，不是具有决定性意义的。

> (1) 依赖于我自己先前的行为。这些义务包括两类：其一，它们依赖于诺言或可称为隐含的承诺的东西，诸如隐含地承担不说谎的义务，这种义务似乎隐含在进入谈话的行为中，或一本有关历史著作的写作中。这些义务可称为忠诚的义务。其二，这些义务依赖于先前的错误。这可称为补偿的义务。
>
> (2) 依赖于他人先前的行为，即他们对我的服务。这些大致可称为感恩的义务。
>
> (3) 依赖于快乐或幸福的不公正分配的事实与可能性，这种分配不依赖于所关涉的人的优点。在这种情况下，产生了一种阻止或纠正这种分配的义务。这种义务是正义的义务。
>
> (4) 依赖于这样的事实：在这个世界上，还存在着其他人，我们能够使他们在德性、智力和快乐方面过得更好。这是仁慈的义务。
>
> (5) 依赖于这样的事实：我们能够在德性和智力方面改进自己。这是自我完善的义务。
>
> (6) 可以把这类义务归在这个标题下：不伤害他人。在这些责任中，这是唯一的一种以消极方式表述的义务。“你不得杀人”“你不得犯奸淫”“你不得做伪证”等摩西十诫所表述的就是这种义务。承认不伤害的义务是迈向承认仁慈的义务的第一步。即使我们承认有仁慈的义务，不伤害的义务作为自明的义务也更有约束力，并且比仁慈的义务更为基本。一般而言，我们不会认为为了救一个人的命而杀另一个是正当合理的，为了施舍而去偷窃是可辩护的。①

罗斯在这里依据六种情况实际上列举了七类自明的义务（第一种情况包括两类义

① W. D. Ross. The Right and the Good. Oxford: Oxford University Press, 1930: 21-22.

务）。罗斯认为这些义务是相互之间无法归并而且没有内在逻辑的统一性的义务。这些主要的自明义务类型是建立在非逻辑的基础上的、不系统的义务。他指出，这些自明的义务的分类反映了我们实际的道德信念。这种确信直接反映了我们实际上所思考的东西。当然，也许我们还可以列举更多的自明的义务，如我们对环境的义务。

那么，对于自明的义务是否还可以做更进一步的思考？罗斯认为，使得这些主要的自明义务安排得更有系统性的努力是，首先找到那种是内在善的自明的东西。“正是自明性的责任把这种自明性的内在善呈现出来，或者说，如果不这样做，那些内在的善就不可能出现……有三种具有内在善的主要的事物，这就是德性、知识和快乐。”① 罗斯首先讨论的是快乐这种自明的内在善。罗斯承认，讨论快乐作为内在善的问题，这主要是怎么对待我们自己的快乐作为善的问题。我们有义务使他人快乐一般不会引起异议。我们自己的快乐作为义务的明显问题在于，我们多数义务的履行是以放弃自己的快乐为前提的。因此，如果把我们自己的快乐作为善，并把它看作我们有责任产生它，那就要把它不仅看作我们自己的快乐，而且看作一种客观的善，并且，可以得到一个公正的旁观者的赞成。也就是说，从一种客观的意义上看，它也是善的。在这个意义上，自我的快乐也是我们的自明义务。

就德性而言，它涉及仁慈的义务、不伤害的义务和自我完善的义务。我们对自己有着改进自己品格的特别义务，知识作为善不仅对我们自己而且对他人都是如此。仁慈是一种对他人的善的德性，同样，不伤害他人也是自明的，是一种对他人的善，而“行善和自我完善都可归于这样一个一般原则之下：我们应当尽可能地产生更多的善”②，虽然善的种类是不同的。这个一般原则又可以说是一般义务。在一般义务之外，还有特别义务。这些特别义务来自那些偶然的行为，或者说，并不是有意想造成这种义务，但却产生了它们。如对他人的伤害或接受他人的好处，这使得我们处于某种特别义务之中。罗斯作为一个直觉主义的义务论者，从其理论特性上看，是反对功利主义的后果论的，但在这里他却不得不诉诸功利主义的后果论来为自己的自明义务论观点进行辩护。

罗斯试图通过内在善的概念将缺乏统一性的责任统一起来。然而，他同时也指出缺乏统一性是生活本身的特征。正因为自明的义务本身是缺乏统一性的和复杂的，所以，在实际生活中，哪一种自明的义务是应当做的就是一个实际问题。

第二节　实际的义务及其比较

一、实际的义务

直觉告诉我们的是一批义务，且这些自明的义务由于本身并非完全是内在统一的，

① W. D. Ross. The Right and the Good. Oxford：Oxford University Press，1930：24.

② 同①27. 罗斯还谈到正义作为一种具有内在善价值的义务，但认为正义的义务更复杂。

所以在生活中必然发生冲突。因此，在罗斯看来，自明的义务并不是实际的义务。那么，什么义务是实际的义务？

首先，自明的义务虽然不是实际的义务，但自明的义务是实际的义务的前提和基础。实际的义务是具体情形中的义务，在实际情形中我们应该做什么是由实际的义务决定的。罗斯又把实际的义务称为“绝对的义务”，以表明是在具体情形中必须履行的义务。那么，实际的义务或绝对的义务与自明的义务在特性上有什么区别？或者说，为什么我们可以把在特定情形下的某些自明的义务看成实际的义务或绝对的义务？罗斯举例说，如遵守诺言是自明的义务，但在一定的情形下，我们可以为我们不遵守诺言辩护，如为了避免一场灾难，我们因而不遵守先前的诺言；或者为了解除某人的痛苦，我们不再承认遵守诺言是一种自明的义务。在这种情形下，我们并不因不遵守诺言而感到羞愧，尽管也许会有一些内疚和对方的不满。不过，我们的解释会得到对方的谅解，这个解释也就是补偿的义务。罗斯认为，除了康德以外，谁都会承认这个解释是正当合理的。那么，从理论上怎样解释这种现象？罗斯说：“我们所做的任何行为，都有不同的成分，这些成分可归为不同的范畴之下。例如，不遵守诺言可被看作错的，但它由于是为了解除某种危难而做出的，因而也就是对的。一种责任的倾向可以说是行为部分结果的性质，即它的性质中的某些成分使得这个行为可被归为这种责任。一种责任是行为全部结果的性质，即由于其全部结果，这个行为可算作这种责任的体现。”① 罗斯又解释，所谓部分结果或整体结果，就像自然界某种重力作用于某一客体和多种力作用于某一客体的运动那样，在后者那里，最终使得这一客体运动的趋向是多种力作用的结果，因此，这种趋向也可以说是多种力合成的结果。因此，一个自明的义务是不是一个实际的义务，或取决于某种因素，或取决于多种因素的作用，或在多重因素的影响下发生改变。如为了救人，误了约会的时间因而没有遵守诺言，这个行为是对的，但同时也产生了需要解释的补偿的义务。实际上罗斯在这里指出了存在两种相冲突的自明的义务，即仁慈的义务与遵守诺言的义务相冲突。在这样两种义务中，如果我们承认生命的价值高于一切，保存生命或保护生命应当放在第一位，那么，违背另一个义务就是可辩护的，而履行那个更高价值的义务就成了我们实际的义务。

其次，一种义务是一种实际的义务，如果在实际情形下，没有其他自明的义务与适应于该情形的自明的义务发生冲突，那么这种自明的义务就是这种情形下的实际的义务。只要在这种情形下，直觉所意识到的义务、自明的义务也就是我们实际上应当承担的义务。实际上，罗斯认为这种实际情形是非常少的，因为我们的实际生活都是处于多重社会关系之中的。

最后，在实际生活中，我们有着多重自明的义务，这并不一定意味着它们之间存在矛盾和冲突。这些义务如同自然界中的合力一样，构成一种实际的义务，如我们所应尽的家庭的义务。张三既是这个家庭中某个人的儿子，有做儿子的自明的义务，同时也是这个家庭中某个人的丈夫，应尽做丈夫的自明的义务，并且又是某个人的父亲，应尽做父亲的自明的义务，而这些义务都可归结为一个实际的义务，也就是对家庭的义务。还

① W. D. Ross. The Right and the Good. Oxford：Oxford University Press，1930：28.

有，如苏格拉底所说的遵守法律的义务，它既来自默认的契约的义务（我在这个国家生活，长期受到这个国家法律的保护，这隐含了遵守它的法律的契约和在某种程度上承诺了守法），也来自感恩的义务，即得到法律保护的好处，因此有遵守法律的义务，等等。

罗斯是一位直觉主义者，认为直觉可以把握我们的义务，直觉把握的义务是自明的义务。但罗斯同时也意识到了直觉主义的困难，认为自明的义务并不是实际的义务或绝对的义务，什么义务可以成为实际的义务，借助理性分析或理性判断也难以确定。罗斯的实际义务论，对于康德以来的义务论是一个很重要的贡献，它有效回应了批评者对康德的绝对命令的普遍化的批评。依据罗斯的理论，在实际情形中，什么样的义务能够成为实际的义务，不在于它是否具有可普遍性，不在于它是不是直觉所把握的，而在于它是不是当下情形中有力度的、可切实履行的义务，或一种我们不得不履行的合成性义务。

二、自明的义务与实际的义务之比较

在罗斯的义务论中，自明的义务与实际的义务是两个层次的概念。实际的义务是在具体情形中的义务。在具体情形中我们应当做什么才在道德上是对的取决于实际的义务。在一般抽象层次上，什么行为在道德上是对的取决于什么是自明的义务。所谓自明，也就是我们可以在直觉上把握到的那种对与错。如履行诺言在道德上是对的，那我们自明的义务就是履行诺言。这里涉及我们怎样理解一定类型行为的自明的对与错和对待具体情形中的行为判断。罗斯认为，道德生活中自明的对与错的观念的形成在于长期反复的实践和我们精神观念的成熟。我们并不是一开始就具有道德上对与错的自明概念。我们履行了一个诺言，实施对善物的公正分配，或对他人的服务给予回报，或促进了他人的善等，这样的行为在道德上都是自明的对，但并不是我们一开始就意识到了这些道德行为的性质。这种自明性或如同我们对数学公理的认识一样，一开始我们并不知道那些简单的数量关系或数学定理，如一加一等于二、二加二等于四。我们在反复比较与认知了不同事物的量和它们的关系之后，就可以概括出它们抽象的数量关系以及它们体现的数学定理。我们意识到某类行为在道德上是对的，就是在道德实践上反复体验到了这类行为具有的特性因而从抽象层面上把握到了它的道德特性。这种抽象把握是抽离了具体情形的，因而它具有普遍性特性，同时在意识层面又具有自明性。一定社会背景下长期的道德实践形成了我们的直觉，我们对它的确信就像我们对数学定理的确信一样，即如同对二加二等于四一样，是不需要证明的。罗斯把这称为“自明的义务的一般原则”。

我们在实际处境中的有关实际义务的判断没有一个具有这样的确定性。首先，它们不是自明的。一个还没有发生的行动，在道德上有两种可能特征，或者是对的，或者是错的。罗斯把这两种特征也看成是自明的，如我们都知道履行诺言是对的，不履行诺言是错的。但这是一般而言，并不意味着在具体情形下都是如此。因此，罗斯认为从自明的义务去履行某个行动，并不能保证行为在道德上就是正确的。因为某种自明的义务在具体情形中既可能是应当履行的，也可能不是应当履行的。从自明的义务本身并不能得出在特定情形中应当履行它的结论。其次，我们关于特殊义务的判断不是自明义务的逻辑结论。罗斯认为，唯一的前提只是在自明义务意义上的对与错的一般原则，也可以说是从自明的义务直觉到对与错的一般性原则。如我们能够觉察到行为的什么特征在道德上是对的特征，另外的什么特征在道德上是错的特征。这种觉察来自我们的直觉判断。但是，这样的一般原则不可能得出在具体情形下什么样的行为是对的或错的结论。例如，我们能够在一定程度上意识到，我们的某种行为一方面能够为我们的受益者带来什么好处，另一方面也可能给那些非受益者带来不利影响，但从原则上并不能得出结论说，这个行为从总体上就是对的或者错的。只有对我们的行为进行具体分析、判断，我们才能得出符合客观情况的结论。罗斯认为，判断具体行为在道德上的对错就像判断一个客体或一件艺术品的美丑一样。如我们判断一首诗或一件物品为美，而判断另一首诗或另一件物品为丑，我们对于它们所具有的美的程度的判断绝不可能是从它们所占有的美的程度或丑的理解这样一种逻辑推理得来的。罗斯的意思很清楚，具体处境下的具体行为应当具体判断，这种具体判断是当下判断。但是，怎样理解当下判断呢？

在这样一种当下判断中，并不意味着自明的义务的一般原则毫无意义，我们心中所具有的美的自明的概念仍然起了作用，它是我们判断的概念前提。罗斯以我们的行动为例。他认为，由于我们觉察到不同的行动所具有的在道德上不同的自明特征，同时，如果我们反思到我们行动的最好能力，我们可能会比没有这种反思更好地履行我们的义务。[①] 罗斯的观点是，我们要有自明的义务或行为在道德上的对与错的自明观念，我们知道做什么是对的，做什么是错的，并且想一想我们的能力能够做什么，这样就能更好地履行义务。很清楚，把自明的观点与反思的观点结合起来，是罗斯义务论的一个特色。只有以自明的义务或行为的对错特征的自明性把握为前提，进而对当下情形进行具体判断或反思判断，我们才能知道什么是我们实际的义务或绝对的义务。

罗斯直觉主义的义务论实际上是在承认直觉的前提上，重视反思判断的作用的义务论。与康德理性主义的义务论不同，罗斯不承认内在动机的作用，但他重视在具体情形中理性判断的作用，虽然罗斯很不情愿承认这是理性判断。因此，对于罗斯来说，不是出于义务感就能保证我们的行动正确，因为实际生活本身是十分复杂的。也正因如此，罗斯是一个外在论者，即不承认人的行动来自意愿本身。他认为，外在事物或行为自明的对与错不构成我们行动的动机，虽然可以被看作我们自明的义务。或者说，我们意识到了一个行为的对与错，做在道德上对的事，是我们自明的义务，但却不构成任何具体情形中的实际行动的动机。依罗斯之见，仅意识到这一自明的义务还不够，自明的义务并不是实际的义务，实际的义务是当下判断才可决定的义务，即在具体情形中什么行为是对的，是由具体情形决定的。这样，罗斯又从外在论转向内在论，即通过判断决定了什么是我们实际的义务，而这也是我们实际行动的依据。我们也可以把它看作我们的动机。所谓动机，也就是我们的意志所认同而自愿这样去行动。不过，罗斯意义上的动机论与康德的动机论有很大区别。康德的善的动机来自实践理性对意志的规定。罗斯在这个意义上的动机则依据道德实践本身的要求。罗斯这一复杂的义务论在一定意义上纠正

---

① W. D. Ross. The Right and the Good. Oxford：Oxford University Press，1930：32.

了康德的绝对义务论的某些不足，即绝对的义务往往不绝对，同时也说明了仅仅从义务感有时不能保证行动的正确性。

那么，是什么决定当下的判断？当下判断的依据是什么？在罗斯多种实际的义务的清单中，有比较简单的情形，在这种简单的情形中，依据自明的义务就可以做出决定，这是只有一种自明的义务起作用的具体情形。但在复杂的情形中，在多种自明的义务起作用或多种自明的义务相冲突的情形中，我们依据的是什么最终标准？或有没有最终标准？在罗斯的实际义务论中，多重力的合力起着最后的决定作用，无论在自明的义务相冲突的情形中还是在相容的情形中都是如此。但是，依据什么标准来解释那种所谓多重力的作用？比如说为什么在特定场合不遵守诺言是对的？我们依据什么终极原则来决定我们在这样的场合中的行为？所谓多重力的合力，只是物理学的语言。实际上，罗斯的心目中并不是没有这样的标准，这就是“一个行为要产生尽可能多的善”，他把这看作道德实践中的一般原则。也就是说，如果在多种自明的义务发生冲突的情形下，就看怎样行动（依据一种自明的义务或综合性地考虑这些自明的义务）才可以产生更多的善。在这个意义上，罗斯又倾向于功利主义。罗斯虽然是一个义务论者，但仍有功利主义的倾向。

参考书目

W. D. Ross. The Right and the Good. Oxford：Oxford University Press，1930.
西季威克. 伦理学方法. 北京：中国社会科学出版社，1993.

思考题

1. 简述罗斯自明的义务及其种类。
2. 简述自明的义务与实际的义务的区别。

第四编

契约论

导　论

功利主义伦理学和义务论伦理学为我们提供了不同的道德行动理由。这些规范伦理学理论，都力图对于什么样的行为是道德上正确的行为给予说明。不过，这些理论都有着它们自身的内在问题。功利主义伦理学存在着其后果论与道德规则的连接问题。布兰特的规则功利主义伦理学以一种全面性规则与后果的关系来改进功利主义，虽然能够克服功利主义外延等值的问题，但其理想的道德法典体系本身仍然具有空想性质。罗斯的义务论伦理学对于任何规则都有例外的问题，就其自明的义务论而言，仍然没有给出一个清楚明确的回答。上述规范伦理学理论都是基于自身的理论基点，力图克服所面临的困境而得到发展的。但这些困境不仅仅是理论本身的，更应看到它们是人们的道德直觉与道德价值观本身的。对于道德直觉与道德价值观之间的冲突，契约论伦理学另辟蹊径，诉诸人们的道德共识，把道德的基础确立在人们平等的“同意”上。契约论伦理学认为人们在平等的基础上达成的契约，是人们行动所依据的道德和政治的原则。因此，道德真理不是由单个主体的直觉所发现的，而是在共同的直觉或平等的基础上所确立的。

西方契约论有着一个漫长的传统。自古希腊以来的伦理政治思想就有着从契约论的意义上进行解释的立场与观点。契约论的现代形式则源于托马斯·霍布斯。然而，自霍布斯以来，有两种不同版本的契约论，一是从霍布斯到高契尔的自利契约论（contractarianism），二是从卢梭、康德到罗尔斯和斯坎伦的非自利契约论（contractualism）。当代德国哲学家尤尔根·哈贝马斯的话语商谈伦理学，虽然不被列入这一契约论伦理学范围之内，但它所讨论的根本问题是如何进行话语协商，因而也可以说是一种关于如何确立契约、契约活动如何有效的伦理学。因此，我们把它也归入这一范畴。不过，哈贝马斯的话语商谈伦理学与前述契约论伦理学的区别在于，前述契约论伦理学都建立在假设的契约或同意的基础上，而哈贝马斯的话语商谈伦理学探讨真实的协商契约的可能性，以及真实的契约商谈的道德原则是什么的问题。

自利的契约论与非自利的契约论的区别在于：前者从自利的理性人的自我立场出发，以自我利益的维护或增进为目的，来确立契约或通过契约同意确立道德与政治原则；后者则从订约人的共同立场或共同需要出发，依据公平与互惠合作的理想，来确立契约或同意，并依此确立道德与政治原则。契约论的政治学与伦理学的基本观念是，所有政治原则与道德原则必须得到立约者的全体成员或者代表的同意才具有合法性。

无论是自利的契约论还是非自利的契约论，它们的古典形态即古典契约论主要进行的都是对政治合法性的契约论证，与此同时，进行道德原则设立的论证。罗尔斯复活了古典契约论，他的契约论主要在于论证政治正义原则的合法性，同时也有人通过契约论引出道德理论，仅从道德意义上进行契约论的理论建构。

一、契约论的一般特征

第一，契约论都有一个“自然状态”的假设。从契约论的传统来看，契约论从属于自然法的传统。自然状态、契约（通过契约确立自然法）与政治社会是传统契约论的三个基本构件。自然状态的假设在于确立一种普遍同意的前提。不过，对于自然状态的描述，不同的思想家具有不同的内容。有的思想家认为是纯属假设，有的思想家则认为可能在历史上存在过，罗尔斯则把它称为一种原初状态（origin position），一种假设的逻辑起点。然而，无论对于自然状态的设置有多大的灵活性，只要承认有自然状态，就必然要承认自然权利。这一自然权利对于所有社会成员而言，是平等而不可剥夺的。自然权利这一理论，经过20世纪演变为人权或人的权利的观念，但其实质内容是对自然权利观念的继承与发展。

契约论对自然状态的假设，实际上在论证中起着一种论证的逻辑起点的作用。这个论证的起点，也就是无契约的状态。无论是政治契约论还是道德契约论，都有一个原始起点，通过某种公平的协商，达到一种不偏不倚的公正协议。这个原始起点是达成共识所必需的，也可以说是达成契约共识的理想条件。自然法的自然平等或自然权利的平等观念是这一理想条件的内在要素。罗尔斯通过“无知之幕”（the veil of ignorance）所达到的原初状态，也就是古典契约论通过自然法理论所接受的这一条件。如果不在一个平等的条件下，所达成的协议就不是公平的。在这个意义上，哈贝马斯的话语商谈伦理学，既是契约论的又不是契约论的。因为哈贝马斯所讨论的不是假设的原始起点，而是实际生活中的话语商谈条件。但哈贝马斯的理论同样需要理想的话语条件，一种公平协商的条件，从而达到一种不偏不倚的公正协议。契约论的道德理论表明，道德原则是确立在人们的共识基础上的，人们在不证自明的平等基础上的一致同意是人们遵守的前提。

第二，契约论是一种自由意志论。契约论强调的是人们自愿进行一种协商、一种讨价还价（哈贝马斯的话语商谈伦理学也强调这一点）。契约论强调这种无压制的理想环境的重要性。当事人自己的意愿（也就是自我的意志）必须体现在契约行动之中，体现在契约条款之中。一种强制性的环境不是契约论所认可的立约环境条件，一种不体现自我意志而只服从他人意志的条件不是立约条件。在这个意义上，自由与同意就显得极为重要。

第三，契约论是在确立一个自然状态或类似于自然状态的前提下，对参与订立契约的各方的动机和达成协议的合理性的描述。契约论对各方动机和达成协议的合理性的描述与对自然状态的描述有着内在相关性。社会契约理论家必须有对没有契约情况下的人性的预设，以及他们将利用社会契约要达到的目的是什么的描述。自利的契约论把契约看成自我利益的需要，从而把人都看成自利的人或利己主义的。非自利的契约论则从公平合作的需要来看待契约，这种契约有一种共同利益的追求或合作利益的追求在内。当然，两者都把人看成理性的，自利的契约论的人的理性是自利理性，非自利的契约论的人的理性则是道德理性，或实践理性。

第四，在契约论的传统中，经过契约而产生的政治原则或道德规则才具有合法性和正当性。在近代思想史上，契约论论证政治原则与道德规则的方法对于中世纪以来的政治传统和道德传统有着革命性的变革。中世纪所盛行的是君权神授的政治观念，政治的合法性来源于教会的意旨，教会则代表着上帝的神意。自从文艺复兴以来，上帝的权威日趋式微，从而引发了世俗政治的合法性危机。契约论所确立的政治合法性也就是在这样的背景下重新找到了合法性的根源。合法性的转变也意味着西方社会从中世纪的臣民社会向市民社会的转变。神授的君权意味着君权的绝对性，平等公民所确立的政治权威的合法性，其前提在于保护公民的自然权利或人权。另外，中世纪的道德规则或道德原则来自上帝的诫命。自霍布斯以来，则从人的本性或人类合作的前提中引出道德的需要，还人的本体以中心地位。道德规则是人确立的，自我是道德规则或道德命令的立法者，人们所服从的是自己，而不是别的什么。契约论把道德规则的立法权从上帝那里还给了人类自身。

二、假设契约的意义

契约论的一个基本假设是对契约本身的假设。不过，作为契约论者的理论家，除霍布斯、洛克以外，基本上都怀疑契约存在的真实性。但这并不排除包括卢梭、康德在内的契约论者对契约方法的使用。他们都自觉地将社会契约作为政治和道德的考虑的逻辑起点。契约论的方法遭到洛克、卢梭之后的功利主义思想家以及历史学派思想家的致命攻击。社会契约论关于自然权利的假说在边沁看来是一派胡言。他认为，人们从来没有看到过有什么政治契约或原始契约的发生，如果这仅仅是一种假设，那么人们就应放弃这种假设。① 施特劳斯也明确提出，就历史主义的立场而言，自然权利是不可能的。自然权利说所蕴含的是一种超越历史时空的永恒权利观。当人们意识到权利的存在总是与特定的历史环境相关联，并且不同历史条件下的人们的权利意识不仅是不同的，而且是相冲突的时候，这种普遍的自然权利观就受到了挑战。

实际上，社会契约论的核心观念就是自然权利学说。任何一个社会契约论者在把社

---

① 列奥·施特劳斯．自然权利与历史．北京：三联书店，2006；边沁．政府片论．北京：商务印书馆，1995.

会契约说作为自己的理论起点时，就内在包含了对自然权利说的承认。不承认有原始契约，而只承认社会权威确立法律的权利，也就必然否认自然权利说。不过，边沁不同。边沁强调，在社会生活中，人们之所以遵守诺言，仅仅是为了自己个人的利益或社会的利益，即由于功利的原因。也就是说，契约、约定以及对诺言的遵守都与权利观念无关。

然而，自然权利说所内含的人有不可剥夺、不可转让的生命权、自由权和财产权等基本权利的权利说，并不是冠之以一种超历史的抽象观念就可以完全否定得了的。20世纪的人类，经历了法西斯对人性的践踏和对人类的大规模屠杀，重新反思社会契约论中的自然权利说，不得不看到自然权利说中所包含的对人尊重的观念所具有的真正永恒的价值。同时，社会契约的约定并不可与社会生活中的约定相类比，它是关涉到对人的基本权利保护的约定。基本人权观念不是可以为历史主义或其他学术思想以历史意识给予否定的基本现代价值。18世纪自然法思想中所珍视的人的权利观念，是18世纪思想留给人类的宝贵遗产，当代民主社会在这种意义上都是18世纪的精神后代。因此，虽然超越人类历史永恒普遍意义的、作为一种形而上学的、一种非历史的观念被现代思想超越了，但18世纪的自然权利观念所蕴含的对于现代社会或者现代民主社会所具有的基础性价值被重新确立起来，并具有了普遍价值。

罗尔斯的重要不仅在于他对于公平正义的强调，同时也在于他重新恢复了社会契约论的方法。社会契约论的方法在他这里重新展现了理论与思想的活力，一个根本点就在于社会契约论内在包含的对于人的自由平等权利的尊重。社会契约论虽然是一个虚构，但它体现了现代社会的本质内容。现代社会与传统社会的一个根本区别就在于，如果说传统社会是一个臣民社会，那么现代社会就是一个基于自由平等的个人主体之上的民主社会。这一社会政治与道德生活的基础就在于对自由平等的个人的普遍尊重。实际上，这一基础也是现代市场经济的基础。现代市场经济来自或成形于资本主义大生产的发展。资本主义大生产以及生产关系形成的前提就在于自由平等的自然人以及法人的普遍存在。因此，表面看来是一种历史虚构的东西，却恰恰反映了现代社会的本质特征和要求。哈贝马斯的话语商谈伦理学虽然不是虚构，但同样是以对这样一种基本的自由平等权利的尊重为前提的，同样体现了这样一种现代价值。

除了上述重要意义之外，社会契约论也是一种对道德规则进行理解的方法。霍布斯不仅把社会契约论看成真实存在的，同时也从契约得出了具体的道德法则，或者说，霍布斯对道德法则的理解来自他对社会契约的理解。在这个意义上，社会契约就是道德法则或道德规则的必要条件。其后的思想家，有人接受社会契约与实际社会道德关系的观点，但并不把这种联系看成某次契约活动所产生的一种约定结果，而是从社会生活本身来看待这个问题。如洛克提出默认同意的观点。这一观点是：人们只要生下来一直享受着某个社会所给的利益，并且在成人之后自愿选择在这个社会中继续生活下去，就等于默认了社会契约并同意遵守社会契约。默认同意也就是人们没有言明的同意。实际上，没有言明并非就意味着真正同意。还有一种实际同意的观点是休谟的习惯或约定（convention）论。休谟认为，人类道德中的一部分来自人们之间为了某种相互利益而有的惯例或约定。如果我从其他人遵守道德规则中受益，那么我就有同样的理由遵守同样的规则。这不仅是出于相互性回报，更是出于自利的目的。这样，共同遵守这些规则就成了一种习惯或约定。

相对于政治与道德原则前提的社会契约论，类似于休谟这种对道德的实际契约化理解，可以被看作次一层的契约论。不过，当代的道德契约论者很少持有这种观点。当代的道德契约论者认同古典契约论的观点，即道德规则是假设性契约条件下人们所认同的规则或所达成的共识。假设性契约的关键在于对假设性前提条件的设置。实际上，这是一种理想条件的设置。通过这种理想条件的设置而得出一种理想的道德规则，或得出什么是合乎道德的要求以及相应的道德规则。这样所得到的道德规则类似于布兰特的理想的道德法典体系，它虽然不具备实际契约或实际人们所履行的道德的许多优点，但却可以成为实际道德生活或人们道德实践的参照物，尤其是它可以避免实际生活中共识的某些局限性。实际生活中的共识总是在特定的社会环境或历史文化背景中产生的，因而必然带有某个社会阶段或那个历史文化的道德认知水平的局限性。如某些共识总是在一定的偏见下形成的，有的本身就是偏见。但理想设置则是从一般共性或理性事实出发，如同康德的目的王国的设置。在这个意义上，它更具有一般合理性，并对现实道德生活具有指导意义。

思考题

1. 简析契约论在伦理理论论证中的作用。
2. 简析契约论的特征。

第九章

自利契约论

自利契约论是社会契约论传统中的重要一派。自利契约论的立场在于自利的人，从自利理性出发，相互达成对于自己有利的契约或约定。这种契约的内容既是道德的，也是政治的。霍布斯（Thomas Hobbes，1588—1679）是最重要的契约论者，也是最重要的自利契约论者。在当代契约论者中，高契尔是最重要的自利契约论者。

第一节　霍布斯的契约论

霍布斯是近代伦理思想史上富有创新思想的哲学家和伦理学家。他的哲学伦理学思想成为近代以来契约论政治哲学和伦理学的源头。这种创新既体现在他的契约论方法上，同时也体现在他对人性的理解上。

一、自然状态与人性

自然法理论是霍布斯社会契约论的理论前提。自然法理论把它的概念建构于政治社会与自然状态的区分之上。自然状态既是其理论起点，同时也是进入政治社会的必然前提。那么，什么是自然状态？自然状态也就是没有政治组织机构之前的人类状态，或无政府状态。在霍布斯看来，在这种状态中，人类不仅不知道政治为何物，而且不知道道德为何物。但这种不知道道德为何物的状态不是中国老子所说的“太上有德”的最纯然、人类道德最高的境界或状态，而是说，由于没有自然法，因而也就没有道德上的正确与错误的标准，没有是非观念，从而所有道德或不道德的行为在道德意义上都是一样的。在霍布斯看来，自然法则是人们通过契约制定出来的，自然法则也就是道德法则。在自然状态中虽然没有自然法则，但霍布斯认为，人们有着不可否认的自然权利。这种权利即是人们不可剥夺的自由权，在霍布斯看来，这种自由权不是别的，只是保存自己生命的权利。自然状态与霍布斯所理解的自由是内在相关的。他理解的自由就是行动无障碍和不受妨碍。换言之，自由就是一个人能够做他所意愿做的一切事情。自然权利也就是一个人因人性而具有的权利。因此，自然权利“就是每一个人按照自己所愿意的方式运用自己的力量保全自己的天性——也就是保全自己的生命——的自由。因此，这种自由就是运用他自己的判断和理性认为最适合的手段去做任何事情的自由”①。自然状态的一个本质特征就是不受阻碍地行使保全自己生命的自由权。

虽然人们有着不受阻碍地保全自己生命的权利，但是，由于没有一个至上的权威，因而这种不受阻碍的自由权利遭到了人们之间的自由行使所导致的致命打击。霍布斯要我们注意到“权利”与“法则”或“律”之间的区别。权利在于有做什么或不做什么的自由，而法则或律则是约束。律与权利的区别就像义务与自由的区别一样，前者是必须履行的义务。自由在自然状态下是没有约束的，但是，在自然状态下人的生命安全随时都有可能受到威胁。为什么在自然状态下人的生命安全最容易受到威胁？霍布斯首先假设在自然状态下，人的物质条件相对匮乏。更为重要的是霍布斯对人性的假设，人类有着一个共同的人性，这个人性就是趋利避害的自利人性。在霍布斯那里还有一个前提条件，即人的天然或自然平等。在霍布斯看来，人与人之间，没有谁在身体与心智方面超过谁很多。即使某人的体力比另一人强，但最弱的人运用智谋，或与处于同一危险境地的人联合起来，也足以杀死最强的人。由于人的天然平等，同时由于人的自利人性，即人为了求得利益、求得安全等，必然相互争斗。为了保护自己，最好的办法就是先发制人，然而，侵犯者本人也面临着来自别人的同样的危险。霍布斯把这称为每个人对每个人的战争。他指出，这种战争状态不仅是指实际的战争行动，而且是指普遍存在的相互争夺的战斗意图。首先，在这样的状态下，产业无法存在，文学、艺术等都不存在，“最糟糕的是人们不断处于暴力死亡的恐惧和危险中，人的生活孤独、贫困、卑污、残忍而短寿”②。其次，则是在这样一种战争状态中没有公正或正义观念，从而也就没有公正与不公正之分，暴力与欺诈是两种主要的“德性”。

这样一种状态无疑是人们无法忍受下去的状态。最为严重的是，人们的生命随时处于危险之中。由于人们对死亡的恐惧和理性的作用，因而人们把保全自己的生命作为自然法则的基本内容。霍布斯认为，理性所发现的是一般法则或戒律。这类法则或戒律“就是禁止人们去做损毁自己的生命或剥夺保全自己生命的手段的事情，并禁止人们不去做自己认为最有利于生命保全的事情”③。

霍布斯认为，在自然状态中没有法律也没有所谓法则，发现保全自己生命的自然法

---

① 霍布斯．利维坦．北京：商务印书馆，1985：97.

② 同①95.

③ 同①.

则，意味着人们即将走出自然状态。在霍布斯看来，是理性发现了这类自然法则。由于在自然状态中人的生命存在随时受到人对人的战争的威胁，因此，理性发现的第一自然法则是："每一个人只要有获得和平的希望时，就应当力求和平；在不能得到和平时，他就可以寻求并利用战争的一切有利条件和助力。"① 这一条自然法则可分为两个部分：寻求和平与信守和平，以及利用一切可能的办法来保卫自己。霍布斯认为，理性并不会因此而止步。依此第一自然法则，也就必然得出第二自然法则。人们在为了和平与自卫的目的而认为有必要时，会自愿放弃自己的一部分权利：在自然状态中伤害他人和报复他人的权利，也就是转让或捐让一部分权利。人能这样做，是考虑到对方将某种权利回让给自己。如果没有人像这样放弃权利，那么任何人都没有理由剥夺自己的权利。如果每个人都有做自己想做的任何事情的自由，那人与人就永远处于战争状态，这就等于自取灭亡。霍布斯在这里说走出战争而寻求和平的关键一步在于转让自己的权利，然而转让权利并不是某一个人单独做出的事，而是一种社会全体成员所做的事。霍布斯说："在别人也愿意这样做的条件下，当一个人为了和平与自卫的目的认为必要时，会自愿放弃这种对一切事物的权利；而在对他人的自由权方面满足于相当于自己让他人对自己所具有的自由权利。"② 这就是霍布斯的第二自然法则。这样做，也就是社会契约。所谓契约，也就是大家都同意这样的条款，并且使得大家都遵守。或者说，人不应使自己自愿的行为归于无效，这就是人的责任。但是，霍布斯认为，契约是言词而不是剑，契约必须得到强制力量的保障。这就是霍布斯的第三自然法则：所订信约必须履行。信约的履行是以剑为后盾的。在霍布斯看来，只有使人们在破坏信约时所受到的惩罚比所期望的利益更大，才能强制人们对等地履行其信约，并强制人们以对等的方式来维持通过相互约定作为放弃普遍权利的补偿而获得的所有权。霍布斯所提出的第三自然法则，也就是他为专制王权进行辩护的理论依据。③

霍布斯得出第三自然法则，与他的人性论思想有内在关系。从第一自然法则进到第二自然法则，则是走出自然状态的关键一步。当然，依霍布斯的逻辑，当人们的理性发现了第一自然法则，也就必然发现第二自然法则。那么，理性为什么会有这样的作用呢？这是怎样一种理性？毫无疑义，这不是康德的实践理性，而是一种计算理性，或基于自利前提的计算理性。因此，霍布斯的人性论与他的理性观的内在一致共同导致了这样一个结论。

霍布斯对于自然状态中人的悲惨状况按他所能想象到的那种图景进行了描画。在自然状态下，人们追求自我利益的安全，但结果却是相互残杀，导致了自身利益的丧失和不安全，甚至自己过早死亡。因此，其动机与效果适得其反。霍布斯明确告诉我们，他为我们描画的这幅人性恶的画面，并没有从道德上贬抑人性，这样做并没有攻击人类的天性，人类的欲望和其他激情并没有罪。霍布斯描画了一幅自利、自私的人性画面，但

---

① 霍布斯．利维坦．北京：商务印书馆，1985：98.

② 同①.

③ 这是因为，依据第三自然法则，才有超级权力机构利维坦的诞生。全体社会成员交出的权利，都归于这一公共权力机构所有。但是，臣民交出的权利不得回收，并且臣民必须服从这个主权者，在一定意义上是无条件地服从。

他并不认为这样的人性应当从道德上进行谴责，而是把人类的人性当成一种不可更改的前提来提出问题和讨论问题。霍布斯以经验证明，即使是在有国家法律保护的社会条件下，人们也感受到人的这种天性的威胁并且有对这种天性的恐惧。他说："当他外出旅行时，他要带上武器并设法结伴而行；就寝时，他要把门闩上；甚至就在屋子里，也要把箱子锁上。他做这一切时，自己分明知道有法律和武装的官员来惩办使他遭受伤害的一切行为。"①

人之所以要走出自然状态，是要摆脱那种恶劣的生存状况。摆脱那种恶劣的生存状况，目的并非在于改变人性。霍布斯认为并没有一种变化的人性观，在他看来，人的自利自私本性是不可更改的。摆脱死亡的恐惧是使人脱离自然状况的激情动因，而真正能够使人摆脱自然状态的是人的理性，即人的计算理性。换言之，处于这种恶劣情况下的人早晚能够发现那种使他们摆脱这种状况的自然法则以及相应的契约行动。人们经过无数次博弈，理性将发现，如果相互残杀下去，对谁都没有好处，那么，唯一的出路就是大家相互妥协，走一条共同和平繁荣的路。

二、自利基础上的契约伦理

对于霍布斯而言，行为具有道德意义起始于第二自然法则的确立。正是由于第二自然法则，人们共同确立契约，也就使人类走出自然状态。依霍布斯的理解，在自然状态下，人类的行为没有道德意义。因此，第二自然法则确立是关键性的一步。同时，确立第二自然法则也是人类进入政治社会的关键，因为如果没有第二自然法则，同样也就不可能使人类脱离自然状态。在此，我们要更多地讨论其伦理意义。

霍布斯在第二自然法则的阐述上，有一段更进一步的解释。他说："当一个人为了和平与自卫的目的认为必要时，会自愿放弃这种对一切事物的权利；而在对他人的自由权方面满足于相当于自己让他人对自己所具有的自由权利。因为只要每个人都保有凭自己想好做任何事情的权利，所有的人就永远处在战争状态之中……这就是福音书上那条戒律'你们愿意别人怎么待你们，你们也要怎样待人'，也就是那条一切人的准则，'己所不欲，勿施于人'。"② 这条戒律也就是所谓的"金规"。这条金规也就是康德所批评的不能作为普遍性法则的互惠性规则。金规的道德意义在于其相互性，如果有一方做不到或不愿做到，那金规的道德约束意义就不存在了。或者说，对方不这样做，我也可以不这样做，尽管我知道不这样做是不道德的。霍布斯的伦理是一种契约伦理，这种契约伦理是建立在人们的自保自利的（自然权利）前提上的。对于霍布斯来说，契约没有改变人性，但改善了人的生存状态。从理性出发为何能够发现这样一种契约和平？霍布斯认为，如果不那样，就会永远处于战争状态。这是摆脱恶劣的人类状态的唯一选择，通过这样一种集体行动，每个人的生存状况得到了保障。

所谓理性的发现也就是人的"深谋远虑"，自然法则是人的深谋远虑或审慎考虑的结果。霍布斯的理性概念相对于人类的自我保存、自我维护的本能或目的而言，具有一

---

① 霍布斯．利维坦．北京：商务印书馆，1985：95．但有人提出了不同的意见，参见：徐向东．自由主义、社会契约与政治辩护．北京：北京大学出版社，2005：5。不过，我们认为，从霍布斯在《利维担》中所表现的对人性的看法来看，关于霍布斯人性观的判断——人性是自私或自利的——应当是正确的。

② 霍布斯．利维坦．北京：商务印书馆，1985：98．

种工具主义的特征，但同时也是一种能力，或理性能力。这种理性能力能够告诉我们什么行为是最有利于我们自己的行为。同时，理性能够告诉我们什么是正确的或错误的行为。因为对比自然状态，人们的行为开始有了自然法则也就是道德法则的约束。霍布斯明确说到，关于自然法则的科学是唯一真正的道德科学。霍布斯明确提出自然法则就是道德规则。有了指导行为的普遍法则或道德法则，有了行为的是非观念，也就能够知道什么是正确的或错误的行为。

就霍布斯的契约论而言，人类社会的道德规则建构于社会契约，社会契约是根据全体社会成员的同意或协议而建构起来的。霍布斯在他的论著中讨论了多条他认为重要的自然法则，这些自然法则都可以被看作道德规则。如接受恩惠而感恩，与他人和谐共处，不得蔑视他人等，一共十一条自然法则。但最为重要的是前三条自然法则，其余的自然法则是从这前三条引申而来。无论是哪一条自然法则，都是人们为了自我保存和自我维护的需要。在霍布斯看来，道德是人类状况的改善和人类文明的必要条件。如果没有道德或社会的道德条件，人类将永远处于自然状态之中。在这样一种处境中，个人的状况是悲惨的，而深谋远虑的理性是人人都具有的。因此，人从本性上必然发现和平对所有人都有好处，或者说，合作能够带来相互利益的增多或盈利。契约不仅建构起了道德法则（自然法则），而且建构起了一个政治权威或有着政治权威的、高于个人之上的社会机构。这个社会机构或政治社会制度不可把具有道德意义的自然法则分离开来看待。在这里，社会制度就已经把道德意义建构于其中了。一方面，从道德上看，契约的履行与不履行是正义与不正义的标准；另一方面，政治的服从与不服从也就成了政治上的正确与错误的标准。但霍布斯的问题是，他没有像洛克那样认为，通过契约所建立的政治权威其本质意义在于它对人民生命权、自由权的保护，如果不能使人生活得更为自由和幸福，而像奴隶制度下的奴隶那样，那还不如回到自然状态。

从道德意义上看，自利的人如何能够保障全体成员在契约行动中都能遵守契约，是一个很难解决的问题。霍布斯的道德义务是从自我维护的前提中产生的。但产生之后，人们维护道德义务或道德法则本身成了义务。霍布斯认为，一个契约或协议能够成为人们行动必须遵守的义务，在于能够给协议的各方带来利益或合作的好处。因此，人们为了维护自己的利益，就必须履行相应的契约义务。但是，如果人们违背契约而能够得到更大的好处，人们是否就可以不履行契约或协议？

霍布斯也考虑了这样的情形。霍布斯假设一个愚昧的人相信，立约不立约，守约不守约，只要有助于个人利益，就不违反理性，并且以成者为王、败者为寇为理由，认为只要成功了就不违反理性，因而也就没有什么不正义之事了。霍布斯反驳说，应当从这样的视角来考虑：如果他人履行了信约，我也履行的话，这不能说是违反了理性。这正如在自然状态中，人人相互攻击而没有人认为是违反了理性一样。但在一个已经订立盟约而人人都受到盟约保护的状态下，每个人都指望能够通过联合来得到同样的保护。因此，“要是有一个人宣称他认为欺骗那些帮助他的人们是合理的行为，那么，他有理由能够期待的保障安全的手段便只是从他一个人单独的力量中所能获得的手段。因此，破坏信约之后又宣称自己认为这样做合理的人，便不可能有任何结群谋求和平与自保的社会会接纳他，除非接纳他的人看错了人"[①]。霍布斯认为，即使他被接纳了，也不能因此而看不到其中的危机，这是因为别人的错误而接纳了他，但一个人不能靠别人的错误作为保障自身安全的手段。应当看到，霍布斯意识到了集体行动中逃票乘客存在的问题。但是，如果这样的逃票乘客永远发现不了，那该怎么办？实际上，霍布斯无法面对这样的问题。这是因为，霍布斯的人性观和自利理性观决定了他最终诉求的仍然是个人利益或一己利益的重要性。而康德式的道义论认为，只要是出于责任的行动，就是道德的，甚至是高尚的，即使是对自我利益有损害的行动。但霍布斯的理性与义务都在于维护自我或自我保存。不过，霍布斯的自利契约伦理也揭示了道德的一个方面：即使从自我利益的层面看，站在多数人的立场上，道德对于人类的利益甚至其中每个成员的利益来说也都是有益的。从这里也可以看出，霍布斯开启了一种工具主义的道德观。

第二节　高契尔的契约论

高契尔（David Gauthier，1932—　）的契约论是当代最重要的自利契约论。高契尔承继霍布斯的理论，将霍布斯的理论做了最充分的发挥。高契尔与霍布斯一样，认为人的自我维护或自我利益是人之所以需要道德的根本原因。人之所以需要道德，从根本上看是因为自我利益。

西方社会发展到近代以来，基督教的权威地位开始动摇，从而导致道德的基础危机。这是因为，中世纪所形成的传统观念认为，道德是上帝的律令，而当尼采喊出上帝死了，西方社会的道德基础也就动摇了。在高契尔看来，这种危机自从基督教衰败以来一直没有解除，如麦金太尔在《德性之后》中所指出的为道德进行论证的系统失败。高契尔抱有一个很大的愿望，即要为没有宗教基础的世俗道德寻找一个客观基础。这个客观基础就是人的自利本性或人的自我利益的维护。

一、囚徒困境与交互行动

霍布斯的自然状态实际上讲的是自利的人相互不信任从而导致的战争状态。一个自利的人并不是一个单独存在而不与他人交往的人，而是一个处于交互行动中的人。每个人都是理性的人，每个人都从自己的深谋远虑的理性计算出发来为自己谋划。然而，由于相互之间没有信任，只有猜疑，所以最好的策略或最合乎理性的行动就是先发制人。理性人的相互行动也就形成一种战争状态。霍布斯在这里实际上讲了理性的人不能相互合作而带来的悲惨后果。同时，霍布斯通过社会契约的建构，使得处于悲惨境地的人们过上和平生活，从而才有了人类的兴盛。霍布斯指出人类的合作比不合作更为有益。道德对于人类的自我保存或自我维护来说是必要的，如果没有道德或社会的道德机制（在霍布斯那里，道德或自然法则是社会制度的内在要素），人类就仍将处于自然状态。然而，合作也会产生问题。如多数人都合作，但有人不合作却享受多数人合作所带来的好

① 霍布斯．利维坦．北京：商务印书馆，1985：111．

处。这就是所谓逃票乘客或搭便车的问题。这些人享受着合作带来的好处，却不为合作做贡献，甚至破坏合作。多数人的合作也许方便了少数人搭便车。

囚徒困境的设置形象地说明了自利人的交互行动的问题。假设甲、乙两人一起携枪准备作案，被警察发现抓了起来。警方怀疑他们还有更严重的犯罪行为，但没有掌握证据。于是，把两个犯罪嫌疑人分别进行审讯。警方告诉这两个人：如果主动招供，处罚就会减轻；如果拒不招供，而对方招供，那么所受到的处罚就会加重；如果两个人都招供，那么两个人都要受到严惩，只不过比一个人拒不招供要轻一些。但由于分别审讯，双方都不知道对方是与警方合作，供出自己，还是与自己合作，保持沉默。这一囚徒困境可能出现的是如下四种选择后果：

> （1）如果甲不招供，而乙招供了，那么，警方会把乙释放，甲会因拒绝与警方合作而被判10年徒刑。
>
> （2）如果甲招供了，而乙不招供，同样，警方会把甲释放，乙则面临着10年徒刑。
>
> （3）如果甲、乙都招供了，那么，甲、乙都会被判处5年徒刑。
>
> （4）如果甲、乙都拒不招供，那么警方由于没有足够的证据，只能判甲、乙各1年徒刑。

警方把这样一种处置后果告诉甲、乙两人。对于甲和乙来说，这种处置后果是对称的。但是，两人由于无法交流信息，因此，都不知道对方会做出怎样的选择。假设甲招供，而乙不招供，那么，乙就会因不招供而被判重刑；反之也一样。再假设两人都为了得到最大的好处，结果却只能得到比重判轻一点的刑罚。两人只有都不招供，才可能得到最轻的处罚。但双方都不知道对方是否会为了得到无罪释放的自由而把自己供出来。因此，两人在做出决策时都要冒受到最大处罚的危险。为了无罪释放而与警方合作，无疑就其中的任何一个人来讲，都是最合乎理性的选择，但这种理性的追求所导致的结果比不与警方合作所得的结果更坏。

在这样的情形里，假设那个甲或乙就是你，你会做出怎样的选择？这里的假设是，这里的两个犯罪嫌疑人都有一种无限度地追求自己利益的自私本性，为了自己能够得到最大的好处，那就是选择坦白，但结果则是被判5年徒刑。但假设一个很自私，另一个则不是，而是想维护两人的共同利益，则有可能很自私的那个反而得了好处，而那个想为他人着想的人却得到了最坏的结果。囚徒困境之所以是一个困境，就在于，个人认为最合乎理性的行为，结果却远没有想象的那么好。囚徒困境的设置无疑是一个思想试验。但这样一个试验则是一个处于真实的社会生活中的行动的写照。它的悖论在于，每个人认为是最合乎理性的追求自我利益的行动，所导致的是集体非理性，如公地悲剧、公海悲剧等。所谓公地悲剧，也就是每个到公地放牧的人，都是一个有着自利理性的人，都希望自己多养一点牲畜，总不希望自己比别人养得少，结果导致的是有限的公地被过度消耗，从而使得大家都无法放养牲畜。囚徒困境所再现的也就是霍布斯的自然状态。在这种自然状态中，每个人都在追求自己利益的最大化，但结果却导致了一幅悲惨的人类状况。囚徒困境告诉人们，我们每个人追求自我利益的行动，都不是与他人无关的，都不是孤立的，而是在一种交互影响中进行的，个人的行动实际上是一种交互性的活动或集体性的活动。个人无限制地追求个人利益导致的是一种总体性的影响，即所有人包括自己的个人利益不可能最大化地实现，甚至遭到损害。

囚徒困境的出路在于：(1) 从个人对自我利益的追求来看，每个人都应放弃对自我利益最大化的追求，而选择有约束地追求自我利益；(2) 选择有约束地追求自我利益，是考虑到他人的存在，考虑到他人利益的需要，有约束地追求自我利益也就是选择与他人合作。通过选择合作所得的利益，无疑比不与他人合作、不考虑他人存在所得的利益更大、更好。每个人通过与他人合作所得的利益，比一个人不合作所得的利益更大，这也就是所谓的“合作盈余”。

囚徒困境给我们的启发还在于，如果我们考虑到那个想与他人合作，最后却得到最坏结果的人，那么，我们就可以知道，合作中仍存在着那种逃票乘客或搭便车的问题。如果在一块公地放牧，大家都遵守一个相互约束的协议，那么牧场就不会遭到过度放牧的破坏。但在这里却有某一个人，他虽然与其他人一样签订了协议，但却想：除了自己之外，人人都会遵守协议，只有自己不遵守，自己一个人多放牧并不破坏牧场，但却可以带来更多的自我利益，因此，我就破坏那个协议。破坏协议者由于搭了便车，比其他人得了更多的好处。假设在囚徒困境中，如果让两个人商议好了再分开审讯，同样会出现这样的问题，即使他们建立了攻守同盟，但在实际利益面前，谁也保不住最后不会反悔，而那个信守协议的人总是最倒霉的人。这与市场经济中的毁约现象是一样的，如果能够逃避惩罚，或者惩罚没有毁约所带来的利益大，那么人们总是倾向于毁约。

逃票乘客的问题在于，合作的展开或进行首先需要人们具有遵守协议的诚实守信的德性，如果没有这种基本的德性，如果一味地追求自我利益的最大化，那么人们的协作就会出问题。这种情况表明：人们的活动是相互影响的，人们的利益不仅受到自己行为的影响，而且受到他人行为的影响。在这样一种协作中，采取哪种行动策略，我们必须考虑他人也可能采取怎样的行动策略，否则我们就有可能让他人占便宜，而我们自己则可能吃亏。对于人们的行动方针，有这样四种可能性：(1) 在其他人都按尊重他人的方式行动时，你则按照最大化自我利益的方式行动；(2) 在其他人都以无限度地最大化自我利益方式行动时，你按照尊重他人利益的方式行动；(3) 每个人都按照无限度地最大化自我利益的方式行动；(4) 每个人都按照尊重他人利益的方式行动。

最好的状况是第四种状况，即一种人人都尊重他人利益的状况。在这里，人人都会尊重他人的需要，同时，每个人的需要也都受到他人尊重，你也不想多得他人的好处，他人也不想多得你的好处。人人都会因合作而得到一种比不合作更多、更好的利益，但却不可能得到那种占别人便宜的利益，这是一种没有逃票乘客的状况。第一种状况是一种你可以在其中占便宜的状况。其他人以尊重他人利益的方式对待你，他们会尊重你的利益与需要，你会从他人的诚实守信中得到好处，但长此下去你可能会被人看破，从而使得你的处境很被动。就像在公地放牧的那位搭便车的人那样，会引起人们的公愤。但只要不被发现，无疑他会过得很好。但如果人们因此而发现，你之所以比别人过得好，是在于你不遵守协议，不约束自己对自我利益的追求，并且你没有受到任何惩罚，那么，可能人人都会觉得，每个人都应像你那样成为一个无限度地自我利益的扩张者。如果是这种情况，合作就已经开始出现危机。在第二种状况中，这样的群体中人人都在无限度地最大化自己的利益，而不顾他人的死活。如果只有你是尊重协议、尊重他人利益的人，你就会发现你处处吃亏。你不仅得不到他人的帮助，而且他人处处占上风。在这种情况下，协议将变得毫无意义。第三种状况是，你自己也成为无限度地最大化自我利益的人，那么，你会发现，没有人会尊重他人利益，包括你自己在内。人们可能随时采取他们能够采取的手段来保护自己，同时，随时采取可能采取的一切手段来揽取利益。如果你把他人杀死就是你所能够得到你的利益的方式，那么，人们都可能采取这种极端手段。在这样一种状况中，协议已经成为人们的笑话，合作已经变得不可能，因而人们又重新回到了自然状态。

一个进入社会状态或进入政治社会状态的人类群体，是不可能再让自己回到自然状态的。但依靠什么？霍布斯所依靠的是强制性的政治机构，高契尔则探讨建立一种规则性的契约合作机制。如果从自然状态作为一种假设来看待，囚徒困境所描述的就是人类社会在没有道德的状况下将会出现的情况。如果没有道德，人类社会将出现动荡与混乱，人类将贫困而孤独。

二、协议道德

囚徒困境提出了人们的集体行动问题。它告诉我们，如果我们无限制地最大化自己的利益，而不顾及他人的利益和需要，那么，就可能无法有效地得到我们所应得的利益，每个人的生活将变得越来越坏。囚徒困境告诉我们，合作比不合作从总体上看将产生更好的后果，虽然不是最好的后果。那么，怎么才能使得人们更好地进行合作或遵守协议？这就是必须要有理性的约束，使得人们能够遵守某些规则。

高契尔不排除人们行动的动机在于满足自我的利益与需求，但同时意识到，如果不遵守一定的道德规则，人们就不可能进行一种协同性活动。类似于霍布斯，高契尔认为自我利益的维护必须要有道德规则或对道德规则的遵守。在高契尔这里，最理想的状态是，如果不需要道德规则或对规则的遵守，我们就可以最大限度地满足自我利益或实现自我利益。但这种理想状态在实际的人类社会生活中是不存在的。正因如此，我们才需要道德规则。

高契尔有一个从自利人出发的理性概念，这就是他所谓的“最大化的理性概念”(the maximizing conception of rationality)。按照这一概念，如果行动者采取行动A能够最大限度地实现自己的利益，那么行动者就有充分的理由采取行动A。也就是说，行动者采取行动A是合乎理性的。这个最大限度，也就是尽其所能地实现对自我利益的追求。高契尔的这个理性概念，既来自他的自利人的立场，同时也是后果论的。无限制也就是无限度地追求自我利益或个人偏好、愿望等。这是一个站在自利人的立场上所认同的理性概念。无限制地追求预期中的自我利益，又被称为直截了当的最大化(straightforward maximization)，即完全不考虑他人的存在，尽一切可能的手段来实现自我利益的最大化。但完全不考虑他人的存在就会导致类似于囚徒困境那样的局面，最终所导致的可能正好与自己要追求的最大化目标或愿望相反。不过，行为者的最大化追求，可以仅就自我的个人利益而言，也可以是共同利益。如果最大化是通过共同利益的途径来实现的，那就必然意味着对自我利益的限定，即在共同利益的获取中达到最大化的个人利益。两相比较，高契尔认为，真正合乎理性的行动是“有限制的最大化”(constrained maximization)。有限制的合理性在于我们的行动是在与他人的相互关系中展开的行动，任何一个人选择自己的行动目标都会面临一个问题，即如何与他人合作的问题。他只有这样几种行为模式可以选择：或者与他人敌视，或者假装与他人合作，或者真正与他人建立契约关系。而进入与他人的契约关系，也就必然要考虑或尊重他人的同样的追求。因此，高契尔说：“所谓‘理性行为者’就是为最大化实现其偏好而行动的人，而且是对其行为方式的约束，道德产生于与其他行为者的交往的效应。”①

高契尔不仅强调在自利立场上人们对自我利益追求的合理性，即认为人们对自我利益的追求是理性行为，而且强调“深思熟虑的”（prudent，或译为审慎的）理性。同时，他把审慎的理性与道德联系起来，认为这两者有内在关系。在西方伦理学史上，义务论的伦理学对个人偏好的审慎考虑，并不被看作在道德要求之列。高契尔从囚徒困境出发，指出当每个人在选择自己的效用最大化时，与那种每个人都可获利的方案相比较，结果将是互相不利的，即没有人能够在他人不受损的情况下受益。由于这种情况普遍存在，所以大家应该一起对自己的效用最大化追求给予约束，每个人都将从这种约束中受益或获利。没有人有理由接受单方面的约束，即只有自己受约束而他人不受约束，但如果某人从他人的约束中所得多于损失，那么他就没有理由不接受这种约束。也就是说，他会要求包括自己在内的所有相关行动者都接受这样的约束。“我们可以想象这样一种实践能够在选择彼此交往所应遵循的条款的理性人群中获得一致赞同。而且这种一致赞同（协议）就是道德之基础。”②

正是人们对自我利益的深思熟虑或理性的考虑，使得人们能够建立某种协议或契约关系，遵守某种共同的约定（道德规则）。高契尔假定我们每个人都是具有利己倾向的人，我们每个人都只会对自我利益的增进感兴趣。他完全没有意识到，有人有着圣徒般的品格，能够无私地为他人着想。在他看来，当帮助他人能够带来自我利益时，我们无疑会帮助他人。如果为他人提供帮助的代价很低而所获得的好处又是相当可观的，无疑我们每个人都愿意为同伴提供帮助，因为那样，我们自己的利益也得到了增进。因此，每个人接受对其直接追求自身利益的动因给予某种约束，这样所有人包括我们自己都能获得合作带来的盈余利益。“反思引导我们识别出遵守这种互助的人在交往中享受好处，不遵循无法享受这种好处。于是，我们可以把这样一种实践描绘成对每个人在理性上都是可接受的。”③

在高契尔看来，首先，道德是一种约束性条款。他说：“我把道德等同为选择交往条款的理性人所赞同的那些约束，我这样做乃是在进行理性的重构。我并未设定我们实际上已经同意现存的道德实践和原则。我也未设定当前所有的道德实践都会得到我们的同意。……我所设定的是：可证明的道德实践就是能在适当的前道德环境中得到我们事

---

① 高契尔．为什么要诉诸契约主义//包利民．当代社会契约论．南京：江苏人民出版社，2007：51.

② 同①50.

③ 同①.

先同意的那些实践。”[①] 这里几乎是对霍布斯的社会契约论的道德论的一个简要重述。不过，高契尔表明了他对道德的看法，道德是我们合作的社会机制或保障机制，没有道德约束，人们之间不可能存在互益性的实践。其次，道德是人们之间的相互协议。但这个协议无疑具有假设性，他认为，我们作为有自利理性的人，如果处在那样一种状态，无疑会同意那样的协议。假设性的协议虽然不是现实中的协议，但它为我们的现存道德条款提供了一种检验。

高契尔的契约协议是假设性的，但同时他认为它可以得到市场经济的经验性的证明。高契尔的自利人实际上就是经济理论假设的自利经济人，即市场经济中把实现自我利益最大化作为唯一目标的经济人。囚徒困境则指出了无限制地追求自我利益的最大化必然带来的困境，同时也表明了自利经济人之间在追求自我利益上存在着本质的对立与冲突。自利经济人达成的协议就是对各自目标的一种限定，或有着根本冲突的利益当事人或利益群体之间的妥协。遵守这个妥协性协议虽然所获利益不是最大（囚徒困境中的最大得利者是那个损害他人利益的告发者），但由于没有一个人的处境会因他人的处境变好而变坏，而且只会因合作而使得每个人都受益，所以是所有人都可以接受的。在这个意义上，高契尔的契约协议可以作为现实中的道德条款提供一种参照系。

对于道德的性质，高契尔持有一个工具主义的看法。首先，道德无疑是自利人的审慎理性所发现的，但它的本质不在那里，而在自利人的本性那里。其次，道德不是什么人的自由本质的实现，像康德、黑格尔等人所认为的那样，而只是人类合作需要的一种约束机制。道德不是什么上帝或理性的命令之类，而是一个自利人的利益需求或偏好需求所决定的。怎样才会遵守对自我偏好的最大化追求的相对约束？是审慎的理性告诉他的，这样做可能给他带来更多好处，或更大的自我利益。

囚徒困境已经告诉我们，那种毁约而自利的人，可能获得比合作更多的自我利益，即他是通过损害他人来达到自我利益的增进。这也就是所谓逃票乘客或搭便车的问题。他享受集体性的协议带来的好处，但他自己却不履行协议。这也就是霍布斯所谓“愚昧之徒”或“愚人”的问题。

高契尔认为，“愚昧之徒”犯了双重错误。第一个错误是，他想利用他人的信约来达到自己的便利目的，但他不理解，信守诺言、实话实说这些道德实践仅在倾向于遵守它们的人中才可能真正实行。如果你仅仅在对你有利时守约，在觉得不守约对你更有利、能带来更大的好处时就不守约，那么，在各自的审慎理性都为人们相互知道的地方，互利的机会将不会留给你，人们会因为你的失信记录而不与你合作。

高契尔让人们考虑这样一个例子。琼斯的农场和史密斯的农场相毗邻。他们尽管并非仇敌，但也不是朋友，以至于都不会从对对方的帮助中获益。然而，他们都意识到，如果相互帮助收割庄稼，无疑对他们双方都有好处。我们知道，收获期的收割是要抢时间的。下周琼斯就要准备收割了，两周后史密斯的庄稼也要成熟了。收获期后，琼斯就要退休，卖掉农场移居佛罗里达，在那里他不可能遇见这里社区的成员。琼斯可能许诺史密斯，如果史密斯先帮了他，两周后史密斯要收割，他将帮助史密斯。但两人都知

① 高契尔．为什么要诉诸契约主义//包利民．当代社会契约论．南京：江苏人民出版社，2007：52.

道，两周后帮助史密斯对琼斯来说，纯粹是付出代价。即使史密斯帮了他，他回报这个帮助也不会获得什么，因为他即将离开此地，而他本来也不太乐意帮人。因此，史密斯知道他的这种性格倾向，也就知道即使帮了琼斯，琼斯也不会在他需要帮助的时候来帮他。所以，史密斯就不会帮琼斯，即使琼斯假装许诺回报史密斯的帮助。然而，如果琼斯当真能够信守诺言，他将获得进一步的收益。高契尔以此例让人们明白，人们如果不能建立一种信用关系，在人际交往中，就不可能获得长期信用或互信所带来的合作盈余。

第二个错误是前一个错误的继续，真正倾向于严格遵守道德实践而非唯利而动的人们比没有这种倾向的人能进一步获益。因为那些受约束的最大化自利追求者将在互利合作中成为受欢迎的合作伙伴，在这种合作中每个人都依赖他人的自愿遵守，而无限制的最大化自利追求者将被排除在合作之外。

高契尔的协议道德论可以回答人类社会的长期博弈所导致的共同接受的许多共同准则问题，如对人的平等尊重、诚实守信等规则的通行。这些长期以来的人类生活所形成的规则，具有协议或约定的性质。这些协议与约定有的是长期博弈的结果，有的也可能就是社会生活中的习惯或社会生产的发展使然。如休谟所指出的货币信用的形成，以及与财产有关的约定，这些协议或约定是经过长期的商谈或妥协形成的。人们之所以采纳这些协议或约定，是因为每个人都可以从这些规则或规定中得到好处。因此，社会道德无疑起着保护人类兴盛的功能，这里自然也有着保护每一个人类个体成员的利益的功能。道德本身作为人类社会生活的共同需要而起作用。道德是人类共同生活的体系，起着制度机制性的作用。高契尔所提出的愚昧之徒所犯的错误，就在于论证了在生活中长期交往的人的互信的重要性。没有合作倾向，没有互信，也就没有人类的合作。社会合作能够给每个合作者带来比单独活动更多的利益。一加一不是等于二，而是等于三甚至更多，这就是人类能够兴盛的一个根本原因。虽然协议或约定形成的道德规则不是道德的全部，但协议的道德无疑关涉到人类的合作机制。

高契尔虽然能够证明长期博弈所产生的互信与协同，但是他的问题在于没有考虑一次性的囚徒困境问题。那些只想一次性行骗的人，在市场经济中有的是这样的机会，这些人不遵守信约，利用他人遵守信约和自己毁约为自己带来好处。同时，由于在市场经济的活动中，由于品格信息或信用信息并不像高契尔所举的那个例子那样，人的品格倾向对于市场活动的主体而言，并不完全是透明的，建立信用关系往往是凭运气而不是通过可靠的、对称性的信息。当然，高契尔通过反驳愚昧之徒的得利，也意识到了遵守协议比论证协议更为重要。但防止类似于一次性的囚徒困境给协议的履行带来的问题和给信守协议的、有约束地追求预期效用最大化的人带来的损害，仅诉诸追求最大化预期效用的审慎理性是远远不够的。实际上，这一审慎理性也就是一种工具性的计算理性，如果毁约所带来的好处远远大于履约所带来的好处，那么这一理性就不可能告诉我们说，毁约不是正确的。审慎理性可以告诉人们，长远利益胜过暂时利益，长期利益胜过短期利益，但如果人们只追求短期利益，且短期利益巨大，那么尽管这种短期利益要通过失信、背弃诺言来获得，人们也可能不顾长远的合作利益而行事。因此，对于无限制的最大化自利追求的约束不仅在于将其改变为有限制的最大化自利追求，而且在于超越自我的最大化，而不把人看成纯粹利己的，即把人性中为他的一面展现出来，以为他的精神或人性结构来改变那种一味最大化的自我追求。同时，我们还要看到道德制约的脆弱性，强调法律在制恶中的作用。深思熟虑的自利理性所做出的恶，有时道德或理性本身的制约对其来说是无力的，因而社会生活体系的稳定性或有序性还有赖于强制性的制恶机制即法律的保障。

参考书目

David Gauthier. Morals by Agreement. New York：Oxford University Press，1986.
霍布斯. 利维坦. 北京：商务印书馆，1985.
包利民. 当代社会契约论. 南京：江苏人民出版社，2007.

思考题

1. 简析霍布斯的自然状态及人性观。
2. 简析囚徒困境及其伦理意义。
3. 简析高契尔的协议道德观。

第十章

非自利契约论

自利契约论把道德建构在人的自利理性的基础之上，但自利理性并不是理性的全部。在义务论传统的哲学家看来，非自利的人性或理性才是道德的基础。行为所具有的正当性，而不是行为所获取的善，需要优先性的考虑。卢梭、康德的契约论强调自由意志的立法性地位，即自由平等的参与者的意志共同具有的立法意义或立法地位，由他们的意志所达成的共识决定了道德原则，并决定了道德行动的应然性。

第一节　罗尔斯的正义论

罗尔斯（John Rawls，1921—2002）的社会契约论是当代最重要的契约论，同时也是最重要的非自利契约论。罗尔斯通过社会契约论建构的政治理论和道德理论，也是当代最重要的政治哲学和道德哲学理论。罗尔斯之后，斯坎伦在罗尔斯的基础上继续发展了非自利契约论。当代非自利契约论是对古典契约论传统中卢梭和康德的契约论精神的发展。

一、自由平等与社会协议

罗尔斯的理论在于论证建构社会制度的正义原则。在罗尔斯看来，社会基本制度是影响我们终生的追求与人生期望实现的制度，我们只能生入其中，死出其外。因此，一个社会的基本制度对于一个社会成员的影响是无处不在的。只有一个正义的社会制度才是我们值得维护和值得生活于其中的制度。社会制度的基本德性是正义，一个社会制度如果没有正义，或失去了正义，就没有存在的意义与价值。那么，我们如何才能从理论上证明怎样的正义原则是我们所需要的？罗尔斯所诉诸的是一种社会契约论的方法。罗尔斯需要这样一个方法，在于罗尔斯理论中几个最基本的理念决定了罗尔斯理论的特点。

首先，罗尔斯的个人概念不是霍布斯和高契尔的自利的个人概念，而是一个政治哲学意义上的自由平等的个人概念。其次，它是基于自由平等的个人概念上的社会合作概念。罗尔斯把社会看成一种合作体系，是一个自由平等的公民的合作体系。但是，自由平等的个人是基于什么条件进入合作或合作体系的？我们能够把自由平等的公民之间的合作条款看作一个至上的权威强加给他们的吗？如中世纪的上帝观念就是这样一种观念，在基督教看来，人们行动的规则以及社会合作的规则（道德规则）都是上帝所给予的。在中国的传统专制社会中，社会规则是至上的权威机构所颁布的，臣民只有服从的义务。罗尔斯认为对社会合作条款的这样一种理解不是民主制度下的合作的理解。与自由平等的个人概念相应的社会合作，是在尊重自由平等的公民的意愿前提下的合作。怎样才能体现自由平等的公民自己的意愿？这就是契约的概念。或者说，通过社会契约的概念，能够体现自由平等的公民自己的合作意愿，或者说，在社会契约的形式中，人们能够依据自己的理性或意愿来选择真正体现他们自己意向的正义原则，依据这样的原则来指导建构社会制度。

为什么应当尊重每个公民的意愿或公民的意愿应当在合作的条款中得到体现？这是因为，每个公民是自由平等的，或每个公民相对于其他公民而言，都是自由平等的。在罗尔斯的视野里，民主社会没有特殊公民，没有享有特权的公民。怎样理解公民的自由平等性？公民的自由平等性也就是公民的权利平等。罗尔斯说："平等的公民自由是确定不移的，由正义所保障的权利不受制于政治的交易或社会利益的权衡。"① 公民的自由平等是以任何借口也不能侵犯的。公民的自由平等即为平等自由权。平等自由是一种权利，或公民的一组权利，这在罗尔斯那里，为其正义的第一原则所表述："每个人对于平等的基本自由的完全充分的体系（fully adequate scheme）都拥有一种平等的权利，这种自由的体系是与对所有人而言的相似的自由体系相容的……在正义的第一原则中，平等的基本自由可以具体表述为下列项目：由个人的自由与（人格）完整性所具体规定的那些自由；最后是法律规则所包含的各种权利。"② 罗尔斯一共提出了两个正义原则，第一正义原则优先于第二正义原则，所谓优先，也就是说这些基本自由不可以任何借口来加以否定或逾越，它是优先保护的各种权利。这些权利基本上是个人的自由权，包括某些基本的自由和公民权利。在民主社会，每个公民享有着最大限度的与他人的自由相容的自由平等权，如良心自由、政治自由、个人财产自由等，这些自由也就是公民所享有的权利。

社会契约本身是公民的这种平等自由权利的体现。同时，契约体现了自由平等的公民的合作意愿，这种合作意愿又称为公共理性。只有自由平等的公民的公共理性才是公民服从的理性，契约所体现的理性是一种公共性的理性，即体现所有参与立约者的意愿

① John Rawls. A Theory of Justice. Cambridge, MA: Harvard University Press, 1971: 4.
② John Rawls. Political Liberalism. New York: Columbia University Press, 1993: 291.

的理性。自由平等的公民是抱有不同的善观念和自我善追求的个人，社会契约是不同的利益个体相互妥协的产物，它能够集中体现有着不同善的追求的、自由平等的公民的公共理性，或者说，公共理性能够通过社会契约的形式建构出来。

公民的自由平等权利可以被看作前契约状态中的公民观的一个预设。但是，如何能够体现公民的这一特性，或者说，公民如何才能在契约行动中体现自己所拥有的自由平等权利，从而可以得出结论，这一社会协议体现了公民的自由平等权利？罗尔斯意识到，现实社会中的人，由于运气的不同而处于不同的社会地位或经济地位；同时，由于运气的不同，不同的人所受的教育以及智力水平都是不同的。因此，在实际生活中，人们实际上是不平等的。如果从人们的实际地位出发，假设让人们达成一个关于社会基本制度的协议，那么，处于优越社会地位的人必然会立下保证自己地位的有利条款，而属于社会弱势群体的人则会处于一个不利的地位，其协议的条款并不一定能够保护他们或者使他们的处境得到改善。罗尔斯意识到，民主社会所确立的人人具有的自由平等权利与人们在社会生活中的出发点以及实际状况的不平等之间存在着深刻的矛盾，而一个正义的社会制度就是要消除这些运气偶然性因素给人们带来的不平等，或者把不平等抑制在一个正义社会所能接受的范围内。罗尔斯的理论目标就在于，要从理论上论证正义的社会基本制度的必要性与合理性以及它的长期稳定性的可能性。在罗尔斯看来，对于一个自由的公民来说，在一个正义理想的社会制度下生存比什么都重要。因此，指导正义制度的根本性原则，是比其他一切政治原则和道德原则都更为重要的原则。

在罗尔斯看来，必须要有一个适当的设置来体现现代公民的这一特性。霍布斯、洛克、卢梭以及康德的古典契约论，有着消除现实社会中人们的差别，确认人们的自然权利的作用，这个作用是通过自然状态的设置来获得的。同样，罗尔斯以一种类似于自然状态的设置来展现民主社会下公民的本质特征，这就是原初状态的设置。在罗尔斯原初状态的设置中，“无知之幕”是最重要的一个假定。罗尔斯不愿像古典契约论者那样，具体描述自然状态下的人们如何生活，而是把体现在自然状态中的人们的相互性状态进行一种哲学的抽象，从而提出无知之幕的构想。何谓“无知之幕”？罗尔斯假定：“首先，没有人知道他在社会中的地位，他的阶级出身，他也不知道他在自然资质、自然能力以及他的理智和力量等方面的分配中的运气。其次，也没有人知道他的善的观念，他的合理生活计划的特殊性，甚至不知道他的心理特征，像讨厌冒险、乐观或悲观的气质。再次，我假定各方不知道这一社会的经济或政治状态，或者它所能达到的文明和文化水平。处在原初状态的人们也没有任何有关他们属于什么时代的信息。”① 这里罗尔斯所讲的“无知之幕”，一是对人们自身的特殊状况，包括出身、天生的资质、自然能力、智力以及心理特征等一无所知；二是对社会的政治、经济状态以及文化、文明水平甚至什么时代的特殊信息一概不知。不过，罗尔斯设定，人们除此之外，知道有关人类社会的一般事实，理解政治事务和经济理论的原则，知道社会组织的基础和人的心理法则，即对所有影响根本制度正义原则的选择的一般事实，他们都是清楚的。换言之，罗尔斯排除了人与人之间有差别的所有特殊信息。各方的差别不为他们自己

① John Rawls. A Theory of Justice. Cambridge, MA: Harvard University Press, 1971: 137.

所知，每个人都有着同等的理智和相似的境况。在罗尔斯的契约论中，原初状态作为起点状态，必须从社会世界的各种偶然因素中抽象出来，不能受这些偶然因素的影响，其理由是，要在自由平等的个人之间，对政治正义原则达成一种公平一致的条件，就必须消除交易中占便宜的现象。无知之幕的设计使得所有进入契约协议的参与者都处于一种同等的地位。这是一种公平的前提条件。这种公平条件实际上是形象地再现了古典契约论的基本理念：所有人在所有相关方面都是平等的。罗尔斯说："如果原初状态要产生公正的契约，各方必须是地位公平的，被作为道德的人同等地对待。世界的偶然性必须通过调整最初契约状态环境来纠正。"①

无知之幕是严格平等的一种表述。为什么罗尔斯的社会契约论需要这样严格平等的前提条件，而高契尔的契约论完全没有这种必要性？高契尔的契约是一种根本利益冲突的自利人之间的妥协。在高契尔那里，不需要考虑每个人的处境如何，不需要考虑订约者的经济或政治地位的高低。高契尔所依据的前提是，自利的理性人能够意识到，合作比不合作好，合作能够带来合作盈余，因此相互的妥协对每个人都有利。罗尔斯的目标则不同。罗尔斯是要通过契约确立来建立正义的社会基本制度所需要的正义原则。一个理论上所论证的正义的社会环境应当比现实的社会更加公平正义。这是所有参与者的共同关切或共同利益，它不同于高契尔的自我利益的目标。罗尔斯的自由平等的公民也有自我利益或自我权利需要保护，但这只有在一个正义的社会中才有可能。因此，建构一个正义原则指导的基本社会制度在罗尔斯的契约论中居于首要地位。

无知之幕的结构使得进入原初状态的各方能够不从自我的特殊地位或利益出发，而是在一公正的立场，或从不偏不倚的立场出发来进行判断和选择。由于他们都不知道自己在社会中的地位，不知道自己所扮演的角色，当某一原则有可能使一部分人受损时，他们就都有可能拒绝这样的原则，因为受到损害的那一部分人有可能就是他们自己。因此，为了保证所选择的原则不伤害自己，他们就必然会不选择那种有损社会某一部分人利益的原则。当然，如果一个大富翁进入原初状态，进行选择的原则可能就会对他不利。但一小部分富翁的不利却从总体上更有利社会整体，尤其是有利于社会最不利者的处境。罗尔斯认为，人们的选择会以最大最小值规则作为依据。所谓最大最小值规则，也就是进入原初状态的各方，假设把无知之幕揭开，就会处于实际社会之中。实际社会中处境最不利者的状况是否能够得到改善，或得到最大可能的改善，是选择原则的最重要的考虑。或者说，在可选择方案中，那种能够给处境最不利者带来最大利益的方案，是最合乎公平正义的方案，也是进入原初状态的各方优先考虑的问题。在罗尔斯看来，降低一点富翁的财富占有量，并不是把他变为穷人，而是如果这样做更有利于最弱势群体的地位和状况的改善，那么，这就是正义的。罗尔斯认为，原初状态中的人们更关心的是如果自己是实际社会中处境最差者，这个社会制度应当如何关照他们。因此，罗尔斯的原初状态的设置，既是把所有人都放在一种不偏不倚的地位上，从行为者中立的角度来考虑未来制度的建构问题，同时又是从最弱或最少受惠群体的他者地位的意义上来考虑社会正义的。因此，罗尔斯坚持了一种公平的正义倾向。这种公平的正义恰是体现

---

① John Rawls. A Theory of Justice. Cambridge, MA: Harvard University Press, 1971: 141.

了自由平等的公民的平等权利的要求。

所有进入原初状态的各方是因为一个共同的社会关切而走到一起的，他们要达成一个集体性的契约或协议。自由平等的公民具有两种基本的道德能力，一是自我善观念的能力，二是正义感的能力。这些自由平等的公民尽管有着多种自我的善需要追求，同时仍能够按照社会正义的要求进行自我调节。他们能够依据公共证明的条款进行相互合作，因为他们都具有一种根本性的社会关切：社会正义的关切。这种关切是社会性的，它的实现不能仅仅靠单个的个体，而要求有协调性的行动。公民的正义感是实现这种协调或合作机制的有效保障。

以绝对平等的原初状态的设置作为逻辑起点，进入原初状态的自由平等的公民的各方代表，所得出的是公平正义的社会建构原则。他们不仅选择了公平正义的社会政治原则，同时也承诺了一个公平平等的社会状态。这些原则创造与维持了实现公平平等的社会状况和相互尊重的合作机制。选择这些根本性的政治原则是一种对未来的承诺，或者说，是一种理性判断的负担。协议各方把自己看成理性的或对理性负责的公民，他们都知道自己对自己的未来甚至以后的世代负有义不容辞的责任，因此，每个人是一次性地做出了永久遵守这些原则的承诺。但这样说并不意味着这个社会就没有改革的动力了，这个民主社会就可以一劳永逸地躺在历史的功绩上止步不前了。罗尔斯指出，任何一种最好的社会制度在它的运作过程中，都有发生变质、背离它的最高理想的可能。因此，改革或变革的动力就在社会政治或日常生活之中。公平正义的政治与道德原则如同这个社会基本结构的理想灵魂，人们有必要随时参照原初状态各方所做出的承诺来确保它的纯洁和正确。这是因为，无知之幕以及通过无知之幕所达成的协议，符合自由平等的道德人的根本平等。

罗尔斯原初状态的设置又是对康德的自我观念的程序性解释。康德强调理性的人能够自我决定和自我立法，罗尔斯就是以这样一个原初状态的程序以及社会制度的建构理念来表达康德的这一观念的。理性人所具有的正义感的能力，是一种理解、运用和遵守正义原则的能力；自我善观念的能力，是形成、修正和理性地追求自我善的能力。我们正是由于有了这样两种基本的道德能力，因而能够使得个体遵循合情理的与理性的原则，对自我目标进行合理的追求，同时也能证明这种追求的合理性。并且，因为有了这样两种道德能力，通过推理，人们能够达成某种既合乎正义又合乎自我利益的协议。因此，罗尔斯主张处境平等作为出发点，并不是说我们全都具有一种清晰而未受扭曲的观点，或者说因而假设了一种优先性的道德秩序。在罗尔斯看来，并不存在优先于人类推理的道德秩序，而我们的道德判断都应以此为依据来判断对错。这样一种承诺不符合罗尔斯哲学的特点，也不符合其实践目标。罗尔斯通过原初状态的设置是要建构一种道德秩序。这样一种道德秩序的建构恰是我们的道德推理能力的展现。理性使得我们能够发现这样一种秩序和原则，并且对于这些原则进行正当性的证明。在这一证明过程中，原则的内容是由我们的理性能力所决定的，这些原则表达了我们共有的理性和道德能力的信念。因此，它并不从人们的既定目的和世界观出发，它不要求人们就基本信念或哲学、宗教信仰等做出让步，而是依赖人们所接受的公共理由，从而就原则问题达成共识。或者说，从一个表达这些能力而形成的共有观点来看，这些原则是理性的人都会自愿接受和同意的。

我们由此选择了那种最能体现我们的正义观念以及善观念的正义原则，并依此进行社会基本制度或社会基本结构的设置，也就是我们依据正义原则对社会的经济、政治、法律等制度进行设计并且契合一个社会方案。这些基本制度对我们生活、情感、品格以及最终目的的影响始终存在，并且在遵守这些制度规则的意义上，最终决定我们成为何种人。上述内容表明，在罗尔斯的整个理论中，正义原则具有中心性的意义。通过我们的理性或理性能力，我们选择了最能体现我们的正义感和善观念能力的正义原则，同时，正是依据这样的正义原则，我们设置我们的基本制度。

二、两个正义原则及其解释

原初状态是罗尔斯达成建构社会正义原则的社会设置。通过原初状态中自由平等的公民代表的协议和理性选择，最终把公平正义的两个原则作为社会建制原则。两个正义原则处于罗尔斯正义论的核心地位。这两个原则及其相互关系规则是：

> 第一正义原则：
>
> 每个人对于平等的基本自由的最广泛的总体体系（the most extensive total system）都拥有一种平等的权利，这种自由的体系是与对所有人而言的相似的自由体系相容的。
>
> 第二正义原则：
>
> 社会与经济的不平等应当这样安排，以至于它们是：(1) 在与正义的储备原则一致的情况下，适合于对最少受惠者的最大益处；(2) 在机会公平平等的条件下，职务和地位向所有人开放。
>
> 第一个优先性规则（自由的优先性）：
>
> 两个正义原则应以词典式次序排列，因此，自由只能为了自由之故而被限制。这有两种情况：
>
> (1) 一种不够广泛的自由必须加强由所有人分享的完整自由体系；
>
> (2) 一种不够平等的自由必须可以为那些拥有较少自由的公民所接受。
>
> 第二个优先性规则（正义对效率和福利的优先）：
>
> 第二正义原则以一种词典式次序优先于效率原则和最大化的利益总量的原则；公平的机会优先于差别原则。这也有两种情况：
>
> (1) 一种机会的不平等必须扩展那些机会较少者的机会；
>
> (2) 一种过高的储存率必须平衡和补偿重负的人们。
>
> 一般观念：
>
> 所有的社会基本善——自由和机会、收入和财富以及自尊的基础，都应平等地分配，除非对一些或所有社会基本善的一种不平等分配有利于最不利者。①

这里的两个正义原则以及两个优先性规则和一般观念是对罗尔斯的社会正义原则以及相互关系的一个完整表述。

---

① John Rawls. A Theory of Justice. Cambridge, MA: Harvard University Press, 1971: 302.

罗尔斯提出的两个正义原则是适用于社会基本结构的原则，即它们要支配权利与义务的分派，调节社会和经济利益的分配。每一个原则对应于社会结构的一个部分，这也就意味着社会结构可以被区分为两个相对独立的部分。第一部分旨在保障公民的平等自由，第二部分则与社会及经济的不平等相关。罗尔斯所理解的平等自由是公民的基本自由，它包括：政治选举自由（选举与被选举担任公职的权利）、言论自由、集会自由、良心自由和思想自由、依法不受任意逮捕和剥夺财产的自由等（罗尔斯对基本自由项目的界定在不同著作中有一些变化，我们在对基本自由的论述中再讨论）。这些自由是一律平等的自由，这是由公民所拥有的基本权利所决定的。罗尔斯强调，这里所说的这些自由，不仅具有一种卓越的价值，而且是政治正义和社会正义的主要目的，如果不是唯一目的的话。他说："纵观整个民主思想的历史，所关注的焦点一直是获得某些具体的权利和自由，以及具体的宪法保障，例如，存在于各种权利法案和人权宣言中的具体的权利、自由和宪法保障。作为公平的正义遵循的正是这种传统思想。"①

第二原则是与财富和收入分配相关的。罗尔斯认为，虽然财富和收入分配无法做到平等，但必须合乎每个人的利益，同时，所有职务也必须向所有人开放。罗尔斯指出："人们通过坚持地位开放而运用第二原则，同时又在这一条件的约束下来安排社会的与经济的不平等，以便使每个人都获益。"② 因此，罗尔斯的第二正义原则并不单纯对应于社会经济领域里的财富分配问题，而是对应于所有有可能造成公民之间不平等的政治和经济领域的分配问题。

这样两个原则虽然对应于两个不同的社会结构领域，但是罗尔斯认为，这两个原则之间的关系是确定的，即第一原则优先于第二原则，两个原则的顺序是一种类似于"词典式"排列的次序。所谓"词典式"排列，即第一原则优先于第二原则是不可更改的。罗尔斯把这种优先性看成正义论的一个规则。所谓"优先"，不仅是说把哪一个原则放在前面的问题，而且更重要的是说：(1) 第一原则对于第二原则有着一种总的精神上的影响力和指导意义，在罗尔斯看来，这种优先是强调第二原则的运用应该永远在一套体现正义第一原则的背景制度内进行。在这一制度背景下，政治自由的公平价值将得到保证，拥有相似天赋和动机的公民大体上具有影响政策与获得政府职位的平等机会，而不管他们处于什么经济地位和什么社会阶层。(2) 两个原则并不是等值的。对前一原则的违反不可因较大的社会经济利益的补偿而得到辩护。第一原则维护的是公民的基本权利与自由，这一基本权利与自由是平等拥有的，而且是无价的，是不可以进行交换的。如任何公民的选票是不可出卖的。但后一原则涉及可比性的地位、财富与收入，以及量化财富的分配。公民对自己所得的财富是可以进行交换的。(3) 第一原则对第二原则的优先性，还体现在第二原则必须始终体现第一原则的平等精神。这种平等是至高无上的，不能以任何借口来反对。罗尔斯说："不能以这样的借口来拒绝某些群体拥有平等的政治自由，即他们拥有这些自由可能会使他们反对有利于经济增长和提高效率的政策。"③

---

① 罗尔斯. 作为公平的正义. 上海：上海三联书店，2002：72-73.

② John Rawls. A Theory of Justice. Cambridge，MA：Harvard University Press，1971：60.

③ 同①75.

不能以效率来牺牲平等，如果效率要以牺牲平等的自由为代价的话，这些社会成员就不会赞成这样的政策。正义优先于效率，即公平的正义原则如果与效率、与社会福利的总量这样的功利主义标准发生冲突，则不能以牺牲公平的正义为代价来换取效率和社会福利。

这里需要指出的是，尽管第二原则与第一原则相比，它所涉及的主要是经济利益，但罗尔斯强调，这两个正义原则具有同等的政治价值。第一原则涉及的是如何坚持政治平等的问题，第二原则则力图解决社会不平等的问题，如果必须承认不平等的合法性，也必须是在使最不利者获利的前提下。罗尔斯强调这两个原则具有同等的政治价值，是对传统的自由主义政治价值观的突破。我们知道，古典自由主义在洛克、密尔、康德等人那里，着重强调的只是政治自由或公民自由。但不仅他们所确立的自由原则把经济自由或财富占有上的自由包括在内，而且他们的政治自由原则是通过对财产权的论证得以成立的。强调财产权一直是以洛克为代表的古典自由主义的核心观点，自由权的确立在某种意义上是通过财产权的论证而得到证明的，财产权是与财富占有直接相关的。但他们的自由观使得他们对于经济不平等及其社会影响没有从理论上进行合理探讨。古典自由主义对于经济不平等所产生或可能产生的问题没有给予理论上的关注，这既与其理论倾向相关，也可能与资本主义经济发展初期不平等问题还没有严重影响社会发展有关。

从思想史的角度看，卢梭首先注意到经济不平等对于社会发展的作用。卢梭的论证是从一般人类史的意义上提出的，他认为经济不平等从来就是文明史的基本事实。对于资本主义条件下经济不平等问题的高度重视，主要的理论贡献来自马克思。首先，马克思深刻揭示了资本主义的不平等现象，从而使人意识到在资本主义条件下不平等问题的严峻性。其次，在马克思主义理论的指引下，世界共产主义运动的兴起以及社会主义国家的出现，对于资本主义世界形成严峻挑战，从而使得西方国家从理论到政策上不得不重视社会不平等问题。经济不平等已经成为当代资本主义社会发展的严重困境，这是自由主义政治实践发展到当代社会必须面对的重大政治课题。如布鲁津斯研究所前所长柯密特·高登在为阿瑟·奥肯的《平等与效率》一书所写的序言中指出的："从某种意义上说，当代美国社会的结构是双层次的。其政治制度和社会制度提供了广泛的权利分配，公开宣布所有公民一律平等。然而其经济制度却建立在市场决定收入的基础上，由此产生了公民生活水平和物质福利上的悬殊差别。这种差别必然地被作为刺激——奖励和惩罚，用来提高资源使用效率和巨大的不断增长的国民总产出的生产。平等权利和不平等收入的混合结果，造成了民主的政治原则和资本主义经济原则之间的紧张关系。"①这种紧张关系不仅是一个经济问题，而且是当代社会发展的重大政治问题，也是对民主政治制度本身的一种挑战。罗尔斯的自由主义正义原则就是在坚持自由主义的平等自由政治理念的前提下，来应对这一自由主义的实践所带来的历史困境。应当看到，以两个原则解答自由主义实践所面临的理论与实践问题，是自由主义思想史上的重大突破。

在罗尔斯的第二正义原则中，有两个重要原则，即机会平等原则和差别原则。机会平等是指所有社会成员在获得公职、教育、就业等一切社会机会方面的平等。这同样是

---

① 阿瑟·奥肯. 平等与效率. 北京：华夏出版社，1987：原序1.

平等自由的公平正义。差别原则是指社会中存在着初始机会的不平等所导致的弱势群体或者说最少受惠群体，对于这些最少受惠群体，应当从社会分配上给予倾斜，或者给予补偿。如果社会的机会原则与差别原则发生冲突，罗尔斯认为，应当机会平等优先，这是因为，机会平等原则关涉到全体社会成员，充分的机会平等即使对于少数最少受惠者来说，也是相当重要的。然而，即使如此，罗尔斯仍然认为，在这里应当体现差别原则，即"一种机会的不平等必须扩展那些机会较少者的机会"。罗尔斯的平等主义仍然体现了对于社会处境最不利者的关照。

最后一个问题是关于"基本善"的问题。罗尔斯所说的需要进行分配的东西又远不止是经济财富，罗尔斯把需要社会进行调节分配的东西统称为"基本善"(primary goods)。所谓"基本善"，就是各种各样的社会条件和适合于各种目的的手段。他认为，这些基本善对于公民能够全面发展和充分运用他们自己的两种道德能力，以及追求他们自己的明确的善的观念，都是必需的。具体来说，对于什么内容应当包括在需要社会进行调节的基本善的范畴内，罗尔斯的看法从开始到后来基本没有改变，但对这些基本善的界定却有改变。他总是把自由与机会、收入与财富，还有自尊的基础都看作基本善。后来，在《作为公平的正义》和《政治自由主义》中，他具体区分了五种基本善：基本的权利与自由、在各种机会下的移居自由和职业选择的自由、各种政府或社会的职位、收入与财富、自尊的社会基础。(与他原来在《正义论》中对于自尊与自尊基础没有严格区分不同，在《正义论》的第一、二编中，罗尔斯的基本善清单中所列的内容是自尊的基础，而在第三编中，则把自尊称为最重要的基本善，在《作为公平的正义》中，他强调作为基本善的东西不是自尊而是自尊的基础，这些社会性基础包括公民拥有的平等权利这样的制度性事实。)这与最初提出的基本善相比，既把机会这一不确定的概念具体化了，也把自由概念具体化了。罗尔斯指出，基本善是参照公民的社会环境的客观特征加以确定的。这些客观特征是：他们所得到保证的制度性权利与自由、公平机会，以及对收入和财富所抱的理性期望。罗尔斯强调，这些基本善不是公民自己的偏好和心理欲望，而是客观的。

罗尔斯强调，基本善是所有公民所必需的善。秩序良好的社会为公民提供一种制度性框架，使得人们能够得到一种公平共享基本善的机会。作为个体的公民，可以根据他们自身拥有的能力以及其他手段来修正或调整他们的目的或抱负。像收入与财富这样一些基本善，就被理解为公民在平等自由和机会均等的框架内发展其目的，且适用于所有目的的物质性手段。同时，罗尔斯也指出，这些基本善不能与任何全面性或完备性宗教、哲学和道德学说所表述的善相混淆。基本善是自由平等的人作为公民所需要的东西，不是信奉某种宗教信仰所需要的东西。基本善属于一种公平正义的政治性范畴，存在于政治观念的范围内，但这并不意味着有不同宗教信仰或不同哲学和道德观点的人不可以拥有。

在罗尔斯看来，基本善的清单中所列的内容，都是社会正义原则调节的范围。在他看来，第一原则也是指导社会调节的，是对自由调节的原则；并且，平等是两个原则尤其是第一原则的根本精神。因此，"所有社会价值——自由与机会、收入与财富、自尊的基础——都要平等地分配，除非对其中的一种价值或所有价值的一种不平等分配合乎每一个人的利益”①。应当看到，这里的“除非”引导的让步条件句给了前面所说的内容一个限定，尤其是对于财富与收入的平等分配。尽管如此，这也是罗尔斯的理论与古典自由主义显著不同的地方。自由与机会的平等分配，是古典自由主义的内容；罗尔斯提出收入与财富的平等分配，或者从整体倾向上看，平等的倾向是罗尔斯正义论的一个显著特点。罗尔斯提出对社会财富以及所有社会价值平等分配与调节，这拉开了他的理论与古典自由主义之间的距离。但罗尔斯并不像马克思，要从根本上对不平等的经济制度进行变革，从而达到经济平等。他同时承认，财富占有和分配上的不平等，只要能给每一个人带来利益，就是合理的。在这里，它是作为一种让步条件而被承认其合理性的，即它能符合每个人的利益。当然，这仅是一种最初步的解释，实际上，罗尔斯更强调的是给最少受惠者带来利益。但这个观点需要更复杂的解释才可以弄清楚。不过，在这里，罗尔斯首先确立的是这样一个基本思想：不平等分配的正义性只在使所有人得益这样一种后果上可得到辩护。这是对不平等的辩护的最低限度的标准。因此，虽然罗尔斯提出了收入与财富的平等分配的口号，但这个让步条件句却是相当重要的限定。他承认不平等在给不利者带来利益的前提下存在的合理性。当然，罗尔斯提出基本善这一范畴的意义要比这大得多。至少从正义理论来看，有了基本善这一客观性的范畴，制度之间以及人与人之间就有了可比性，同时，正义原则的应用也有了可操作性。两个正义原则从原则上阐明了公平的正义在社会建构中具有的重要性，而基本善在考察社会具体层面及其公民的实际状态方面起着具体的指标性作用。在《作为公平的正义》中，罗尔斯是在“谁是最不利者?”这一节阐明基本善的内容的。正是通过这些客观可操作性的指标，可以在社会生活中发现谁是最不利者、谁是最有利者，从而也就可以进行人与人之间的比较。通过人际比较，可以发现财富与占有上的不平等，也就使得正义原则的社会调节有了客观对象。在现实社会条件下，某些公民拥有较高的收入与较多的财富，因而也就具有较优越的实现其目的的手段。为了让最不利者或最少受惠者享有社会平等的基本自由，社会安排就应最大限度地扩大适合于这些最不利者的那些基本善。因此，通过基本善这一概念，人们可以很清楚罗尔斯的两个正义原则之间的内在联系。具体地说，由于具体的基本善的内在特性不同，两个原则需要区别对待。抽象地说，第一原则要求其运用对象具有绝对的平等性，第二原则允许其对象具有一定的不平等性，但需要以第一原则所阐明的平等的基本自由来限定第二原则，从而使其正义性至少体现在对所有相关人有利上。

三、个人原则与自然义务

个人行为原则是相对于社会基本制度的原则。罗尔斯的两个正义原则是涉及社会基本结构即社会基本制度的原则，个人行为原则则是对个体行为进行规定的原则。个人行为原则与社会制度的原则是一种怎样的关系呢？在罗尔斯的理论中，个人行为原则从属于社会制度原则。个人行为原则与社会制度的正义原则相比，在正义论体系中占有一个次要地位。这是因为，罗尔斯的理论中还有一个优先性的规定，或优先性原则。这就是不同的原则之间如果发生冲突，有一个优先考虑的原则，以及不同的原则应当遵守一种

---

① John Rawls. A Theory of Justice. Cambridge，MA：Harvard University Press，1971：62.

先后制约性次序，即前置的原则规定或制约着后置的原则。因此，如果两个原则发生冲突，则以前置原则的精神来处理。罗尔斯的理论中有着一系列的优先性：正当优先于善，第一原则优先于第二原则，公平优先于效率。这里还有一个优先，即社会制度的原则优先于个人的原则。

就西方思想传统而言，自柏拉图、亚里士多德以来，就把社会制度的伦理原则放在首位。我们知道，柏拉图的著名对话集《理想国》，就是以探讨理想社会的制度及其原则为中心的。在柏拉图看来，是制度所需要的德性决定了具有什么样德性的人处于什么社会位置。理想国家制度的正义原则决定了人的正义品格。柏拉图对于现实国家的考察，也是基于这样一个基本考虑：不同的国家类型具有怎样的道德品格，决定了在这类国家中的人有着怎样的道德。柏拉图明确地说："如果有五种政治制度，就应有五种个人心灵。"① 柏拉图除了他着力描述的理想政体外，还具体分析了当时希腊的这样四种政体：荣誉政体、寡头政体、民主政体和僭主政体。在他看来，这四种政体都有一种主要德性，同时也在某个方面对于人的德性品格起决定性作用。如在荣誉政体里勇敢起着主导性作用，因而仅有一个特征最为突出，那就是好胜和爱荣誉。在寡头政体里则是贪婪和吝啬，或对财富的追求成为荣耀。民主政体则是以自由精神为主要特征。总的来说，柏拉图意识到，人们的德性品格受到社会制度结构的深刻影响。在柏拉图看来，只有在正义的国家才能找到正义，而在不正义的国家最有可能找不到正义。② 亚里士多德也有同样的思想。在亚里士多德看来，只有在良好的政体下，才有对正义的完整理解。他说："在平民政体中，'正义'就被认定为（分配政治职司的）'平等'。这确实是平等，但只限于同等人们之间的平等，不是普及全体的平等。在寡头政体中，却以（政治职司的）'不平等'分配为合乎正义。这确实也是正义，但只限于不平等人们之间而言，也不是普及全体的正义。"③ 实际上，在我们所受的教育中，我们都可找到这种制度对人的德性无所不在的影响的依据，如我们所熟知的《皇帝的新装》的故事，以及赵高在秦廷上指鹿为马的故事。所以柏拉图说，在不正义的制度下我们可能找不到正义。

在近代契约论的传统中，洛克、卢梭等人，通过社会契约论，主要探讨的就是有关社会制度的原则。制度的原则从来都是优先考虑的。孟德斯鸠类似于柏拉图、亚里士多德，深入探讨了不同制度的德性问题。罗尔斯继承了这一强调社会制度德性的悠久传统，因此，当罗尔斯说正义是社会制度的首要德性时，他不仅是强调正义对制度或社会基本结构的重要性，同时也是强调制度的德性对于生活于这一制度下的人无所不在的影响力和支配性。罗尔斯说："在采用社会基本结构的原则之后，再采用所有的对于个人的原则。所选择的制度的原则首先表明了正义德性的社会性质，以及它与社会实践的内在联系，那是理想主义者常常注意到的。当布拉德雷说个人是一个贫乏的抽象时，他的话可以被恰当地解释为：一个人的职责和义务预先假定了一种制度的道德观，因此，在对个人的要求能够提出之前，必须确定正义制度的内容。"④

---

① 柏拉图. 理想国. 北京：商务印书馆，1986：314.

② 同①133.

③ 亚里士多德. 政治学. 北京：商务印书馆，1965：136.

④ John Rawls. A Theory of Justice. Cambridge，MA：Harvard University Press，1971：110.

因此，对于罗尔斯来说，首先是确立适应于制度的正义原则。但是，要建构一种正义观，不仅要提出适应于社会基本结构（社会制度）的正义原则，而且需要确立一种适用于个人的正当观。当然，它的前提在于确立一种制度的正义原则，但这并不等于有了制度的正义原则就有了个人的正义原则，应当还有相应的个人原则，即落实到个人头上，那些能够从行动的道德性上体现社会制度原则的原则。因此，罗尔斯认为在原初状态下的人，不仅要确立适用于社会基本结构的正义原则，而且需要确立相应个人的公平、忠诚、相互尊重和仁爱这类的概念以及道德原则。在某种意义上，制度的原则也要落实到个人的行为中，在个人的行为中体现出来。因为一种社会制度如果没有人去维护，这种制度就只是一纸空文，不是真正的社会制度。但是，制度的原则与个人的德性标准和原则还是有区别的。制度的原则是衡量一种社会制度在道德上正当与否的标准，而个人的德性标准和原则是衡量个人的行为正当与否的标准。两者的联系在于，通过个人的德性行为，或不道德的行为，可以反映制度的道德性。

罗尔斯把适用于个人的原则分为两类：一类是与制度相关的原则，罗尔斯称之为公平原则（principles of fairness），公平原则所确立的是职责（obligation）；另一类是自然义务（natural duties），这类义务并非起源于特定的社会制度，而是对个人的道德要求。

让我们先看看公平原则。这一原则的条件是：（1）这一制度是正义的制度，即它满足了正义的两个原则；（2）一个人自愿地接受这一安排的利益或利用它提供的机会促进他的利益。这里的“自愿接受”，其意思是说自愿接受其约束，而这里所说的“正义”，是说那些服从这些约束的人有权要求类似于他的人同样服从这些约束。这种公平原则对这些相关的人的要求就是职责（obligation）。罗尔斯指出，意识到涉及个人的这种公平原则有两部分内容是很重要的：“第一部分说明所涉及的制度或实践必须是正义的，第二部分描述了必需的自愿行为的特征。”[①] 罗尔斯强调，这种自愿行为或作为职责的行为是由第一部分的特性决定的，即这些行为必须是依附于正义或公正制度的自愿行为，而这个制度本身必须是正义的，因此不可能对独裁或专制的制度有什么义务。职责的约束预先假定了所服从的制度是正义的，或者说是相对合理公正的。罗尔斯在这里所提出的制度对职责的规定，体现了从公平的正义原则对制度以及个人行为的要求，但没有回答在不公正的制度下怎样的个人行为是合理行为的问题。实际上，一个社会制度的存在与一个民族、一个社会的存在有着不可分割的联系。在一个民族只有那种不理想的制度可起作用，而且更好的制度在某种特定的历史条件下又不可能实现，也不可能通过奋斗得到实现的情况下，怎样评价这种制度下的人们的行为？如果这种制度是很专制的制度，这种制度或体制下的人们的道德品性就可能扭曲，但仍有某种职责存在。因为社会基本结构的运行起着维持一个社会存在的作用，起着维持社会的安宁、和平生活秩序的作用。

与社会制度原则要求相区别的个人原则方面是自然义务（natural duties）。这里值得指出的是，罗尔斯这里用的duty与前面用的obligation，字面意思是一样的。不过，duty更多强调出自外在的责任，依照身份、地位、职业、命令或习俗责成的行为；

---

① John Rawls. A Theory of Justice. Cambridge, MA: Harvard University Press, 1971: 112.

obligation 更多倾向于自愿性，强调的是使自己有责任去做的事，如诺言。罗尔斯谈论与制度相关的行为时，指的就是自愿行为（voluntary action）。个人公平原则与制度相关的第一部分，就是涉及对自愿行为产生 obligation 的必要条件的规范性表述。但是，人们谈论与制度相关的职责，多半用的是 duty 而不是 obligation。罗尔斯则把它们颠倒过来了，与制度相连的，强调自愿性；与自然习俗相连的，则强调命令性。我认为，罗尔斯的这种用法，在强调他所说的正义制度对行为的要求时是合理的。

那么，什么是自然的 duty 呢？罗尔斯指出，它与制度或制度性社会实践没有必然联系，不涉及自愿行为。它们的内容一般不是由这些社会安排的规则确定的，而是我们所负有的义务。自然义务还有它的超历史性，即无论人们隶属于什么社会制度都始终有效。这种义务有两类，一类是积极性的义务，一类是消极性的义务。所谓积极性的义务，如相互援助的义务、关心帮助他人的义务；所谓消极性的义务，如不伤害他人的义务。在罗尔斯看来，消极性的义务比积极性的义务更重要。罗尔斯所说的这些自然义务，尤其是消极性的自然义务，就是那些千百年来人们共同生活所形成的生活准则对人们提出的要求。这些准则起着维护人类的共同生活或交往实践的作用。在 20 世纪末期，世界宗教界人士提出的普遍伦理的构想，就是在这些不同文化、不同宗教的人都认同的基本的自然义务的前提下提出的。

在大多数情况下，自然义务无须自愿行为作为它的前提，而具有较基本和较普遍的义务特性。罗尔斯还进一步提出，应当把在正义的社会基本结构中履行自己的职责，看成像自然义务一样的义务。也就是说，只要这个制度是正义的，那么，无论人们是否明确地或默认地同意过，无论人们是否自愿，都应把这种责任看成一种自然义务。在这个意义上，对于履行某种正义的制度内的职责也就具有一种自然义务的性质，即无条件性。罗尔斯认为，最重要的自然义务也就是支持和发展正义制度的义务。在罗尔斯看来，当正义制度存在并适用于我们时，我们必须服从正义制度，并在正义制度中尽我们的一份职责，当正义制度不存在时，我们必须帮助建立正义制度。

在罗尔斯看来，公民都受到正义的义务的约束，正义的自然义务可以解释各种职责，因为当一个人利用一种已建立的制度时，这一制度的规则就适用于他，正义的义务就开始生效。这与不正义的制度不同，不正义的社会安排是一种强制，甚至是一种暴力，因而对它的同意不具有约束力。如果社会基本结构是正义的，那么每个人都有一种去做要求他做的事情的自然义务。总之，关于正义制度与公民的自然义务，从总体上看，有着相互对应性的关系。也就是说，如果社会基本结构是正义的，那么每个人都有服务正义规则要求的自然义务。

第二节　斯坎伦的契约论

斯坎伦（Thomas M. Scanlon，1940—　）的契约论是罗尔斯之后最重要的非自利契约论。与罗尔斯的契约论重心在于社会制度的正义问题不同，斯坎伦的契约论重心在于道德的基本特性问题。

一、道德共同体与道德判断

道德行动的根据在哪里？不同的道德哲学家有不同的回答。怀疑论或主观主义不承认在客观上存在着这样的根据。当代主观主义表现形态之一的情感主义认为，道德判断仅仅是个人道德情感的表达，因而没有客观性。斯坎伦则试图从契约论的立场来回答道德的客观性问题，或主体间共同具有的根据是什么的问题。

斯坎伦认为道德理论所要回答的主要问题是道德的对错问题，也就是我们有什么理由将某种行为看成对的或错的。斯坎伦认为，道德理论需要回答如下问题：什么样的原则使一个行为成为道德上对的行为或错的行为？行为在道德上对错的本质是什么？当道德的理由与其他理由或个人利益发生冲突时，为什么道德的理由具有优先性或压倒性的重要性？

那么，我们怎样才能回答这些问题呢？斯坎伦认为，需要找到能够回答这些问题的依据。情感主义认为这些依据仅仅是主观性的情感，斯坎伦则认为应当是主体间的某种客观性，这种客观性不是别的，就是人们之间共同形成的关于道德对错的协议或原则。这类协议或原则是持有相同的道德对错观点的人所共同具有的。人们相互间的责任或共同持有的理由或看法，是判断行为之对错的客观依据。在斯坎伦看来，共同持有某种原则或观点的人，构成了这样一种契约或协议共同体。或者说，这样一种协议共同体中的人们共同持有的原则或观点，是我们判断行为之对错的客观依据。斯坎伦设想，在这样一个共同体中人人都是平等的，拥有平等的权利，并且相互承认对权利的平等拥有。在这样一种人人权利平等的共同体中，对于他人的道德要求意味着什么？在他看来，平等的人所能接受的道德要求，就是那至少不能合情理地否定或反驳的行为原则或规则。或者说，为自己的行为进行辩护的是其他成员无法合情理地拒斥的原则或规则。斯坎伦认为，生活在一个道德共同体内的人们，由于相互对原则或规范的承诺，从而有着相互的行为期待和相互间的责任约束。相互负责的平等成员的共同体可以被看作为这样的原则所建构的。契约主义关于道德上对与错的规范性可被表述如下：

> 在既定的情形下做出的一个行为，如果不为任何行为的一般调节规则系统所允许，那么，这个行为是错误的；这一系统作为知情的、非强迫的、普遍的（一般的）协议的基础，人们无法合情理地（reasonable）加以拒绝。①

怎样解释这样一个契约主义的道德规范定义？（1）存在着一般性的调节行为的规则系统；（2）这一规则系统是普遍协议（契约）的基础。这两个要素是相互规定的。如果调节行为的规则系统不成为协议或契约的基础，与契约主义的规定就无关。契约主义的道德规则承认已有的规范、规则或原则的合理性，在于它可以作为知情的、非强迫的和普遍（一般）协议的基础。在这个意义上，已有的道德规则就具有契约论的规则意义。斯坎伦指出，这是契约主义者的道德观念。斯坎伦的这个定义隐含着的是，人们是通过契约或协议得出今后应遵守的原则的，但他明确表达的是，存在着一种可作为知情同意

---

① Amartya Sen，Bernard Williams. Utilitarianism and Beyond. Cambridge：Cambridge University Press，1982：110.

的契约的基础性规范。实际上，斯坎伦更强调的是这种基础性的道德，而不是其他版本所明言的各方所达成的并需要遵守的协议。

斯坎伦认为，这里需要对“知情的”和“非强迫的”协议进行进一步解释。平等的人们间的协议应是“知情协议”。“知情协议”这个概念是排除基于对行为后果的错误或虚假信念而来的协议，也就是当事人对于协议具有合乎情理的信念，从而保证共识能够不偏不倚。再者，“非强迫的”仍是平等的要求，即保证进入契约或协定的人们的平等性，其意在于排除迫使弱势的一方接受不合理的条款。比如由于有人挺得住而坚持更有利的条款。如果我们的目标就在于为人人知情而又自愿遵守的一般协议寻求原则，“合情理地”一词所要表达的就是，排除不合情理的前提条件以及不合情理的拒绝行为。“根据契约主义的观点，道德论证所关心的是：所有被这种欲望所驱使，并同等程度地受到它的驱使的人们之间达成一致协议的可能性。”[①] 斯坎伦的这些解释，指出了契约主义的一般特征。但他的契约主义与以往的契约主义有所不同的是，他的契约不是假设的契约，他是从契约主义的一般精神来讨论道德。他指出，假设的契约只是一种人们能够得到不能合乎情理地拒绝的原则的思想试验，而那些关心道德的人则是要把契约或经得起理想契约环境检验的原则运用于不十分美好的现实世界之中。在这个现实世界中，尽管此刻没有被那个达成协议（同意）的欲望所驱使，但是，他们一旦有了这个欲望，也同样不会合乎情理地加以拒绝。

斯坎伦的契约主义的道德定义最值得注意的是，他不是从正面来下定义，而是从反面来下定义，即不是对什么行为在道德上是正确的或对的下定义，而是对“道德错误”下定义。斯坎伦强调的是，当人们指出某种行为是道德错误的时候，无人能够合乎情理地加以辩护。或者说，他对“道德错误”所做的说明，依据的是无人能够合乎情理地拒绝的原则，而不是指人人都可合乎情理地接受的原则。

那么，为什么斯坎伦不从正面而从反面来给道德行为下定义呢？他为什么不界定什么是正确的行为，而界定什么是错误的行为呢？假设有这么一个原则，在此原则之下，有人将会遭受严重的苦难。如赞同对患有某种疾病的人，进行不知情同意下的药物试验。这种试验将给受试者带来某种巨大的痛苦。并且我们假设，这种药物也可以不通过在病人身上进行试验而得到某种疗效数据，但如果有人体的试验，则更有说服力。也就是说，还有其他可供选择的原则，在此原则下，没有人必须承受这样的痛苦。不过，也可能出现以下情况：那些有着强烈自我牺牲精神的人，他们为了他们认为是为所有人的更大幸福之事，宁愿承受更大的自我牺牲。斯坎伦指出，这在道德上是正确的，因而他们这样想或这样做不能说他们是不合情理的。而若告诉他们真情，他们拒绝当试验品，这也不是不合情理的。因此，某人若是拒绝一个要求他承受这些苦难的原则，也同样不是不合情理的。“如果这种拒绝是合情理的，那么，那个施加这些重负的原则就要受到怀疑，即使事实上有些具有强烈自我牺牲精神的人愿意（合乎情理地）接受，这样，道德论证所依据的就是拒绝一个原则的合情理性，而不是接受它

---

① Amartya Sen，Bernard Williams. Utilitarianism and Beyond. Cambridge：Cambridge University Press，1982：111.

的合情理性。”① 一个道德上错误的行为，它所违背的原则是人们无法合情理地拒绝的原则。要人们承受巨大的、不必要的痛苦来增进所有人的最大利益，这本身就违背了人们无法合情理地拒绝的原则。同时，若要所有人都具有那种强烈的自我牺牲精神，同样也是不合情理的，它的不合情理性在于多数人并不可能具有这种想法。如像我们所举的“杀一救五”的器官移植的例子，也许某人有这样的自我牺牲精神，但把一个健康人活活处死而取其器官来救人，这违背了人的生命价值平等的根本原则，虽然这符合功利主义的多数福利的后果论原则。

斯坎伦还举了一个关于饮用水的权利的例子。假设这个地区有一个土地所有者，他控制了附近地区的绝大多数水源。这个人不需要与我们任何人合作。他能做他愿意做的一切。他的选择在很大程度上决定了谈判的结果。而且，他也不是一个很慷慨的人，相反是一个脾气很坏的人，他并不愿意让那些极需要水的人从他的水井里提水。对于我们而言，每个人都有得到饮用水的最低限度的权利，这不能说是不合理的，所以我们拒绝任何不能确保我们的权利的原则，然而，也许由于我们在与他谈判时我们不适当地重申了我们的权利从而激怒了他（他本来就是一个易被激怒的人），我们可能因此而得到最坏的结果。但不管怎么说，这个土地所有者拒绝我们的请求是不合情理的。或者说，这个土地所有者有可能有他自己的目的，他想趁机提高水价，如果我们不答应，我们就得不到饮用水。这对他的目的来说，不能不说是合理的。也就是说，就他趁机要挟大家从其目的而言是合理的，但对我们应该获得满足基本生活需要的饮用水的权利而言，他对我们的拒绝是不合情理的。在这个意义上，道德上的合情理性体现了对最低限度的平等权利的诉求。

当然，特定情形下的不合情理性可能是不同的。如在2008年5月汶川大地震中，灾区某中学教师不顾学生安危，自己一人抱头鼠窜，不仅如此，还为他自己这样的行为辩护，说什么除了自己的女儿，不会为其他人牺牲自我。这同样是不合情理的。因为在这样危难的情况下，他作为一名教师，面对着整个班级还没有成年的孩子，不是保护他们，而是没有看到自己作为一名教师的基本职责，还恬不知耻地为自己辩护。正如人们的评价所说的，一个人可以不高尚，但不能无耻。人们之所以会认为这名教师无耻，是因为他不仅认识不到自己的错误，还沾沾自喜地为自己的逃跑感到光荣。这同样是一种不合情理。在这样的环境下，作为一名教师的最基本要求都没有做到，不但不反省自己，反而觉得很有理，这是常人无法接受的不合情理性。斯坎伦的不合情理性，就是指这种在一定的环境条件或通常情况下的最低道德要求，而不是那种最高要求。这名教师不像那些舍己救学生的老师那样高尚、那样伟大是可以理解的，但他连常人觉得不可思议的观点都认为是正常的，就有点不合情理了，这也就是斯坎伦所说的“道德错误”。从契约主义的观点看，实际上，斯坎伦认为这就是人们所达成的某种关于道德与不道德的共识，或共识的最低标准，道德共同体中的所有成员应当共享的原则或标准。因此，斯坎伦十分强调对于道德上对与错的判断给予理由的力量。在他的契约主义道德观看

① Amartya Sen, Bernard Williams. Utilitarianism and Beyond. Cambridge: Cambridge University Press, 1982: 112.

来，我们是与他人处于一定的关系中来进行这种道德判断的，道德共同体也就包括了所有那些人，即他们是尊重那些处于这种关系中的人的人，并因此而对这种判断所体现的要求给予高度的重视。

那么，斯坎伦为什么用“合情理性”（the reasonable）而不用“合理性”（rationality）来标明道德的特征？斯坎伦指出，当代多数哲学家使用“合理性”这个概念，都与当事人的目标的实现相关，如高契尔，还有哈贝马斯等；就是罗尔斯也是在这个意义上使用“合理性”这个概念。罗尔斯坚持认为，正义原则对于进入原初状态的各方是合理的，如果他们是处在无知之幕的背景之下。这个合理或合理性也就是对当事人所寻求的正义原则而言的。斯坎伦指出：“‘合情理性’有一确定的意义，它很接近被我看作道德思考的基础的东西。说对某人而言他所做的是合情理的，其前提条件是他有相关信息以及相关一定范围的理由，并进而提出这些得到适当理解的理由实际上支持的是什么。在契约主义对（道德上）对与错的分析中，首先作为前提条件的是，发现他人不能合情理地拒绝的原则——这是与他人共享的目标，这个目标把其他理由带进考虑范围，假定有了这个目标，那么，在决定什么原则可接受时，不尊重其他人的利益就是不合情理的。为什么他们要接受以这种方式得到的原则？那么，这就导致了更复杂的问题，更准确地说，是要求我们在不同的情境下都考虑他人的利益。”[①] 其他契约主义者也提出契约的任务是发现大家都可接受的原则，无论是道德原则还是政治原则，他们是在当事人的目标意义上运用“合理性”这个概念的。但斯坎伦认为，为什么这个目标是合理的，还需要考虑它的合情理性，即要他人能够合情理地接受，那就要考虑到所有相关他者的利益。如在那个有关水权利的案例中，大家的要求就是合情理的，而那个不考虑大家要求的土地所有者的态度以及他持有的原则就是不合情理的，因为他只是从自身的利益出发（在这个意义上他有他的合理性），而没有考虑他人的最基本的需求和权利。

斯坎伦反复指出，他的契约主义理论在决定一个行为是对的还是错的问题上，要求对关于可能的道德原则的异议是否合情理有一个实质性的判断。如在饮用水的权利的案例中，与那个土地所有者愿意提供的条款相比较，邻居的条款不是不合情理的，这反映了对他们的条款的优点的实质性判断。斯坎伦认为，这不是一个关于最有可能推进他们利益的判断，也不是一个在实际情形中或在理想情形中产生一个协议的判断，而是对什么原则适用于作为相互承认和妥协基础的原则的判断。

“合情理性”这个概念在确定一个行为是对的或错的判断过程中起怎样的作用呢？斯坎伦回答，为了确定某人在环境 C 中所做的行为 X 是错的，我们就应该考虑允许某人在这样的处境下做行为 X 的任何原则，并问：什么原则在这样的处境下可以合情理地拒绝？为了确定是否可以如此，我们需要形成这样一个观念，即假如其他人在这样的处境下被允许做 X，对他们而言，意味着承担了什么？斯坎伦说，这就叫对允许的异议。为了确定是否这样的异议为合情理地拒绝提供了理由，可以再从反面来考虑：其他人在这样的处境下如果因某种原则而被禁止所承担的是什么？假设把这两者相比较，对

① T. M. Scanlon. What We Owe to Each Other. Cambridge：The Belknap Press of Harvard University Press，1998：192.

禁止的异议可以通过，那么拒绝那种允许在这种处境下做行为 X 的任何原则就是合情理的。根据契约主义的观点，这意味着这个行为 X 是错误的。相反，如果有某种原则规定在这样的处境下做行为 X，该原则不能被合理地拒绝，那么做行为 X 就是正确的。斯坎伦的契约主义关于道德上对与错的判断，实际上是把所有道德上的相关者考虑进来，看看这些相关者的利益是否受到尊重，以及那些将要被选为行为指导的原则，所有相关者是否可以合情理地接受或拒绝。只要有人在相似的情形下可以合情理地拒绝，那么这种行为或这种行为的指导原则就是错的。斯坎伦的道德判断理论，在深层次上反映了契约主义的人人道德地位平等与权利平等观念。

二、道德动机

道德动机问题是伦理学理论需要回答的一个基本问题。在斯坎伦看来，动机问题也就是关于行为之对错的道德判断的动机力量和给予理由的力量何在的问题。动机总是与道德判断相联系的。这个问题不仅要解释人们如何理解他们所有的行动理由，而且要解释人们是如何被那些理由所推动的。行为动机或行动的理由是这样一个问题，即当人们决定如果不做什么是错的时候，人们能够为这样一个理由所推动，即使面对着很强的相反的考虑，人们也能够义无反顾地去履行那个理由所支持的行动。斯坎伦认为，人们是为道德考虑所推动的。在义务论看来是责任、义务或职责的地方，斯坎伦把它看作道德考虑。也可以把功利主义的计算所得出的道德考虑算在这一范畴之内，但斯坎伦的动机论不是功利主义的，在他看来，只是人们对道德上对与错的考虑决定或在很大程度上决定了人们的行为选择。在这个意义上，斯坎伦的动机论是一种义务论的动机论，类似于康德的善良意志论。伦理学理论所负有的解释任务就是要解释为什么一个行动是错的，或者提供某个理由来说明不这样做是错的。一种关于什么行动在道德上是错的考虑是导致人们不那么做的主要理由。斯坎伦仍然是从反面而不是从正面来说一个行动的动机问题。首先这是一个个人的自我理解问题，即个人自己对据以行动的动机理由的理解。当我们被道德考虑所推动的时候，我们自己应当理解这样行动的理由是什么。但是，如果这仅仅是我们的理由，而不能为他人所共享，就很难说这是道德的理由。斯坎伦认为，我们在关注道德上对或错的东西的时候，不仅要看到它给了我们的动机理由，而且要考虑到它为什么能够成为我们行动的理由。斯坎伦说："当我们进而考虑他人时，这个关注就更大了，即，它似乎是，对道德上对与错的适当说明应当解释的，不仅是为其所推动因而关注它的那些人，而且应当解释为什么它是那种对每个人都重要的某种东西：每个人都有很强的理由承认它的重要性。"① 契约论的伦理学的一个基本视域就是把所有相关者考虑进来，如果说是道德上的理由，那就必然是与所有相关者相关的理由。因此，如果对于某个人而言是重要的，那就应当对于所有相关者或一种价值或价值观的共享者来说都是重要的，否则，就不能被看作推动某个人行动的理由。推动某个人行动的理由也就必然应当是推动相关者或所有相关社会成员的行动的理由。

因此，那种被看成道德的东西不仅是自我理解的东西，而且对于其他相关者或相关

① T. M. Scanlon. What We Owe to Each Other. Cambridge：The Belknap Press of Harvard University Press，1998：148.

社会成员而言是推动他们这样做或不这样做的强有力的理由。但这需要证明，这个证明就是：为什么我们和其他人有强有力的理由成为道德的行动者。斯坎伦认为，这里论证的难题在于，我们已经把道德上的对与错承认为前提事实，而进一步论证时不再需要说到它，除非这样做能够提供点别的什么。但这样做，实际上已经等于我们承认了规定道德上对与错的原则或规范的权威性，并且任何人都接受这点。但这样说肯定是有问题的。不过，在斯坎伦看来，要解释为什么我们需要依据那种道德上对与错的思考来行动，仍在构成对与错的理由本身。他认为，"一个行动是错的这个事实构成了不这样做的充分理由（几乎是如此?），而不论是否有其他考虑在这里得到了惠顾。如果有某种环境，在这里，当事人认为有充分理由去做他认为是错的某种事，这样的环境充其量也是十分稀少的"①。依斯坎伦之见，不管我们是否承认构成道德上的对与错之物的权威性，对与错的考虑本身都对我们的行动构成了决定性的动机理由。为什么会是这样?

斯坎伦让我们考虑的是两个问题。第一个问题是，我们在面对一个行动选择时，在其他价值，如美的价值、艺术的价值等也需要放在一起考虑时，道德的考虑为什么总是具有优先性。这个问题是对与错优先于其他价值的问题。第二个问题是，如何看待那些不为道德上对与错的考虑所动的人的问题。

在一定意义上，斯坎伦是把这样两个问题放在一起考虑的。在斯坎伦看来，那些意识不到道德考虑所具有的给予理由的力量的人有着严重的错误。斯坎伦认为，这种错误不是那种不合理性的错误，或者说，只是在那种对任何强有力的理由都激不起回应的意义上可以说是不合理的。在他看来，这样一种错误与其他理由如艺术的价值、自然美的作品等打动他而没有反应不同，对于这样的缺陷，我们只能说他没有艺术品位，但如果道德上对与错的考虑不能激起他的反应，那我们就只能说这是一种更为严重的缺陷。这不是在认为什么东西更为重要的道德意义上的区别，从道德的观点来看，这是比非道德的缺失更为严重的缺失。与审美的考虑或个人功利的考虑相比较，道德的考虑具有优先性地位，也在于道德上的对错处于基础性地位。如果能够满足个人利益的需要而在道德上是错的，那这种行动就是不应当做的。道德的考虑总是优先的，能够满足道德上对与错的判断的，同时也能够满足个人利益的考虑的，才是合理的行动。

以儒家的语言来说，道德是使人成为人，或人与禽兽区别的标志，而道德主体的道德判断是一个道德意识正常的人的标志，同时，道德判断如果对当事人的道德态度、道德行动没有任何体现，那我们就不能说他是一个正常的人。一个人可以没有艺术感、音乐感，甚至没有美感，即这些方面的感觉或判断可以不激起他的反应，这可以被看作一个人在某个方面的缺失，但如果在道德上对与错的判断方面他没有任何反应，那我们只能说这是在更为一般意义上的一种更为严重的缺失。换句话说，道德上对与错的判断或考虑对于任何一个正常人来说，对他的行动在一种正常的意义上都将起某种动机性作用，推动或阻止他那样去行动。在道德上对与错的判断必然对人们的行动有影响或是其决定性的力量（动机因素），即判断为对的起着正面动机作用，而判断为错的起着反面

① T. M. Scanlon. What We Owe to Each Other. Cambridge：The Belknap Press of Harvard University Press，1998：148.

动机作用（阻止作用）。斯坎伦不承认那种判断为错的东西还可以成为我们行动的理由，而不是不行动的理由。但是，实际上，人们往往不为自己的道德判断所动，甚至往往做与自己的判断相反的事，这并不是人们的判断出了什么问题。人们往往是知而不为，而不是不知。人们往往是自愿做“错事”甚至自愿犯罪。这是为什么？

这首先是一个站在什么样的道德立场上进行道德判断的问题。在一个价值多元甚至多元价值冲突的社会中，在不同的道德立场上进行道德判断会得出不同的甚至相反的对与错的价值判断。同时，在一个社会转型、道德转型的历史时期，新旧价值观念、道德观念的冲突也可能使人们得出相反的道德判断。[①] 以前认为是善的判断，在新的历史条件下不是善的；以前认为是恶的判断，在新的历史条件下可能成为善的判断。还有，在新旧社会体制和道德观念的转变过程中，还可能出现一些新的判断或评价的真空地带，即以往的判断标准不再起作用，而新的标准还没有出现。因此，对与错的二分法似的判断在这里失灵了，出现了一片价值模糊地带。还有罗斯所说的责任、义务冲突即价值冲突的情况。在多种责任、义务冲突的情况下，同样存在着判断冲突的情况。在这种情况下，如果履行某种善，就必然损害或牺牲其他善。在这种情况下，仅仅讲道德上对与错的判断是远远不够的。因此，面对这些必须考虑的问题，我们认为，如果要谈道德上对与错的判断作为行为的动机决定因素，就必须回到康德的人是目的的绝对命令。也就是说，只有在康德的人是目的的绝对命令的意义上，才可以谈判断本身的合理性问题。因为，任何道德判断都必然是以某种原则为前提的，而只有在这样一般性或底线性的意义上，才可以说道德判断作为动机前提的合理性。

斯坎伦也注意到了不同的责任、义务的冲突问题。他以当代伦理学家B.威廉姆斯所举的一个例子反复讨论了这个问题。威廉姆斯所举的例子是，在某种场合，有两个人正面临着生命危险，如果不及时救助，他们就有失去生命的可能，但对于这两个人，我们只能救其中一个。如果是我去救他们，其中一个是我的朋友，另一个是陌生人，那么，从道理上看，我应当先救谁？在这里，公正地对待每个人或每个人的生命的道德与友谊原则的冲突是十分明显的。这里有这样一个问题：哪种优先？友谊原则优先，还是对公正道德原则的承认从而使友谊原则得到某种限制，因而公正优先？斯坎伦的回答是友谊具有优先性。首先，对朋友的忠诚优先于公正的考虑。但他认为这并不违反道德的优先性。他认为，可以合乎情理地拒绝不给友谊或其他价值留有余地的原则。其次，在友谊的价值与道德要求相冲突时，友谊自然让位于道德要求。如我看重的不是友谊，而只是朋友给我带来的利益，那么，这样看待友谊就与道德要求不合。如果我看重的是“对友谊的忠诚”，那么，这本身也就是道德要求。再次，我们看待朋友，是把他看作具有道德地位的人，而不仅仅碰巧因为他是我的朋友，就此而言，我是以道德要求来对待我的朋友。最后，朋友不仅是一个朋友，而且是一个在我的生活中具有特殊道德地位的人。对朋友的忠诚是友谊的要求，虽然这可能要牺牲他人的善。不仅朋友生命考虑的优先性是友谊忠诚的要求，而且友谊是一个人的好生活的重要因素。友谊或忠诚是朋友之间的相互责任，因此，道德要求的优先性就包含了对友谊价值的承认。首先救朋友，这

---

① 关于这一方面的讨论，参见拙著：当代中国社会伦理生活．成都：四川人民出版社，1998：导论。

没有违反道德的优先性要求。我们与陌生人的关系，从契约论的观点看，只是一种相互承认的关系，即不得欺骗、伤害的关系。在个人关系方面，要远较朋友为少。因此，这是一种不同的契约关系。斯坎伦强调，我们相互亏欠什么（What we owe to each other)？或者说，我们相互间的责任是什么？他就把这作为他的重要著作的标题。契约关系是他看待人与人之间的道德或道德关系的基本点。实际上，斯坎伦提出一种从个人关系与契约关系相区别的观点来对待道德冲突的问题。但如果那两个人中的一个是自己的母亲，另一个是自己的妻子，你先救谁？这是一个道德难题，而且不能用类似于斯坎伦的优先性原则来处理，也不可能从不同的契约关系来理解。

当然，还有因个人利益或私欲的驱动而显然违背正确的道德判断的问题。道德不仅涉及尊重人、尊重人的自主性，而且涉及复杂的利益关系，涉及人与人的社会合作，以及个人与社会的关系。如贪污受贿往往都是明知故犯。一般认为，贪污受贿或腐败问题在于其成本或代价与收益的关系，即低风险与高收益。如果能够使得风险极大提高，惩罚力度大大加大，那么贪污受贿或腐败之风就可得到收敛。但从历史上看，如果腐败是由制度本身的严重缺陷所致，那么即使惩罚力度再大，也无从制止这样的问题。明代就是最好的例证。明代对贪官的惩罚力度可说是前所未有的，尤其是在开国皇帝那里，但到了帝国的后期，则形成贪官污吏遍天下的局面。腐败分子并不是不知道自己在犯道德错误，而是在制度便利的条件下，更为强大的利益驱动使他们走上犯罪道路。因此，像腐败这样的问题，仅仅从道德判断上谈人的正常心态问题是微弱的。但这并不意味着从道德上讲没有意义，而只是说在制度伦理存在严重缺陷的情况下，诉诸个人的道德意识难以起到应有的作用。

在讨论这样两个问题（道德考虑的优先性和某些人在道德上对与错的判断面前无动于衷）之后，我们还得回到对于道德动机的斯坎伦契约主义的解释上来，也就是前面所提到的“为什么我们和其他人有强有力的理由成为道德的行动者”的问题。在斯坎伦看来，道德上对与错的判断能够成为我们作为道德共同体成员的一致行动的基础或前提。其理由是，那些和我们一起生活的人，就他们不能合理地拒绝这样一个观念（道德上判断为错的行为不能合乎情理地为之辩护）而言，我们有理由与他们在这样的条件下生活在一起。斯坎伦说：“因为我们有这个理由，所以，我们有理由参与到什么行为是对的、什么行为是错的这样的问题的讨论中来，即试图确定其他人也不能合乎情理地拒绝的原则所允许的东西，我们也有理由依照这些原则所允许的方式来支配我们的思想和行动。”①在斯坎伦看来，这就是对道德动机的契约主义论点。那么，怎样理解这样一个契约主义的论点呢？他首先指出，这类似于密尔在《功利主义》中所提出的道德动机论。密尔在那里并没有提及他的“最大多数人的最大幸福原则”，而是谈到“人类的社会感情，欲求与他的同胞成为一个联合体的欲望”。契约主义所诉求的这个理想——在他人不能合乎情理地拒绝的基础上为你的行为向他人进行辩护——就类似于密尔的这个联合体的观念。这里值得注意的是，斯坎伦对于道德上对与错的判断这个一贯的基本论点，在涉及

① T. M. Scanlon. What We Owe to Each Other. Cambridge：The Belknap Press of Harvard University Press，1998：154.

共同体成员的行动时，他加上了原则问题。也就是说，依据什么来判断行为的对与错？应当有道德原则，而这个原则是他人不能合乎情理地拒绝的，也就是得到了他人的承认，同时也是我们所承认的。依照这样一种观念进行社会成员的道德行动的契约主义解释，斯坎伦认为具有某种理想性，即现实中确实有人并不为那种合乎情理的东西所动。在斯坎伦看来，人们生活中的实际协议或同意也体现了这个观念。人们生活中的实际协议，不仅通常是人们可以欲求的东西，而且也有道德意义。在什么意义上说它具有道德意义呢？斯坎伦认为，在许多情况下，是道德指导着人们去寻求共识或确保他人在行动前就给予允诺。他认为，实际协议的这种道德意义反映了道德上的特别实质性的判断，反映了人们道德动机的一个真实方面。斯坎伦从契约主义观点指出了道德动机的社会合作性。人们的社会合作或社会联合需要道德，道德本身同时也导致了人们的共识与相互承认。道德动机在个人方面是否有个人性？道德动机是一种个人崇高或高尚的动机，是人为了成为某种道德人而进行的努力吗？这不是斯坎伦所能提出的问题。这是德性伦理学所提出的问题。

斯坎伦指出，第一，他的这样一种道德动机论反映了一种现象学的“精确性”。一个行为的错误性表明了不可履行它的理由，在我与他人的关系中，这个理由也就是他人能够合乎情理地拒绝我这个行为的理由。第二，这种动机论很好地描述了我与他人的关系的理想：这种关系有着道德上的内容，如果偏离了道德要求，就会有很强的道德上的反映。第三，“道德上判断为错的则是人们可以合乎情理地拒绝的”对于人们的行动有着动机性的意义，但不能仅仅从戒律的意义去理解。他认为，从契约主义的观点来看，这不仅包括因为那是错的所以不能做的事情，而且包括更为具体的考虑，如“他看得起我”，“他需要我的帮助”，或“快拉一把，否则就危险了”等。道德的好人也常常为责任感所推动，人们在具体的行动中，更多的时候并不需要想“这是错的”这样的问题。在这里，斯坎伦进一步以他的契约主义道德观来解释人们之间的道德需要。在他看来，这种道德需要，甚至责任感也可以被看成相互合作或成员感的体现。道德是社会合作的生活体系，他人的存在和我们的存在，没有道德，也就没有相互承认和相互尊重的关系。

三、原则与判断

再回到关于道德判断的问题上来。道德上对与错的判断处于斯坎伦理论的核心部分。一般认为，道德的行为是依据道德原则或规范的行为或行动。有了一定的原则或规范，同时有了对这些原则的正确认知，或因此形成良好的行为习惯，也就有了道德的行为或行动。但斯坎伦认为，不可以这样简单地看待道德行为的机制。虽然斯坎伦也意识到在日常生活中，人们并不需要思考这样的行为是否在道德上是错的，但在做出相关道德决定或有重大道德意义的决定时，道德上对与错的考虑或者说判断对于我们动机的意义是重大的，或者说有决定性的作用。

在斯坎伦的理论中，既然道德判断的作用这样重大，那么，就不得不考虑道德判断的基础问题，即道德上对与错的判断依据是什么。在前面，我们已经涉及这一问题，即斯坎伦在提出契约主义的动机解释时，提出了我们与他人共同依据的，即他人不能合乎情理地拒绝的原则，是我们与他人的道德判断的依据。

在这里，我们是否可以像理解苏格拉底那样理解斯坎伦呢？苏格拉底持有知识即德性（美德）的观点。在苏格拉底看来，人们不会有意做在道德上是错的事情，如果人们在道德上犯了错误，那只能意味着人们对于什么是道德没有正确的认识或知识。我们行动的正确率是以判断的正确率为前提的，而判断的正确率应当由知识或信息来保障。斯坎伦回到苏格拉底的观点上了吗?

应当看到，斯坎伦的观点中有着承认类似原则和规范的知识的重要性的论点。从他的契约主义的解释来看，没有那种他人不可合乎情理地拒绝的原则或规范，也就没有规定我们行动应当的东西，我们的判断也就失去了基础。但是，斯坎伦仅仅是在这是一必要前提的意义上承认这类知识的重要性和必要性。更重要的是，他认为，仅有这类知识是远远不够的。在他看来，所有的原则或规范（知识）都是一般性的规定知识，然而，人们的生活则是具体情境中的生活，所有的道德判断都是特殊情境中的判断，即生活中道德上对与错的判断并不是一般性的判断，因而恰恰是生活中的特殊判断构成了我们行动的出发点。处于特定场合的特殊判断对于我们道德行动的对与错具有决定性的意义，因而仅有原则或规范（知识）是不够的。原则或规范只告诉我们应当做什么的一般性的理由，这类似于法律的一般规定。然而，即使是民事或刑事法规的规定，面对具体的个案，也不可能不要判断。民事与刑事法规的规定虽然已经很详尽，但不可能把现实生活中出现的事件都覆盖到。在不同国家的刑事审判史上，都有援引经典审判案例来做出判决的情况。这说明再详尽的法规也不可能与生活中发生的事件一一对应起来。判断则是在一般性原则指导下的分析，有时甚至有一般性原则的指导也还不够用，那就必须援引经典案例。

道德原则适用情境的复杂性类似于法律适应情境的复杂性。斯坎伦指出，如果一个原则是一个用来能够解决宽广范围问题的规则，几乎不给判断留下什么余地，那么，这就只能说没有什么道德原则能够称为“原则”了。但这并不意味着我们的判断不需要原则的支撑。道德判断与原则之间有着相对的空间，这个空间是个体的判断能力发挥作用的地方。如果可以像拿一把尺子来丈量长度那样运用原则，那就只能意味着我们几乎找不到这样的原则了。运用原则进行判断，恰恰是道德当事人发挥自己的判断能力的地方。因此，如果说道德判断必须要有原则的支撑的话，那么，“对于原则这个概念就必须有着更宽泛的理解，我所理解的原则，是关于多样性行动理由的地位的结论。这样理解的原则，也就因把某些理由排除掉了而把这些理由所支持的行为排除掉了，但这样的原则也为解释与判断留下了宽广的空间”①。道德判断把某种行为判断为错的，不是单纯说某种行为是错的，而是因为我有某种理由才可以说它是错的。道德原则为这种理由提供依据，或依据此原则提供的理由判定它为错的，也就是某个当事人所提供的理由不符合原则因而是错的。因此，原则是“关于多样性行动理由的地位的结论”。这多样性的行动理由是否符合原则，必须进行判断。进行道德判断与其他判断如审美判断或对幽默的评判不同。如果我们说某种东西是美的或丑的，或者说某个玩笑很幽默，我们几乎不需要说出我们的理由，但当你说，一个行为是错的，如果不能说出为什么是错的，人

---

① T. M. Scanlon. What We Owe to Each Other. Cambridge：The Belknap Press of Harvard University Press，1998：199.

们就会感到不可理解。当然，也许你会说，恰恰这就是错的。但是，人们不可能因此而消除对你的怀疑。一个完善的解释才可以消除人们的疑虑。并且，假如有人不同意你的判断，那你必须举出你的理由，否则你就应当撤回你的判断。

那么，为何不能像运用尺子那样来运用原则呢？这是因为，任何原则都只能是关于某个方面的多样性理由地位的一般性结论。如“你不得杀人”这似乎是一个简单的道德禁规，它是尊重生命的一个消极规定。但是，我们可以看到在许多情况下人们对这一禁规的打破。如正当的自我防卫，警察在与歹徒搏斗时出于自卫等原因向歹徒开枪，以及在战场上敌对双方军人的搏杀，这些情境中的杀人都在道德上得到认可。还有，怎样对待自杀？怎样对待安乐死？自杀或安乐死合乎道德吗？这些问题一直是哲学上讨论或争论的问题，虽然有许多哲学家对自杀持否定态度。斯坎伦指出，就这一原则最清楚的部分而言，这一原则是指：对于一个可预见的导致他人死亡的行为过程正常的结论性的理由是反对这种行为。但对原则的这种解释并不能说明我们在一定的情境中的行为是对的或错的。如你不可能因某个人的死对你来说是好事，而为你致他人于死地进行辩护；但当某人威胁你的生命，如你不正当防卫他就可能杀死你时，你进行自卫导致他人死亡则是你的这一行为可辩护的理由。不过，从尊重生命的原则出发，即使在这样的情况下，如果你能够不杀他而排除他对你的生命的威胁，那么这是比杀死他更值得称赞的行为。但如果你不杀死他，你的生命就必然处于危机中，那么你杀死他的行为是有理由支持因而是可理解的，也是可辩护的。还有“你不得说谎”的戒律。这一戒律或原则只是告诉人们，一般而言，说谎由于是一种欺骗行为因而在道德上是错的。但是，如果说真话就会导致对朋友的伤害，或导致某人去寻短见，那是否善意的谎言比真话在道德上更为适当？是否我们可以找到某种更强有力的理由来为这个道德错误辩护？如果把说谎看成一个道德错误，把告诉他人真实信息因而可能导致他人失去生命同样看成一个错误，这个错误是与尊重生命直接相违背的，那么我们可以说，我们为了避免一个更大的错误而犯一个道德上的小错是可辩护的吗？还有，像“遵守诺言”这样的道德原则，在我们的行动中，往往有那种因为某种重大的事变（如在去会一个朋友的途中因救人而误了时间）因而违背了小小诺言的情况。因此，坚持或违背这样的原则是否合乎情理，也就需要看在具体情境中你的行为的可辩护性是否充分，有时可能是一个“平衡考虑”的问题，即权衡不同的可能的行为结果，其理由是否能够充分地为其决定进行辩护。因而，我们会看到这样的情形：即使是得到原则所允许或被原则证明为合理的行为，也是人们可以合乎情理地拒绝的行为。在这个意义上，斯坎伦关于道德上对与错的判断如同亚里士多德的实践理智或理智的德性在道德实践中所起的作用。如果没有实践理智或理智的德性，人们就难以做到在恰当的时候、恰当的场合做出恰当的行为。在亚里士多德看来，这种行为就是德性行为。在斯坎伦那里，人们的德性行为是道德上的恰当判断来保障的。虽然斯坎伦的理论没有回应多元价值的道德善的冲突问题，甚至没有回应规范或原则缺失带来的道德困惑或价值困惑问题，但他认为没有现成的答案可以给予实践问题努力方向，这是值得充分肯定的。

斯坎伦的契约主义伦理学理论是一种比较精致的理论，斯坎伦以契约主义来建构一种道德理论，应该说是比较成功的。斯坎伦诉诸人们的理性来理解社会道德的运行或作用的发挥。在斯坎伦看来，一个正常人是一个能够合理性地进行道德判断的人，人们的行动是为道德理由所支持的，道德的行动是合乎情理的行动。如果道德的理由根本不能打动当事人，那么，根据应当蕴含能够的原则，即凡应当做的，一定是能够做的，凡不能做的，也就不是应当做的，道德的理由就不能成为行动的理由，道德要求的合理性就得不到辩护。斯坎伦的理论前提是，我们都是可以服从理性说服的理性人，因而在他看来，人们从本性上看应当是那种把自己的行动建立在他人无法合乎情理地拒绝的理由上的行动者，一些由具有这种理性本性的人所组成的共同体，能够建立某种道德共识（由于他们都具有理性，能够依据那种不能合乎情理地拒绝的原则行事），或契约性协议所达成的东西就是以人们的道德共识为前提和基础的。因此，契约主义不仅仅是关于协议或契约条款的学说，更重要的是，契约主义在人们的社会生活中可以发现深层的道德基础。没有这种道德基础，人类社会的合作以及人与人之间的相互信任以及社会团结都是不可能的。

参考书目

John Rawls. A Theory of Justice. Cambridge，MA：Harvard University Press，1971.

John Rawls. Political Liberalism. New York：Columbia University Press，1993.

T. M. Scanlon. What We Owe to Each Other. Cambridge：The Belknap Press of Harvard University Press，1998.

罗尔斯. 正义论. 北京：中国社会科学出版社，1988.

罗尔斯. 政治自由主义. 南京：译林出版社，2000.

思考题

1. 试论罗尔斯的两个正义原则及其关系。
2. 试论制度原则与个人原则之间的关系。
3. 试述斯坎伦的道德判断与道德动机论。

第十一章

话语商谈伦理学

尤尔根·哈贝马斯（Jürgen Habermas，1929—　）的话语商谈伦理学（diskursethink）是一种类似于契约主义的伦理学。diskurse（英语discourse和法语discours）一词，原意为“言说与交谈（商谈）”。在西方哲学的语言学转向以后，这一概念已经成为一个专门性的哲学用语，话语（discourse）这一概念指比句子更大的语言单位。哈贝马斯的伦理学是一种把人们的言语交谈活动或话语活动作为研究对象的伦理学。话语交谈就不是独白而是对话，交谈就需要对方主体的存在。言说本身是一种行为活动，说话就是做事。然而，交谈性话语本身有着语言学的结构，同时也需要交谈双方的道德资质。这是因为，交谈性话语不仅在于通过对话人们想对对方表达什么，同时也意味着一种人际关系的建构或维持。因此，话语行为也就是交往行为。话语交谈能够展开和进行，在于人们能够相互理解与遵守相应的语言规则和伦理规则，在这个意义上，话语伦理学也就类似于契约商谈伦理学。因此，中国学界也有人就把话语伦理学译成商谈伦理学。在这里，我们把“话语”与“商谈”这样两个概念并用，既表明了我们对这类译法的尊重，同时也表达了哈贝马斯这一概念具有两层含义。哈贝马斯的话语商谈伦理学如同斯坎伦的非自利契约伦理学。斯坎伦不是希望通过假设的契约达成什么，而是寻找契约达成的道德前提或道德基础。哈贝马斯也一样，他是通过对话语伦理学的研究分析，指出人们话语商谈的基本伦理条件或伦理特征是什么。

一般认为，交往行为理论是哈贝马斯在20世纪后期对社会科学领域做出的最重要的贡献。哈贝马斯是在提出交往行为理论之后进而提出话语商谈伦理学的。哈贝马斯有时就把他的商谈伦理学说成“交往伦理学”。

这是因为，在哈贝马斯看来，交往行为的核心性活动是话语或言谈活动，人们是通过言谈来与对方沟通、实现相互理解，以及建立相互间的多样性的人际关系的。当然，言谈可以是口头的、手语式的、纸面上的，也可以是凭借现代传媒工具，如电报、电话等进行的。如果没有言谈活动，那么也就没有交往。在哈贝马斯看来，日常言谈交往与其他交往形式如依恃权力进行的交往有着本质的不同。人们的生活世界是日常交往的世界，即日常言谈的世界。在这一世界中，日常言谈性交往体现了言谈话语的本质特征。权力世界的交往是命令与服从的关系占主导地位，生活世界的关系则是交互主体性关系，即平等的主体关系是以相互平等、相互理解与相互承认为基本特征的关系。以这样一种具有交互主体特征的关系展开的交往活动，又集中体现在言谈或话语活动上。因此，研究以这样一种关系为基础的话语商谈伦理学，也就是哈贝马斯继交往行为理论之后的重要理论任务。

第一节　话语商谈伦理学原则

哈贝马斯认为，人们进行话语商谈的前提条件在于人们有着进行话语商谈的语言资质和道德资质。所谓语言资质，即能够说出某一社会共同使用的、合乎语言规范的句子或话语，并且其他社会成员能够理解他所说的意思，也就是有能够使用语言表达自己的思想或意向的能力。同时，使用语言不仅需要语言资质，而且需要道德资质。这是因为，使用语言来表达自己的思想或意向，如果不是独白，那就意味着是在生活世界中处于人与人的关系背景中进行的活动。任何话语活动都意味着对人际关系的建构或重构。这是因为，话语活动不仅在于表达自己的思想或意向，而且在于真诚地表达自己的思想或意向；同时，话语活动如果不是描述某个事实，就是某种规范性要求，或内心愿望的表达。因此，就话语的伦理要求而言，就要求有真实性、合规范性和真诚性。由于话语活动本身具有伦理要求，因而也就有着对于话语交往的当事人的道德资质要求。这是人们进行话语交往的个体道德基础。人们是怎样获得个体道德基础的？哈贝马斯以皮亚杰和柯尔伯格的道德发展论做了回答。不过，哈贝马斯认为，只有在柯尔伯格的道德发展阶段论所说的最后阶段，人们所具有的道德资质才算是合格的。

一、可普遍化原则 U 以及实践话语原则 D

话语商谈是一种具有人际关系建构或维持作用的交互主体间的活动。因此，话语商谈不仅需要遵守语言规则，而且需要遵守相应的伦理规则或原则。在哈贝马斯看来，人们的活动总是受到不同的规范或原则的调节。不同的行为主体共同生活于一个社会世界之中。那么，什么是社会世界呢？在哈贝马斯看来，社会世界在深层次上由规范的背景条件所组成，生活于这一社会世界中的社会成员共同认可这些规范，这些规范构成了人们共同行动或人们的相互行动的可依据的标准。人们依据这些规范进行他人可期望的行为活动。共同认可这些规范的人们共同成为这个社会世界的成员。一定的道德规范或原则的有效性在于其社会成员的认可并履行。但是，不可认为某种规范或原则可以得到社会全体成员的认可或履行。依据斯坎伦的理论，一个规范或原则得到社会成员的认可的依据，不在于他们一直都在履行它，而在于他们不可以合乎情理地拒绝它。当他们不履行它时，他们对于他们的错误，不可合乎情理地提出为自己辩护的理由。但不管怎么说，道德规范或原则的有效性仍在于人们一定程度的认可和接受。

道德规范的社会功能和价值功能只有满足以下两个条件才能实现：一是这些规范被一定的社会集团或共同体中的人们所接受；二是人们对于规范的共识建立在理性基础上，建立在可以经过合理话语讨论而产生的对有效性要求的合理期待上。哈贝马斯诉诸人的理性的共同性，即人人具有的理性的共同性。在哈贝马斯看来，理性的人能够在共同认可的理由的基础上达成某种对规范的共识。人们在理性的基础上所达成的共识，实际上是通过话语论辩的方式达到的。人们提出可靠论据使参加讨论规范有效性的人信服，可靠论据是解释和论证，而社会世界的总背景对论证起着支持作用。人的理性则体现在话语论辩过程中，系统的话语行为可以使人信服地确立人们之间的信任关系。

在理性的前提下可接受的规范或原则，必然是具有普遍意义的规范或原则，是对所有有理性的存在者有效的规范或原则。以理性的方式探讨规范或原则的有效性方式，可以被看作一种可脱离具体经验和行为背景的方式。它具有一种普遍性的超越形式。在哈贝马斯这里，他要提出的话语商谈伦理的规范或原则，就是这种超越具体、超越个别而具有普遍有效性的规范或原则。在他看来，这种普遍有效性是一般话语商谈得以进行的必要条件。一种话语行为的有效性或合理性的先决条件在于，能够体现这种普遍有效性的原则在其中起作用。

在这个意义上，哈贝马斯认为，作为话语商谈得以进行的普遍必要性条件，在实质上是普遍性的道德原则。在哈贝马斯看来，“话语就是交往的继续”。话语本身就具有行为意义并具有调节行为的功能。话语原则具有道德原则的功能。但两者也有区别。话语原则仅仅是从语言学上看，是话语交往不得不遵循的，而不管交往主体愿不愿意；道德原则的特殊性在于，它的存在一开始就与那些自愿承认其有效性的支持者相关。凡是不能被参与活动的相关者普遍接受或认可的道德规范，都将失去有效性。很显然，哈贝马斯对话语商谈伦理原则，不是纯粹作为语言学的规则，而恰恰是作为伦理学规则来看待的。在伦理意义上达成共识与同意的先决条件和一般性要求，必须保证这样一个事实：一切被承认为有效的规范，必须是也只能是表达了普遍性意志的规范。以康德的语言来说，是那些能够作为普遍法则的规范或原则。

那么，怎样才可以使体现普遍性意志的规范得以成立？这需要解决两个问题。一是理性基础上的论证普遍性问题。哈贝马斯话语原则的普遍性是在理性基础上的论证普遍性。这是在康德先验哲学的形式主义意义上的合理性，即它在实践行为意义上没有形式上的逻辑矛盾而能保持前后一致、非个人性和普遍性。哈贝马斯尤其强调后两点。哈贝马斯说：“在试图提出这样一个道德原则时，有着不同背景的哲学家总是得出基本观念相同的原则。所有不同的认知主义伦理学都从康德的绝对命令所包含的基本直觉中得到滋养。我在这里所指的不是康德的公式化的推论，而是康德公式的内在观念，即它们**被设计得可以说明**（黑体为引者所加）有效的普遍命令的非个人性和一般性特征。”[①] 康德的形式主义原则包含道德规范与道德命令的非个人性和一般性，哈贝马斯强调，这是康德的形式主义原则得以建立的论证模式。他认为，没有这种形式主义的论证模式，也就没有康德的伦理原则。

二是共同利益问题。普遍性意志与共同利益这样两个问题，在哈贝马斯看来，又是一个问题，两者内在相关。可靠论据要放在逻辑推理的基础上，可靠论据是用来证明或批判规范有效性假说的，参与论证者，除了可靠论据的力量外，没有什么别的力量可起作用，除了共同探究真理这种动机，其他一切动机都不予考虑。“假如在这些条件下，通过论证，即在假设性地提出的、可供选择的理由的基础上，就接受某种规范的建议达成一致，那么，这种一致便表述了‘理性意志’。因为所有有关者原则上至少都有机会参与实际评议，所以通过论述方式所形成的意志的‘合理性’在于：相互之间产生的对达到规范标准的行为期望，使毫不欺诈地确立的共同利益具有有效性。这种利益之所以是共同的，因为这种既有约束力又是自由达成的共识只容许所有人都能想望得到的东西：这种利益之所以毫无欺诈，是因为即使对需求的阐释——通过这种阐释，每一个人都必然能认识他想要的东西——也成为论述性的意志形成的对象。论述性形成的意志之所以称得上是‘合理的’，是因为：讨论以及审议情境的正规性足以确保，只有借助恰当解释的可普遍化利益才能达成一致。”[②] 所谓“可普遍化利益”，哈贝马斯是指可以通过交往而共有的需求。他认为，只要论证可用来检验利益的普遍化，而不是参与论证的各方将自己的价值信仰带进论证，那么就易于形成在普遍利益上的共识。论证是在理性基础上的论证，同时也是遵循一定程序的论证。在这里，哈贝马斯对话语商谈伦理原则的论证，类似于罗尔斯契约论的原初状态的设置，不过比后者更为抽象。哈贝马斯的可普遍化包含着两层含义：一种共同性的论证和程序原则（可普遍化），一种经过论证或话语双方共同接受的共同利益（可普遍化）。应该说，后者是前者的基础，并被包含在前者之中。因此，可以把形式合理或程序合理也就是形式普遍主义看作利益普遍性的表征。后来，在《道德意识与交往行为》中，哈贝马斯把它简明化为一条可普遍化原则（universalization）：

> 一切旨在满足每个参与者的利益的规范，它们的普遍遵守所产生的结果和附带效果，必定能够为所有相关者接受，这些后果对于那些知道规则选择的可能性的人来说，是他们所偏爱的。[③]

所谓“每个参与者”，类似于契约论中参与寻求原则或订立协议的各方，即参与话语商谈的有着不同身份、不同地位、不同利益追求的主体，这些主体都应满足这种普遍化的条件，这是话语商谈得以进行的伦理条件。哈贝马斯把这称为可普遍化原则，简称原则 U。“这样，判断的公正性以这样一个原则来表达，即这个原则约束所有相关者以一种利益平衡的方式，采取所有他者的视野。而这个原则旨在迫使角色的

---

① Jürgen Habermas. Moral Consciousness and Communicative Actions. Cambridge, MA: The MIT Press, 1990: 63.

② 哈贝马斯. 合法性危机. 台北：时报文化出版公司，1994：143.

③ 同①65.

普遍交换。”① “所有他者”的视野，是指一种交互主体性视野，即所有参与者在相互承认他者与自己有着同等主体地位的前提下进行交往或话语商谈。并且，主体不是站在自己的主体立场上，而是站在他者的立场上进行沟通或交流。这种沟通或交流总是要达成某种共同目的，这种共同目的是所有参与者都能接受的，那么这是应当在角色的普遍交换前提下达成的。这种交换保障了协议或商谈结果的公正性。这样的原则是话语商谈得以进行的条件。再值得指出的是，前面提出“满足每个参与者的利益”，那么，这个利益是如何得到满足的呢？这里指出“约束所有相关者以一种利益平衡的方式”，即满足每个参与者的利益，也就是通过话语协商达成一种利益平衡。或者说，利益平衡的达成使每个参与者的利益要求得到满足。这与罗尔斯不同，罗尔斯也强调参与者的利益，但罗尔斯是从最少受惠者的视野出发，从而强调差别原则，即优先满足那些在社会中受益最少者的利益。

这一可普遍化原则，又是与实践话语原则相关的，可将后一原则表述如下：

> 一切参与者就他们能够作为一种实践话语者而言，只有这些规范是有效的：它们得到或能够得到所有相关者的赞同。②

哈贝马斯把这称为原则D。这个原则是实践话语伦理的基本规范。原则U和原则D这两条原则看上去比较明白简单，但它们在哈贝马斯伦理学中的地位非同一般。哈贝马斯的可普遍化原则和实践话语原则，是他在交往理论方面经过长期理论探讨之后提出来的。这在哈贝马斯伦理学中具有核心性的地位。在罗尔斯的契约论中，罗尔斯是通过契约来寻求社会建制的原则，但在哈贝马斯这里，则是讨论话语商谈何以能够进行的伦理学问题，或者以契约论的语言来说，是讨论契约或协议能够达成的伦理条件。当然，与契约论不同的是，哈贝马斯的话语商谈伦理原则，不仅是如同协商进行的程序规则，而且在他看来，也是人们的实践话语的规则，是人们在话语交往中应当遵循的原则。

哈贝马斯在提出他的可普遍化原则和实践话语原则之后，对其证明的第一步是把可普遍化原则U作为实践话语中的一个规则来论证，因此，为了进一步讨论哈贝马斯的话语商谈伦理学，我们还必须讨论他的论证。

二、实践话语原则的搭桥作用

自亚里士多德以来，将日常生活的观念（例如常识、习俗以及没有经过反思的、没有经过批判的习惯性观点等）与理论观念（知识、科学以及反思性的理论观点等）区分开来，在哲学史上一直起着重大的作用。在哈贝马斯这里，他也将理论话语与实践话语做了相对区分。在哈贝马斯看来，话语可被分为两类：一是理论话语，二是实践话语。理论话语为断言命题提供依据，达到一致是依据论证规则形成的；实践话语则用于证明所提出的规则，并达成理解一致的行为。从理论话语的意义来看，其理论论证的有效性要求是真实性或真理性；实践话语的有效性则在于合道德性或道德意义上的普遍有效性。同时，他以一种理性认知主义的立场把两者内在贯通起来。

---

① Jürgen Habermas. Moral Consciousness and Communicative Actions. Cambridge, MA: The MIT Press, 1990: 65.

② 同①66.

在哈贝马斯看来，无论是何种话语，都需要有一种内在规则把话语的不同方面、段落连贯起来。哈贝马斯把这称为“搭桥原则”。哈贝马斯说：“在理论论证中，具体观察和一般假说之间的鸿沟是由某些准则或归纳法的规则作为桥梁搭在上面而贯通的。对于实践话语而言，一种相类似的搭桥原则是需要的。因此，所有道德论证的逻辑研究都终结于导入一种道德原则作为论证规则，这种规则具有在经验科学讨论中的归纳原则所起的相等作用。”① 他又说：“归纳原则和可普遍化原则被导入作为论证规则，唯一目的是在没有演绎关系的逻辑空白上搭桥。”② 经验科学的理论论证是以逻辑归纳法为搭桥原则而沟通的，实践话语则需要一种可普遍化原则，这是不同主体进行话语交往的前提。也就是说，话语需要有一个原则，使其得以进行下去，并得出话语商谈的结论。就话语商谈伦理学而言，有某种条件使参加话语商谈的不同主体达成一致或共识。哈贝马斯认为，一旦可普遍化原则作为搭桥原则得到论证，我们也就可以进入话语商谈伦理学。哈贝马斯把可普遍化原则作为话语商谈伦理学的基础原则。他提出可普遍化原则 U 作为论证的前提条件或搭桥原则，是因为可普遍化原则 U 作为论证规则使实践话语中的一致或协同成为可能。正是这条原则强调，应将大家都关切的问题放在每个人同等的利益关系中去调整。“真正的公正性（impartiality）只属于，从这样一种观点出发，一个人可普遍化的恰是这些规范：能够指望普遍的赞同，因为他们可以感到体现了一种对于所有有影响者的共同利益。正是这种规范值得交互主体的认可。”③ 普遍性的形式内蕴着利益的共同性，普遍性的约束形式又保障着利益共同性的实现。

哈贝马斯把可普遍化原则 U 作为搭桥原则导入话语交往过程，同时又把可普遍化原则 U 与实践话语原则 D 作为一个整体，构成了他的话语伦理的基本原则。这两者既相互区别又内在关联。这是因为后者所确认的规范有效性，是以一切相关的参与者，在参加实际话语商谈的情况下，都一致同意这些规范为基本条件的。因此，实践话语原则 D 作为话语伦理的条件，它的基本前提是规范的选择可以在理性的基础上被论证和合理地证实。可普遍化原则 U 的应用是为了保证道德行为中经过论辩的相互同意的可能性。只有在相互承认各有关参与者的利益的基础上，并把规范看成对于参与各方都具有约束力的行为准则，实践话语原则 D 作为话语讨论原则的应用才有可能。因此，从根本精神来看，可普通化原则 U 是灵魂，具有决定意义，实践话语原则 D 则保证了它的实施。

实践话语原则 D 使可普遍化原则 U 的特性更加清晰。归纳起来，哈贝马斯的话语伦理学原则，是以如下两个最基本的假说为轴心而展开的：一是规范的有效性要求，这种规范的有效性本身是可以认知和论证的，因而具有认识论的意义；二是为了在理性的基础上确立有效的道德规范和道德命令，必须进行必要的对话和讨论，考虑到一切参与者的利益而容许一切参与者发表各种不同意见。因此，一切规范若是有效的，也必定是在交互主体的理性基础上确立和实施的，而不可能是在单方面的权威或命令的前提下，或只在孤独的主体内部纯粹思维的领域里完成。哈贝马斯指出：“我所公式化的 U，排

① Jürgen Habermas. Moral Consciousness and Communicative Actions. Cambridge，MA：The MIT Press，1990：63.

② 同①79.

③ 同①65.

除了对这个原则的独白式的运用。第一，U只是调节有着多个参与者的论证，第二，它意味着真正生活论证的视野，在这里，所有相关者都被认可为参与者。”① 在这样的前提下，它才对一切参与者是公正的，而且经得起论证和辩驳。另外，一切有关的参与者都必须在实际的话语商谈过程中遵循相互尊重的原则，遵循在话语讨论中共同确认的协同性规范或对于大家而言公正的原则。哈贝马斯说：“如果我们把协调功能的行为牢记在心，即规范有效性的要求在日常生活的交往实践中所起的作用，我们就能看到，不能独白似地处理在道德论证中应当解决的问题，而需要一种合作性的努力。”② 如果每个参与者都只从自我的立场出发，坚持自己的价值观和价值选择，而不转换自己的立场和态度，或在尊重他人的要求时放弃一点自己的要求，那么协商就可能失败。在哈贝马斯看来，可普遍化原则U所体现的就是对于所有参与者之利益的关切，是一种“所有他者的视野”。

在哈贝马斯看来，话语商谈是交往的继续，之所以是继续，因为“话语象征着某种交互活动的规范背景的破损”③。如果在人们的政治、经济以及其他日常活动中出了什么问题，那么，这意味着人们必须坐下来进行协商或交谈，而“进入一种道德论证的过程，参与者以一种反思的态度继续他们的交往活动，其目的在于恢复被破坏了的一致（协同）”④。可话语商谈得有结果，行为冲突得通过道德论证来解决，这需要一种中介性的条件，这就是交互主体共同认可的基本话语论证的前提条件。在哈贝马斯看来，这就是可普遍化原则U和实践话语原则D。通过话语商谈，“修复一种被扰乱了的协同意味着两者之一：或者在一种有效性主张变得有争议之后，重新恢复对它的交互主体性的认可，或者确立替代旧规范的新规范的交互主体性的认可。这种一致（赞同）表达了一个共同意志”⑤。然而，哈贝马斯认为，仅仅达到这样一种一致，还并不足以使个人反思到他是否同意一种规范，同时也没有把可普遍化原则U和话语实践原则D所包含的实质性内容提示出来。哈贝马斯认为，这里所需要的是一种真正的论证过程，在这种过程中，相关的个人能够合作。“只有达到理解的交互主体的过程能产生一种具有反思性的协议，只有它能给参与者这样的认识：他们集体性地变得确信了某种事情。”⑥ 哈贝马斯在这里强调的，不仅是交互主体对规范的认可，而且是一种相互理解以及对于相互尊重和利益关切的考虑。正是在这种前提条件下，哈贝马斯赞同麦克卡斯（Thomas Mc Carthy）在《哈贝马斯的批判理论》中对他这一思想的表述。麦克卡斯说：“对于我愿意作为一条普遍法则的任何准则，不是把有效性归于任何他人，而是我必须递交我的准则给任何他人，其目的在于推论性检验它的普遍性主张。这强调的是，从每个人不相矛

---

① Jürgen Habermas. Moral Consciousness and Communicative Actions. Cambridge, MA: The MIT Press, 1990: 66.

② 同①67.

③ Thomas Mc Carthy. The Critical Theory of Jürgen Habermas. Cambridge, MA: The MIT Press, 1978: 291.

④ 同①67.

⑤ 同①67.

⑥ 同①67.

盾地所想望的就是普遍法则，到所有人都能一致地想望的是一种普遍法则的转换。”①值得注意的是，这里所说“从每个人”到“所有人”这一伦理基点的转换。在哈贝马斯看来，康德的普遍主义伦理学的优点在于对形式普遍的坚持。然而，康德的普遍主义伦理学的问题在于，他仅仅从单个主体出发，即从单个主体的内在逻辑推理出发，来假设所有人在这样的情境中将如何行动。在哈贝马斯看来，有效地坚持康德的普遍主义，就必须转换康德的单个主体中心，将单个人转换成所有人或所有他者，从单个主体中心向交互主体中心转换。因此，康德的绝对命令需要以此公式重新表述。

在话语商谈伦理学中，可普遍化原则 U 和交互主体性条件，两者是不即不离的关系。哈贝马斯为了捍卫自己的观点，用了相当的篇幅来反驳德国当代道德语言学家图根哈特的论点。哈贝马斯着重分析了他的如下观点：解决规范有效性问题需要实践话语商谈，即图根哈特所说的“一个群体的共同意图问题”。图根哈特认为，他们需要相互说服，这是为了对每一个人都同样好而采取共同行动或做出共同决定。初看起来，这似乎与哈贝马斯的理论没有区别。然而，其根本分歧在于：在图根哈特看来，这基本上不是一个认知过程，因为意图句依据语义学规则可以独白似地证明其合理性，一种交互主体性的论证过程只在建立一种集体行动模式方面才是必需的。他认为，就是在这样的情况下，这种论证也不得不使每个相关者确信有机会自由地表达他自己的意见。根据这种观点，论证被设计得不是判断的公正而是使免于影响（不受强制）或意志的自主（自律）成为可能。图根哈特认为，正是每个人的意志自律（自主），才需要有个协议，因此，交往不是像哈贝马斯所说的那样，是一个道德推理过程，而是一个意志决断的问题。这不是一个理性行为，而是一个意志行动，一个集体性的选择。我们面对的不是证明问题，而是有威权（in power）的参与者的问题，正是这些人能够做出允许什么或不允许什么的决定。

图根哈特提出的问题在根本上是与哈贝马斯的论点对立的。这就是，在图根哈特那里，即使交往性活动，最后所诉诸的仍是一种个体的意志，而不是交互主体在理性的前提下所达成的具有普遍性意义（反映共同利益）的协议。即使要达到对大家都好的结果，最终也要依靠个人意志的选择与力量的平衡，而不是认知。

哈贝马斯指出：第一，公正（impartiality）问题作为一个认知问题，不可能被还原到一种力量的平衡。判断的公正不可能为自律自主的意志所取代。公正需要判断，或者说，判断的公正是建立在判断基础上的。有判断必然就有认识，它是意志本身不可取代的。因此，公正的判断和反映普遍利益的同意或协议，即交往中的交互主体性不可能为单个主体性所取代。

第二，图根哈特把一种有着合理动机的通过理性达成的协同（一致）与谈判中的公平妥协的必要条件相混淆。前者在于参与者认识到了共同利益之所在，而后者则在于假定对可普遍化的利益不致引起争议。在实践性推论中，参与者要力图弄清一种共同利益之所在，而在谈判中力图达到的妥协是相互冲突的特殊利益的平衡。哈贝马斯认为，就

---

① Thomas Mc Carthy. The Critical Theory of Jürgen Habermas. Cambridge, MA: The MIT Press, 1978: 326.

是妥协也具有严格的条件。必须看到，一种公正的平衡只有当所有参与者都有平等权利才有可能，而那些妥协的原则同时还需要实践话语来论证。

第三，我们对于规范命令，说“是”或“不”，表达了比任意的意志更多的东西。图根哈特把有效性要求与权力要求合并，因而就阻断了他自己力图区分合理的与不合理的规范的理由。他把可以由赞成者和反对者合理地争议的规范的有效性问题和实际上剥夺了自律意义的规范的社会实施混在一起，也就导致了一种杜克海姆所警告的“发生性谬误”，即把规范的义务特征还原为面对权力命令或权力制裁时听从者的服从。从社会道德现象来看，这一问题自从社会权力对人类社会组织具有支配意义以来就存在。在人类阶级利益对立冲突的历史时期，权威规范与道德规范的重合和冲突是一个非常复杂的问题。康德把命令的有效性看成一个可普遍化的问题。因此，有效性概念的内涵不等于被迫服从政治的权威，而只有服从理性才是有效的。违反一种规范而受到惩罚，是因为规范要求是有效的因而具有道德权威性，但是，如果一种规范只是与迫使服从性制裁相关，它就不享有有效性。有效性的依据在于康德式的形式主义理性，或形式主义的合理性。

有效性的可普遍化问题，哈贝马斯认为，实际上是一个普遍意志的权威问题。规范有效性所表达的实际上是所有参与者共享的普遍意志的权威，这样一种意志，剥去它的命令性质，呈现出一种道德性质。这种意志体现的是一种普遍利益，它可以通过话语来找到，我们可以通过我们作为参与者的视野来认知性地把握它。因此，在哈贝马斯看来，一个合理的社会是与普遍的话语对话分不开的。所以，我们不可以跟随图根哈特，而必须回到话语讨论的可普遍化问题上来。

第二节　程序原则以及话语商谈伦理的适用性

在哈贝马斯看来，任何话语论证，只要可能，都隐含着一般性话语论证的可普遍化原则 U 作为内在前提。可普遍化原则 U 作为一种论证原则，可以作为一般性话语论证的隐含前提。这种前提，就话语本身而言，是话语讨论中相互沟通、相互理解而达成一致的基础，从参与者方面来看，也是他们能够认识到的或通过话语讨论而可能确立的共识。

一、三层次的话语商谈原则要求

为了深化对普遍性前提意义的论证的认识，哈贝马斯从论证内在所需的不同层次水平来展开这一讨论。

哈贝马斯诉诸亚里士多德的经典逻辑原则，将一般论证的前提分为三个层次：一是论证产生形成的逻辑层次，二是程序的辩证层次，三是过程的修辞性层次。对于这样三个层次的要求，哈贝马斯援引 R. 阿列克西在《关于实践话语理论》中提出的要求给予说明。首先，哈贝马斯赞同阿列克西在逻辑层次上提出的三点要求：

(1.1) 没有一个言说者能与他自己相矛盾。

(1.2) 每一个把述词F用到客体A上的言说者，必须准备在相类似的方面把F用到任何其他相似于A的客体上。

(1.3) 不同的对话参与者，不应以不同的意义来使用同一个表述。

这个层次上论证的前提条件，是一种逻辑的和语义学的要求，而没有伦理学的意义。但逻辑的要求是最基本的要求和最低层次的要求，没有这一层次的要求，一般的话语论证（也就是在这一层次的交往）就没有可能进行。这里涉及逻辑学与伦理学的关系问题。阿佩尔在这方面的有关思想值得一提。阿佩尔认为，就纯逻辑的意义而言，逻辑关于规范上正确使用语言符号及思维的理论，可以说是一种在道德上无价值倾向的技术。但是，逻辑的运用有一种先在性的假定，即逻辑的运用以一种人类的交往共同体的存在为前提。阿佩尔说："如果没有在原则上先行假定一个能够进行主体间沟通并达成共识的思想家共同体，那么论辩的逻辑有效性就不可能得到检验。即使实际上孤独的思想家个体，也只有当他能够在'灵魂与他自身'所做的批判性'会话'（柏拉图）中把一个潜在的论辩共同体的对话内在化时，才能阐明和检验他的论辩。这就表明，孤独思想的有效性，原则上依赖于现实的论辩共同体对语言陈述的辩护。"① 这种论辩共同体的先在性，决定了伦理条件的先在性。因此，逻辑运用的条件以社会伦理的条件为前提。这里我们也可以看出交往和言谈论辩的普遍性需要，正如维特根斯坦所说："不可能只有在一个场合一个人遵从了一条规则。"② 单独个体不存在规则遵守的问题，规则问题总是与一定的人类共同体相关的，单独个体的世界即使存在，也没有合乎逻辑地论辩发生的可能。规范、规则或原则的问题涉及与他人共同行动或共同遵守的问题，论辩或论证的问题是在思想层次对于需要共同遵守的规则或原则进行一种话语论证。

其次，在程序层次，阿列克西提出了两点要求：

(2.1) 所有参与对话的讨论者，只能肯定他真正相信的事情。

(2.2) 任何一个对话参与者，如果执着于争论不在讨论范围的命题或规范，就必须提出正当理由。

在程序（procedural）层次，哈贝马斯认为，我们可以看到相互理解的因素，作为达到理解的过程，论证是以这种方式来规范的："赞成者和反对者采取一种假设性的态度，以及解除了对于行为和经验的压力而来检验，已经变成问题的有效性要求。"③ 换言之，对话参与者可以以某种假设性的态度，在不考虑实际行为和实际经验束缚的条件下，对于需要讨论的问题进行探讨性的论证。在哈贝马斯看来，参与各方用来探讨一种真理性问题的任何活动，都是以一种竞争的方式组织起来的。各方既真诚协调合作，同时又承认必要的竞争。通过这种竞争合作，即通过一种理解的过程，达到一种相互接受的结果。这种在话语中达到理解的前提和相互承认的前提，对于参与对话的各方有着共同的约束力。

---

① 阿佩尔. 哲学的改造. 上海：上海译文出版社，1994：301-302.

② 维特根斯坦. 哲学研究. 北京：三联书店，1992：109.

③ Jürgen Habermas. Moral Consciousness and Communicative Actions. Cambridge，MA：The MIT Press，1990：87.

最后，在过程（process）层次，哈贝马斯把言谈话语或论证话语看成一个交往过程，并从过程意义上探讨论证前提与伦理学的内在关联。为了达到合理共识或所有参与者都能接受的结果，哈贝马斯把这种论证性话语条件看成在特定方面有着一个免于压制和不平等的话语环境结构，类似于同样出于论证需要的罗尔斯的原初状态，这样的论证条件本身代表了一种接受理想的话语商谈环境，或者说，哈贝马斯就把这看成理想的话语商谈的特征。而这种特征或理想的话语商谈环境，是“一般对称性条件”，即所有参与者都把这种论证前提看成已经具备的。

哈贝马斯的上述论点将图根哈特混淆了的论证的一般有效性条件与权力制裁的有效性区分开来，同时有机地融合了美国社会学家米德以及阿佩尔的交往共同体的思想。阿佩尔把“理性事实”理解为交往共同体的先天性条件，哈贝马斯认为可普遍化原则U内蕴着一个理想的交往共同体。在这个方面，我们可以看出哈贝马斯所受的米德的影响。哈贝马斯在《交往行为理论》中给予米德的理论很高的评价。哈贝马斯在谈到米德的理想交往共同体的观念时说：“我们在评判一种与道德相关的行为冲突时，必须考虑到，一切参与者如果对涉及的所有利益采取公正考虑的道德态度，那么，一切参与者将会对什么样的普遍利益获得一致意见。米德后来借助一种理想的交往共同体的草案具体说明了这种条件：‘以逻辑的术语确立的一种话语的普遍性，这种话语超越了特定的秩序——在这种特定的秩序里，在一种具体冲突中的共同体的成员，把他们自己置身于这种共同体的秩序之外，赞同改变行为习惯和对价值进行重新表述。因此，合理的秩序在于确立一种秩序，在这种秩序内运作的思想是，实际结构社会的不同程度的抽象……正是一种包括任何有理性的存在者的社会秩序。这种话语（论辩）的普遍性确立了一个不是在实质性事物意义上而是在方法意义上的理想的世界，它的主张是，涉及冲突中的所有的行为条件和所有价值，必须在抽象层次从相互冲突的确定的习惯方式和相互冲突利益的角度给予说明。这表明，一个人除非把他自己看作一个更广大的理性存在者的社会共同体的一个成员，否则，他就不能作为一个社会中的合理性的成员而行动。’”①

哈贝马斯和米德所谈论的理想交往共同体，实际上都是从康德的“理性事实”前提出发的“抽象”理性层次的共同体，或一种程序理性条件。哈贝马斯指出，米德的理想论辩或话语共同体包含着“两个乌托邦性的草案”②，一是有关道德实践的，二是有关交互主体之资质的。或者说，交互主体包含着普遍化方面和特殊性方面。一方面，理性能力使交互主体能够在一种普遍主义的关系范围内确立方向；另一方面，一种发展起来的主体性使他们能够与其他行动主体同样自主地运用他们的自主决定和自我实现的力量。因此，自我同一性不仅是自我实现，而且是自我规定。一种能够在独立自主的行动基础上促成自我实现的自我同一性，是与理想的交往共同体相适应的。这种同一性保证了个体的生活历史能够延续下去的能力，同时也起着建构社会共同体的作用。在这里，我们应当注意到，哈贝马斯把它看成“乌托邦性”的。因为在哈贝马斯看来，无论是就个体而言还是就共同体而言，它们都还是在一种抽象理论层次上的概念。

---

① Jürgen Habermas. Theorie des Kommunikativen Handelns. Bd，2. Frankfurt am main，1988：144f.

② 同①148.

然而，阿佩尔则认为，这种理想的共同体和社会实际存在的共同体是交织在一起的。阿佩尔说："任何一个论辩者都总是已经同时先行假定了两样东西：一是某个实在的交往共同体，论辩者本身已经通过社会化过程而成为其中一员；二是理想的交往共同体，它原则上能够适当地理解论辩者的论据的意义并明确地判断这些论据的真理性。但是情境的奇特和辩证性在于，论辩者在某种意义上把理想共同体先行假定在实在共同体中了，也即把理想共同体先行假定为实在社会的实在可能性了；尽管论辩者知道，（在大多数情形中）包括他本人在内的实在共同体远未达到理想共同体的水平。可是，根据其先验结构，论辩除了正视这一既是绝望的又是充满希望的情境之外，就别无选择了。"① 阿佩尔认为，人们先验地存在着或遇到这样的矛盾，这不是形式逻辑的矛盾，而是社会历史的矛盾，因而"只能指望通过理想交往共同体在实在共同体中的历史性实现，来解决上面这个矛盾"②。也就是说，理想的交往共同体不是"事实"（经验事实）而是康德意义上的"理性事实"，他们指望它能够在历史运动中实现，但也冷峻地看到还不具备现实的可能性，因而仍具有"空想性"。但阿佩尔认为，理想的交往共同体虽然从其完全实现的意义上看是空想性的，但已经部分存在于现实之中，是人们在现实中行动的标准或依据，或者说，是现实中人们的理想，且与现实的共同体交织在一起。

具体来说，这理想的交往共同体的条件是什么呢？哈贝马斯说："就一定的形式描述的特征而言，在论证中的参与者不可避免的前提条件是，交往结构除了较好论证的压力外，排除了所有内在的或外在的压制，除了合作性的对真理的追求的动机外，中性化了所有动机。"③ 免于压制、中性化的动机，意味着排除一切权威话语，话语权以及决定权对于所有参与者来说，都是平等的。哈贝马斯列出了阿列克西遵循他的分析而提出的这一层次的话语论辩规则，如下：

(3.1) 每一个有着言说和行动能力的主体都应允许加入话语商谈。

(3.2) 任何人都应被允许在话语商谈中畅所欲言。

(3.3) 任何人都应被允许表达他的态度、欲望和需要。

哈贝马斯指出，规则（3.1）界定了潜在的参与者，"所有有资质的主体概无例外"。规则（3.2）确保所有的参与者都有平等的机会对论证做出贡献和提出自己的论证。规则（3.3）确立了普遍进入和平等参与的权利的条件，这种条件能为所有参与者平等地享有，而没有压制的可能——即使相当微妙和隐蔽的压制也没有可能存在。这确实是相当理想化的话语商谈条件，在没有利益争端的情况下，也许在现实中是可能的，但只要涉及利益争端，尤其是稀缺性资源的争端，压制或其他不正当的手段就都可能出现，然而，如果存在，那就必然导致结果的不公正。

哈贝马斯说，他这些考虑是有着远比说明一种理想的交往形式更多的东西，与其说

---

① 阿佩尔．哲学的改造．上海：上海译文出版社，1994：335-336.

② 同①337.

③ Jürgen Habermas. Moral Consciousness and Communicative Actions. Cambridge，MA：The MIT Press，1990：88.

这些规则是实践话语规则，毋宁说它们是不可避免的前提条件。那么，哈贝马斯这样说有没有现实社会的原型？也就是说，他又为何不把它看成纯理想性的？我认为其原型就是现代市场经济活动中真正的“话语商谈”。市场经济活动中的主体（无论是法人还是自然人），在市场健全的条件下，都是作为有着平等独立身份的主体（即不论拥有资产的多少，或社会地位的高低），拥有不可剥夺的发言权（作为法人或法人代理）进入商谈活动的。如果一方有着强制另一方的意向，那就意味着商谈的破裂。在一定的意义上，这就是哈贝马斯理想的交往共同体的原型。当然，市场经济活动中的商谈也有不同的形态，虽然外在或内在的强制没有可能，但占有信息材料的充分程度却有着决定的意义。这就是哈贝马斯所注意到的是否可“以谎言来使人信服”的问题。但不管怎么看，经济生活中确实存在着这样的原型。这里必然引出另一个问题：既然在商谈经济活动中大量存在（可以说是普遍存在）这种原型，那为什么他一再说这是一种理想的交往共同体？我们必须看到他是从“理性事实”出发，即他是沿着康德的路线，从一种理性的层次进入问题的。从普遍理性的意义上看，它无疑具有一定的抽象性和理想性，然而无疑又远比市场经济活动中的商谈有着更大的涵盖性和普遍性。另外，经济商谈并不等同于理想的交往共同体，任何具体的话语商谈都受到现实条件的限制。理想态仅是现实原型中普遍性因素的理论抽象。

再从这一层次的规则本身来看。这三条规则所强调的根本点是参与的平等性，其潜在的前提就是交互主体性，有着同等的人格和交互资质的复数主体。在这里，哈贝马斯既强调了话语前提和展开条件的平等性，同时又内蕴着主体的交互性和相互作用的可能。因此，哈贝马斯与罗尔斯既有区别也有相同处，他们在考虑进入相互关系时，都把主体放在平等的地位。与罗尔斯通过原初状态的设置下人们的理性选择达到正义原则不同，哈贝马斯诉诸相互的对话。我们可能会问：这样没有任何至上权威的一律平等的参与者组成的话语，在前提上不是类似于霍布斯的“自然状态”吗？或者是正如麦金太尔所言的那种论辩必然没完没了的情况吗？霍布斯对于那种自然权利平等而没有权威因而必然导致冲突混乱的状态，所注入的就是社会权力的介入。然而，在现代经济商谈中，恰恰是在排除外在权威介入的前提下才能在平等的基础上达成一致（协议）。正是在这种普遍话语的原型——经济商谈中，我们看到了哈贝马斯所说的普遍利益原则或对于每个主体同等好的可普遍化原则 U 作为“搭桥原则”的作用。在那种没有演绎关系的实践论证中，可普遍化原则 U 起着经验科学中归纳规则的作用。如果没有搭桥原则或搭桥原则不能生效，有着不同利益追求的各方就必然不可能达成一致，而只能处在冲突之中。当然，搭桥作用可能生效的前提，即避免霍布斯难题的前提，依赖于各方进入了后习俗阶段也就是从道德资质上具有了主体性前提。也正因为进入话语商谈的各方有着在共同利益上达成一致的可能性前提，话语商谈也就不可能陷入麦金太尔所说的那种不可通约性争论的“没完没了”。

然而，哈贝马斯也提醒我们，不要把规则（3.1）至（3.3）看成所有的实践话语都必须满足的条件。许多实际情况并非如此，往往只能说是近似的符合。之所以把这一层次的规则错误地看成实践话语中必须满足的条件，是因为“规则”这一概念的含糊性。英国法学家米尔恩（J. M. Milne）曾把规则分为两类，即构成性规则和调控性规则。[①] 一般而言，棋艺规则可以说是构成性规则。没有规则就没有下棋的活动。这类规则可以说是这类相关实践活动得以存在的先决性条件。调控性规则运用的前提是它所对应的活动的先在性，如道德领域里的承诺制。哈贝马斯做了类似的区分，他也认为棋艺规则是构成性的，而对它的违反就是错误的。话语规则（3.1）至（3.3）则不同，它是话语活动参与者近似地实现交往的论证条件，因而可以不考虑是否这些假定条件有反证。但是，必须要有一定的社会条件，使得这些话语商谈规则可以近似地实现。正是在这一点上，哈贝马斯从理论层次回到实践层次，哈贝马斯指出："话语在具体的社会背景条件中，受到时间、空间的限制。它们的参与者不是康德式的理智性人物，而是除了追求真理的动机外，还为各种动机所推动的实际的人。论题、相关意见不得不组织，讨论的开始、暂停和再开始不得不安排。由于所有这些因素，需要制度性的设施来充分满足中性化的经验性限制因素，以避免外在的和内在的干涉，使得理想性的条件总是已经作为论证（论辩）参与者的先决条件而至少能够近似地充分具有。"[②]

最后，需要指出的是，哈贝马斯基本赞同阿佩尔对于理想交往共同体的看法，但不同意阿佩尔把普遍化原则看成"终极原则"或"最后原则"。在哈贝马斯看来，可普遍化的规则只是一种论证讨论规则，一种协调行动的前提条件。而且，哈贝马斯始终把合理实现相互理解、相互协调的目标看成话语商谈行为的唯一目标。因此，哈贝马斯一再强调可普遍化原则 U 以及话语实践原则 D 是一种形式原则。"它与所有的实质性的法律和道德原则不是不相容的。但它并没有预先判断实质性的规则，仅是作为一条论证规则而已。所有论证内容，不管所涉及的基本行为规范是什么，必须使其取决于话语（或以话语指导来替代规范）。"[③] 然而，所有讨论对象进入话语商谈，这就意味着受到话语商谈的形式和结果的影响。

哈贝马斯把所有的道德论争都看成实践话语的内容，虽然话语原则只是形式规则，但在道德实践中，一切又都要经过话语论辩。正如维特根斯坦所说，单独个体没有规则问题，任何道德原则，总是涉及交互主体的交互活动。通过话语商谈，人们才能在相互间确立或恢复共同遵循的道德规范。因此，哈贝马斯的话语形式原则既容纳多元性价值前提，同时又诉诸论辩共同体参与者的共同利益或普遍利益，力图在这样一个前提上统一或一致起来。

从社会现实意义来看，对于哈贝马斯的这一论点，应从两个方面看。首先，哈贝马斯把话语论辩作为一种交往活动，以及通过话语沟通达成符合参与者的普遍利益的一致性（协议），强调了话语原则与利益的内在联系。其次，哈贝马斯认为，实现其目标的根本前提就是可普遍化原则 U 所体现的程序公正。反过来说，如果没有一种反映或合理保障论辩主体的普遍利益的程序正义，话语阶段（话语阶段已经把规范问题化）的规范有效性就成为问题。

哈贝马斯认为，在没有压制的社会前提下普遍的话语可能达到对于社会普遍利益的

---

① J. M. Milne. Human Right and Human Diversity. London：Macmillan，1986.

② Jürgen Habermas. Moral Consciousness and Communicative Actions. Cambridge，MA：The MIT Press，1990：92.

③ 同②99.

共识。然而，这种通过话语论辩所达到的对于普遍利益的认识的依据又是什么？应当看到，这种程序正义原则并没有说明。正如拉弗尔（S. Raffel）所指出的，哈贝马斯的这种一致论的道义论或者说正义论，一个最根本的问题就是忽略了传统伦理学的“应得”（desert）概念。① 这个批评值得我们深思。“应得”是亚里士多德的正义观的一个基本内涵，亚里士多德强调根据各人对共同体的贡献的真价值进行比值平等（或者说比例平等）的分配。哈贝马斯强调他的正义原则不涉及内容，认为有了一定的论辩前提才可以达到一定的共识，而忽视正义原则的实质条件。如果从维护哈贝马斯的立场来看，就是说，如果有了实质性正义原则而没有一定的认知条件，正义原则也是难于实现的，换言之，只有在没有压制的体现可普遍化原则U的论辩条件下才可以使人们达成对于真正普遍利益的共识；然而，从相反的方面来看，如果仅有论辩的程序原则而没有实质性正义原则或者对于实质性原则没有正确认识，正义就具有一定的虚假性。因此，实际可能的情形在于这两者的合题，正义形式原则本身也是一个如何应用的问题。

二、话语商谈伦理学原则的应用

话语商谈伦理学的可普遍化原则提出以后，在西方学术界所遇到的一个反应就是：它如何能够应用？或者说，它被人断定为无从应用（alleged inapplicability）。我们在前面的讨论中也指出，哈贝马斯自己也认为它具有一种理想性，但哈贝马斯并不因此而认为没有现实应用的可能。哈贝马斯认为，对于普遍性规范（原则）的论证或证明与应用，是两个层次的问题，认为可普遍化原则U没有解决在具体的环境条件下适当的行为方式是什么的问题，是误解了它的作用。可普遍化原则U适当地证明了话语的合理性，在这种话语商谈行为中，我们检验普遍性的戒律（禁令或允许）的有效性。当然，话语原则作为一种程序原则，由于它考虑的是所有参与者的利益，因而也可以说是一种公正原则。但是，作为论证公正原则，它不可能取代依据有效性原则的具体行动的判断问题。“在特定的环境下做正当的事”，不可能为一个单一的证明过程所决定，尤其是，普遍性论证作为一种形式论证，只是指出了某种规则的普遍有效性问题，而没有涉及特殊情形下某个规则的适用性问题，以及特定情形下的规则运用问题。

在这个意义上，哈贝马斯从一般规范的有效性方面提出了自己的观点。哈贝马斯认为，规范有效性一般可从抽象意义和规定具体行为两个方面来看。在抽象意义上，也就是康德所说的那种普遍立法性，或哈贝马斯所说的所有潜在的受影响者都合理地赞同，以及在总体上可能的情况下，能得到应用的规范。在这方面，当代德国哲学家盖茨做了详尽的研究，哈贝马斯给予了充分肯定。盖茨是这样提出问题的：“难道不应该认为，对于每一个话语参与者而言，一个规范的有效性意味着他考虑了在所有的那种情形（situation）中对于它的遵守，即在这种情形中，一个规范的应用是适当的？”② 因此，这种公正的观念，既有着它的确定意义，同时又“要求参照所有适当应用的情形，说明一个规范在那些所有可能受影响者中的合理接受”③。盖茨公式化了这种双重的要求：

---

① S. Raffel. Habermas, Lyotard and the Concept of Justice. London: Macmillan, 1992: 6-7.

② Jürgen Habermas. Justification and Application. Cambridge, MA: The MIT Press, 1993: 36.

③ 同②.

“一个规范是有效的和适当的，只要在每一种具体情形下对于每个人的利益而言，它的一般遵守的后果和附带效果能被所有人接受。”①

对于规范的应用，哈贝马斯同意盖茨的分析，认为应当是双重原则：有效性原则和适当性（angemessenheit）原则。哈贝马斯认为，“适当”不仅与一定的具体环境条件相关，同时也与时间相关，即“适当”或“不适当”的问题是在社会历史中的，因而也可以说是一个时间性概念，因而，就规范应用而言，适当性也就规定了有效性。“一个要参照被预期的典型例证而确定其有效性的规范，也要看在将来发生的实际相似的环境中（依据这些环境的相关特征）是否适当，这是一个在论证性话语中没有回答的问题。这个问题只有在进一步展开的话语中回答，尤其是从应用性话语改变了的视野来回答。”② 在一定的实际情形中，就存在着在一定的时间条件下哪一个规范是最适当的问题。但是，在当下的实践中不是适当的，并不意味着它不具有有效性，而是随着事件的变化推演，排列成一个连贯的规范性秩序。因此，“在证明中，只是规范本身是相关的，而不考虑它在具体环境中的应用。这里的问题是，是否每一个具体情形都应遵循这规则。……相反，在应用中，总是与具体环境相关的，而不考虑是否就全体而言要一般遵守（这已经为先前的讨论检验所决定）。这里的问题是：依据具体环境，在一种特定的情况下，规则是否应该遵循和怎样遵循”③。

对于可普遍化原则 U，哈贝马斯提出要通过制度化的措施，来保证它可以被“近似”地实现。然而，话语程序原则是为了论证规范有效性，即通过一种可普遍化原则 U 与实践话语原则 D 所确保的话语来使大家达成共识或规范性协议，或者通过话语来检验规范的有效性。这种话语论证的规范具有在一定的话语共同体内的普遍有效性。因此，这里的普遍性是两个层次的普遍性：一是论证程序意义上的可普遍化原则 U，二是通过话语达成的或受到过检验的普遍性规范。应当看到，应用问题不是前者而是后者。实践话语的论证秩序上的普遍性原则问题，哈贝马斯所提出的是近似地实现。所谓“近似地实现”，仍是考虑到了现实社会历史条件的局限性；若从理想的层面降到现实的层面，这种近似不是要背离理论理性，而是要力图接近理论理性的要求。但应用问题主要地还在普遍性规范意义上。对于理论论证的普遍性规范，对其应用不仅需要理论性的论证，更需要实践本身来确定其有效性和适当性。

实践的有效性和适当性，同样也需要应用性话语来解决。哈贝马斯说：“例如，存在着不同的分配正义原则。有一些物质性的正义原则，诸如‘依据每一个的需要’、‘依据每个人的优点’或‘平等分配给每一个人’。又有这样一些平等权利原则，诸如‘对于每一个人的平等尊重’、‘平等对待’或‘法律的平等应用’原则，强调了不同的问题。而这里的问题不是财物的分配而是保护自由和不可侵犯性。现在，所有这些原则都可以从可普遍化的视野被证明为合理的。但就它们在特殊具体情形中的应用而言，就将产生这些竞争性的原则在特定的背景条件下哪一个最适合的问题。而这就是应用话语的

---

① Jürgen Habermas. Justification and Application. Cambridge，MA：The MIT Press，1993：36.

② 同①37.

③ 同①37.

任务。"[1] 在哈贝马斯看来，实践理性可以以理论的形式在可普遍化原则中表现出来，也可以在对规范的应用中、在对适当原则的采用中表现出来。因此，证明与应用两者具有互补性特征。

哈贝马斯对适当性原则的阐发，实际上进一步补充了话语伦理学的内涵。理论理性所阐发的可普遍化原则的应用问题，是由实践理性所阐发的适当性原则决定的。由于理论话语所阐发的普遍性在于这样两个方面，即可普遍化原则U和普遍性规则或规范，因此，适当性也体现在这样两个方面。就前者而言，是一个在具体环境条件下怎样做到最近似于理论论证的原则，也就是最具有合理性的问题。对于后者，如果那些对于现代社会具有普遍意义的规范在一定的社会条件下不可能都得到实施的话，那么，则有一个在一系列的普遍性规范中，哪一个最有可能具有优先性的问题。在一定的社会历史时期和就特定时期的社会发展需要而言，有可能出现哪一个规范或原则的实施是最为适当的问题。但要解决这个问题，同样需要诉诸没有压制的话语论证。

应当看到，哈贝马斯在这里建立了一种理论模式，一种从论证规范的合理性、有效性到规范的具体实践应用的适当性的理论模式。这一理论从内在逻辑来看，是合理的。它的先决条件在于可普遍化原则U，其中介性原则则是适当性原则，通过适当性原则使得可普遍化原则U能够与行动参与者的背景条件相关联。因此，他认为解决了康德的普遍性伦理没有解决的应用问题。这里的主要问题有：一是先决条件实施的理想化。如果先决条件没有现实可能性，也就难于确保实践规范的有效性和适当性。二是如同可普遍化原则U的现实可能性问题是一个社会历史性问题一样，适当性原则问题也是一个社会历史性问题，这个问题同样不可回避，虽然它只能在历史进程中解决。同时，也要看到，哈贝马斯的适当性原则强调实践行动的具体的可行性问题，而不是普遍可行的问题。在哈贝马斯看来，把普遍性与适用性结合起来，这一伦理学理论既能回答其适用的广泛性，同时也能回答它的现实有效性。从理想性来看，哈贝马斯构想了一种类似于有效契约的假设条件，从现实性来看，它回答了现实中伦理合理性的依据何在的问题。哈贝马斯的伦理学理论类似于斯坎伦的契约主义，试图通过理想的话语商谈条件，来建构一种现实道德生活或人类合作、人类团结或人类公正、正义的基础。他所描绘的理想话语商谈的条件或要素，同样可以被看作一种契约主义的构想。哈贝马斯的话语商谈伦理学，强调的是在理性意义上的理性存在者的平等，对于这种平等的实现，哈贝马斯寄予了很高的期望。理性平等是他的社会自由的前提，没有理性意义上的平等，也就没有社会正义和社会自由。自由体现在对所有社会成员的尊重上，体现在所有社会成员的利益需求得到了尊重和满足。在哈贝马斯以及与他相类似的思想家看来，这样一种理想条件虽然不可能在现实中完全存在，但它对于现实而言，有着强有力的原则指引作用。

参考书目

Jürgen Habermas. Moral Consciousness and Communicative Actions. Cambridge, MA: The MIT Press, 1990.

---

① Jürgen Habermas. Justification and Application. Cambridge, MA: The MIT Press, 1993: 152.

Jürgen Habermas. Justification and Application. Cambridge，MA：The MIT Press，1993.

尤尔根·哈贝马斯. 交往行为理论. 上海：上海人民出版社，2004.

龚群. 道德乌托邦的重构——哈贝马斯交往伦理思想研究. 北京：商务印书馆，2003.

思考题

1. 简述可普遍化原则 U 与实践话语原则 D 及其相互关系。
2. 简析话语商谈伦理的三层次要求。
3. 简析话语商谈伦理的适用性。
4. 试论哈贝马斯话语商谈伦理学中的平等观念。

第五编

德性论

导　论

几乎任何一个成年人的生活记忆中，都有着儿时听父辈讲童话故事以及民间传说的美好记忆。任何一个民族的文化记忆中都有着古老的英雄故事或典范的传说。在这些英雄故事中，有不少是具有道德意义的；相当多的童话故事，都充满着道德的寓意，而其中大多数都是关于英雄和圣贤的故事。如中国古代尧、舜、禹的故事，法国圣女贞德的故事。在中国古代的传说中，舜的故事作为孝道典范就特别突出。舜自幼丧母，父亲是一个盲人，从小父亲就不喜欢他，家中的孩子除了他还有继母所生的弟弟象。虽然他很小就承担全部家务，但父母亲和象都想杀了他。不过，每次暗害，他都成功逃脱了。即使如此，他仍不改对父母的孝敬之心。20岁左右，他已经是乡里闻名的孝子。有一次，继母要他上粮仓顶去修粮仓，而后却在下面放火，要烧死他，他急中生智，用斗笠作翅膀飞了下来。他虽然知道这是继母使坏，但仍然不改孝敬之心。还有一次，他父亲要他下井挖泥沙，结果他下去后，其继母和弟弟象就把大石头、泥土往下推，想把他埋在井里。他们以为这次他必死无疑。舜在躲避他继母和弟弟推下的石头时，发现井里还有一条暗道，直通河边。他就从暗道出来，回到家里。父母亲和象看到他回来，大吃一惊。舜回到家中，没有半句对父母的责怪。从这以后，舜的父母和象才对舜好了起来。中国古代社会极为重视孝道，由于舜能够这样孝敬他的父母并善待他的弟弟，所以尧把他选为自己的继承人，把帝位传给了他。舜经历了他人无法承受的坏父母和弟弟对他的恶意，仍然不改对父母的爱和孝之心，这在我们今天是无法理解的。[①] 但这个故事把儿女孝敬的对象推到这样极端的程度，不能不说舜确实做到了他人难以做到的事。因此，他能继承帝位，又十分爱护他的人民，从而有圣贤之名。而“圣贤”这一概念所指的就是在道德上能够做到比较完美或符合当时的道德要求的人。

像这样符合道德理想的人物，不仅在古代社会，而且在现代社会也是不断涌现。美国的简·亚当斯就是这样一个例子。亚当斯从小受到父亲的影响，父亲作为一个有德之人，一个有着仁慈心灵的人，给了亚当斯很深刻的教育，他把自己的道德信仰传给了女儿，坚决主张“心灵的正直高于一切”。亚当斯在大学毕业几年后，确定了自己终生为之献身的事业：帮助穷人。为此，她买下了一幢旧公寓，以此来为穷人服务。在第一年，就有5万穷人出于各种目的到她的赫尔大厦逗留过。第二年逗留的人数增加到10万。她的机构每天都要照顾数百人。她为穷人提供食宿，对不同阶层的人进行从幼儿园到成年人的教育。同时，她又是一位社会活动家，她几乎每天都在工作，为社会底层人生活的改善进行了大量的社会活动和著述。她75岁时，因为“用箴言和榜样”进行教育而荣获美国教育奖。她还在世时，人们就把她描绘成一位圣人，在她的领导下，赫尔大厦成为“富于同情心的殿堂”。那么，是什么精神使她能够做到这一点呢？使她能够终生坚持自己的理想，不倦地为此而工作呢？在对亚当斯的行为进行评价时，我们不得不研究她的品质特征。我们不得不看到，她作为一个人的崇高品格。

实际上，我们总是不断地得到来自宣传的道德典范的教育，道德典范始终是进行道德教育的一个有力手段。道德典范的作用就在于它是对某种人物的品格或品质的褒扬，而不仅仅是对典范的某种行为的赞扬。因此，仅仅从行为上来看待道德似乎是不够的。

对德性伦理学的形象表述最好不过的就是这种圣贤或道德楷模了。道德楷模值得人们学习，不仅在于他们成就了什么事业，而且在于他们是什么样的人，或成了什么样的人。他们体现了某种道德或道德的要求。人们仿效他们，不仅是要做他们做过的事，而且是要成为他们那样的人。康德的义务论只是从理性形式上理解道德，在他那里，义务处于个人道德的中心。但是，说亚当斯终生为了穷人而忘我工作所体现出来的精神只是为了义务而义务，似乎是不够的；说亚当斯是出于她的天性或自幼养成的一种内心的气质、品格，这种气质或品格使她能够自发地那样工作或献身，可能更为恰当些。

一、德性伦理学与义务论伦理学、功利论伦理学的比较

近代以来，占主导地位的规范伦理学是功利论（功利主义）和义务论。契约论伦理学从道德的基础讨论伦理学问题，自利契约论可归为功利论，而从非自利契约论则可归为义务论。无论是功利论还是义务论，所回答的基本问题都是我们应该怎样行动，或什么样的行动（行为）在道德上是正当的和正确的。因此，长期以来，人们一般认为，规范伦理学所研究的就是行为问题或指导行为的规范或原则问题。自苏格拉底以来，伦理学所探讨的就不仅是什么样的行为是正确的问题，而且是人是什么和成为什么样的人的

① 卢梭曾经指出，人类天生独一无二的欲念是自爱，“我们所有一切本能的活动首先是为了保持我们的生存和我们的幸福。所以，第一个正义感不是产生于我们怎样对别人，而是产生于别人怎样对我们”（卢梭．爱弥儿：上卷．北京：商务印书馆，1983：103）。传说中邪恶的、巫婆似的后母的故事，不就是恶的长辈的故事吗？

问题。苏格拉底提出，没有经过审视的生活是不值得过的生活。苏格拉底所探讨的不仅是人们的具体行为，而且是人是什么和成为什么样的人的问题。审视生活也就是审视人生，这是因为，行为的善与人的善或善者问题是联系在一起的。这两个问题在古希腊伦理思想那里，就归结为一个问题：德性问题。换言之，只有有德性的人才会做出符合道德的行为，德性就是一个有德者的品质或品格。当代义务论或功利论认为，是出于责任、义务或符合原则，才有道德的行为，德性伦理学则认为，道德的行为来自有德者的德性品质。德性伦理学与义务论伦理学和功利论伦理学强调的重点不同，即德性伦理学重点研究的是人的德性，义务论伦理学和功利论伦理学则重点研究行为及行为规范。对规范伦理学的狭义理解，一般就把后两者看成规范伦理学，而从起始意义以及更宽泛理解的规范伦理学来看，则必须把德性伦理学包括在内。

从中西方思想史上看，无论在古希腊还是在中国传统社会，占主导地位的规范伦理学思想都是德性伦理学，即人是什么和人应当成为什么样的人处于伦理学探讨的中心地位。在古希腊伦理思想和中国传统伦理思想看来，人是什么和人应当成为什么样的人是一个问题。人性问题或人的本性问题都是其核心问题。对人的本性的理解导致对德性的理解以及对如何培养德性的理解。在传统的德性伦理学中，人是什么的问题包括了做什么的问题。或者说，“是什么”与“做什么”是没有分开的。在这个意义上，是什么的问题也就包括了应当做什么的问题。“是”与“应当”是没有分隔开来的，是可以由此及彼的。比如我们说，一个正义的人、一个正直的人、一个勇敢的人、一个吝啬的人，等等。这是什么意思呢？一个正义的人就是以正义的方式履行这些行动的人，一个正直的人就是一个经常做或一贯做公道的事的人，一个勇敢的人就是一个经常在危难面前不畏惧的人，一个吝啬的人也就是一个经常在人我关系中显得比较小气或不那么大方的人，等等。具有某种品质或品格的人，我们可以期待他能够做什么或能够看到什么。因此，从传统德性伦理学上看，我应当成为什么样的人的问题与我应当做什么的问题并不是可以分离开来的两个问题。不可分离开来的根本原因在于，人的德性品质是一可以由此及彼的关键因素。把这两者分离开来，认为伦理学只处理我应当做什么的问题，是近代以来义务论伦理学和功利论伦理学的看法。义务论伦理学和功利论伦理学认为，我应当做什么的问题可以通过援引一条得到证明的原则来回答，而不是从人的内在德性来回答。但德性伦理学则认为，我应当做什么在于通过我是什么人或我应当成为什么样的人来回答，对我是什么人或我应当成为什么样的人的回答，又内在蕴含着对是什么样的品格德性的回答。在这个意义上，这种回答就不是通过援引某个原则，而在于援引某种品质或品德。如说“一个勇敢的人在危难面前不会退缩”，也就是说，一个具有勇敢品质的人，在这样的情形下会做什么或应当做什么。

相较于义务论伦理学与功利论伦理学，那么，明显地出现了对于行为之道德性的两种解读：一是从道德原则上，如康德的义务论，从义务原则出发进行解读；二是从德性概念上进行解读。德性不是原则，而是人的品质，原则是抽象的，是思维所把握的，德性则是人所具有的内在的精神性气质，它可通过行为倾向或行为习惯表现出来。如果按照前一种回答，那么，道德的行为在于遵从了某个道德原则或规则；如果按照后一种回答，那么，道德的行为在于个人的德性品质。如果说人的德性决定了人的行为，那么，遵循原则的道德解读的合理性在哪里？或者说，如果有了德性伦理学，是否可以不需要以义务、责任或原则为中心的义务论或功利论伦理学？

德性伦理学有着它吸引人的地方。正如许多伦理学家所意识到的那样，人的道德行为往往并不是人们思虑的结果，而是人们的行为习惯或习惯性行为。行为习惯或习惯性行为涉及人的道德倾向，这种道德倾向是人们具有道德意义的品格或品质的体现，当然，还有与道德倾向相关的心理倾向。这可以说是人的品格、气质。因此，仅仅把人们符合道德的行为看成遵从某种原则或规则的结果，而看不到个人品质的作用，对人的道德行为的理解是有偏差的。实际上，康德以及密尔，都注意到了道德的个人内在动因问题。康德就把这一点放在很重要的地位上，如他对善良意志的强调。不过，从德性伦理学来看，康德的问题在于他把善良意志仅仅归结为理性意志，同时又归结为义务的中心性，从而把理性的普遍性原则看得最为重要。他没有像德性伦理学家那样，把行为的道德性看成只是根源于德性本身。

一方面，德性伦理学有利于我们判断一个人。我们判断一个人善良与否，不是看他某一次行为，而是看他长期的行为趋向或努力。义务论或功利论，尤其是功利论，很强调一次性行为的后果，这对于个人的判断往往是不成功的。我们判断个人的善与恶，不能仅仅依据某次行为的后果来确定。像中国古代的舜，以及现代西方的亚当斯的德性行为，往往不可能以理性来说明，但以德性或品德的观点却很能说明。这是因为，人的合乎道德的行为，往往并非出自理性，而是出自感情以及某种心理倾向。还有，与义务论相比较，义务论强调义务、责任、职责的中心性，在这个意义上，义务论可以说明一般人们的行为的道德性。义务论解释了平常一般道德水准的人们的行为道德性的一般依据。但是，对于圣贤或英雄的道德，以及对于道德楷模的道德行为和道德境界，却不是仅从职责、义务可以解释得了的。如对于乐于助人的雷锋，对于利用自己的休息日为他人服务的上海厨卫修理工徐虎，以及前面所讲述的亚当斯的故事，就不是仅从职责、义务的意义上可以解释得了的。对于这类道德行为，人们一般称之为“超责任”的道德。对于这类道德，德性伦理学从德性意义上可以给出很好的解释。

但另一方面，我们又要看到义务论与功利论强调普遍性原则的重要性。从义务论和功利论来看，在原则意义上，有抽象形式原则和实质性原则。从实质性原则来看，几乎每条原则都可对应一种德性品质，如行善的原则对应于仁爱的德性、正义的原则对应于公正的德性、诚实的原则对应于忠诚（或诚实）的德性、仁爱的原则对应于仁爱的德性等。另一个显见的事实是，德目远比义务论或功利论的原则丰富得多。如慷慨、大度、气度、友善、尊重等都可以被看作礼待他人方面的德性。当然，我们既要看到基本原则，同时也要看到派生原则，对于德目而言，既要看到有基本德性，也要看到从基本德性中派生的德性。此外，类似于康德之形式的绝对命令，实际上可以被看作德性合理性的一种检验标准。在这个意义上，两者并不是对立的，而是互补性的。如同弗兰肯纳所说：“没有品质的原则是软弱的，没有原则的品质是盲目的。”① 实际上，在我们的道德教育史上，对于弗兰肯纳所说的“没有原则的品质是盲目的”有着很深的历史体验。如

① 弗兰肯纳．伦理学．北京：三联书店，1987：136.

果没有原则，尤其是没有正确的原则，如类似于康德式的形式原则和实质性原则，怎么才能知道什么是真正合乎善的品质呢？当然，什么是正确的原则，也许永远是一个未解决的问题。不过，历史的检验也许能给我们许多启示。更为重要的是，契约论的方法对于原则的选择以及原则的检验，至少从理论上看，是目前在伦理学理论方法上对于原则的可靠性的一种理论检验。

二、德性伦理学的维度

德性伦理学是关于德性方面的伦理理论的总称。从前面所述可知，德性伦理学至少包括如下几个方面的内容：

第一，关于人是什么和人应当是什么的研究。这是德性伦理学研究的本体论前提。传统的德性伦理学，对于人是什么和人应当是什么，以及人们应当怎样行动或做什么，即“是”与“应当”，没有截然区分开来，它们是内在联系在一起的。关于人是什么的研究在伦理思想史上，是关于人性的哲学研究，或关于人性的伦理研究。中国伦理思想史上关于人性的研究有着十分丰富的思想资源。中国最典型的人性论理论就是孟子的性善论以及荀子的性恶论。在先秦之后，人性论思想进一步得到发展，如董仲舒的“性三品”说，以及张载的“天地之性”与“气质之性”的理论。这些人性论理论对于德性的培养以及人何为恶，从人的存在的本体意义上进行了探讨和解读。就西方伦理思想史而言，自古希腊以来，人们多半把对人是什么的研究即人性的研究看成对人的心理特性的研究，即对人的情感（情绪）与理性关系的研究，以及对人的动机与欲望的研究。人的心理结构是一种理性与情感相互关系的结构以及由此决定的动机与欲望，而德性是与人的心理结构或气质特征相关联的。关于这一层面的研究，人们一般不归结为德性伦理学的研究，在中国伦理思想的研究中，人们就把它称为人性论的研究；在西方学者那里，则被称为道德心理学的研究。这一研究也可以被看作元伦理学的研究，因为它涉及人们行动的理由、动机、欲望与道德的辩护，以及道德合理性的关系的研究。

第二，规范伦理学层面的研究。在传统德性伦理学的意义上，“是什么”的研究包含了“做什么”的研究。“做什么”的界定来自“是什么”的规定，德性理论在实质上存在着一个它的本质规定以及它的应然性问题。就古希腊的德性概念而言，άρετη（德性，拉丁文拼写为 arête）这一概念所表达的是与一个事物的功能相关的东西，当这一事物的某种属于它的功能得到发挥或得到充分实现时，就可称之为 άρετη。[①] 因此，άρετη 也就是德性或卓越。《希英辞典》的英文翻译是 goodness 和 excellence。在古希腊哲学家看来，任何一个特殊事物都有从其本性来看属于它这一类事物的特有功能，如马的功能在于奔跑，眼睛的功能在于看，耳朵的功能在于听，一个事物的德性是使其本性得到充分展示的品质，那么，一匹有德性的马也就是这匹马在运用其功能中表现卓越，即它比其他同类的马都跑得快和好。人们常说的千里眼也就是某人的眼睛看得又真又远，即其在使用中充分展示了眼的功能。研究人是什么也就是研究人所具有的内在功能

① άρετη（英文 virtue）这一概念，在中文语境中可译为“德性”和“美德”。这两种译法都是我国翻译界长期形成、可并存的译法。对于中文概念的“德性”一词，在这里不做进一步的考察，有兴趣者可阅读拙作《社会伦理十讲》（北京：中国人民大学出版社，2008）第一章中关于道德概念的界说。

是什么，在践行这种功能中的卓越也就是人的德性。一个事物无法实现其本性，无法完成其功能，就是德性的反面，即恶。因此，研究人是什么的学问也就是有关人的德性的学问。由此可知，在古希腊那里，德性概念是与本性概念内在相关的；同时也可知，在古希腊人看来，任何事物都有它自身的本性以及专属于它的功能。同时，就人的功能的实现而言，由于它所具有的社会和伦理意义，本性概念也与我们的德性概念在本质上是一致的。

对于人的本性的研究是从德性发生的本体意义上的研究，这一研究的意义在于揭示德性的本质以及应然之义。研究了德性的本质，我们才能知道什么是我们应当做的，什么是值得我们赞赏的行为，什么是我们应当提倡的品性和理想人格。我们应当成为什么样的人，这一问题首先是一个人是什么的问题，然而，这一问题在抽象的本体层面得不到回答，它必然要下降到第二层面，即我们应当做什么。我们应当做什么，正是根据我们应当成为什么样的人的回答来确定的。在第一层面的问题得到一个确切的回答之后，我们应当做什么的问题也就是实践中的德性选择问题，实践也就有了明确的目标和方向。

第三，德性伦理学研究的重点在于对德性的研究。中外伦理思想史上提出过大量的德性概念，都有一个在不同的社会道德实践中形成的德目表，这个德目表所包含的德性内容是十分丰富的，其中，核心德性又有不同。如在古希腊的伦理学中，其基本德性为四个主要德性：智慧、正义、勇敢和节制。在中世纪基督教的德性伦理学中，又加上了三个：信仰、爱和希望。在中国儒家的德性伦理学中，仁爱是核心德性。在当代女性主义的伦理学中，“关爱”（care）是基本德性。多样性的德目表为我们提出了许多问题：不同的德性之间是什么关系？德性与德性之间是相互关联的，还是互不相关的？德性在德性主体那里是统一的，还是分离的？如果是一个极为可恶的人，他还有某种德性吗？还有，自古以来人们对于圣贤人格或道德典范的作用就极为重视，实际上这也是德性伦理学的一个重要方面。英雄圣贤或道德典范历来是道德教育与道德培养的方向或目标，怎样从理论上分析、讨论英雄圣贤或道德典范本身的道德性？这些问题都是德性伦理学必须回答的问题。

第四，德性与规范的关系问题。前面已经指出，德性与义务论和功利论所提出的原则问题有一种相互对应的关系问题。就德性伦理学本身而言，还有一个德性概念与规范概念的内在关系问题。德性伦理学的德目实际上就是一般意义上所讲的规范，如仁爱、正义、勇敢、节制等既是规范，又是德性。那么，为什么我们仅仅把它们看作规范而不看作德目？应当看到，以往我们不把这些德目看成德性的规定而仅仅看成规范，实际上只是认识到了这些概念的一层含义：把它们看成外在于主体的客观规定性，而没有认识到它们更深一层的含义，即主体内在的规定性。义务论和功利论等规范伦理学的规范性概念，如义务、责任以及良心等，它们本身既是德性概念，同时又是规范概念。我国多年来对规范伦理学的研究，主要侧重于对这些道德概念进行一种规范层面的理解，而没有意识到它们所具有的德性概念的意义，从而忽视了它们在主体意义上的存在价值。德性概念体现的是道德主体主观与客观的统一，自主性、自律性与他律性的统一。确实可以把德性概念看成一种规范，这是因为，一种德性如果成为一种社会所公认的应当，并且在普遍的道德意识中被确定下来，就成为一种道德体系或一种道德实践中的规范，即一种相对于特殊主体的客观要求。但同时，它作为德性要求的性质并没有改变，它是道德主体自身的一种应当。如果那种规范要成为道德主体的行动要求，不仅是要从外在客观制约上，而且更重要的是要从道德主体的内在自主性和内在制约上，来看待德性对于主体的意义与价值。这是因为，德性伦理学把德性看成人的一种本性的实现，或者看成一种理想人格的实现因素。

思考题

1. 什么是德性伦理学？
2. 比较德性伦理学与义务论伦理学和功利论伦理学。

第十二章

亚里士多德的德性伦理学

在一定意义上，当代德性伦理学是对历史久远的亚里士多德伦理学的回应。因此，在当代语境下讨论德性伦理学，不得不首先讨论亚里士多德的伦理学。古希腊的伦理学从总体上看是德性伦理学，亚里士多德（Aristotle，前384—前322）的德性伦理学是古希腊德性伦理学成熟的代表。亚里士多德的德性伦理学不仅代表了古希腊的伦理学，而且是西方社会自古希腊至近代社会到来之前占主导地位的伦理学，也是西方社会伦理思想传统中最为悠久的思想资源。在中世纪的后半期，基督教伦理学将亚里士多德的伦理思想吸收进来，从而使之成为中世纪伦理学的重要内容。当代西方社会又出现一种强有力的回到亚里士多德的声音，这是一种在西方极有影响的思想家、哲学家和伦理学家所发起的运动中回响的声音，当代德性伦理学的回归，也就是去亚里士多德那里寻找思想资源。在这个意义上，无论是从古代世界还是从当代世界而言，亚里士多德的地位都是极为重要的。

第一节　目的与幸福

一、目的

亚里士多德的《尼各马科伦理学》以如下有力的词句开篇："一切技术、一切规划以及一切实践和选择，都以某种善为目的。"[1] 在亚里士多

① 亚里士多德. 尼各马科伦理学. 北京：中国社会科学出版社，1990：1.

德看来，人类各种各样的实践活动，其目的都在于善。由于人类的实践活动是多种多样的，所以作为目的的善也是多种多样的，如医术的目的是健康，战术的目的是取胜，等等。

在亚里士多德看来，不仅人类的一切活动都从属于其目的，而且整个自然都是为了某种目的而运行。因此，在亚里士多德使用目的（telos）一词时，他所讨论的范围并不限于人类的实践活动。自然中的每一个事物都有它自己的目的或最后的原因，这个目的或原因既解释了它的活动或运行，也是评价它的活动和发展的标准。自然的各种变化，有机体各个部分的变化都是为了它们所服务的善的目的而发生和发展的。如植物不同部位的生长服务于不同的目的，树上叶子的生长是因为叶子有利于遮掩其果实（亚里士多德还不知道叶子所具有的光合作用），根向下而不向上生长是因为要汲取养料，因为植物的养料是在地下。因此，整个自然界的变化都不是混乱无序的，而总是指向某种目的的，即有着它自己的善的目的。

人在不同的活动中都有其目的，不仅如此，人类作为自然界的一个种类，按其本性有自己的目的或最后目的，这个目的也提供了评价人的活动和发展的标准。因此，这个目的也同自然界中的其他事物一样，具有规范性的意义。在亚里士多德看来，人类和自然界中其他各种事物的目的都是自己的善。之所以把目的看成善，是因为目的引发了人以及其他物种的活动、变化与发展，同时也规定了人以及其他物种应该怎样行动的标准。亚里士多德以目的来界定善，表明了目的所具有的规范性意义。

人的任何活动都受到目的善（或善的目的，这两者并没有区别）的规定，在亚里士多德看来，每一种活动都有它的目的。然而，人的活动是各种各样的，就每个人的活动而言，也并不是单一的。那么，规范这些行为活动的目的之间是怎样的关系呢？亚里士多德把目的进行了内在与外在之间的区分。他指出，有些活动的目的是内在的，有些活动的目的是外在的。所谓内在的目的，是指这些活动本身就是其目的。如一个城邦的公民在战场上勇敢战斗，他们这样做并不是为了获得名声和嘉奖，而是把在战斗中表现勇敢看作一件高贵的、值得选择的事情。有些活动的目的是外在的，如修建房屋、建造船只等。亚里士多德把前者称为"活动本身"，后者则是活动以外的结果。也就是说，一个活动不追求活动之外的进一步的目的，在某种活动中，而不是在活动所实现的目标那里，有某种目标可以追求和实现；追求活动之外的结果，则总是为了其他东西而活动。如修建房屋以房屋为目的，建造船只以船只为目的，这些目的是外在于行为活动本身的。亚里士多德把这一类活动称为制作活动。不过，亚里士多德这样区分目的的内在性与外在性是有一定问题的。这是因为，任何一种其目的在活动结果之外的制作活动，当人们感受到了制作过程本身对于行为者的价值时，这样的制作过程即活动本身也具有目的的意义。如艺术家的绘画，他的绘画创作的目的在于本身，他把绘画就看成一种生活、一种享受。这种活动的目的是内在于这种活动的。虽然绘画创作得好，可以给他带来名声以及金钱，但对于艺术家来说，那只是他的绘画产生的副产品。因此，就是制作活动，也可以被看作既有内在目的（活动本身）也有外在目的（活动结果）。不过，即使是这样看，也没有否定亚里士多德的目的的区分性说法，或者可以说，依亚里士多德之见，即使活动本身就是目的的具体活动，也总有某种外在于它的目的。如娱乐活动的目的在于娱乐本身，但娱乐活动并不是没有外在于它的目的，如它的目的（活动结果）可以说是快乐或健康。这样理解亚里士多德，就可以把他进行目的区分与他对目的的等级性区分联系起来。

对于外在于行为活动的目的而言，总可以归属于某种它所从属的目的。如医术的目的是健康，造船术的目的是船舶，战术的目的是取胜。在这里每种目的归属于某一种职能。如制作马鞍以及其他马具的技术都可归结为驯马术，而马战以及其他战斗可归结为战术，战术的目的则可进一步归结为战争的目的，战争取胜的目的又可归结为国家的目的。亚里士多德总结说，主导技术的目的对于从属技术的目的来说，是最为重要的，从属技术的目的以主导技术的目的为自己的目的，技术的目的又从属于更高层次的目的。依亚里士多德的这种推理，在诸多特殊目的之上，必有一个最高目的处于这一不同层次的目的之上，所有低层次的目的都从属于它，而不以别的什么东西为目的。

在这个意义上，亚里士多德毫无疑问承认有一个目的的等级系统。这里的问题是：这个目的的等级系统是不是一个可以无穷追问下去的系统？或者说，是否必须有一个最高目的，也就是有某种以其自身而被期求的目的，而所有其他的目的都为着它。在亚里士多德看来，有这样一个最高目的，如果没有这样一个最高目的，那么，“这将导致一个无穷的过程，以至于（我们）所有的欲求都将是无效而无益”①。对亚里士多德这个目的系统的理解是：一个具体的目的从属于一个更高一级的目的，低一级的目的的性质要由高一级的目的的性质来决定。所谓从属，也就是说，低一级的目的是不是善的，并不是由自身的目的性质决定的，而是由高一级的目的的性质决定的。由此推论，所有目的的性质将由最后那一个目的来决定。因此，如果没有最后或最高的目的，那么，我们所有的欲求、欲望都将是无效而无价值的。亚里士多德认为关键的问题在于必须要确立一个最高或最终的目的，这个目的也就是最高的善。没有这样一个目的，那么，我们将无法知道我们所有的具体追求是不是善的；确立了这样一个目的，那么，从属于这样一个目的的所有低层次的追求，或具体的追求或欲求，都将是善的或有价值的。

但如果把亚里士多德《尼各马科伦理学》的开篇词联系起来考虑，那么，这里就是这样一种情况：每种具体追求或欲求都在于某种具体的善，无论在这些追求之上的更高的追求是什么，或是不是善。但这样的理解将使我们对亚里士多德具体的善的追求与最高的目的善的追求的理解分隔开来。因此，符合亚里士多德的统一性观点的理解应是：如果没有最高的目的善，或善的目的，那么，尽管这些追求是善的，所有这些也都将是无效而无益的，因为它们没有更高的目标，没有进一步的追求；如果有了这种最高目的，那么，所有那些具体目的都将因一个最高目的或终极目的而有意义、有价值。因此，在亚里士多德那里，最高目的是最为重要的。

二、幸福

那么，人的实践所具有的这个最高目的或终极目的是什么？亚里士多德采用常识的理解，即大多数人都会同意就是幸福。但幸福为什么应当是最高目的或终极目的？亚里

① 亚里士多德．尼各马科伦理学．北京：中国社会科学出版社，1990：1.

士多德认为，所谓最高目的或终极目的，必须是目的系统中最为完满的东西。他说："显然我们的行动有许多目的；但我们把财富、长笛以及一般来说的器物作为达到他物的工具来选择；因此，很明显，并非所有目的都是最后的，只有最高善似乎是某种最后的东西。倘若仅有一个东西是最后的、最完满的（complete），那么，它就是我们所寻找的最后目的，如果有不止一个目的是完满的，那么这当中最完满的就是我们所寻找的。我们说，一个因其本身而被追求的目的是比为了他物而追求的目的要更为完满。那从来不因为他物而被选择，比时而由于自身、时而由于他物而被选择的东西更为完满。因此，一个东西永远因其自身而绝不为了他物而值得选择的目的才是最完满的（我们称之为绝对最后的目的）。幸福似乎比其他任何东西都要无条件的完满，因为我们总是因它自身的缘故而绝不是把它作为工具而选择它。"①

亚里士多德认为，那种最为完满者，也就是可以作为最高目的或终极目的的东西。有许多目的，我们是作为达到其他目的的工具来选择它，那这只能证明这样的目的不具有完满性。但另外也有一些目的，既可以作为目的，也可以作为工具来追求，这样一些目的比那些只作为达到他物工具的目的具有完满性，然而，相比较而言，只有那个永远不作为手段，而只是因它自身的缘故而被追求的目的，才最为完满。而只有幸福是这样一个目的，它具有无条件的终极性。

在最为完满者与不具完满性的东西之间，区分的标准是：那样一个善的目的是否因它自身的缘故而被追求。在这样一个区分的两端，一端是从不因其自身的缘故而被追求的某个目的，而另一端则是永远因其自身的缘故而被追求的目的。在这样两者之间，则是那种可以既因其自身而被追求，也可以不因其自身而被追求的目的。那么，怎样理解某一个目的从不因自身的缘故而被追求？应当看到，亚里士多德自己并没有明确提出从不为自身的缘故而被追求的目的这一概念，但是，从他所提出的既为自身又为他物而被选择的目的来说，他在理论上是认可这一推论的。这里的问题在于：一个从不因自身的缘故而被追求的目的是否称得上是目的？不因自身的缘故而被追求，也就是把它作为手段来看待。所谓"手段"，是指引向目的或达到目的的东西。A 被追求，仅仅是把 A 作为达到 B 的手段来追求，即 A 从不因自身的缘故而被追求。但在这里，手段与目的的意义是在不同的背景关联条件下界说同一目的的，即 A 永远是作为实现 B 的手段而存在；然而同时，对于这一行动本身或这一行动过程来说，A 的完成就是目的。但之所以完成这个目的，则永远不是因其自身的缘故，而是因为要实现 B 的缘故。如修整草坪是整个美化环境这一目的的一个部分，前者是达成后者的手段之一；修整草坪本身也可作为活动本身的一个目的，但这个活动本身的目的绝不是因其自身的缘故而引发的。

幸福在这个区分的另一端，即它是永远因自身的缘故而被追求的东西。那么，首先要问的是：什么是因自身的缘故而被追求的目的？亚里士多德说："我们选择荣誉、快乐、理智，还有所有德性，都是因它们自身的缘故，即使我们的选择不会带来进一步的后果，我们还是会选择它们；但是，我们也是为了幸福的缘故而选择它们，并设想通过它们我们会得到幸福。看起来，只有这才有资格作为幸福，我们为了它本身而选择它，

① 亚里士多德．尼各马科伦理学．北京：中国社会科学出版社，1990：12．

而永远不是因为其他别的什么。”① 在这里，亚里士多德具体地谈到了幸福与所有其他德性作为目的的关系。在亚里士多德看来，做一个正义的人，行事正义，即使它不能给我们带来任何好处，我们也应当这样做，因为只有做正义的事，我们才是一个正义的人。行事正义本身而不是其后果就值得我们这样去做，行事正义也就是因自身的缘故而被我们追求。并且，它比不因自身的缘故而被追求的目的具有更高的完满性。然而同时，我们又是因追求幸福的缘故而选择所有德性。因此，与目的链条的最后一环“幸福”做比较，其完满性又低一个层次。荣誉、正义或公正等德性，不仅因自身的缘故而值得我们选择，而且因以某种方式有助于实现更高的目的即幸福而更值得我们选择。亚里士多德强调，只有拥有德性，我们才有资格得到幸福。

行文到此，必然涉及的一个问题是德性与幸福的关系问题。德性与幸福不仅是一种外在性关系，即幸福是德性所产生的一种后果；还是一种内在性关系，即幸福包括了德性，也就是说，人们有了德性，也就在某种程度或某种意义上有了幸福？如果说是一种外在性关系，那就意味着幸福与德性可以分离开来。如我们所说的，我们可以通过运动得到快乐，也可以通过学习得到快乐，还可以通过旅游得到快乐。因而，并不意味着人们非要从运动中得到快乐不可。既然是追求快乐，也就不一定非要有某种活动的生活不可。条条道路通罗马，说的就是这个道理。对于德性而言，亚里士多德认为，德性本身与它的后果对于人们的追求来说，并不一样。亚里士多德并不看重德性后果对于选择德性所起的作用，因为他认为，人们选择德性不是因为它们的后果，而是因为德性自身的缘故。如果把德性与幸福理解为一种德性与其后果的关系，那就意味着，人们选择德性与亚里士多德所说的最高目的或终极目的的幸福之间没有什么必然联系。如同现代人所认为的那样，道德德性对于人们的幸福来说，只是一种手段，如果这种手段不行，那么就换另一种手段来实现它。如同德性与财富的关系一样，如果没有德性不能带来财富，那么就坚持你的德性原则；但是，如果有了德性，或做符合德性的事反而不能带来财富，现代社会中的许多人也就完全不考虑是否合乎德性，而通过不符合德性的手段把财富作为唯一目标来选择。在亚里士多德那里，德性与幸福不是这种外在的手段性关系，而是一种内在的构成性关系。即当我们说德性构成了幸福，不是说德性的后果产生了幸福，而是意味着当我们拥有德性时，就在某种程度上或部分地实现了幸福。

德性是人们所拥有的品质与品德，这些品质与品德如果不通过人们的行动或行为展现出来，也就没有真正的德性。通过人们的行动或行为展现出人们的品质与品德，正如亚里士多德所说的，做勇敢的事我们才成为勇敢的人，做正义的事我们才成为正义的人。做什么事本身就是人们的现实生活或构成了人们的现实生活。因此，德性品质与人们的现实生活本身是一而二，二而一的问题。在这个意义上，说德性构成了人们的现实生活，那就意味着，幸福是一种有德性的现实生活。在亚里士多德看来，幸福有着最终的完满性，即我们再也找不出有比它更高的、还需要通过其他目的来追求的那个目的了。幸福作为生活状态，就是我们最完满的生活了。

---

① Aristotle. Nicomachean Ethics. 1097b5.

亚里士多德提出，幸福作为最高目的或终极目的，还有另一个必要条件使然，即自足性（self-sufficiency）。在亚里士多德看来，幸福是完满和自足的，因而是最高善和行动的终极目的。[①] 亚里士多德说，自足并不意味着孤单的生活，并不意味着我们不需要社会关系，我们有家庭、有朋友，还有社会交往活动。亚里士多德认为人是社会政治动物，我们不可能没有社会生活，或不在社会中生活。那么，又如何理解“自足”呢？亚里士多德说：“我们所说的自足的事物意味着这样一个事物：仅仅因它本身而使得生活值得欲求，并且不处于匮乏状态，我们认为幸福就是这样一个事物。”[②] 这可以说是亚里士多德对幸福的自足性的界定。亚里士多德提出幸福的自足性意味着我们的生活是因它而值得欲求或选择，并且因为有了它而不处于匮乏状态。联系前面对“完满性”的理解，实际上，亚里士多德所说的幸福的自足性，并不意味着幸福仅仅是拥有某种单一的东西，因为幸福本身就包容了所有的德性或可包容所有的德性（而且并不仅仅如此）。

在这个意义上，幸福就是一个包容性的概念。但是，亚里士多德的幸福概念是不是包容了一切善目？哪些是必要的善目，必须被包括在幸福概念之下，从而被认为是自足的？之所以提出这样一些问题，是因为亚里士多德在对德性的包容性进行界定之后，紧接着对自足性做出了解释：“在所有的善物之中，如果把幸福算在里面，我们认为幸福是最可欲求的；甚至当我们把幸福算在其他善里面，很清楚，我们也应该把幸福看成是更可欲求的，因为即使是其他善中最小者结合进幸福之中，既然这个增加将导致一个善的更大的总和，那么，在两种善目中，较大者总是更值得欲求的。因此，幸福被发现是完满和自足的，所以它是所有行为的目的之所在。”[③] 在这一段话里，对幸福的自足性的解释可能使人们产生疑问，即亚里士多德所说的幸福是“不处于匮乏状态”，为什么又说增加其他善？

亚里士多德提出幸福是最值得欲求的，他谈到了两种情况：一是在所有其他善中，幸福最值得欲求；二是如果把幸福与其他善放在一起，幸福也是最值得欲求的。在第二种情况中，实际上亚里士多德说的是把其他善加入幸福之中，我们应该怎样看待幸福的问题。这里的第二种情况，是以假设语气说的一种价值判断。即使把其他善中最小的善物加在幸福上，幸福也是最值得欲求的。那么，既然幸福是包容性的、不匮乏的状况，怎样还可以加上别的善？那些本来就包容在里面的善，现在还可以再加一次来计算吗？这里涉及对幸福的包容性的理解。幸福的包容性是无所不包，还是只包容了一些必要因素？如我们说有肉、有鱼、有酒的晚餐是一顿丰盛的晚餐，在这个意义上，丰盛并不意味着无所不包，世界上的美食应有尽有，不仅有中国的，朝鲜、日本以及法国的也有；而是指在一定的饮食文化背景下的一些主要品种的食物。幸福这个概念的自足性特征也是如此，幸福概念的自足性并不意味着幸福是完备性的（comprehensive），而只是相对包容性（不是无所不包）的，即只是包括了一些必要的善的集合。说幸福是不处于匮乏状态，并不是说幸福包罗了一切可能的善目，而是说不缺乏一些必要因素。幸福的自足

---

① Aristotle. Nicomachean Ethics. 1097b10-20.

② 同①1097b14-16.

③ 同①1097b16-20.

性的真正含义是，一些必不可少的善构成了幸福，它们是因自身的缘故而被选择的，而且拥有了它们也就使生活作为整体是值得选择的，并且使生活处于不匮乏状态。

三、幸福与人的功能

以上讨论的是亚里士多德对幸福概念作为最高的善或终极目的追求的形式规定，以下要讨论的是幸福的实质性问题，即幸福作为最高的善所包含的必要的善的集合是什么。

对于这一问题，亚里士多德是从人是什么这一问题来回答的。人是什么的问题又是与人的功能的问题联系在一起的。亚里士多德说："如果我们首先发现了人类的功能(ergon)，我们可能就会发现最好的善。正如对一个吹笛手、一个木工或任何一个工匠，总而言之，对任何一个有功能和活动的人来说他们的善，即做得好，似乎依赖于他们的功能，如果人类有某种功能，他们的善也依赖于他们的功能。"① 这里需要首先理解的是，亚里士多德所说的"功能"是指什么。亚里士多德把一个东西的功能等同于它的核心、本质，等同于对这个东西的定义："一个东西是什么是由它的功能规定的；当一个东西能够执行它的功能的时候，它就的确是它所是的那个东西。比如当一只眼睛能看时它才是一只眼睛。当某物不能执行它的功能的时候，它就只是名义上是那个东西，就像一只坏死的眼睛或一只石头做的眼睛。"② 某个事物的功能规定了某个事物的本质，就像电视机的功能是可以看，手表的功能是可以准确地告诉我们时间。如果一台电视机不能显示图像，就只能说它坏了，或报废了；手表不能走了，也修不好了，只能做废物处理，就不是真正的手表了。一个没有其本身功能的东西已经丧失了存在的价值与意义。在亚里士多德看来，功能对于任何存在物来说是如此重要，也就可以说，"任何有功能的东西都是为了它的功能"③，一个东西存在如果不能实现它的功能，也就意味着它已经不是那个东西了。所以也可以说，"每个东西的功能就是它的目的"④。它的存在就是要实现或体现它的功能。因此，功能一方面被定义为是事物的本质，另一方面也被定义为事物的目的。那么，这两者的关系如何呢？亚里士多德说："功能以两种方式被提到：有时候，功能是超越于运用的，比如造房术的功能是房子……而对于有些东西，功能就是运用本身，比如在看的情形中，功能就是看见，在数学的情形中，功能就是研究。"⑤ 亚里士多德在这里强调的是功能的运用。如果一个东西不运用，也就永远无法知道这个东西是什么。如一台电视机，如果永远不开，你无法知道它的性能是好是坏。因此，在亚里士多德看来，事物的功能是与功能的运用或事物的活动相关的。事物的活动体现了事物的功能，同时也展现了事物的本质，功能的运用同样如此。眼睛的功能是观看，如果我们看东西，也就是运用了眼睛的功能，这也就体现了眼睛的本质。医术的功能是治病，病人得到某种医术的治疗而康复，这就是运用了医术的功能。病人得到治愈，可以被看作运用功能的后果，在这个意义上，也就是超越于运用，这可以被看作功能的目

① Aristotle. Nicomachean Ethics. 1097b24-28.

② Aristotle. Mete. 390a10-12.

③ Aristotle. De Caelo. 286a8-9.

④ Aristotle. The Eudemian Ethics. 1219a8.

⑤ 同④1219a13-17.

的。总之，无论说本质还是说目的，功能都通过活动或运用而体现出来。

一个长笛手的功能在于吹奏长笛，吹奏长笛是某人作为长笛手的主要活动，这也构成了他作为长笛手的本质活动。一个事物的功能既是它的本质同时也是它的目的，那么，作为长笛手，无疑他的目的是把长笛吹奏好，这是他的目的，也就是他的善。一个优秀的长笛手在于能够把长笛吹奏得相当优美，而这也就体现了长笛手的德性或卓越。说一个人具有某种德性或卓越，在于践行某种功能或运用某种功能时的卓越。“一个长笛手、一个雕刻家，或任何种类的手艺人，以及一般而言，那些具有某种功能和实务的人，他们的善或功效就在于他们所具有的功能中。”①

各种各样的事物都有自己的功能，即使人的眼睛、耳朵、手或脚也都有自己的功能，并且，各种各样的从事实务的人，都有着他们的功能。那么，人是否有他的功能呢？认为所有事物都有自己的功能，而唯独人没有功能，这不合逻辑，也不可思议。毫无疑义，亚里士多德承认人有人的功能。那么，人的功能是什么呢？在提出这个问题之前，亚里士多德首先追问的是，什么样的功能是人所共有的。一是一切有生命的事物所共有的功能，包括植物也都具有的功能，这种功能是生长或营养的功能；二是感觉功能，这种功能是与一切动物所共有的。这两种功能虽是人所共有的，但同时也是人与其他有生命的事物所共有的。那么，有没有一种能够把人类与其他有生命的存在物区别开来的功能？在亚里士多德看来，这就是理性，或理性活动的功能。亚里士多德把理性或理性活动看作人类所特有的功能。当然，人类还有可区别于其他有生命的存在物的特有功能，如直立行走，但是，我们所要寻找的是能够将人类与其他有生命的存在物区别开来的本质特征，或本质特征意义上的功能，这一本质规定了一个事物之所是，也解释了一个事物之基本活动的性质和目的，从而把这一事物作为一个种类与其他物种区别开来，这样的一种特有功能就只有理性。有理性是一般意义上的人类所具有的独特功能，正是这一功能决定了人的本质。实现理性这一功能的活动，也就内蕴着人类活动的目的。亚里士多德认为，人的理性活动或理性生活可分为两个部分：一是对理性的服从；二是具有理性，即进行理智活动。② 这样两个方面的活动体现了人的功能或人的本质特征。

既然理性是人的功能，也就是人的功能以及人类活动的目的之所在，那么，幸福作为人的最高善，与理性或理性功能的发挥就是不可分离的。但在亚里士多德看来，人类功能的发挥是一个自然导致德性的问题。幸福是合乎德性的现实生活。因此，阐明幸福是人的终极追求的必要前提，就是阐明人的德性问题。亚里士多德说：“假如我们认为，人的功能就是与理性原则一致的灵魂的活动实践，或者总之并不是与理性原则分离开的；并且，假如我们承认，一个人的功能与一个好人的功能是同一类东西，如一个长笛手的功能与一个好的长笛手的功能是同一个东西，那么，这是后者在德性方面的优越品质加之于他的这类功能之上，假如是如此，并且假如我们宣称，一个人的功能就是某种生活方式，并且界定，是作为灵魂能力的实践和与理性相关的活动的生活方式，那

① Aristotle. Nicomachean Ethics. 1097b22-24.

② 同①1098a5-8.

么，一个好人（善者）的功能就在于在这些事情（活动）上做得既好又正当。并且，假如一个功能在活动中得到很好的体现，也就是符合它自己的德性（卓越）。从这些前提我们可以得出结论说，人类的善就是他的灵魂与德性或卓越相符的实践活动。”① 在古希腊人看来，人的理性是灵魂中的最主要成分，或主导性成分，因而既然理性是人的功能，那么，人的善也就是体现了理性对人的行为的主导意义的灵魂的善。

这里还需要说明的是，άρετη（arête）这一概念与现代英文 virtue 和中文德性或美德概念都有很大的差别，它比现代的“德性”这一概念所运用的范围要宽泛得多，而现代的“德性”这一概念的道德含义要强得多。古希腊的德性概念，是指任何具有功能的事物对其功能的运用或活动发挥中的卓越。一个普通长笛手与一个优秀长笛手的区别就在于，后者能够充分发挥作为一个长笛演奏者的功能，能够表现得很卓越。一个长笛吹奏者能够把长笛吹奏到相当优美的水平，并且始终能够保持这样的状态，因此，我们就可以说他具有吹奏者的德性。同样，一匹好马的德性在于始终都能跑。一个东西的德性反映了它在行使或运用其功能上的卓越，犹如把出众的德性加于其功能之上。人类的功能与德性之间的关系也是如此。人的德性也就是人的功能的卓越发挥，在践行其功能时体现了卓越。也正是在人的功能的意义上，亚里士多德所使用的德性概念与当代人所使用的德性概念，其道德内涵意义是共通的。那么，怎样解释“人类的善就是他的灵魂与德性或卓越相符的实践活动”呢？

要解释人类的善与德性或卓越相符的实践活动，首先，我们要理解亚里士多德对人的功能的理解。前面已述，亚里士多德把人的功能定位为理性，服从理性或理智活动。而这恰是灵魂的活动。其次，这里涉及什么样的善对人类是最为重要的。亚里士多德将人类的善的事物进行分类：一是外在的善，二是灵魂的善，三是身体的善。亚里士多德说：“灵魂的善是主要的、最高的善。我们把这种善看作灵魂功能的实践和活动。”② 既然灵魂的善是最主要的善，而这种善又恰恰体现在我们的行为和生活实践之中，那么，生活的目的就隶属于灵魂的善，而不是外在的善。

从灵魂的善的意义上，亚里士多德回到“幸福”这一概念，亚里士多德指出，长期以来，希腊思想就把灵魂的善，或灵魂功能的实践和活动看成对幸福的正确定义。在他看来，“幸福是灵魂的一种合乎德性的现实活动”③。具有一定的德性品质，必然要表现在行动之中，人们是在表现品质的现实活动中把握最高的善，并且，亚里士多德认为，幸福需要完满的德性，并且终其一生。人们把灵魂的功能充分发挥出来，或者使得灵魂的功能在自己的行为与生活方式中得到充分的展现，我们的生活是一种德性生活时，那么这就意味着幸福。那怎样理解我们把幸福看成最高目的？前面已经指出，功能具有本质与目的双重意义，当我们把功能的实现作为目标来追求时，那么，它就是我们的目的。既然灵魂的善是人的诸善中最主要的善，或最高的善，那么，这个灵魂的善就规定了幸福，决定了幸福作为最高的善。灵魂的善也就是幸福这个最高的善。这两个最高的

---

① Aristotle. Nicomachean Ethics. 1098a8-17.

② 同①1098b11-14.

③ 同①1099b26.

善是一回事，即通过德性（灵魂功能的卓越实现）而体现出来的善。你既可以说它是灵魂之善，也可以说它是幸福。幸福作为目的与把灵魂的功能充分发挥作为目的是一个道理。因此，幸福也就是人们所过的有德性的生活。在这个意义上的亚里士多德的目的概念，不是那种行为后果意义上的目的，而是在活动过程之中，或活动本身体现出来的目的，因此，幸福并不意味着后果，而是意味着人们的德性活动本身。并且，亚里士多德认为，一时的行为中体现出来的德性不等于幸福，一个人的幸福在于终其一生都在德性的生活之中，正如一燕不成夏，短时的善也不可能构成一个人的幸福。

灵魂之善作为最主要的善或最高的善构成了幸福的主要内容，那么，怎样看待外在善与幸福的关系？亚里士多德并没有把外在善排除在幸福的概念之外。他指出，幸福需要外在善的补充。所谓“外在善”，朋友、财富、政治权力、外貌、出身、子孙满堂，这些都在亚里士多德的视野内。当然，亚里士多德没有指出，这些外在善中哪一个是幸福的外在必要条件。但他确实认为，如果一个人孑然一身，无亲无友，出身卑贱而丑陋，人们就很难把他称为幸福的人。因此，幸福是需要外在的时运作为补充的。亚里士多德注意到了运气对人的幸福的影响，但他仍然强调幸福不是神赐或机遇的礼物，这是因为决定幸福的最根本原因不是别的，而是灵魂合乎德性的现实活动。怎样才能有德性？在亚里士多德看来，德性是通过学习和培养而得到的。因此，尽管人生的机遇对于人的幸福是重要的，但是，仍然有充分的理由主张，通过努力来获得幸福；并且，即使人生的机遇对幸福是重要的，我们仍然可以说，由于德性是幸福的主要要素，因而，人生的至善目标在那些有德性的人们的欲求之中。

四、灵魂与德性

德性不是肉体的德性而是灵魂的德性，而幸福就是灵魂合乎德性的现实活动。因此，要理解幸福，必须理解灵魂，必须具备灵魂知识。

亚里士多德的灵魂说在一定意义上是对柏拉图的灵魂说的直接继承。他首先说灵魂有非理性部分和理性部分；同时，他又说，灵魂有一种非理性的本性，但分有理性。这好像是说，还有一部分介乎两者之间。亚里士多德指出，从有自制能力的人和无自制能力的人那里，我们可以看到灵魂的这种本性和分有的理性。而在他们之中，也有某种与生俱来就有的反理性的东西与理性相对立、相搏斗。总括这些论点，亚里士多德的灵魂概念包括这样几个部分：(1) 非理性部分。这一部分与人的生理性的、营养、生长的原因相关，为一切生物所共有，与理性不相干。(2) 理性部分。以理性为主导，这只有人才具有，因而体现了人之为人的功能。(3) 非理性的但分有理性的部分。这一部分是欲望部分，而所谓“分有理性”是体现在有实践智慧的人那里，即他们的欲望受到理性的约束，听从理性，服从理性原则。因此，亚里士多德之德性灵魂说的非理性部分实际包含了两个部分，一是与一切生物共同具有的非理性功能，二是情感、欲望的功能。这第二部分与理性相关，在有德性的人那里，体现着理性对情感、欲望的支配，或者说，在人们的情感生活中以及人们对欲望的追求和满足之中体现了理性的主导作用，因而亚里士多德说是分有理性。亚里士多德的灵魂学说，除去其中的生物学成分，后来就演变成心理结构的学说。这也就是亚里士多德的人性学说，灵魂中的主导因素理性决定了人性，或决定了人之为人的本性。理性在灵魂中的主导地位，作为人性的体现，在亚里士多德那里，既可以看作具有描述意义，因为它是人之为人的规定性，也可以看作具有规范意义。

理性作为人之为人的功能，由于灵魂的这样两个部分，因而具有不同的体现。德性是在践行人的功能中的卓越。灵魂中两个部分的区别，导致德性有不同的区分。在亚里士多德看来，人的理性活动具有这样两种类型：一是思想活动，理性构成活动本身，理性部分又可分为理论理性和实践理性，前者思考的是那些不变的事物，属于形上的领域，后者思考的是那些可变的事物，属于经验存在的领域。二是可以做到或做不到遵从理性命令的活动，即服从或不服从理性原则的活动。就第一部分的内容而言，其德性是理智的德性，理智的德性与理性两层次的活动相适应，又可区分为两种，即与理论思考相关的德性和与实践思考、实践活动相关的德性，与理论思考相关的德性称为理论智慧，后者则称为实践智慧（phronesis）。在亚里士多德看来，理智的德性是明晰的训练产生的结果，同时也是实践的产物。第二方面的德性，如勇敢、正义、节制、慷慨等，亚里士多德把它们称为伦理的德性。亚里士多德把它们看成习惯的产物，同时也是实践智慧作用的结果。

无论理智的德性还是伦理的德性，亚里士多德强调德性并不是先天具有的。那么，它与我们的人性是什么关系？人的理性作为人的功能规定，决定了人的德性与其他物种的德性的不同（因为德性即是在履行其功能中的卓越），因而也就意味着人应当有自己的德性。在亚里士多德看来，没有一种功能的履行或运用不可达到其最佳状态的，但这并不意味着先天地使我们可以达到卓越或德性。因此，德性是人的本性的内在规定，但并不能认为我们的德性是出于本性，同时也不是反乎本性。亚里士多德强调，我们首先靠履行这种行为，然后才获得德性的习惯。通过履行正义的行为才成为一个正义者，通过履行勇敢的行为才成为勇敢的人，如此等等。为什么会如此，亚里士多德认为："我们自然地接受那些事物，先以潜能的形式把它随身携带，然后在实践活动中把它展示出来……我们必须先进行实际的实践德性的活动，才能获得这些德性。"① 在这个意义上，人的本性仍在其中起作用，但德性不是天赋能力的体现，而是通过实践把内在的潜能发挥出来。

第二节　伦理德性与理智德性

人生的所有活动都指向终极目的幸福，幸福本身意味着人们的德性生活。为了实现作为人的终极目的，德性就成为基本的环节。那么，对德性的研究就成为伦理学的中心任务。

一、伦理德性

亚里士多德依照灵魂的不同部分区分了两类德性，这里我们首先讨论伦理德性。亚

① Aristotle. Nicomachean Ethics. 1102b25-31.

里士多德把伦理德性看成是与人的情感和欲望相关的德性。从功能的意义上，我们指出德性是履行功能或运用功能的过程中所体现出来的卓越。然而，德性总是体现在个人的行为之中。那么，在个人那里，我们怎么看待它呢？

对于伦理德性，亚里士多德提出两个基本论点。一是伦理德性是一种品质；二是中道论，即伦理德性体现在中道原则之中。或者说，伦理德性是一种中道。对于伦理德性的品质论，亚里士多德提出三个选择项：一是感情，如欲望、恐惧、喜悦、发怒、嫉妒等，这些一般是与快乐和痛苦相关的东西；二是能力，即我们拥有感受以上这些情感的能力，例如被激怒、产生怜悯之心等；三是品质①，即面对这些感受表现得好或坏的品质。

首先，德性不是感情，对感情我们不说高尚或卑劣，只对善与恶我们会这么说。我们对感情的评价与对体现德性行为的评价不是一回事，因而感情不是德性。其次，感受这些情感的能力并不等于德性本身，在亚里士多德看来，我们生来就有感受这些情感的能力，而德性则不是与生俱来的。并且，对这些情感的感受是被动的，但在德与恶方面，我们不是被动的，而是以某种方式来支配我们的行动的。因此，德性就不是感情，也不是感受感情的能力。在这三者之中，只有品质这一项了。或者说，德性就是品质。实际上，从灵魂的理性与非理性的区分，以及分有理性的意义上，也可知道，德性并不是感情、欲望本身，这是因为，在灵魂说的意义上，这一部分之所以有德性，只是因为非理性部分的因素如欲望、感情受到了理性的主导或支配。

那么，怎样理解伦理德性就是品质的观点？首先，亚里士多德所使用的品质（hexis）一词指的是一种与感情和行动相关的倾向或气质（disposition），它是通过习惯养成的，并且正是出于这种倾向或气质，人们以某种方式去感受和行动。另外，这一概念也可指状态，即品质状态。这里我们应该记住，亚里士多德的伦理德性是与非理性的那些要素如欲望和情感相关联的。情感这一概念，在古希腊人的观念里有被动感受之意，我感到恐惧是由外在的惊吓所致，我感到愤怒也同样是由外在的因素所致。但这样一种状况是不是合乎德性的呢？德性并不是与感情生活无关的。另外，人们的德性行动总是以某种方式主动地体现主体的选择。因此，亚里士多德的伦理德性，不仅是指一个人如何主动地选择善好，同时也是指一个人如何被动地感受善好。伦理德性就是使一个人既展现恰当的情感，同时也展现恰当的行动品质的状况。

其次，品质不仅是一种状况，而且是一种习性。在亚里士多德看来，状况与习性都是性质，人们根据其性质而被说成是怎样的人，但状况与习性并不完全等同，习性较之状况更为持久，更为稳固。成为习性的东西才可以说是第二天性，状况只有持久，或者只有在相当长的时间内保持不变，才可以说体现了某种习性。因此，品质不仅是在某种境况下的行动主体所体现出来的一种状况，更是一种习性，一种相对比较稳定的性格特质、精神气质。

---

① 品质，希腊文是 hexis（复数 hexeis），它从动词“hekein”名词化而来，字面的意义就是 a having，英译为 disposition 或 state。如果从英译的前一词来看，中文对应这一概念的恰当词语应是“气质”、“性情”或“品格”。但从汉语界对德性这一概念的理解来看，译为品质更为妥当。

最后，品质是一种圆满或缺陷。有些品质是卓越，有些品质则是缺陷。如有的人性格沉稳、冷静，有的人则脾气暴躁；有的人在危急的情况下表现出勇敢的品质，有的人则表现出懦弱怕死的品格。伦理德性作为品质，则是一种圆满或完善，或者说，是一种卓越。亚里士多德说："一切德性，只要某物以它为德性，就不但要使这东西本身良好，并且要使它出色地履行它的功能。例如说某个眼睛有德性，就不但是说这是只好眼睛，而且意味着它的视力敏锐。马的德性也是这样，它使马成为一匹良马，并且善于奔跑，驮着它的骑手冲向敌人，如若这个原则可以普遍适用，那么人的德性就是一种使人成为善者，并使人能够很好地履行人的功能的品质。"① 亚里士多德指出，德性作为一种品质，更是一种使人成为善者或优秀的人的品质。

伦理德性是一种品质，亚里士多德认为，人们的德性并不是天生的，而是后天习惯所养成的。养成这样一种好的习惯比什么都重要，而所谓习惯，也就是人们在长期的行为实践活动中的那种具有倾向性的行为。或者说，品质来自相应的现实活动。在亚里士多德看来，一切人生来就具有成为好工匠或坏工匠的内在潜能。但正是某人的努力和长期的实践，使他成为一个好工匠。对于德性来说，也是如此。我们如果遇事就回避，不敢坚持，什么都惧怕，就会变成懦夫；反之，如果什么都蛮不讲理，横冲直撞，就会变成莽汉。正是在这个意义上，亚里士多德并不认为人的德性是一成不变的，而是认为人的德性在实践中生成，同时也可以在实践中增长或毁灭。德性的习惯既要生成，同时也要在实践中保持下去，如果得不到保持，那么相应的德性也就不存在了。例如，我们不贪图享乐而变得节制，而在变得节制之后，如果再放纵自己，也就不再具有节制的德性。因此，一个人的某种德性可以充分地实现于其行动之中，现实活动就在这些行为中进行。同时，现实活动也可体现出一个人的德性实现的程度。

人的德性品质是与人的快乐和痛苦相关的。在亚里士多德看来，追求快乐是一切生物的本性。我们总是以快乐和痛苦来调节我们的行动。但亚里士多德不同于现代的功利主义伦理学家，他并不把对快乐的追求看成判断我们行为之善恶的标准。亚里士多德认为，快乐和痛苦的感情是一种伴随性的感情，合乎德性的行为，使爱德性的人快乐，人们是在善良美好的德性生活中感受到人性的快乐。因此，他认为，可以以快乐和痛苦的感情来培养人的德性。对善的事物或行为感到快乐，而对恶的事物或行为感到痛苦，因而有德性的人可以从德性活动中得到愉快。然而，如果人们对恶而不是对善感到快乐，那就颠倒了人们的情感感受。因此，亚里士多德强调，重要的是培养对事物的正确的快乐和痛苦的情感。

快乐和痛苦对于人的行为追求具有伴随性的性质，但怎么看待肉体的快乐？肉体的快乐是一种感情的快乐，不同于精神生活或其他物质生活中所产生或带来的快乐，亚里士多德并不回避人的肉体的快乐。但他认为，人是否应当追求肉体的快乐，应当以德性为标准。一个人沉溺于肉体的快乐，就是放纵，而不放纵、不过度也就是节制；一个人在危险面前坚定不移，保持快乐，至少是无所畏惧，这就是勇敢。因此，亚里士多德反对把德性看作与快乐和痛苦的情感无关的品质，是不动情，或沉静。德性与应有的方

① Aristotle. Nicomachean Ethics. 1106a15-24.

式，在适当的时候与适当的情感相关。或者说，涉及快乐和痛苦的德性及德性生活，就是一个选择问题。一个有德的人的特征就在于知道怎样在适当的时候进行适当的行为选择。正是在这个前提下，亚里士多德进一步指出，德性作为选择是与中道一致的。

那么，何为中道？所谓中道就是在过与不及之间。希腊语 mesotes（英文 mean），可译为“中间”、“中庸”或“适度”。亚里士多德说：“我们说的是伦理德性，它涉及感情和行为，在这里面就存在着过度、不及和中间，例如恐惧或鲁莽，感到有欲望、愤怒或怜悯，总之，感到痛苦和快乐，这可以太多，也可以太少，两者都是不好的。而要在适当的场合、适当的时候，以适当的方式，为适当的目的，对适当的人感受这些感情，也就是把握最适当的量，这就是要在中间。当然这是最好的，它属于德性。在行为中同样存在过度、不及和中间，德性是关于感情和行为的，在这里过度或不及都是错误，而中间就会得到成功并受到称赞，这是德性的标志。因此，德性就意味着中道。是对中间的命中。”①

在亚里士多德那里，德性首先是一个习惯养成的问题。因此，德性首先是一个实践性的品质。品质来自相应的实践活动，做公正的事才成为公正的人，做节制的事才成为节制的人。但一燕不成夏，某件事情做得公正，并不等于就是一个公正的人。德性在于养成，有了长期的行为习惯才可以说形成了某种德性。在这个意义上，等于否定了苏格拉底的德性就是知识的唯理智主义的论点。

亚里士多德又并没有完全否定苏格拉底的论点，他重视苏格拉底的德性就是知识的论点，认为如果对于德性没有正确的认识，也就不会有正确的行动。在这个意义上，亚里士多德的德性论又是一个知识论的问题。依亚里士多德之见，虽然习惯对于我们来说十分重要，但有了好的习惯并不等于我们可以不要具体情境下的具体判断，这个判断就既是一个知识的问题，同时又是一个经验的问题。亚里士多德的德性之知是一个具体经验中的知识问题。亚里士多德对于德性的讨论，总是放在那种具体的经验性境域中，这种境域在某种意义上，总是人们或多或少要与之打交道的生活领域。亚里士多德总是问：在那种境域中，什么样的选择才是好的选择？什么样的选择是有缺陷的选择？什么样的行为选择才是中道（即德性）？什么样的行为选择是恶或坏的选择？亚里士多德总是在对那种生活境域中可能发生的行为选择进行叩其两端的考问，然后对其适度的行为给予一个德性的名称。亚里士多德这样做，是要发现所有德性的共性，在他看来，他已经发现了这个德性的共性，这就是中道。

所谓中道，也就是过与不及之间的中间状态。然而，这个中间是如何确定的呢？亚里士多德提示我们，有两种“中间”，一是数学意义上的，即从一个数轴的两端向中间数数的那个中间点。如一把 1 尺长的尺子的中间点就是 5 寸。这样的中间点是数学意义上的准确的中间点。亚里士多德说这是对于事物而言的“中道”，这样一个中间点只有一个而且在任何情况下都相同。纯粹数学意义上的中间点是对某种状况的描述，不具有规范性的意义。还有另一种“中间”，是相对于“我们”而言的“中道”。这个中道也就既不是过度也不是不足，并且不是在任何情况下都相同。亚里士多德强调伦理的中道是

---

① Aristotle. Nicomachean Ethics. 1106b15-26.

相对于主体和主体的实践而言的，因而并没有一成不变的中间点，它随着主体的不同以及主体实践的不同而不同。如即使同一种、同样程度的病，患者的体质、年龄不同，那么适中的治疗方案就会不同。对症下药，针对的不仅是不同的病情，而且是不同的患者。中医的对症下药也就是在过与不及之间找到一个中间或适中的药剂量。这个量并不是固定的，而是因人、因时而异的。伦理的"中道"是一个规范性的概念，它与描述性的中道概念的区别在于，它没有一个固定的点，是在特定情境下的适当状态，即"在适当的场合、适当的时候，以适当的方式，为适当的目的，对适当的人"而言的中道。

亚里士多德以中道这一方式，具体地考察了人们行为中不同的德性。如慷慨的德性。这是人们对待财物方面的德性：在处理自己的财产与社会交往的关系这样一种境域中，怎样的行为是吝啬？怎样的行为是过度或浪费？怎样的行为才算慷慨？亚里士多德要求界定慷慨的德性，必须把它放在对待同一类事物的行为的不同品德的意义上进行讨论，如果不这样，就不能进行界说。亚里士多德说："所谓财物就是其一切价值可以用金钱来衡量的东西。在财物上的过度就是浪费，在财物上的不及就是鄙吝。那些总是过度爱惜财物的人，我们称为吝啬。我们称之为浪费的某些人，则比较复杂。不知约束和放纵用钱的人，我们都称为浪费，这似乎是最大的败坏。因为这里包含着多种恶。但这里所用的不是这个词的本义，它真正表明的是一个具体的恶：毁坏某种物体。而一个浪费的人是毁灭自己。因为从某种意义上说，毁灭物体也就是毁灭行为者自身，生命是通过物质而存在的。我们所说的浪费就是这个意思。"① 在这里，亚里士多德叩问了对待财物两端的不同态度，指出慷慨就是鄙吝与浪费的中间性选择。

接着，亚里士多德对于慷慨这一德性给予了多层面的考察。在他看来，一个人能够最好地使用自己的财富，他就具有了在财物方面的德性。这样的人也就是慷慨的人。也就是说，亚里士多德把对自己也不吝啬看成慷慨。这是亚里士多德对慷慨的第一层理解。对慷慨这一概念的第二层理解是，给予他人。在他看来，给予他人是更值得称赞的。良好的活动比良好的承受是更大的德性。所谓良好的活动，是主动给予的活动，正是在主动给予的意义上，亚里士多德承认在一切德性中，慷慨德性最为人们所称道。如同2008年5月中国汶川大地震，不少个人和单位都慷慨解囊。不过，古希腊的慷慨概念与我们所使用的慷慨概念有所不同。我们不把自己对财物的合理使用看作慷慨。古希腊的慷慨概念具有这样两层含义：一是自己合理使用自己的财物，二是将财物给予需要的人。在第二层意义上，亚里士多德还进一步指出，"合乎德性的行为是高尚的、美好的，并且是正确地给予。也就是对应该的对象，以应该的数量，在应该的时间及其他正确给予所遵循的条件。这样的给予是快乐的，至少是没有痛苦的。至于那种不应该的给予，不是为了高尚而是由于其他原因的给予，则另当别论。那种以给予为痛苦的人，把财物看得比高尚行为还重的人，是不能被称为慷慨的"②。

慷慨地给予他人，并不意味着随意施舍，慷慨的人并不随意给予任何人任何东西，

---

① Aristotle. Nicomachean Ethics. 1119b27-1120a3.

② 同①1120a22-31.

而是在应该的时间给予应该给予的人，这并不是出于算计，而仅仅是出于高尚之心，并以此为乐。他将他的财物能够在恰当的时间对于需要的人给予帮助看作内在灵魂的快乐。并且，“一个慷慨的人在给予中是很大方以至过度了，给自己留下的很少，不顾惜自身，这正是慷慨之所在”①。无疑，慷慨是一种具有普遍意义的德性，亚里士多德在这里对慷慨德性的诠释，也就是阐发关于慷慨德性的知识。这种德性之知并不可以离开具体境域，行为者总是在具体情境中进行恰当的行为选择，才可以说他的行为具有这种德性。

亚里士多德对勇敢的界说，一直得到后人的称赞。亚里士多德认为，恐惧与鲁莽的中道就是勇敢。那么，人们对什么事情不恐惧才算得上勇敢呢？亚里士多德指出，只有那些面对着最大的危险、面对着死亡而无所畏惧的人，才是最勇敢的人。那些在最高尚的情境中，在战斗中死去的人，是最伟大、最高尚的。因为，“在战斗中的死是最高尚的死，因为所面对的是最大的也是最高尚的危险”②。因此，在亚里士多德看来，勇敢是能够经受住生命的考验，面对死亡而毫不畏惧。一个勇敢的人是坚韧不拔的，但他并不是对任何东西都不害怕的人。对于那些实际可怕的东西过度自信的人，亚里士多德称之为“鲁莽”。如无论是地震还是海啸，他们都一无所惧。这种无所惧怕，依亚里士多德的理解，它超出了人们一般可理解的常理。亚里士多德认为，有一种人在有些场合看起来很像无所畏惧，但那种勇敢的样子是装出来的，实际上这种人可能既鲁莽又怯懦。一个过度恐惧的人就是怯懦。他以不应该的方式，怕他所不应该怕的东西，他所缺乏的是坚强，最突出的特点就是对痛苦的过度恐惧。亚里士多德说：“这里有三种人，怯懦的、鲁莽的和勇敢的，三者都与同一主题相关，但却以不同的品质与它们相关。有的是过度的，有的是不及的，有的则恰得中道并且有着恰当的品质……勇敢就是在那些促使人坚定或引起人恐惧的事情面前对中道的遵守；自信和坚持是高尚的，否则是可耻的。”③ 亚里士多德从勇敢的一般特性上讨论了这个德性，指出它就是人们处在某种特定的境域中所应有的行为。

另外，他又从五个方面分别讨论勇敢的五种方式。其中既有对战士的勇敢情形的分析，也有对不同的类似于勇敢的情形的分析。如他指出，乐观的人并不是勇敢的人，那些对危险无知的人也不是勇敢的人。亚里士多德对特殊战斗境况下的勇敢进行分析，指出识别什么是真勇敢、什么是假勇敢，关于人们对勇敢的认识是富有启发意义的。他指出，雇佣军和公民战士在面对战死之可能时所表现出的勇敢与怯懦的不同，实际上是对于死亡与荣誉（什么是可耻）的不同态度所致。在这个意义上，他提出，勇敢就是知识。这种知识在于知道在什么情境下不仅应当有什么适当的行为，而且应当有相应的德性知识。因此，亚里士多德不仅从一般共性上概述了什么是勇敢，而且从具体情境中分析勇敢的具体形态，指出这种德性在生活中的具体情形以及与相应的其他品质的区分。

---

① Aristotle. Nicomachean Ethics. 1120b5-7.

② 同①1115a35-36.

③ 同①1116a3-11.

亚里士多德以这样一种方式讨论了他认为最重要的其他德性。在亚里士多德所讨论的德目表里，不仅有后来被人们称为古希腊四主德的勇敢、正义、节制、理智，还有类似于慷慨这样的次要德性，如大方、大度、优雅、温和、自重等，实际上，他是西方思想史上第一个全面讨论这些德性的人。亚里士多德在阐释某种德性时，总是将之与相应的不适或恶放在一起阐释。在他看来，如果一种德性不通过它的对立面，实际上是得不到阐释的。德性实质上就是在一个行为的两个极端间（过或不及都是不适或不当）的中道。亚里士多德的这种阐释德性的模式化方式，也遭到了人们的异议。如麦金太尔就认为，虽然亚里士多德以这种模式讨论了如勇敢这样的德性，但也使得他在讨论其他德性上显得很牵强。如有许多情感和行为不能套上一个"太多"或"太少"。当然，亚里士多德也特别考虑了这个问题。如他认为，一个人在害怕、鲁莽、欲求、同情、愉快和痛苦的感觉等方面，没有太多或太少的问题。但总的来说，他没有放弃以这样一种模式来说明德性之知。那么，这说明了什么呢？

亚里士多德的这种德性模式，实际上指明了任何人在具体的生活实践中都不可避免地存在着一个行为选择的问题，都不可能那样一劳永逸地做到使自己的行为正当。任何人的生活世界都是具象化的，它随着主体之行动的推移而推移，随着行为主体之具体背景条件的转换而转换。人们的任何一种行为选择，都好像是在错误中穿行，都有可能使自己丧失道德上的合法性。人们是否能够做出合乎德性的行为，对于人们来说，是一个永远开放的话题。每个人在某种情境中做出的选择，要么就是适当的，要么就是不适当的。每个人都有某种态度来对待自己的财物、自己的邻人（是否能够善待他人）、自己的欲望（是否节制），以及是否公正、正当，等等。一个人不可能回避这些问题，但也不可能一次性地解决这些问题，只要他在过着一种人的生活。这就意味着他已经落入亚里士多德的思考范式中，他的行为选择如果是适当的，就是合乎德性的；如果不是适当的，就是不合乎德性的。"总之，当宁要一物而不要另一物时，它有责任以自己的知识说明如此选择的理由，换句话讲，它必须指出这种选择与所谓'善'的关系。"① 人类不同文化对于这些基本经验都是共享的。同时，我们应当看到，亚里士多德的这个过与不及之中道模式，并不是一个精确规定行为的模式，它只是对行为可能性摆动幅度的大致范围的界定，并不涉及任何人在任何特定的境况中必然会做什么的判断。"这种可以为人们指明行动方向的知识又是为具体的境况，即那些我们在其中进行着选择的境况所必需的；没有什么习得的或学成的技术可以使我们从思索和决定的重负下解放出来。"②因此，一个人的德性行为总是处于一种生成或变化实践过程之中，人们永远也不可能一劳永逸地完成对自己的德性要求。

二、理智德性

亚里士多德不仅提出了一种理解德性的中道模式，而且认为并非仅仅有一个中道原则就可以解决人们的道德实践问题。亚里士多德说："人们应该选取中道，既不过度，

① 伽达默尔．科学时代的理性．北京：国际文化出版公司，1988：81.
② 同①.

也非不及，而中道是由正确的原理所规定的。”① 亚里士多德的伦理“中道”，是一种道德行为实践的中道。德性涉及对行为和情感的选择，或者说，作为品质的德性，是与对情感和行为的选择相关的。因此，伦理品质是一种与选择相关的心灵的品质，而选择就是一种经过考虑的欲望。行为由选择开始（是运动的始点，而不是所为之点，不是目的），欲望之所求的事物，是行为的目的之所在，是选择的终点，然而，“如若一种选择是正确的选择，那么，其理性的原则和欲望都应该是正确的”②。因此，在亚里士多德看来，无论好行为还是坏行为，都有人的理性参与其中的成分，都是理性与品质相结合的产物。也就是说，中道的正确原理既在于伦理品质本身，又不局限于伦理品质，同时又是与理智德性相关联的，离开了实践智慧，不可能践行中道原则。

行为无论好坏，都是理性与品质结合的产物，而理性的介入所体现的是对行为的选择。选择也就是在可供选择的行为之中进行考虑和择取。亚里士多德正确认识到，要选择首先在于能够选择。能够选择不仅意味着对我们能力之内的东西进行考虑与择取，而且在于非强制性，即理智德性与伦理德性的必要前提条件是自愿行动。如果在外在的强制下行动，行为主体的德性就无从发挥作用。亚里士多德认为，非自愿的，即强制的行为是一种行为主体无从自由选择的行为，强制的始点是外来的，行为者对此无能为力，是被动的。而一种强制的行为无从体现主体本身的考虑判断与选择决断。亚里士多德对强制的界定就是，“当一个行为的始点在外时，它是强制的，而被强制者本人对这个行为毫无作用”③。所谓“始点在外”的行为，也就是行为者的内在考虑不起作用，不是行为者本人所选择的行为。犹如海上的飓风把船只吹到了某地，又如暴君将某人的父母做人质，而让该人去做罪恶之事。

那么，如果某种行为是出于行为者的无知，这样的行为是不是自愿的行为？亚里士多德认为，无知的行为也是非自愿的行为。在这个意义上，亚里士多德继承了苏格拉底的“德性即知识”的理智主义观点，如果无知而作恶，不能认为是当事人本人有意作恶，只能看作因无知而犯错。在这个意义上，亚里士多德把自愿行为的始点进一步看成在对将要选择的行动或行动方案有认知的人之中。但是，是否只有充分不知情的情况下的认知才可算是非自愿的行动？亚里士多德讨论了那种对于行动的手段以及对象完全无知情况下的行动，承认这样的行动是非自愿的。同时，亚里士多德坚持苏格拉底式的论点也是很清楚的。苏格拉底认为，唯有知识才真正能够使人自由。苏格拉底坚持认为，唯有善的行为才是真正自愿的，一个人做与他真正想做的相反的事是因为无知，因而，没有任何恶事是出于自愿。在这里，苏格拉底从无知而作恶的前提推出所有的恶事都是出于非自愿，也就是说，一个作恶的人如果知道自己所做的事与自己善（好）的欲求相反，那就必然不会做与自己意愿相反的事。但苏格拉底在这里实际上是把真正由于无知而作恶与真正有意作恶混为一谈了。即不能从一个无知的人做与他意愿相反的事这样一个特殊事实判断来推出所有作恶的人都是如此的结论。

---

① Aristotle. Nicomachean Ethics. 1138b18-20.
② 同①1139a25-26.
③ 同①1110b16-17.

亚里士多德虽然承认无知者的行为可以是出于非自愿，但并没有认为所有作恶的人都是由于无知。同时，对于无知与犯错或犯罪之间的关系，亚里士多德的理解也是很合理的。在他看来，一个人对于他应该知道又不难知道的事（诸如法律规定）因无知而犯错，那就应该受到惩罚。另外，在粗心大意的情况下不知道，这不是说他无知，因为他完全可以主宰自己，如果细心一点的话。因此，在亚里士多德看来，一个精神正常而头脑清醒的人，即使在醉酒的状态下犯了错，也要受到惩罚，因为他本可以不犯如此无知的错误。因此，所谓无知而犯错的非自愿性，只有当事人受到某种外在的遮蔽或蒙骗的情况下，才可以说是真正非自愿的。因此，一方面，亚里士多德承认知识是道德自由的前提；另一方面，亚里士多德并不是一个苏格拉底式的纯粹的唯理智主义者。亚里士多德认为，德性是自愿的，“邪恶也同样是自愿的”。亚里士多德指出，在生活和立法工作中，都可以找到这方面的证据。惩罚和报复那些作恶多端的人，把这些人说成非自愿的，法律就难以成立。在亚里士多德看来，不仅灵魂的恶是自愿的，身体上的恶也是自愿的。如一个人在生活上没有节制，不听从医生的劝告，从而导致疾病缠身。因此，关于作恶就要分清两种情况，一种是真正的被强制和出于无知，另一种是真正出于自愿。

那么，亚里士多德的恶人自愿作恶是什么意思？在亚里士多德看来，恶人自愿作恶是品格与习惯使然。他所说的“自愿”的意思，是出于本意，非别人强加，也非出于无知，尽管是习惯或品格（品质）使然。亚里士多德的恶人自愿并不是一种可选择的意图。亚里士多德没有谈到，是否一个具有好品质或德性品质的人也有作恶的可能，也有道德上犯错的可能。在他看来，一个人的品质与一个人的表象是一致的，所谓“表象”，也就是他的言行，即外在言行与内在品质一致。在亚里士多德看来，每个人既然要对自己的品质负责，那么在某种意义上也要对自己的表象负责。亚里士多德所坚持的是品质决定行为的观点。但应当看到：个人有对自己的品质完全负责的可能吗？实际上，亚里士多德与柏拉图一样，意识到了社会环境尤其是社会制度对个人品质的作用（有时是决定性的作用）。不过，经验告诉我们，即使在同样的社会制度之下，也并非意味着个人的主观努力不起作用（当然还有运气的作用）。因此，也可以看到在一定的社会制度背景之下，个人对于自己的品质或成为什么样的人起着某种决定性的作用。亚里士多德的“自愿”，主要是指一种自主性，即主体在知情的情况下对自我行为的自我做主。然而，结合亚里士多德对品质与行为关系的观点，自愿也可以被看作一种行为习惯或行为品质意义上的“自愿”。因此，合乎德性的自愿，并不是在所有人之中都具有现实可能性，它只是在有的人那里能够做到。这种人之所以能够做到，是因为经过长期的训练和培养，形成了好的行为习惯和好的品质。

不过，从亚里士多德的德性即中道，中道是在两个伦理错误之间的选择的观点来看，即使是有着好的行为习惯和好的品质的人，在社会生活和道德实践中，也每时每刻面临着道德选择的问题。因而也就意味着即使是有好的德性品质的人，同样也可能因为自愿选择而带来伦理错误。怎样使我们的选择多一些正确性，而少犯一些错误？在亚里士多德看来，这一问题已经超出了伦理德性的问题：它需要理智德性。或者说，只有理智德性与伦理德性一起起作用，才可能使我们的自愿选择趋于正确。前面已述，亚里士多德把自愿看作一种自主性，在他看来，这样一种自主性即使是儿童甚至那些较低等的动物也都可以做到，但两者不会选择。

选择是一种德性行动的条件。符合伦理德性的行为，以意志自由（自愿）为前提，而且以理智德性为前提。选择就必须有理性的介入。亚里士多德说："选择不为非理性的东西所共有，但它们能够感受到欲望和激情。那些缺乏自制的人，按照欲望来行动，但不能选择。"① 伦理德性是一种选择性的品质，选择是一种经过考虑的欲望。所以，品质的选择离不开理智或理解。亚里士多德指出："选择或者可称为有欲望的理智，或者可称为有理智的欲望。"② 在他看来，无论好行为还是坏行为，都是理智和品质相结合的产物，有理智并非有好行为，亚里士多德也意识到了现代工具理性对理智的使用问题。但没有理智，也就没有好行为，或者说，没有可评价的好行为。亚里士多德不理解卢梭式的粗野的乡村人可能比城市文明人更有道德的观点。他不理解类似于中国道家的理性对道德败坏的论点。

在亚里士多德的伦理体系中，伦理德性如果没有理智德性，在一个人的行为实践中就不可能呈现出来，伦理德性（中道）是因有理智德性而存在。在亚里士多德看来，理性自身虽然不能使任何事物运动，但只有有所为的理性才是实践性的，才是创制活动的开始。也就是说，虽然理性自身不能使任何事物运动，但如果没有理性，就没有人类的实践活动。人类的实践活动都是有目的的创制活动，只有理性才能驱动。在这里，亚里士多德最重要之处在于区分了两种理性，即理论理性和实践理性，这两者又可分别称为理论智慧和实践智慧。在德性意义上，可统称为理智德性。将两者区分开来，有人将前者称为沉思的智慧（或理论推理的智慧），将后者称为实践智慧（phronesis，或译作明智的德性）。这是柏拉图混在理性这一概念里的东西。亚里士多德依据灵魂的区分将理性区分开来，即理论智慧（理性）和实践智慧（理性）。与伦理德性相关的理智德性的形式，主要是实践思考的智慧（实践智慧）。

亚里士多德认为，沉思的智慧并不指导我们对道德问题的判断，而它正是在一种实践的意义上，就它的履行是人类活动的最高形式而言，它并不界定人类的善，但却最好地构成了人类的善。或者说，它是人类的善中的最好者。亚里士多德认为，沉思的智慧是最高的智慧，它有着自身的自足性。他认为，我们听说的自足性，最主要地应归于沉思的生活。他把合乎沉思智慧的生活看作神性的生活，认为具有这种智慧的生命和生活是最高的幸福。他说："我们认为幸福必须包括快乐的成分，智慧的活动被认为是与德性相符的最快乐的活动，所以，哲学或者说智慧的追求以其纯净和经久而具有惊人的快乐。"③ 但沉思的智慧因是在本性上只涉及最为高贵的事物的科学和理智，因而并不能解决行为实践中的问题。亚里士多德以阿那克萨哥拉和泰勒斯为例。两人在古希腊都被认为是最有智慧的人。但他们对自身得益之事一无所知，而他们所知之事都是深奥而罕见的，是困难的，是世人所不及的，但却没有实用价值。然而，实践智慧或明智真正包

---

① Aristotle. Nicomachean Ethics. 1111b13-16.

② 同①1139b5-6.

③ 同①1177a25-28.

括在道德的卓越内，因为它已经被认为是如此规定了，如果我们认为道德的卓越是完善的话。实践智慧或明智也就是善于考虑对自身的善以及有益之事。实践智慧是对人事而言的，沉思的智慧是对涉及事物的本性的东西而言的。沉思的智慧是纯思维的，实践智慧（明智）则是实践的，关涉到实践中的行为判断与选择。沉思的智慧以抽象事物或一般原理为对象，而实践智慧则以具体事物或行为为对象。

在亚里士多德看来，这样两种智慧，各有各的功用。人既需要对事物本性的思考与推理，同时也需要生活在人际之中，生活在社会之中。因此，虽然沉思的生活类似于神明的生活，但并不意味着人就是神。人要生活于人际之中，生活于社会之中，就必然遇到各种伦理问题，以及各种行为选择问题，同时，人们因为灵魂之中诸多非理性因素的影响，也总难免会有不合理性以及不合德性的冲动。在一定的意义上，是伦理德性告诉我们什么是正确的行为，什么是正确的目的，但只有实践智慧才能保障我们的行为正确。伦理德性与实践智慧的关系可以被看作目的与手段的关系：伦理德性本身是目的，实践智慧则是作为实现这一目的的手段。这是因为，只有以德性本身为目的的行为才是正确的行为，德性是因自身的缘故而值得追求的，如果以德性为达到其他目的的手段，如获得官职或获得财富，那就不是亚里士多德的德性论。为了德性以外的目的来追求德性，人们很可能会怀疑这种追求的动机性。亚里士多德称能实现一个预定目标的能力为聪明，如果这个目的是高尚的，它就是值得称赞的；如果是卑贱的，它就是狡猾。亚里士多德称经验使灵魂长了一双能够分辨正确与错误的眼睛，但这双眼睛如果离开了德性也就不可能获得实践智慧的品质。

另外，如果没有实践智慧，也就不可能保障伦理德性的获得。伦理德性作为一种品质为行为者所携带，德性只是作为一种个人的品性或气质，或者说行为倾向的存在。然而，人们只要在生活中，就随时都会遇到需要选择和判断的伦理问题。亚里士多德认为，在情感和行为的选择面前，不可能排除实践智慧在其中的作用。即使人们倾向于以某种合乎德性的方式行动，其中也包含着智慧的判断和决定。这也就是亚里士多德所说的明智或伽达默尔所说的“机敏”。机敏是文化与教养的结果，同时也是个人长期实践所形成的一种生活智慧。生活实践中需要机敏的地方几乎随时可见，然而，对于“机敏”几乎不可以下一个定义。它只是人们在适当的时候、适当的场合对适当的人做适当的事。这就包含着实践智慧的反应、判断与决定。亚里士多德以箭射靶心来作比喻。他认为，人们的行为选取中道的过程就犹如射箭一样，中道犹如靶心一样难以射中，如果谁练就了这一本领，谁就更容易瞄准中道并获得它。如果没有射中，就不能埋怨靶心，而是自己的本领不够高超。亚里士多德的意思是，如果行为不合中道，只能责怪自己的实践智慧不够。

总之，在亚里士多德看来，具有实践智慧的人，懂得什么样的目的是应当选择的，而且懂得如何达到这些目的，同时能把自己的情感控制在合理的范围内，能审慎地从许多可能的行为中挑选自己可以做的行为。具有这种实践智慧的人知道在具体情况下应该做什么，能够最好地判断行为和情感的两个极端之间的适当中道。这些人在面临新的难以捉摸的情况时，因富有经验而有极大的判断技能。他们懂得怎样以恰当的感情，在恰当的时间以恰当的方式行动。用亚里士多德自己的话来说：“伦理德性能够使人们获得目的，而实践智慧则给了我们采取正确的手段来达到目的。”① 中道作为行为的准则，为实践提供了目的，如果没有实践智慧，就没有德性的实践。德性实践需要一种对时间、地点、方式是否恰当的判断能力，以及在恰当的时间、地点和方式下做恰当的事的能力。亚里士多德的中道论为一定的正确行为界说了一个行为域，而是否能够使我们的行为就在这个域内，既不过也无不及，即合乎中道，就不仅需要有做到符合伦理德性的动机，而且需要有实践智慧。

第三节　德性与社会

亚里士多德的德性论，不仅包括对德性本身的描述，而且包括德性与社会关系的理论。在亚里士多德看来，如果仅仅从个人的生活实践，而不联系社会环境或社会群体的关系，对于德性的理解就是片面的。

一、城邦幸福

亚里士多德的德性论的一个基本论点是：人类的好生活（well being）是以德性为中心的生活，或者说，德性的践行是人类好生活的必要的和中心的部分。在亚里士多德的心目中，没有德性，也就没有人类的好生活，没有人类的幸福。这样理解的德性，也就是我们所理解的道德品性。亚里士多德的德性中心论在实质上是社会中心论。亚里士多德认为，人在本性上是社会性的，个体是社会群体中的个体，因而在亚里士多德看来，与社会群体相隔离的人就如同禽兽一般。亚里士多德认为，城邦政体实质上是人类社会本性的现实化、客体化。在城邦这种政体形式中见到了人的社会本性。亚里士多德对人类社会持有一种历史的观点。他认为，人类社会是由家庭、村落进而发展组合为城市的。但他囿于当时希腊社会的发展史，认为城邦是社会发展的终点。在他看来，任何事物当它的生长完成，我们就可见到它的自然本性。我们也在城邦这个终点见到了人的社会本性。人的这种社会性的特性在于通过社会而达到其自足性。城邦就是这种自足的社会组织。因此，城邦虽在发生次序上后于个人和家庭，但在本性上先于个人和家庭。亚里士多德认为，就本性而言，全体必然先于部分，犹如全身与手足的关系，脱离全体的部分已失去了其本质意义。因此，个人只有在社会中，才可真正体现出作为人的本质的生活。而这种生活就是德性的生活。就德性的发生源而言，在于个体身上，个人的德性实践是一种社会的实践，个人只有在社会中才能践行其德性。因此，以德性为中心的人的好生活实质上是一定社会条件下的道德生活。

德性的实践既需要一定的社会条件，又造就了一定的社会政治共同体。我们已看到，人类的好生活是以人类德性实践为中心的，这种实践又并不是脱离一定社会条件的实践。因此，人类的好生活必须从人类存在的本体论上才可得到解释。亚里士多德认为，人类在本性上是一种旨趣优良的动物。人类社会何以能得到发展，并最终发展为城

① Aristotle. Nicomachean Ethics. 1145a6-7.

邦？是为了优良生活，即为了好生活。他认为，如果人类仅仅为了生存而生存，那就如同野兽一般，并没有必要组成城邦。社会发展是向善的发展，是向善的需要。动物性的存在仅仅是为存在而存在，因而没有发展。亚里士多德强调，城邦不仅为生活而存在，实在应该为优良的生活而存在。因此，作为德性产物的人类的好生活被内在地包含在人类社会发展的目的之中，人类存在的这种目的性，是践行德性的本体论前提。而且，按照亚里士多德的理解，人类社会只有发展到一定的阶段（就他的历史观而言，城邦政体阶段）才有德性的完备实践的可能。换言之，只有发展到城邦政体阶段，才使德性的完备实践有了社会的或理论的可能性。这是因为，“城邦的目的是人类所可能达到的最优良生活”①。值得指出的是，亚里士多德并不认为社会集体有着独立于普遍个体的终极目的。在他看来，对个人和对社会而言，其终极目的都相同，即最优秀个人的目的也就是最优秀的政体的目的。社会性的终极目的也就是个人的终极目的：这就是至善。而什么是“至善”？亚里士多德认为，这就是幸福（eudaimonia）。而幸福也是合乎德性的现实生活。

亚里士多德的这一幸福论（幸福是合乎德性的现实生活），不仅是指涉个体的，而且是指涉社会的。个人与社会的这一终极目的在内涵上并没有实质性的区别。亚里士多德强调个人与集体的幸福是同一的。以德性为内核的社会幸福，就是亚里士多德的理想城邦得以确立的根本原则，恰如个人幸福以德性为中心一样。依亚里士多德之见，社会幸福的由来类似于个人幸福的由来。因此，幸福的城邦必然是在道德上最为优良的城邦。他把个人与社会做比较，认为人如不做善行则最终不能得善果，人如无德性而有理智，则最终不能行善；一个城邦也是如此。因此，一个城邦必须有人们称之为义士、达者、哲人的诸品德，即要有勇敢、正义、节制、理智等德性，才能达成善业，从而导致幸福。亚里士多德的这一德性论的社会幸福观，就其理论渊源而言，是对柏拉图在《理想国》中所表达的，在理想社会中不同社会层次尤其是统治阶层的人需要德性的思想的直接继承。依据这样一种理论，那就必然得出唯有具备基本德性的人组成的城邦才是幸福的城邦这一结论。

亚里士多德的社会实践观是具有特定社会政治哲学的实践观。首先，亚里士多德把奴隶排除在他的德性实践的视野之外。亚里士多德把奴隶看成主人财产的一部分，认为奴隶并非按自己的意志而生活，而是为主人的日常生活提供劳役，因而并不需要什么德性，如果说他们还应当具有什么德性的话，那就是服从。亚里士多德还认为，奴隶没有意志自由，不能按自己的意志生活，因而他们完全不参与趋于幸福的城邦（社会）目的的活动。就他们本身而言，他们并不会组织旨在幸福的社会（团体）。亚里士多德的这种论点，既反映了他的阶级偏见，又表明了奴隶在古希腊城邦中的地位和命运。其次，亚里士多德认为，工匠和商贩从事的职业卑下，其职业活动有碍于德性的养成，农业劳动者忙于农事，无从培养从事政治活动的德性，因而他们都没有健全的德性。亚里士多德的这一思想，源于柏拉图的《法律篇》（卷八 846，卷十一 919）。在《法律篇》中，柏拉图说工匠没有闲暇培养从政的德性，认为商贩牟利而有违德性。亚里士多德承其师

① 亚里士多德．政治学．北京：商务印书馆，1965：364．

说，强调社会地位、职业活动与德性的关系。应当说，亚里士多德及其老师认识到了一定的社会职业实践活动与一定的德性具有的内在相关性，并从特定的社会政治哲学出发，认为类似于工商等从事体力劳动的社会职业无从培养理想城邦所需要的德性。现代社会学家马克斯·韦伯则认为，恰是经济活动中人们赚钱牟利从而获得世俗成功的天职观，即商业功利道德，推动了近代资本主义的发展。由此可知，对于不同的社会时代，相同的职业道德具有相当不同的社会意义。那么，依亚里士多德之见，只有不参加具体体力劳动的自由民，才有条件和闲暇从事政治活动，从而培养健全的德性。

二、整体正义

亚里士多德的德性与社会的关系理论又可被简要地归结为正义论。我们已述，亚里士多德把德性之全体，即勇敢、正义、节制、理智等基本德性在人类个体身上完备的具有看成无论对个人幸福而言还是对社会幸福而言都是不可或缺的。并且，仅就德性的社会意义而言，德性在实质上是社会幸福生活的核心部分，根本原因在于它与社会共同体的共同利益的增进、共同善的获取内在相关。因而在本性上，所有德性都是人类生活的内在要素。亚里士多德又认为，所有德性的这种本性以其中的一个德性——正义（justice，或译为公正）最具代表性。在社会共同体的共同幸福的意义上，正义（公正）有着最为重要的价值。正义（公正）不是别的，“就是给予和维护幸福，或者是政治共同体福利的组成部分”①。换言之，没有正义也就没有社会幸福可言。因此，幸福的城邦以德性为立邦之本，也可以说以正义为立邦之本，因而“城邦以正义为原则”②。正义的原则也就是社会幸福得以存在和维护的原则，正是从这一社会幸福的视角出发，在个人的诸多德性中，亚里士多德把正义看得最重要。亚里士多德认为，在所有的个人德性品质中，正义是最重要的社会性的品德，而凡是能坚持正义的人，常是兼备众德之人。正是在这个意义上，亚里士多德把正义（公正）看成个人德性中的核心德性，是一切德性的总汇。因此，个人是否具有德性，又可以仅从是否具备正义这一德性上看出。他认为，人类由于志趋优良而成为最优秀的动物。然而，如果不讲道德，违背正义，人就会堕落为最恶劣的动物。人类的卓越在于人类的德性品质，而其德性品质之中，正义品德最为重要。违背正义之所以最恶劣，就在于违背正义必成为社会祸害。在亚里士多德看来，正义是社会性的品德，人是社会的人，缺乏社会性品德（德性），人也就无从与人为伍。因此，在亚里士多德的德性论意义上，正义因其社会意义而具有不可替代的作用。可以说，正义是亚里士多德的个人与社会相统一关系的关键性连接点。就德性论本身而言，没有正义，其他诸多德性（勇敢、节制、理智等）与社会共同体就处于相分离的状态。亚里士多德的德性论把德性划为两类，一类是有关个人自身的德性，一类是有关社会（他人）的德性。在亚里士多德看来，勇敢、节制、理智（明智），以及《尼各马科伦理学》中论述的恢宏大度、慷慨好施、荣誉、温和等都是有关个人自身的德性；而唯有正义（公正）与友谊，才是社会性德性。亚里士多德极为重视友谊的社会作用，认为对共同善的共同追求的友谊，是使城邦得以联结的纽带。然而，亚里士多德认为，

---

① Aristotle. Nicomachean Ethics. 1129b18-20.

② 亚里士多德. 政治学. 北京：商务印书馆，1965：9.

友谊与正义（公正）是在特定社会（政体）中以同等程度并存的。正义本身作为城邦的基础，决定有正义的存在就有友谊，缺乏正义的城邦，同样也缺乏友谊。因而，只有正义，才是最重要的社会性德性。

正义这一古希腊伦理思想的最基本范畴，在亚里士多德这里有着极为丰富的内涵。总的来看，亚里士多德理解的正义（公正）有这样两大类：一是具有整体意义的正义，二是部分正义。所谓整体正义，是在德性之整体和社会共同体的共同利益意义上界定这一德性。这两者又可分别称为一般伦理意义上的正义和政治的或城邦的正义。就前者而言，亚里士多德把正义（公正）看作最完全的德性。这是因为，在各种德性之中，唯有正义是关心他人的善。有了正义的德性，人们无论处在什么样的地位，都会把自己的利益与他人和社会的利益的关系摆正，从而造福于他人和社会。那些不但败坏自己，并且败坏亲友的人是最邪恶的人，这样的人就是缺乏正义德性的人。因此，最善良的人，也就是正义的人，不但是以德性对待自己，更是以德性对待他人。而只有能够以正义德性要求自己的人，才会以德待人。在这个意义上，亚里士多德认为，正义不是德性的某一部分，可以说就是整个德性。也就是说，有了正义（公正），也就会善待他人，关注他人和社会的利益。人们能够善待他人（以德性待他人），也就有了社会共同生活的道德基础。因此，正义（公正）就是共同体的共同生活的善。在这个意义上，伦理的善也就是政治的善。亚里士多德明确地说："政治学上的善就是'正义'。"① 在这里，我们看到亚里士多德的一般伦理意义上的正义与政治意义上的正义之内在实质的同一性。这是因为，无论是在伦理意义上还是在政治意义上，正义都关涉到他人之善与社会之善，以他人和社会的利益为依归；或者说，正义是涉及共同生活的，有正义感的人就是能够成为合格的共同生活的共同体的成员的人。亚里士多德认为，城邦作为一个政治组织，其内部生机或生命存在的条件就是共同体成员的内部协调的共同生活。关注他人和社会的利益，造福他人和社会，是人类共同生活内在蕴含的伦理规定，也是人的社会本性的内在规定。在亚里士多德看来，缺乏德性（正义）也就是缺乏共同生活的能力，缺德作恶而造成对他人和社会的利益的损害，并成为社会祸害，从而致使人们共同生活的纽带断裂，因而就不能实现政体的目的（优良生活）。所以亚里士多德强调，"正义以公共利益为依归"②。

亚里士多德"正义以公共利益为依归"的命题，不仅具有伦理行为的含义，更重要的是，这也是亚里士多德的根本政治标准。他以这一标准来考察现实政治，衡量官吏的行为和政体的性质。在亚里士多德看来，所有善人组成的共同幸福的共同体的生活为人类最崇高的生活，而这样的政体也就是最好的政体，但这样至善的政体并不是一般现实中的城邦国家能够实现的，因此，亚里士多德认为，优秀的政治学家和立法家，不应一心向往绝对至善的政体，还须注意到本邦现实条件而寻求同它相适应的良好的政体。亚里士多德认为，应该研究理想的优良政体，也须研究可实现的政体，以公共利益为依归的正义标准就是现实政治（可实现的政体）的标准。他把这一标准运用到现实政治上，

---

① 亚里士多德. 政治学. 北京：商务印书馆，1965：148.

② 同①.

所注视的重心就主要是，考察政治活动的倾向和目的是不是公共利益。因此，亚里士多德区分了至善的政体理想与现实的政治要求。他从理想的政体出发，强调人类政治社会的根本目的是组成这一社会的人的共同利益、共同幸福。以此为准绳，亚里士多德认为古代的君主政体、贵族政体以及共和政体（不同社会阶层人士组成的政体）都是旨在照顾全邦人民的公共利益的政体，凡此政体都是“正宗政体”。如果在一个社会共同体内，没有共同善的获取，那么，作为同等身份（公民）的人组成的政体组织的性质就要发生变化，也就是说，它已不再是这样一个“共同体”。所谓没有共同的善，就是这种政体的统治者（无论是一个人、少数人还是平民阶层）只照顾自己一人或少数人或平民群众的利益，而不照顾全邦公民的利益，这样的政体都是“变态政体”。在这里，亚里士多德把古代君主政体、贵族政体看成正宗政体。他认为，希腊城邦的君主政体并不是主奴型的，君主是因其始祖为公众树立了不朽勋业而被拥戴为王；而且，君王类似于贤长，且受制于公民大会。所谓贵族政体，亚里士多德认为贵族因其财富而有闲暇培养其德性，贵族政体是由少数才德优异的好人（贵族）组成的政体，即政治权利的分配不仅以财富，而且以品德为依据。亚里士多德认为，同时注意到财富、才德和平民多数的也可称为贵族政体，他甚至把仅兼顾才德和平民多数的政体也称为贵族政体。因此，亚里士多德重视贵族政体虽不乏阶级偏见，但仍是以德性为中心的。亚里士多德对民主制持批评态度，认为民主制仅照顾平民阶层利益，如同僭主政体仅考虑僭主个人的利益、寡头政体以富人利益为依归一样，都偏离了正义。亚里士多德认为，在这样的政体条件下，没有社会共同幸福可言，普遍公民的公共利益不但得不到统治者的关注，而且受到损害，这种社会的统治者与被统治者的结合类型就是主奴结合的类型。在这个意义上，正义的问题也就是一个统治者的行为问题。亚里士多德广泛地研究了希腊城邦的各类政体，考察了他所认为是正宗（合乎正义）的政体的衰变问题。如他所指出的，共和政体的政治体制是由相同身份（公民）的人组成的。依据平等原则，公民们自然认为大家应该轮流执掌行政、司法等职务，这种公职主要是致力于被统治者的利益，所以这些义务应该由大家轮流分担，而统治者作为公民团体中的一员，也附带地获得共同利益。亚里士多德把这看成合乎自然的正义制度。然而，这样的政治制度演变到他那个时代，人们追求公职的愿望从公平和正义执政的愿望，转变到动心于官职所得的私人利益的便利，一旦掌权，就希望久居要津。亚里士多德说，这类公职人员好像被病魔所缠，必须求救于官职，一旦失官，便憔悴不堪。他认为，这些人争取功名利禄的狂热，实际上是一种病态。他们的行为已偏离正义。亚里士多德时期已经存在着我们所说的腐败问题，即使在他所认为的“正宗政体”下也是如此。

亚里士多德关于正义与法律之关系的观点，也体现了他的整体意义的正义观点。他认为，并非所有现存的法律都是正义的。法律是一定政体的法律，现实社会的法律性质从属于一定社会的政体性质，政体有好坏，法律也有好坏，或者合乎正义，或者不合乎正义。他还认为，法律既然从属于政体，那么，正宗政体所制定的法律就是合乎正义的，而变态政体所制定的法律就不合乎正义。但现实政治表明，即使符合正义的政体，也并不一定意味着它的所有法律都是符合正义的，尤其是在有着不同政治传统的民族历史的条件下。另外，亚里士多德在正义立法的意义上探讨德性与法律的关系。在亚里士多德看来，正义代表社会公共利益，也就代表德性之全体，法的内在精神是正义，而不是非正义。他强调，法律的实际意义应该是促进全邦人民都能进入正义和善德的永久制度。因此，亚里士多德认为，任何合乎正义的统治者都必须依法进行统治，政治上的最高裁决权应当寄托于正式制定的法律。

在法律与正义的这种内在一致意义上，亚里士多德认为，法律是以合乎德性的以及其他类似的方式表现了全体的共同利益。法律的这种实质意义在于，一切合法的行为都是公正的，一切违法的行为都是不公正的。依此类推，一个违犯法律的人就是不公正的人，遵守法律的人则是公正的人。以合乎正义的法律为准绳，可以判断行为是否与德性相符。法律代表了公正，与德性的要求是一致的。亚里士多德指出，来自德性的行为在一般意义上是与合法的行为基本同一的，因为法律所鼓励的行为展示了多样性的德性，而法律所禁止的行为展示了多样性的恶。因此，一般而言，为了人们进行社会生活所确立的规则也是德性的产物。①

法律是以法的形式确立的行为规范。亚里士多德把法律与德性并举，把一切违法行为与公正相对立，说明在亚里士多德的伦理学里，没有进行法律规范与道德规范的区分。人们的好生活就是遵从德性的生活，不遵从法的任意行为也就是不符合德性的行为，就要受到法的制裁。他把人们应当服从道德的部分也变成了城邦所颁布的法律。法律绝对地禁止了某些行动，这些行动也是一个有德的人应当戒除的。但应当看到，亚里士多德并没有把所有德性意义上的恶都看成法律所禁止的，例如与勇敢相对应的两种恶。亚里士多德只是在社会共同生活的意义上强调法律与正义的一致，非正义是恶的体现，并要受到法律的制裁。在亚里士多德看来，那种有助于实现社会共同利益的一系列品质被看成德性，并以法的规范把相应的行为确立下来，那种仅考虑自己的利益，不考虑社会共同利益的官吏的行为，以及其他对这个共同体造成损害、对共同体的社会秩序造成危害的行为，都被相应地看成恶，并为法律所禁止。在亚里士多德这里，没有从道德到不道德再到法所惩罚的恶的中间部分。合法的就是合道德的，不道德的也就是法所惩罚的恶。那些行为之所以被评价为恶，是因为它们不利于从事有益于共同体的活动，使得人们之间的联系和团结的纽带遭到破坏。违法就是破坏了社会共同体的共同生活。亚里士多德说："行不正义的事总是把好处多归于自己，把坏处少归于自己，所以我们不允许个人的统治，而要法律的统治，因为个人的统治总图个人的利益并且为了自己而成为暴君。"② 亚里士多德的这些话是对古希腊政治经验的总结。他考察了古希腊的各种政体，所有允许个人统治的政体都几乎不可避免地存在着不公正或不正义的问题。所以，历史与现实告诉我们需要法律的统治。公民的德性是共同体的共同幸福的实质和核心的部分，丧失德性而成为不公正的人，总是想到自己的好处，也就意味着偏离了共同生活的基本考虑。因此，凡是建立了良好的法律制度而又有志于实行优良政治的国家，就得把全邦人生活中的一切善德与恶行放在政治的视野内，只有这样，才不至于徒有虚名。所谓不徒有虚名，也就是真正以促进全体人的德性为目的，要促进全体人民的德

---

① Aristotle. Nicomachean Ethics. 1130b23-28.

② 同①1133b34-1134a3.

性，也就要关注人民的德性。但关注人民的德性或使人民具有德性从而享有现实幸福的条件不是人治，而是法治，因为法律的实际意义在于“促成全邦人民都能进于正义和善德的（永久）制度”①，以确保全邦人民的共同幸福。在这个意义上，亚里士多德的德性论与法律论并不是相对独立的领域，德性（正义）是法律的内在实质，法律是德性的制度保障，两者在社会共同利益的前提下统一甚至重合起来。亚里士多德承认，正义不仅可以有作为公民的正义，同时也可以有作为领导者的正义，作为领导者的正义，就是关注全邦人的幸福。然而，个人必然受到其灵魂中非理性因素的影响，法律则是全体公民理性或全邦人民理性的体现，因而，真正幸福的国家是在法律统治之下的国家。但是，怎样才能避免个人的专权或专制而保证法律的统治？这个问题亚里士多德没有很好回答，成为几千年来人类一直在探索的问题。

三、部分正义

亚里士多德认为，除了作为德性之整体或社会共同体的整体利益的正义或公正外，还有部分正义或公正。亚里士多德提出了两种部分正义：一是分配正义或分配公正，二是补偿正义。

对于分配正义或分配公正，亚里士多德的立足点仍在于社会共同体。亚里士多德认为，这种正义或公正涉及的是荣誉、财物以及其他的合法公民人人有份的东西的分配，因此，亚里士多德首先强调的是人们作为社会共同体的成员所享有的基本权利和利益。亚里士多德承认，在这些基本权利和利益的分配中，存在着违背公正的不均即多或少的问题。因而他认为，所谓“正义”或“公正”，它的真实意义主要在于“平等”。同时，他也谈到，不均等的事物是不公正的，在不均等的事物之间存在着一个中间，这个中间就是均等，因此，如果不公正就是不均等，那么公正就是均等。但我们要理解到，亚里士多德的平等、均等的正义观、公正观，不是类似于中国传统思想中的平均主义公正观。这可以从他对何为不均的解释中看出：不均等就是相等的人分得了不相等的事物，不相等的人反而分得了相等的事物。亚里士多德认为，所谓平等、均等，是对相应的人而言的。这种相应的人的平等、均等，是依据人们对这个社会共同体的共同利益的增进所做的贡献之大小来决定。这就叫作比例公正。不公正就是违反了比例。

比例公正或者正义又是与城邦全体的政治相关的公正或正义。亚里士多德说：“如果要说‘平等的公正’，这就得以城邦整个利益以及全体公民的共同善业为依据。”② 他指出，政治权利的分配必须以人们对于构成城邦各要素的贡献的大小为依据。或者说，按照相应的要素进行分配，这也就叫作比例公正。亚里士多德认为，世族（优良血统）、财富、自由身份都可以被看作政治权利分配所依据的条件；同时，亚里士多德作为一个德性论哲学家，更强调德性的价值，认为前者仅是一个城邦存在的条件，而正义、勇敢等德性是一个应当追求并获得优良生活的条件。因此，在这里，亚里士多德的思想又超越了他的社会阶级背景，并且提出了更为深刻的论点。他说：“政治团体的存在并不由于社会生活，而是为了美善的行为。（我们就应依照这个结论建立‘正义’的观念。）所

---

① 亚里士多德．政治学．北京：商务印书馆，1965：138.

② 同①153.

以，谁对这种团体所贡献的（美善的行为）最多，（按正义即公平的精神）他既比和他同等为自由人血统（身份）或门第更为尊贵的人们，或比饶于财富的人们，具有较为优越的政治品德，就应该在这个城邦中享受到较大的一份。”① 因此，在他看来，绝对正义的分配原则是把恰当价值的事物授予相应接受的人。他强调：“（政治权利的分配）应该按照各人的价值为之分配这个原则是合乎绝对的正义（公道）的。”② 依据这个原则，合乎正义的公职（政治权利）的分配应该考虑到每一受任的人的才德和功绩。由此看来，亚里士多德的分配公正论又是贡献论，而其贡献论又尤其强调德性在其中的作用。在亚里士多德的心目中，社会共同体的共同幸福高于一切，而德性在其中起着关键性作用。因此，亚里士多德的贡献论不同于现代贡献论。现代按劳分配的贡献论更多强调天赋能力、后天技能对社会生产的效力，亚里士多德主要看重的是德性，有德性才能增进共同幸福；现代贡献论更多地立足于个体，而亚里士多德的贡献论更多地立足于社会共同体。

按照相应的贡献进行分配的正义，体现的是比例公正或比例平等的原则。所谓比例平等，也就是根据各人对社会共同体的贡献的真价值按比例分配与之相称的事物，因此，他又将之称为“比值平等”。举例来说，如4多于2与2多于1，比例相等，两者都是2∶1，即所超过者都为1倍。亚里士多德认为，社会荣誉、政治权利、财物等公共利益的分配，都应依据这一比例平等的正义原则才是真正公正的。但他认为，世界上迄今为止都还未能实现这种原则。在他看来，希腊民主政体的建国观念是，人们凡有一方面的平等就应该在各方面全都绝对平等，大家既然同样而且平等地生而为自由人，就要求一切都归于绝对的平等。而寡头政体的建国观念则是，人们要是在某一方面不平等，就应该在任何方面都不平等，那些在财富方面优裕的人便认为自己在一切方面都应该绝对优胜。平民们以他们所有的平等地位（出身）为依据，进而要求平等地分享一切权利（亚里士多德并不认为地位可完全决定其正义性），寡头们便以他们所处的不平等地位，进而要求在其他事物方面也必须超越他人。亚里士多德认为，他们的出发点都具有正义的某个方面，但从社会总体上看，由于他们看不到自己所具有的要素与其他社会成员所具有的要素的比例，因而他们所坚持的实际上都不是“绝对正义”，即不是亚里士多德称之为比值平等的正义。

亚里士多德认为，平民的民主政体与寡头政体所持有的只是片面的正义观。他认为这些并不符合他的比例平等。比例平等也就是在社会政治利益的分配上，既不偏于少数贵族阶级，也不偏于多数平民，而以全邦公民利益为依归。具体来说，是倾向于中产阶级的利益。在他看来，是中产阶级体现了这个比例。在现实政治上如同其他任何事物一样，也有一个中道的问题，这个中道也是一种比例平等。因此，就个人应得正义而言，是比例平等；就政体的合理性（正义性）而言，是中道原则。因此，就亚里士多德的政治思想而言，我们发现了他的两种倾向。一是就政治理想而言，亚里士多德崇尚贵族政体，强调财富、门第对德性培养的价值。因此，在德性中心论的社会立场上，多处表达了他对贵族阶级的偏好。亚里士多德认为，贵族政体之向善的品性绝非大多数现实城邦

---

① 亚里士多德．政治学．北京：商务印书馆，1965：140.

② 同①235.

所能企及。二是就现实政治而言，亚里士多德采取折中主义的倾向。亚里士多德的这一政治倾向，就其渊源而言，来自梭伦。梭伦自述其为雅典创制，就是使少数、多数各得其所。因此，在他看来，在现实社会里，既不是少数上流社会的贵族阶级，也不是多数平民，而是既不穷也不富的中产阶级，是最有善德因而也是最幸福的阶级。他说："真正的幸福生活是免于烦累的善德善行，而善德就在于行中庸（即中道。——引者注），则（适宜于大多数人的）最好的生活方式就应该是行于中庸，行于每一个人都能达到的中庸。又，跟城邦（公民团体中每一公民的）生活方式相同的善恶标准也适用于政体；政体原来就是公民（团体和个人）生活的规范。在一切城邦中，所有公民可以分为三个部分（阶级）——极富、极贫和两者之间的中产阶级。现在，大家既然已公认节制和中庸常常是最好的品德，那么人生所赋有的善德就是完全应当以（无过无不及的）中间境界为最佳。处在这种境界的人们最能顺从理性。趋向这一端或那一端——过美、过强、过贵、过富或太丑、太弱、太贱、太穷——的人们都是不愿顺从理性的引导的。第一类人们常常逞强放肆，致犯重罪，第二类则往往懒散无赖，易犯小罪，大多数的祸患就起源于放肆和无赖。"① 因此，他认为，"唯有以中产阶级为基础才能组成最好的政体"②，并且最为稳定。在这里，亚里士多德依据他的中庸（中道）原则，既从德性也从政体的意义上肯定中产阶级。在他看来，中产阶级在过与不及的中间，是社会两个极端的均等，是比例平等的社会化身。因此，亚里士多德在道德领域也在现实政治领域贯彻了他的中道原则。他认为，如果中产阶级在城邦内占有举足轻重的地位，其他两个相对立的部分（过穷、过富）就不能主治政权，这样就能保持社会共同幸福的长久稳定。我们发现，当代的民主社会正是这样一种中产阶级占主流的社会，这种社会的稳定与幸福使我们感到亚里士多德的这一理论仍没有过时。

亚里士多德的第二种部分正义为补偿正义，又称矫正正义（公正）。这种正义或公正是执法的基本准则。亚里士多德认为，这种正义或公正体现在数量平等上，数量平等的性质是由这种正义（公正）所处理的问题的性质决定的。也就是说，它的公正性可以用数量关系来表示。亚里士多德认为，这是一类在人类交往及互动中产生的问题。它广泛存在于日常生活、经济活动及政治活动中。如一个人打人，另一个人被打；一个人杀人，另一个人被杀；一个人被骗而受损，另一个人行骗而得利。在他看来，这类问题都在一定程度上可以量化。正义（公正）所要求的，只是依据所受损失的或损害的大小进行惩罚。亚里士多德依据他的中道理论，把法律所注意的这种数量平等也看成一种中间，即得利与损失的中间，认为这种中间也是均等的。换言之，法律的惩罚是具有量的惩罚，而其定量的依据在于损失的大小，从而做到数量的平等。有了数量平等的公正，法律的执行就有了切实可行的准则。法律作为德性的体现，就可以以切实的方式使人们的行为具有外在规范，并教育人们趋于善德。亚里士多德与孔子不同，没有感到法律与德性有什么区别，从而认为法律使人养成的习惯可以成为德性的习惯。

① 亚里士多德．政治学．北京：商务印书馆，1965：204-205.

② 同①206.

参考书目

亚里士多德. 尼各马科伦理学. 北京：中国社会科学出版社，1990.

亚里士多德. 政治学. 北京：商务印书馆，1965.

思考题

1. 简析亚里士多德的幸福概念。
2. 简析亚里士多德的伦理德性与理智德性的概念以及两者的关系。
3. 简析亚里士多德的两种正义概念。

第十三章

当代德性伦理学

当代西方伦理学正在经历一场德性伦理学复兴的运动。当代德性伦理学的复兴始于1958年G. E. M. 安斯库姆的重要论文《现代道德哲学》的发表。然而，作为一种群体性的思想运动，则正式开始于20世纪80年代，麦金太尔《德性之后》的出版是重要标志。20世纪80年代以来，涌现了一批相当重要的德性伦理学家，如约翰·麦克道尔（John McDowell）、玛莎·努斯鲍姆（Martha Nussbaum）、米切尔·斯洛特（Michael Slote）、罗莎琳德·赫斯特豪斯（Rosalind Hursthouse）、克里斯蒂·斯旺顿（Christine Swanton）等人。当代德性伦理学的出现，其理论动机在于表达对占主导地位的以康德为代表的义务论和以边沁、密尔为代表的功利主义的后果论的不满。在当代德性伦理学家看来，无论是现代义务论还是现代功利主义，与德性伦理学都有两个重要的不同：（1）它们都是以行为为中心而不是以行为者为中心，德性伦理学则是以行为者为中心的伦理学；（2）它们或者强调行为的动机在于与规则、原则的一致，或者强调行为后果的善，而都不强调德性，德性伦理学则强调行为动机在于德性品质，好的品格产生好的行为，或德性产生好的行为。从这样两个根本点的不同，人们可以清楚地看出，德性伦理学是一种完全不同于现代义务论和功利主义的伦理学理论。

德性伦理学并不是一种完全新颖的伦理学理论，实际上，德性伦理学是自古希腊以来就占主导地位的规范伦理学，只不过经过中世纪的基督教对于伦理思想和伦理学的铸型之后，义务论和功利主义才取而代之。因此，当代德性伦理学思想家在复兴德性伦理学的时候，都有意无意地回到古希腊，尤其是回到亚里士多德，从亚里士多德的德性伦理学中汲取资源，发展当代的德性伦理学。不过，可以把他们的亚里士多德主义看成一种新亚里士多德主义。当代亚里士多德主义之所以是“新”亚里士多德主义，在于当代德性伦理学家放弃了亚里士多德思想中一些与现代观点不相符的东西，如亚里士多德伦理学中把奴隶视为非人，以及对于妇女的德性具有的明显的贬抑倾向。同时，新亚里士多德主义还在亚里士多德德性论中心论点的基础上，发展了德性伦理的相关观点及德目，如仁慈的德性以及关爱的德性不属于亚里士多德的伦理学，但新亚里士多德主义的伦理学认为它们无疑是德性。当代追随亚里士多德而复兴德性伦理学的伦理学家，都可以被看作新亚里士多德主义者，因为他们都是在亚里士多德伦理学的基础上进行德性伦理学的创新。

当代主张德性伦理学的思想家，可分为这样两派：一是以反对理论形态的、主导的义务论和功利主义为主要理论任务的思想家，这些思想家可被称为反理论的（anti-theoretical）德性伦理学家；二是以德性伦理的理论建构为职事的德性伦理学家。在这里，我们主要阐述当代德性伦理学家对德性伦理学的理论贡献，而不是他们对义务论、功利主义等规范伦理学理论的批评。

第一节　麦金太尔和菲利普·福特的德性伦理学

阿拉斯戴尔·麦金太尔（Alasdair MacIntyre，1929—　）是我国学者最熟悉的德性伦理学家。麦金太尔在20世纪80年代由于《德性之后》（*After Virtue*，又可译为《追寻德性》，此语为双关语，作者用意也在于此）的出版而声名鹊起。麦金太尔引起世人的重视，主要在于他对当代世界中人类道德处境的判断以及对于近代以来所有拒绝亚里士多德传统的德性伦理进行伦理理论建构的诊断和批评。因而，他被人们称为重要的反理论的德性伦理学家。虽然麦金太尔因对现代道德理论的批评而显得相当重要，但他对德性伦理的当代建构也值得我们重视。菲利普·福特（Philpa Foot，1920—2010）也是当代重要的德性伦理学家，她对德性的理解同样值得我们关注。

一、麦金太尔的实践观

麦金太尔可以被看作当代最为重要的西方伦理史学家。他对伦理学的理论论述是以史见长。他从历史的视野以及翔实的思想史资料来说明他对西方历史与当代所发生的伦理思想的变迁的看法，并依据历史变化做出对当代社会以及现代伦理理论的诊断和批判。然而，他在对现代规范伦理理论进行批判的同时，并非没有自己的理论观点和理论倾向。这种理论观点和理论倾向也就是德性伦理的理论观点和理论倾向。麦金太尔在对伦理学史的理论追寻之中，几乎是全面地认可以亚里士多德为代表的德性伦理学。他指出，从古希腊到整个中世纪有着一个悠久的伦理传统，并且这个传统就是德性伦理的传统。这个传统自从亚里士多德以来，就是以亚里士多德的德性伦理学为中心的。然而，进入近代社会以来，即自从文艺复兴以来，由于西方社会的深刻变化，逐渐背离了这一传统，进入以近代的义务论和功利主义为主导的近现代伦理学。麦金太尔认为，近现代伦理思想和伦理学理论对于传统的以亚里士多德的德性伦理学为代表的德性伦理传统的拒弃是不成功的，并因而导致了近现代伦理思想和伦理理论陷入困境，即进入“德性之后”的“黑暗时期”。尽管麦金太尔对当代西方伦理理论以及社会伦理的诊断过于忧虑，但他所提出的回到以亚里士多德为代表的德性伦理的号召却引起了极大的反响。因此，虽然 1958 年安斯库姆就以德性伦理学对现代道德哲学进行了尖锐批判，但现代英美伦理学界以及整个西方伦理学界对德性伦理学的高度重视和回归是 20 世纪 80 年代以来的重要事件。

从麦金太尔对近代以来的伦理理论的批判以及对亚里士多德的德性伦理的推崇，可以看出他对德性伦理学的高度重视。虽然麦金太尔属于反理论形态的学者，但这并不意味着他没有自己的德性理论。麦金太尔的德性观包含这样一些重要的方面：德性实践观和德性论，以及他对行为者之统一性的看法。这三个方面基本构成了他的德性理论。

麦金太尔通过历史的考察，具体分析了不同历史时期的不同德性，以及不同的德性理论。如在《荷马史诗》中，一种德性是一种品质，它的表现形式是某人能够完满地履行他被明确规定了的社会角色所要求的义务。理解荷马的德性的关键性要求是，除非我们先理解了荷马时代的关键性社会角色和对每个社会角色的社会要求，否则我们不能弄清荷马列出的德性。在荷马时代，担负某种角色的人应当做什么的概念先于德性的概念，只有通过前者，后者才有实际意义。在亚里士多德那里，情形则非常不同。虽然对于亚里士多德而言，某些德性只有一定类型的人才能获得，但德性并不是依赖于人所拥有的社会角色而依系于人本身。正是人作为一种类的目的，即幸福，决定了什么样的人类品质才是德性。在亚里士多德看来，人的好（善）生活的目的是和德性联系在一起的，德性的践行本身是好生活的一个中心性的必要部分，没有德性，也就没有人类的好生活或幸福。《圣经·新约》的德性观在内容上与亚里士多德的德性观很不同。《圣经》把希望、爱与信仰作为基督教的三个主要德性放入德目表。但是，《圣经》在对待德性的性质上是与亚里士多德的德性观一致的。《圣经》与亚里士多德的德性观一样，把德性看成品质，并且重要的是，把德性看成实现好生活的内在要求或手段。麦金太尔把目的与手段的关系分为内在的和外在的。所谓内在的，也就是如果脱离对手段的描述，也就不能适当地描述目的。如亚里士多德所指出的，作为人的好生活的目的是与德性联系在一起的。所谓目的与手段是内在关系，是说只有通过这一手段或只有在这样一类实践中，这样的目的才能实现或达到。如果换成其他手段或其他实践，则不能实现或达到这一目的（这个问题我们已经在论述亚里士多德的伦理学时讨论过）。人的好生活的概念先于德性的概念，并且人们只有通过德性实践或在德性生活中才能有人所有的好生活。这与亚里士多德是一致的。当然，神学伦理学与亚里士多德伦理学的不同在于，人的好生活的概念，不仅是一个世俗概念，而且是一个超自然的神学概念，即人的目的是与未来上帝的王国的合一或同一，这样一个超自然的目的是亚里士多德所没有的。

富兰克林是美国开国时期重要的政治家和科学家。富兰克林在他的自传中提出了一种功利主义的德性观。在他看来，德性是达到目的的重要手段，但他把手段与目的的关系看成外在的，而不看成内在的。即如果我要获得某项事业或活动的成功，如果某种德性有利于实现我的目的，则我就以这种德性来实现它；如果不能，则我就可以不用它；如果以其他手段能够更好地达到我的目的，则我就用其他手段。也就是说，目的与某种手段的关系不是内在确定的，而是可以替换的。就富兰克林本人来讲，他认为，德性对于无论是世俗的成功还是天堂的成功而言，总是有用的，衡量德性成功的标准也就是它对目标实现的可能性。因此，我们面对着的至少有这样三种德性观：荷马的德性是一种社会品质，这样一种品质能够使得人们负起自己的社会角色；亚里士多德和《新约》的德性是一种能够使个人接近实现人的特有目的的品质，无论这目的是自然的还是超自然的；富兰克林的德性是一种在获得世俗的和天堂的成功方面的功用性的品质。那么，我们怎样看待这样三种不同的德性观？它们之中有没有某种共同性？麦金太尔提出：我们是否可以从这样多样性的德性观中，理出一个核心性的、统一的德性概念？麦金太尔提出这样一个问题，实际上也就是要提出一种他自己对德性的理解，或他自己的德性论。

在麦金太尔看来，对德性理解的首要前提在于对实践的理解，依据使德性得以表现的具体种类的实践，德性就可以获得其基本的定义。因此，要把握德性概念，首先在于对人类实践的理解。那么，什么是"实践"？麦金太尔说："我要赋予'实践'的意思是：通过任何一种连贯的、复杂的、有着社会稳定性的人类协作活动方式，在力图达到那些卓越的标准——这些标准既适合于某种特定的活动方式，也对这种活动方式具有部分决定性——的过程中，这种活动方式的内在利益就可获得，其结果是：与这种活动和追求不可分离的，为实现卓越的人的力量，以及人的目的和利益的观念都系统地扩展了。"[①] "内在利益"（internal goods）概念是理解麦金太尔德性论的一个关键因素。在麦金太尔看来，人们的实践活动中所获得的利益有内在利益与外在利益（external goods)。所谓外在利益，就是在一定的社会条件下，人们通过任何一种形式的实践（并非某种特定的实践）可获得的权势、地位或金钱。外在利益的所得总是某种个人的财物或占有物，如金钱或地位等。它的特征是，某人的所得越多，就意味着其他人的所得更少。外在利益在本质上是竞争的对象，在竞争中，既有胜利者，也有失败者。所谓内在利益，是某种实践本身内在所具有的，除了这种实践活动，任何其他类型的活动都不可能获得，因而这种利益或善的获得依据参加那种特定的实践所取得的经验才可识别和判断，缺乏相关经验的人是无法判断的。每一种实践活动都有它的内在利益，这种内在利益是在追求这种实践活动的卓越的过程中获得的。在麦金太尔看来，他所理解的任何一种实践活动都具有这样一种内在利益，这种内在利益只有从事这一活动的人本身，在他们的自身体验中呈现出来。任何一种技艺、生产或试验都具有这样一种内在利益，这是实践者本身可以获得的。如一个长笛演奏者的内在利益就在于把长笛吹好，他在吹奏好长笛的过程中体会到的那种快乐或成功感是他的内在利益；任何一个农民通过把自己的稻田种好，丰收的喜悦使他体会到的成功就是他所获得的内在利益。这种成功是通过他的体验和经验获得的。麦金太尔所举的中世纪的优秀肖像画画家的例子也很生动地说明了这一点，以及他所说的两种利益的区分。他举出这方面的历史证明，这些画家一方面可以获得外在的名声、地位和权势，另一方面在绘画的生活中至少可以获得两种内在利益：（1）产品的卓越；（2）在追求卓越的过程中，艺术家所发现的是一种生活的意义。因此，内在利益既是这一实践本身的成果（卓越），又是内心的充实，是作为人而言的

① 麦金太尔．德性之后．北京：中国社会科学出版社，1995：237.

好生活。

麦金太尔还以一个大人与一个小孩子下棋为例。我希望与一个 7 岁的小孩下棋，但这个小孩没有一点想下棋的欲望，但他对糖果却有很强的欲望。因此，我以糖果来诱使他跟我学。我告诉他，如果他赢了我，我将给他 50 美分的糖果，而这并不是不可能。我告诉他，我将一直以这种方式与他玩下去，诱使这个孩子下棋而且想下赢。不过，只要这个孩子下棋的充足理由是糖果，并假如能成功地欺骗他，那就没有理由不欺骗，并且一意要欺骗。但总有一天，在那些为下棋所特有的利益中，在一种非常具体的分析棋艺、战略想象和激烈竞争的成功中，这孩子将发现一类新的理由。如果是这样，那下棋的理由就不仅是要在一个特殊的机会中赢得糖果，而且是要在棋赛中力图表现卓越。也就是说，他通过下棋的实践，发现了一种只有通过下棋才可以感受到的东西，即下棋所具有的一种快乐体验，而这就是对于参与这类实践的人来说才具有的内在利益。糖果则可以代表通过这类下棋的实践活动所获得的外在利益。对于那个小孩而言，是糖果；对于任何成年人而言，也许就是金钱、地位或名声。

麦金太尔指出，进入一种实践，既要获得这种实践所带来的利益，也涉及卓越的标准和服从规则。下棋下得好，并不是不遵守规则，而是在服从规则的前提下表现出卓越，即赢棋。因此，进入一种实践，就得接受这些规则的权威性，依据这些标准来裁决。我要使自己的态度、选择、爱好和情趣服从这些标准，这些标准是通用的，也部分地规定了这种实践。无疑，任何一种实践都有它的历史，但我们不能不在接受迄今为止已知的最好标准或目前所通行的标准的情况下进行一种实践。如任何一种体育竞赛，都具有它的规则，这些规则虽然可以不断地修正，但是，当我们进入其中的任何一种的时候，我们总是遵守通行的规则。正是在这些规则、规范的意义上，我们可以被他人判断为优秀（卓越）或不优秀（不卓越）。或者说，任何一种实践都有它的内在规定，我们通过遵守这些规定并成功地进行相应的实践，从而可以在其中追求相应的卓越，以获得它的内在利益。

那么，在这样一种实践中，德性起什么作用呢？麦金太尔说：“德性是一种获得性人类品质，这种德性的拥有和践行，使我们能够获得实践的内在利益，缺乏这种德性，就无从获得这些利益。”[①] 这是麦金太尔对德性这一概念的初步定义，他认为这个定义还需要进一步扩充。但不过，这一定义本身已经说明了德性在人类生活中的位置。麦金太尔认为，如果没有那些主要的德性，实践的内在利益就与我们无缘。但我们不是一般地被排除在内在利益之外，而是在一个非常具体的方面被排斥于内在利益之外。依麦金太尔的说法，如果那个小孩为了得到糖果而只想用欺骗的手法来与我下棋，那么，他的棋艺就不可能得到提高，他就不可能获得下棋的内在利益。麦金太尔这里所说的，类似于我们所说的“滥竽充数”。中国古代有一位国王喜欢听整个乐队吹奏的乐曲，其中一位演奏水平极低的人就利用了国王的这一特点，从而能够滥竽充数。他之所以滥竽充数，并不是为了得到吹奏的内在利益，而是为了得到其外在利益。当今体育比赛中使用兴奋剂也属于这种情况。运动员使用兴奋剂，是明知自己没有达到相应的水平，而受卓

① 麦金太尔．德性之后．北京：中国社会科学出版社，1995：241.

越者的外在利益的强有力的吸引所致。遵守体育道德的人会自觉地遵守相应的规则，不使用兴奋剂。遵守体育道德，也就是我们所说的运动员的德性要求。

麦金太尔把德性看作一种内在利益的获得性品质，是一种亚里士多德意义上的德性论。在亚里士多德乃至所有古希腊人看来，德性是一种获得性品质，即没有德性，也就没有相关的卓越。卓越也就是在履行或发挥其功能时体现出来的出众或杰出之处。这种卓越使得相关的实践者比其他实践者更优秀。有了相应的卓越，也就使人们能够获得相应的内在利益。眼睛的德性是看得既远又真，马的德性是跑得又快又好。同理，人的德性是对于实现人的本性的目的（幸福）而言的卓越，如果没有相应的德性，人们也就不可能获得人类所应有的善或幸福。

像下棋、运动比赛这样具体的人类实践所应当具有的德性与内在利益的关系是很好理解的，那么，像正义、真诚、勇敢等这样一般性的德性与内在利益是什么关系呢？在麦金太尔看来，像正义、真诚、勇敢等一般性的德性与人类实践的关系，同样涉及内在利益的得失问题。假设那个小孩只想用行骗的方式来获得外在利益，那么，他就被远远地排除在下棋所具有的内在利益和卓越标准之外了。除了获得外在利益的诡计之外，这种实践毫无意义。同时，在麦金太尔看来，每种实践都具有相应的内在利益，并且，每一种人类的实践都有相应的我们与其他人的关系。因此，无论我们是否喜欢，我们都得参照这些实践所要求的相应德性来界定我们与其他人的关系，这些人与我们共同分享蕴含于实践中的目的和标准。

例如，维持友谊需要真诚。或者说，朋友之间的真诚是友谊的德性要求。A、B、C、D四个人是朋友。以麦金太尔的说法，四人同处于一种实践之中。D死了，但死因不明。A发现了D的死因，对B说了实话，而对C说了谎。C发现A说了谎。现在A不能清楚地解释的是，与B和C是否有着同样的友谊关系。他对一个人说真话，对另一个人说假话这个行为，已经在一定程度上明确了这种关系的一个差别。他可以找理由向C解释，如不想让C痛苦等。但不管怎么说，他的这种欺骗行为已经造成了他与C之间的隔阂，他们之间的相互忠诚已经成了问题。

我们不仅需要参照真诚的标准来确定我们跟与我们相处的人的关系，同时也需要参照正义或勇敢的标准来规定我们跟与我们共同实践的他人的关系。假设我们与其他人处于某一社会团体之中，那么，我们就需要与团体中的其他成员进行协作，以追求这一团体的共同利益。这是因为，任何一个社会团体的存在，都有着某种共同的利益追求，都需要其成员相互协作，从而实现其目标。任何一个团体的成员都处于经常性的利益分配关系之中。任何一个团体都有着相应的利益分享的规则。相互遵守这些规则，尤其是这一团体的领导人遵守这些规则，是使这一团体的成员有着凝聚力的重要前提条件。对共同利益的共同追求或每个成员的相应贡献使这样一个团体能够得到兴盛。但是，如果在利益分配上不能体现公平公正，即不能实现正义，那么，就意味着这样一个团体内部的公正或正义受到损害或侵害。那些因此而受到了利益损害的人，就会感到这样一个团体不是他们应当待下去的地方。把一些人看成可以超越规则并给予报偿的人，把另一些人看成即使合乎规则也不给予满足的人，这就意味着这样一个团体的内部关系受到了扭曲。没有正义，相应的社会关系就得不到应有的维持。一个不正义的社会（或者说一个没有正义标准或不遵守正义标准的社会)，就是一个不和谐的社会。

对于勇敢这一德性，依麦金太尔的理解，可以将之看作对个人、社会共同体及其事业的关心和爱护在具体情境中的体现。即当社会共同体或我们的事业遭受到危难，从而需要我们挺身而出的时候，勇敢这一德性就体现出我们关心和爱护的真诚性。如果不愿冒使自己的利益遭到危害或损害的危险，则关心和爱护的真诚性就是个问题。麦金太尔把这一古希腊所强调的卫国者在战争中的勇敢重新诠释为对于共同体、团体或事业的关心和爱护，应当看到这是合理的。

从真诚、正义、勇敢的德性以及相应的关系和利益的维护来看，没有这些德性，相应的实践就得不到维持。在麦金太尔看来，无论我们个人的道德立场以及我们社会的具体道德准则是什么，都不可避免地要依据这些德目来规定我们的关系。这样一种认识是可以与不同社会背景和不同社会已有的不同诚实、正义和勇敢的准则相容的。虽然我们必须依据具体的背景条件来界定我们在不同的共同体或团体中的地位和与他人的关系，但德性的准则或要求则是我们在不同的社会背景下的实践中的共同要求。当然，在不同的伦理关系中可以有不同的德性要求，如传统家庭关系中所要求的妇女的贞洁。在传统社会中，如果某个妇女失去了贞洁，那么结果或者是这个妇女被排除在这个家庭之外，或者是这个家庭解体。不过，这只是进一步说明了德性是维持一定类型的关系和实践的必要条件。没有相应的德性，相应类型的实践就得不到兴盛。但这并不意味着实践的兴盛本身没有罪恶在其中滋生。麦金太尔认为，哪里需要德性，哪里就有罪恶，罪恶的存在恰恰依赖于他人的德性。麦金太尔指出，这些罪恶或卑鄙之人可能会得势，但他们绝不可能获得实践的内在利益。正义感，有着正义感的成员与共同体同呼吸、共命运的感受，以及友谊关系中的友情感受，这些都可以被看作我们在履行这些德性时的内在利益。不过，麦金太尔的这种内在利益论，应用于某种专门技能性的卓越以及专门技术的实践领域是很恰当的，但是，就这些基本德性而言的内在利益，如果没有亚里士多德那样的德性幸福的中心性的论点，则很难有说服力。

麦金太尔也认为，德性与内在利益和外在利益有一种不同的关系，某人拥有德性，就必然获得实践的内在利益，但并不意味着可以获得实践的外在利益，往往还会在获取外在利益时受挫。为什么会如此？麦金太尔没有进一步讨论。我们认为，这是因为一个有德之士与一个无德之歹徒的重要区别就在于，有德之士不会用尽伎俩去攫取麦金太尔所说的外在利益，并且，从传统上看，道德教育所提倡的往往是更多的自我舍弃。麦金太尔强调，他这样说并非意味着他不重视外在利益，外在利益是真正的利益，它们是人类需求的真正客体，同时它们的分配使人类的正义真正有了意义。然而，历史告诉我们，德性往往是获得外在利益的绊脚石。但是，如果在某个社会，对外在利益的需求(如生存需求在正常的社会条件下都无法满足）变得压倒一切，那么，德性概念的本性可能就要改变，甚至可以被抹杀。可以预见的是，实践的本性也将改变，实践将会变性或被败坏。因此，德性不仅与行为者的内在利益相关，同时也与实践的维持内在相关。如果人们仅以投机者的身份参与某种实践，即只指望得到它所产生的外在利益，而不履行相应的德性，那只能意味着实践将被败坏，最终外在利益的获取也失去了源泉，如同企业被蛀虫蛀空而倒闭一样。因此，维持实践或实践的兴盛，德性的兴盛是必要的条件。

二、行为者的统一性和德性

德性伦理学不同于义务论和功利主义伦理学的关键性地方在于，德性伦理学是行为者中心。在亚里士多德那里，行为者中心既体现在把德性品质放在中心地位，同时也体现在把行为者的幸福或善看成一切行为努力的最高目的。麦金太尔所面对的是义务论或功利主义伦理学的行为中心，如功利主义对于行为的善恶是从某个行为的后果意义上来看待的。那么，德性伦理学将怎样看待这样的问题？

麦金太尔指出，这有两个根源，一是社会学意义上的根源，二是哲学意义上的根源。现代社会已经把每个人的生活分隔成片段，自我消解为一系列角色扮演的分离领域，个人生活的整体性消失了。同时，在哲学领域，原子式地思考个人行为，依据简单的行为成分，分析复杂的行为和处理问题。这样一种倾向在多种行为背景条件下的“一个基本行为”这种观念中重复出现。把具体行为放在一个更大的背景关联条件中来理解，是与这样一种倾向完全相异的。

麦金太尔认为，要坚持德性论的观点，就必须放弃这样一种原子论的方法。德性论的观点也就是行为者的统一性的观点。称某人有某种德性，是可以指望他在相当不同类型的环境和条件下表现出来。一种德性不是一种使人只在某种特定场合中成功的品质，那种只能在某种特定场合或条件下获得成功的，可能只是某种职业技艺，而不是一种德性品质。德性的这种统一性或连贯性，是与个人作为一个可叙述的统一整体性相应的。换言之，个人的自我同一性表现在德性方面，使他可以在不同的事件或不同的环境条件下体现出他具有这样一种德性。

个人所具有的这种自我同一性，又与任何具体行为都处于一定的背景关联之中联系在一起。个人的非片段性是与行为处于某种统一的整体中内在相关的。正如黑格尔所说的，个人就是一连串的行为。同时，这一连串行为又是与个人所处的环境背景不可分离的。如对于“你正在做什么”这一问题的回答，可以同样真实和适当的是：“挖地”、“整理花园”、“锻炼身体”或“使妻子高兴”等。麦金太尔指出，像这样一些回答，有的涉及意图，有的涉及后果，有的则没有言及后果。如果某人的基本意图是要在入冬前整理好花园，那么以此锻炼身体并使他的妻子高兴就只是一种附带的后果；如果某人的基本意图只在于锻炼身体并因此而使他的妻子高兴，那么我们对于他整理花园的解释就可能是相当不同的。

这说明了什么呢？麦金太尔说：“首先，把这个事件置于一年一度的家务活动中，并且这个行为具体体现的意图，其前提条件是有着锻炼的叙述历史的一种特定类型的家庭花园环境，在这花园环境的叙述历史中，行为的这个片段现在成了一个事件。其次，把这个事件置于一个婚姻的叙述历史中，一种即使是相关的，但又是非常不同的社会环境，也就是说，我们既不能脱离意图来描述行为，也不能脱离环境来描述意图，对于行为者本人或其他人来说，这些环境使得这些意图可清楚理解。”① 没有一种被看成“行为”但却与意图、信念和环境无关的东西。麦金太尔强调，如果脱离一定行为的历史关

① 麦金太尔. 德性之后. 北京：中国社会科学出版社，1995：260.

联或环境背景，行为就是不可理解的。实际上，我们就参照行为者的意图在他的历史中的作用来把行为者的意图置于其因果系列或时间秩序之中，同时也应参照行为者的意图在环境的历史中的作用，把意图置于因果系列或时间秩序之中。只有联系行为者的一贯统一性和参照行为者生存与活动的环境，某个行为片段才是可理解的。

麦金太尔极为重视行为的可理解性问题。联系行为者的一贯统一性和参照行为者的环境对某种行为进行解释，也就是使某个行为片段变成一个叙述整体中的一个有机部分。只有在某种叙述的有机整体之中，某个行为片段才是可理解的，因为我们可以从它的上下关联中找到它的确定位置与意义，从而发现它的意义与价值（可理解性）。要理解某个行为，我们就必须找到某种理由来解释它，而如果把某个行为孤立起来看，这种理由是无从发现的。有理由就在于我们人类是一种理性存在者以及我们的人格所具有的同一性。从人的理性以及人格的同一性，我们可以合理地解释某种行为。因此，麦金太尔强调可理解性行为和不可理解性行为的本质区别。不可理解性行为是无从发现理由的行为，或一个人格分裂、精神病患者的行为。因此，对于一个有着自我同一性的、正常的理性存在者而言，把一个特殊事件置于一个叙述的历史背景（这个背景既是个人的，也是个人所处的环境的）之下，通过这种方式，也就使得行为成为可理解的。从另一种角度看，如果一个行为是不可理解的，那么，我们怎样从伦理意义上来评价它呢？如你怎么评价一种没有理智的动物的行为呢？我们所说的好的行为、坏的行为、恶的行为等，总是可以从某种意义上来进行评价。如某个贪官的行为是为了自己的私利，在他的私利意图上，这样一种恶的行为是可理解的。

行为的可理解性也就是一种可叙述性。“要成功地识别和理解某人正在做什么，我们总是要把一个特殊事件置于一些叙述的历史背景条件中，这历史既有个人所涉及的历史，也有个人在其中活动和所经历的环境的历史。”① 之所以如此，是因为行为本身就具有一种历史的特征，可叙述性必然包含着一种前后事件的发生及其演变。不仅如此，可叙述性也表明我们不仅在自己的行为中起着主要的作用，同时也与他人生活在一个共同的可叙述的故事之中，因而我们在他人的故事中可能扮演着一个次要的角色。并且，随着生活事件的推移与发展，以哈贝马斯的语言来讲，个人生活世界的具体主题不断变换，从而使不同的行为主体在我的生活中起着不同的作用，但这个我还是我。

因此，与用原子论的方法来看待人的行为不同，即使在现代社会，个人生活被分成不同的片段，麦金太尔仍然强调，评价或判断行为必须联系到作为行为者的整体，这个整体也就是一个从出生到死亡的可叙述的整体：一个个人生活的整体，一个与行为主体的环境不可分割的整体，一个有着自己的历史并从属于一定的历史的整体。从这样一种整体观出发，某个具体行为的完成总是与人的生活整体的追求相关联的。因此，对于“对我来说什么是善的？”这一问题的回答，就在于如何最好地生活和如何最好地过完它。这样一个问题也就是一个我们如何在实际生活中寻求善的问题。这种寻求会有失败、挫折、被放弃或因厌倦而涣散。并不是一两次行为或一两次生活的规划的成功就可

---

① 麦金太尔．德性之后．北京：中国社会科学出版社，1995：266.

以算作我们人生的成功，人生的成功是如同梭伦所说的，要盖棺论定。只要我们的生命还存在，那就意味着我们仍然面临着一个对善的追寻问题。那么，我们靠什么来坚持对善的追求呢？麦金太尔认为，没有别的，只有德性，如果没有德性，我们就无法抵挡生命历程中的挫折、失败以及恶的诱惑。“因此，德性必定被理解为这样的品质：将不仅维持实践，使我们获得实践的内在利益，而且也将使我们能够克服我们所遭遇的伤害、危险、诱惑和涣散，从而在对相关类型的善的追求中支撑我们。”① 因此，我们所必需的德性，不仅有自我生活所必需的德性，而且有家庭的维持、人际关系的维持以及政治共同体能够维持所必需的德性，以及维持我们的生态环境所必需的德性。没有德性，我们不可能维持相应的实践，因而也不可能获得相应的内在利益。背离德性，可能将在获得由于某种实践而带来的外在利益方面占上风，但这样的行为必然败坏实践，同时也必然败坏道德本身。因此，人的好（善）生活是与德性内在关联的，对于人的善生活而言所必需的德性将是使我们懂得更多的有关好（善）生活是什么的那些德性。如果将背离德性而获得的外在利益的成功看作人生目的（幸福）的实现，那必将把幸福与德性的内在联系分割开来，而没有德性的所谓幸福只是幸福的影像而已，甚至连影像也不是，只是某种恶而已。

三、菲利普·福特的德性观

麦金太尔从宏观的社会背景意义上讨论了德性的性质，并在行为者的叙述整体意义上讨论德性的意义，然而，麦金太尔的这些讨论，都没有从德性本身来进入问题。菲利普·福特则不同，她从德性本身来讨论。实际上，德性伦理学的复兴首先必须回答的问题就是：什么是德性？不同的德性伦理学家对于德性概念以及相关问题都有自己的深入讨论。福特指出，长期以来，在分析哲学阵营里的哲学家、伦理学家中，几乎看不到对德性的关注。20世纪六七十年代以来，才开始了对德性概念以及德性伦理的关注。当代的德性伦理学家几乎没有不讨论德性的。

福特指出，尽管当代伦理学对德性的讨论是现代的工作，但人们在讨论时回到亚里士多德和中世纪的托马斯·阿奎那仍是最好的选择。这里的问题在于，在亚里士多德和阿奎那那里的德性概念与我们所使用的德性概念的不重合性。我们所使用的“道德德性”这一概念，在亚里士多德那里，不仅具有我们所使用的德性的意思，而且具有技艺的意思，并且，即使沉思的理智的卓越，所指的也是理论性的，而不是实践意义上的。另外，我们说有四个主要德性，但在亚里士多德那里则是三个道德德性——勇敢、节制和正义，一个理智德性——实践智慧（或明智），虽然他指出这两者是紧密联系在一起的。因此，当代德性伦理学家对德性的讨论，既要回到亚里士多德，同时也要有自己的发展。福特通过对古希腊经典德性概念的讨论而提出自己的论点。

福特从三个方面提出了她的德性观。第一，德性与意志的关系。她通过对德性的讨论得出，有德性总是有益于有德性者和他的行动的影响者的，并且德性是有益于有着这样德性的社会的，虽然在这里有着比较复杂的情形，如在正义和仁慈这样的对他人有利的德性那里（有时往往需要有德者的牺牲）。那么，就德性而言的总的情况的有益，是

---

① 麦金太尔. 德性之后. 北京：中国社会科学出版社，1995：277.

什么意义上的有益或好呢？福特比较了身体和心智这样两个方面的好或卓越。如健康和有力量是身体方面的卓越，记忆力和注意力强是心智方面的卓越，德性作为人的品格，是在人的意志方面的卓越或好。福特的意志概念，包括了人们的意愿、意图、决心和欲望等方面的内涵。她认为，我们一般是通过人们的意图来判断人们的道德品质的。如果某人的行为是无意的，那么这种行为与对他的德性的评价一般是无关的。不过，她认为，应当分析人们的行动中没有显露的意图。如果某人想伤害他人，但却在行动中没有达到他的目的，这样的意图也是他缺乏德性的证明。同时，如果他无意伤害了别人，这样的无知也是应当责备的。如仁慈的德性就要求我们能够及时给予他人帮助，做不到仁慈的表现也就是我们不能及时给予需要帮助的人帮助。某人有这样的德性就表现在他有这样的意识或欲望，有很深的同情感；同时，他也能够以他的行动展现他的欲望和意图。福特说："一个人的德性可通过他最深的欲望和他的意图来判断；并且，这适合于我们的观点：一个德性，诸如慷慨，既在于某人的态度，也在于他的行动。对别人的好运感到愉快，是慷慨精神的表现；对愉快或不愉快的最小反应常常是一个人的道德品质的最真实的标志。"① 福特认为，这样对德性的界定并没有表明德性从属于意志有什么错，不过，我们应当对"意志"这一概念有着最宽泛的理解：从所希望的到人们应当做的。

把德性算作意志范畴内的概念，遇到的问题在于理智德性。这一在亚里士多德那里最为重要的德性，在今天，我们把它算作一个理智范畴而不是意志范畴。如果我们在亚里士多德的意义上仍把它看作一个德性范畴，那么，我们应当怎样看待我们的界定？这里还有一个理智与其他德性不同的问题：理智是一个与知识相关的德性，知识与意图或欲望相关吗？如果把理智看作德性，那么，它就必然不同于其他德性——那些亚里士多德称之为非理性但分有理性的部分的德性。因此，理智的德性与意志的关系可能就不同于其他德性。

福特对于理智德性的处理类似于亚里士多德的处理。在她看来，理智可分为两个部分：一是有智慧的人知道选择什么样的工具（手段）来达到好（善）的目的，这里工具和目标的选择都是重要的，二是他知道怎样的具体目标是有价值的。福特认为，理智的第一部分是好理解的。对于目标而言，有些目标是对人而言的一般目标，如友谊、婚姻、抚养小孩、选择生活方式等，在这些方面处理得好可以被看作一种知识，我们称那些有这种知识的人是有智慧。这样理解智慧如同亚里士多德对智慧的理解。因为亚里士多德把智慧与聪明区别开来，聪明就是对于任何目标都有能力采取恰当的行动（如我们称之为小聪明的伎俩），智慧则只是与好的目的或对人的生活而言的好目的相关的，而不是与任何特殊目标相关的。并且，福特进一步补充，要把智慧限定在任何正常的成年人的知识的范围内，这是这些人的知识的一部分。在她看来，那些仅仅算作聪明的人的知识，不算是智慧。通过对智慧的界定，福特指出："因此，认为智慧不是道德德性的观点是相当错误的，因为德性必须是在任何真正想要他可达到的范围内的（东西），而

① Philppa Foot. Virtues and Vices//Roger Crisp，Michael Slote. Virtue Ethics. Oxford：Oxford University Press，1997：166.

有些人则是太愚蠢了，以至于忽略了人类生活的最基本的事情。”① 依此观点，涉及人类最基本的事务，必须要由可被看作道德德性的智慧来处理。或者说，这样的智慧就可以被看作道德德性。对这种智慧的忽略必然影响人的幸福以及人的生活的道德特性。同时，这里不仅包括我们应当知道什么是我们的好（善）的目的，知道怎样做好事情（知识），而且也应当真正想做它。并且，就智慧是任何人都能在日常生活中获得的知识而言，对于任何真正想要的也是能够获得的。在这个意义上，它就是属于在意志的直接控制之下的力量。

就理智的第二部分而言，福特认为，它涉及对什么样的具体目标是有价值的理解与判断，这种理解与判断与这种理智所拥有者的其他德性和恶是相关的。如一个唯利是图的人、一个吝啬的人，或一个慷慨的人，对于金钱的态度或价值判断可能就不一样。亚里士多德也区分了意志软弱的人和意志坚定的人，意志软弱的人贪图快乐而不知判断，意志坚定的人则能够把好生活看作快乐生活。或者说，意志坚定的人能够从好生活中得到快乐，而不屈就于任何其他快乐。

通过对德性与意志之关系的分析，福特阐明了德性作为人的内在品质倾向的特征。德性作为人的内在品质或品格，是怎样显露出来的呢？我们说，是通过行动，是行动体现出来的。但是，在行动之前或行动之中，必须有或体现人的意图、欲望和意愿，正是在这里，我们可以看到人们是否具有相应的德性。

第二，德性就是行为、情感的恰当性或正确性。有德性，一般而言，就是恰当的情感或恰当的行动，或好的（善的）行动。怎么看待德性所赋予行动或情感的这种恰当性或正确性？福特通过分析指出，就情感而言的德性或德性行动的恰当性或正确性是一个复杂的问题，是一个不可能以通用公式来解读的问题。如勇敢与节制。福特类似于亚里士多德，把对勇敢与节制的解说与对正义的解说对照起来，认为勇敢与节制涉及情感，而正义则不是。说一个人勇敢，也就是说，他并不是很害怕什么；说一个人节制，也就是说，他并没有极强的追求快乐的欲望。可说一个人正义，却没有相应的对情感的调节性隐含在这一概念里。但实际上，正义本身也可以是一种感情，如我们所说的正义感，以及柏拉图所说的正义的愤慨。不过，福特所说也有一定的道理，即虽然可以把正义看成一种感情，但它却是一种很不同于勇敢或节制的感情。可以说，一个勇敢的人是以他的行为而不是以任何不可控的东西或害怕为测度的，一个有时拒绝快乐的人对快乐的欲求并不比没有节制的人少。福特正确地指出，勇敢或节制的行为正当性或恰当性有着不同的弹性，正义则没有。几乎没有一种欲望不导致不公正的行为，即使是出于帮助朋友或救一个人，如果我们行为不当的话。如我们想帮助朋友，就有可能去犯罪；如我们为了救人，就可能会损害他人或违犯法律。懦弱的举动则是由于恐惧或求安全的缘故；一个行动是不节制的行动，可能就是由贪图享乐所致。福特指出：“只是因为恐惧和快乐常常作为引诱物而存在，所以，勇敢与节制才作为德性而存在。”② 亚里士多德从德性

① Philppa Foot. Virtues and Vices//Roger Crisp，Michael Slote. Virtue Ethics. Oxford：Oxford University Press，1997：167.

② 同①169.

与两端之恶的关系来确定德性的正当合理性，福特则从德性与其对立面（相反的情感或外在引诱）的关系来界定其正当合理性。我们需要勤勉的德性，只是因为懒散的引诱；我们需要谦卑的德性，只是因为人们倾向于把自己想得过好。不过，福特认为，这样一种从其对立面来界定德性的正当合理性的做法并不是一种确定性的做法。我们常常想跑开，当我们这样做时，是在做正确的事，但有时却是需要我们坚持住才是做正确的事；我们常常想寻求快乐，因为这样做是恰当的，但有时不这样也是恰当的。但这样说，并没有否定德性是一种对的品性或品格，德性的正当合理性既在于人的本性中的情感因素，同时也在于表达它的适当的时间和场合。怎样才可知这种适当性？这也就需要亚里士多德式的实践智慧。

第三，当我们把一个行为看成有着积极的道德价值的行为时，这样一个行为也就是与德性相符的行为，也就意味着有着积极道德价值的行为不是没有德性的行为。这样一个行为展示了某种德性，或者说，它内在蕴含着德性，即它是一个德性行为。但福特指出，实际情形并非如此，在许多情况下，一个行为者具有某种德性并不意味着体现了这种德性的价值就是正面的，或就是善。如德性展示在恶的行为之中。例如，当我们谈论一个恶棍的勇敢，这应当是可以成立的。大多数人都可能赞同，勇敢与节制可能有助于一个恶人所进行的罪恶活动。即使仁慈，也可能导致一个人做坏事，如无原则地帮助他的朋友。假设一个人愿意帮助他的朋友，虽然他知道这样做是不正义的，但这样做则是仁慈的或对朋友关爱的体现，不过，这是一个坚持原则而正直（正义）的人不会做的。福特问：那我们能够说，这个不正义的人比正义的人有着更多的仁慈或对朋友的关爱吗？她指出，我们一般很难接受，一个不准备使行动符合正义原则的人，他在仁慈的德性方面是完美的。但我们不能不看到存在着不同德性在人的行为上并不表现为善的可能。

福特较为详尽地讨论了一个不正义的行为甚至一个恶棍的行为或一个谋杀犯的行为却是一个勇敢的行为的问题。一个谋杀犯要谋杀成功总不可算是一个懦夫，但这并不意味着我们会说一个恶棍的行为是勇敢的行为，因为我们似乎会认为把勇敢既与好的行为又与坏的行为联系在一起是不对的。她指出，人们往往不情愿把一种德性与一种恶的行为联系在一起，因而说，一个准备追求坏目的的人确实有某种德性，或他的行动体现了勇敢，但勇敢不算作一种德性。对于这样一种理解，福特给予了一种解释，如把勇敢看成行动的一种强度或力量，从而可以不把它算作勇敢。我们把“勇敢”这个词看作人的品格的一定的力量强度，如同“毒”“坚固”等词所指示的物理事物的性质一样。也就是说，把“勇敢”这个词所表达的内容中性化，而不把它看作德性。这就好像“P 是毒物，但在这里则不作为毒物看”一样。或者说，我们既可用某物的毒性来害人（恶），也可用某物的毒性来治病（善）。因此，在这种意义上，勇敢在这里不被看作一种具有品格性的、可决定行为性质的概念。然而，福特的这个讨论是否意味着要否定勇敢作为一种德性？如果否定勇敢作为一种德性，那么前面所说的仁慈呢？这是勇敢不作为德性在行为中起作用的例子，福特还举了德性可以在行为中起作用的例子。如一个人过分勤勉，过分拒绝快乐，这是他的品格特征而不是在某些场合中才可偶然发现的特征。在这里，勤勉德性和节制德性是与有缺陷的行为而不是好的行为相联系的。那么，我们又怎样看待作为个人品格的这些德性呢？在这里，我们只是把它们不算作德性，如果依据常识，德性总是与好的事物或善的行为联系在一起的话。

福特对德性的这一讨论意味着，在实际的道德生活或道德实践中，往往存在着德性（复数的德性）的不统一性问题，或不可能是要么全有，要么全无的现象。即使是一个纳粹党的冲锋队队员，我们也不可能在“勇敢”这个词的意义上说他缺少勇敢，但他无疑缺少最重要的德性，如对普通人的生命权的尊重，缺乏正义感。某人可能有最重要的德性，但可能缺少某种生活上的德性，如勤勉。当然，在我们的道德教育中，我们可以看到完善的道德典范，但实际道德生活中的道德判断与此无疑有着距离，甚至很大的距离。福特的这一研究向我们提示，我们不能完全把德性与行为的善联系起来，德性与行为的好坏、善恶的联系是一种复杂的关系，需要具体分析与判断。

第二节　以行为者为中心的德性伦理学

功利主义伦理学强调后果对行为评价的意义，义务论伦理学则强调动机与规则对行为共同起作用，契约论伦理学强调契约对于规则具有基础性的地位，德性伦理学与功利主义、义务论和契约论伦理学的一个重要区别，就是以行为者为中心。麦金太尔对于道德行动的行为者的问题进行了回答。在当代德性伦理学中，还有两位杰出的伦理学家，对于道德行动的行为者与行为的关系这一关键问题提出了自己的观点。这两个人就是米切尔·斯洛特和罗沙琳德·赫斯特豪斯。米切尔·斯洛特是当代德性伦理学的又一重要代表人物，他与罗沙琳德·赫斯特豪斯一起，明确地提出了一种以行为者为中心的德性伦理学。不过，斯洛特那里提出了以行为者为基础的德性伦理学，而赫斯特豪斯则详尽而明确地提出了行为者中心的基本论点。

一、德性伦理：以行为者为基础

什么是以行为者为基础的德性伦理学？米切尔·斯洛特认为，这是完全从动机、品格或个人的基本德性来看待行为的道德或伦理地位的伦理学或伦理学方法。但他认为，这并不是一种亚里士多德的方法。无疑，较之于对行为的评价，亚里士多德似乎更强调对行为者和品格的评价，而且，对于亚里士多德来说，一个行为是高尚的或美好的，如果它是由一个有德的行为者所做出的话。他甚至提出，有德性的个人是行为德性的尺度。但是，亚里士多德也表明，即使那些不是善的或没有德性的个人，他们得到适当的指导或受到某种鼓励，也能够有善行或做出合乎德性的行为。在这个意义上，斯洛特认为，亚里士多德的德性伦理学虽然更多地关注有德性的个人和个人品格，但不以行为者为基础。以行为者为基础的德性伦理学则完全从个人基本的品德事实，即个人的内心生活、动机或品格来看待行为的道德性或伦理特性。依斯洛特的论点，有德性的个人做那高尚之事或合乎道德的事，仅仅因为他这个人是有德之士，如一个勇敢的人在一定的场合下所做的事，而不是这样的情形：一个行为是高尚的或合乎道德的，仅仅是由于有德之士选择了这样的行为。在斯洛特看来，一个有德之士自己就是什么是好的或合乎道德的行为的尺度，这样一个人就处在那种能够知道或看出什么是好的或合乎道德的位置上。有德之士不是因为他通过考虑的选择，而从他的本性上看，就能够做出这样一种合乎高尚或道德要求的行为。这样一种德性伦理学完全是从有德之士的德性本性的意义上来谈德性行为的，因此，说它是动机论的，也就是在这样一种本性意义上的动机论。斯洛特承认，这样一种德性伦理学确实可以被看作一种相当极端的德性伦理学，因为在伦理学史上，只有一个19世纪的英国伦理学家詹姆斯·马蒂诺持有这样一种伦理观点。但斯洛特认为，伦理学史上虽然极少有人持有这样的看法，但并不能认为这样一种德性伦理学不能成立。

由于斯洛特的以行为者为基础的德性伦理学仅仅诉之于行为者本身，有一种反对意见就是，它显得无法区分做正当（对）的事与为了正当（对）的理由而做正当（对）的事。所谓为了正当（对）的理由而做正当（对）的事，如遵循康德的绝对命令而做正当（对）的事。仅仅从行为者本身出发，也就是仅仅强调做正当的事，无从证明做正当的事是因为正当的理由。但斯洛特认为，从行为者本身来确定行为的善恶好坏也可以被看作依据了理由。

斯洛特以反对者所提出的西季威克所用的一个著名案例来说明这一点。① 这个案例是：一个检察官准备以控告一个被告有罪来履行他的职责，但他的动机则是恶毒的而不是出于他的责任。以行为者为基础的伦理学说明这个案例可能会有问题。因为依据好的动机来理解正当的行为，依据坏的动机来理解坏的行为。如果一个行为是错的，那是因为它出自在道德上坏的动机。那么，检察官出于恶毒的动机而控告某人有罪不是一个错误吗？

但斯洛特并不这样看。他认为，西季威克似乎同意，如果检察官出于恶毒的动机，那么这样的行为就是错误的或坏的。西季威克指出，如果检察官的动机完全出于恶意，这位检察官就不能完全履行他的职责或做出实质性对的事情。但这并不意味着，有着如此动机的检察官，如果他起诉的话，他能够避免错误的行动。但这也不意味着，如果他不起诉，他在道德上就是对的。斯洛特认为，并不排除这样一种可能性，即如果这个检察官不起诉，检察官的动机也可能是坏的。他认为，那些谈论这个恶意的检察官的人并没有想到有这种可能性，即这样坏的动机使得他不起诉。无论检察官的动机是有恶意的还是没有恶意的，假如他不起诉，很有可能的解释就是，他缺乏真正的或很强的对他的职责的用心。当然，也有一种可能就是这位检察官已经被人买通。

通过对这样一个案例的分析，斯洛特认为，动机是评价行为的基础，动机引起了或解释了那样一些特别不导致结果的行为。这是因为，我们不能依据后果而只能依据动机来评价行为。所以我们可以说，检察官有职责起诉，如果他不起诉，在正常情况下，就可归之于他有问题的动机。并且我们也可以说，如果他起诉了，他的行为是错误的，因为他的动机有问题，即使其他人在不同动机下的相同行动是对的。

这必然导致一个结论，即行为者内在正确（正当）的道德心理状况决定行为者的行为正当，对行为的评价最终取决于这样一个行为者的内在状况，或者唯一地为行为

---

① 西季威克．伦理学方法．北京：中国社会科学出版社，1993：222.

者的内心所决定。这有可能使人们认为，这样一种评价方法或德性伦理学观点最终导致的是，评价行为没有或不需要任何客观必需的道德要求。

斯洛特指出，他的行为者为基础的德性伦理学所诉诸的不是空洞的内心。那么，德性行为者的德性，在斯洛特的心目中，是指什么呢？首先，他所指的是仁爱（benevolence）或普遍仁爱（universal benevolence），或者说是有着仁爱德性的德性行为者的内心状况。正因为他所强调的是德性行为者的内在品格状况，所以他并没有区分使用“仁爱”和“普遍仁爱”。他所说的仁爱，就是普遍仁爱，而他在使用“普遍仁爱”一词时所说的，也与他所说的仁爱是一致的。这是因为，在他看来，我们所说的仁爱，不仅要为我们所关心的对象带来善或益处，而且意味着我们对于任何人都不应当伤害。其次，他所说的是关爱（care）。关爱是女性主义伦理学提出的一个重要德性。在斯洛特看来，这对于他的行为者为基础的伦理学是十分重要的。

首先，我们看看仁爱。斯洛特说：“仁爱是唯一善的动机，说行为是正当的、值得尊重的或善的，是说它们展示了或表达了仁爱的动机。”① 认为行为是错的，是因为它展示了与仁爱相反的品格或在仁爱方面不足。这里，斯洛特把仁爱看成唯一的善的动机或德性。从此可以看出斯洛特明显不同于亚里士多德。类似于仁爱德性的只有友谊。这可以看出西方社会在经过中世纪基督教伦理学的洗礼之后，仁爱已经被看成一个极为重要的德性。但值得指出的是，与义务论或道义论的伦理学相反，当代德性伦理学都不把正义看成最重要的德性，而强调情感性的德性：仁爱或关爱等。同时，它也不同于任何形式的功利主义。功利主义者根据动机和行为如何实际上或可预料地服从于人类的福利来评判动机和行为；以行为者为基础的、作为普遍性仁爱的道德，则把普遍的仁爱或公正的仁爱作为最高和最好的动机，它仅仅根据行为的动机如何接近普遍的仁爱来评价行为。在斯洛特看来，一个人的行为是否体现了仁爱，如是否乐意帮助他人，可以看成所有道德评价的试金石。以行为者为基础的德性伦理学虽然强调的是行为者的内在品格状况，但这并不意味着不把行为者与外在环境、外在人际关系联系起来。相反，行为是否体现了仁爱或普遍仁爱，或者说是否出于仁爱的动机，同样是可以依据人在自己的处境中如何行动来界定的。

在这个意义上，斯洛特不得不承认仁爱不是没有标准的，这是他在反对康德的行动理由（绝对命令）时所拒绝的，即他提出唯一地依据行为者的内在品格状况来评价行为，因为行为者的行为是由这样一种品格状况决定的。在他看来，一个真正有仁爱之心的人并不是一个把好东西随意抛给他第一眼就看到的任何人的人，而只是给予那种处于需求状况或贫困之中的人。这样一种关怀，无疑涉及求助者的需求以及仁爱之人对于相关事实的了解，从而决定谁应当接受，它无疑是有标准的。所以，一个人的仁爱真正是有用的，同样也是具有道德价值的。在这里，斯洛特不仅运用了事实标准，即处于什么样的经济状况的人我们应当帮助，同时也运用了道德标准，即我们应当对贫困中的人给予帮助，这是我们（假设我们很富有或我们就是政府）的道德责任。或者可以说，有德

① Michael Slote. Agent-based Ethics//Roger Crisp，Michael Slote. Virtue Ethics. Oxford：Oxford University Press，1997：243.

性的人至少是内心认同这样的道德标准或道德原则的人。

还有另一个问题：无论斯洛特怎样在消极意义上界定普遍仁爱的普遍性，他实际上都是在讨论仁爱对象的特殊性或具体运用仁爱这一概念的积极意义，即具有仁爱之心者所施予仁爱的对象总是亲近的人，这类似于中国儒家所说的仁爱；或者说，仁爱何以能做到普遍主义，而不是特殊主义（partialism）或具体主义的？以仁爱作为最基本的德性规定或德性品格，它与义务论或契约论最大的不同就在于，义务论伦理学或契约论伦理学的正义、权利等概念是普遍化的概念，具有不偏私性和公正性。而仁爱总是对某个人或某些人的爱或关怀。因此，我们看到斯洛特进而强调关爱作为行为者行为之基础的德性伦理学就不奇怪了。

当代女性主义伦理学家如卡莱尔·吉利根以及内尔·诺丁斯等人提出了关爱伦理。在吉利根看来，男人倾向于依据权利、正义和自主性来考虑道德，而女人则更多地依据关爱、责任和与他人的相互关系来考虑道德。在斯洛特看来，关爱是一种特别的仁爱，这几乎可以成为仁爱的典范。他把以行为者为基础的关怀伦理学看成最有前景的德性伦理学。女性主义伦理学把关爱看成最重要的德性，女性主义伦理学家认为，这是基于女性的生活经验，尤其是基于女性作为母亲的体验所提出的重要德性。作为母亲的女性，由于与其儿女的天然的生命联系，一般来说总是无私地爱着自己的儿女，呵护着他们的生命和成长。但是，斯洛特指出，诺丁斯绝没有把关爱看作一种基本的道德价值，而把关爱看成一种类似于仁爱那样的基本道德价值、基本道德动机和道德品格，是以行为者为基础的德性伦理学提出的。

斯洛特与女性主义伦理学家把关爱看成一种基本德性不同的是，他是从行为者的意义上讨论的，即他讨论的是一个有着关爱品德的人。一个有关爱品德的人把对他人的关爱看作他作为关爱者对待所关心之事的最好方式，关心他人或对他人的合乎德性的关爱的增进是作为道德卓越的一种最基本的方式，这是与行为者为基础的关于关爱的道德价值论相容的。在斯洛特看来，一种以行为者为基础的道德理论比诺丁斯更看重关于自爱、关于对他人与陌生者的适当态度和行为的问题。在斯洛特看来，没有任何合理的伦理学会否定道德行为者的自爱或自我确定性，尤其是女性主义伦理学重视妇女的自我实现和自由是有道理的。女性主义伦理学的出现，更多是因为女性主义哲学家发现女性处于一种男权社会之中，女性受到男性社会的政治、文化以及社会生活等多重层面的压迫或专制，因而发出一种不同于男性哲学和伦理学的声音。在斯洛特看来，这样一种女性主义伦理学体现了女性求得自我关注以及自由解放的要求。一种女性主义伦理学，尤其是一种以行为者为基础的伦理学，如果不认为关注他人是最好和最值得尊重的动机，并以这样一种动机来平衡自我关注的动机，那就是没有道理的。在斯洛特看来，女性的自爱、自我实现与对他人的关爱是可以平衡的，这样一种平衡或一致在道德上是可以接受的。或者说，从斯洛特的以行为者为基础的伦理学来看，他更倾向于更多地对他人的关爱，并以这样一种关爱来平衡女性主义伦理学内含的自爱。

斯洛特强调关爱是一种具体的仁爱，而关爱总是对某个或某些亲近之人的爱，因此，这里就有一个对待陌生人的适当态度问题。但斯洛特认为，即使是一种提倡对亲近者更大关注的特殊主义的道德，也可能仍然会厌恶对陌生人的冷淡或无情。因此，在斯洛特看来，如果对于非冷淡的道德底线不是设立得太低，那么以行为者为基础的关爱道德就可以处理义务论所擅长的正义、权利等问题。这与诺丁斯的论点不同。诺丁斯认为，我们对陌生人的责任不能与关爱的观念相容，因为关爱要求一种进行性的关系。斯洛特认为，我们不是以这样一种方式放弃一种关爱的总体性道德，他说："我们要力图使要求对有距离的陌生人（他们毕竟与我们同处一个星球，并且有许多事情是与我们共同参与）最少量的关爱的道德有意义。"①

斯洛特从德性情感来提出以行为者为基础的德性伦理学，实际上是在寻找与当代最重要的两种伦理学学派即义务论和功利主义或后果论不同的德性伦理学特征。建立在契约论基础上的当代义务论对于正义、权利的精彩论证，如罗尔斯的正义论，确立了当代义务论的不可动摇的地位。但德性伦理学家们则发现了当代义务论对于道德情感尤其是仁爱情感的疏落。因此，他们希望找到一个伦理学的新的支撑点，而这个支撑点恰恰是德性伦理学可以成立的依据。实际上，这也是当代德性伦理学在理论建树上不同于亚里士多德的地方。虽然斯洛特以行为者为基础的德性伦理学可以确立这样一种道德视域，但这样一个特殊主义的视域（仁爱视域）对于社会正义问题的触及能力总是有限的。或者说，这样一种特殊主义的视域能够公正或不偏私地提出和解决涉及社会普遍利益意义上的正义问题吗？或者说，类似于斯洛特所说的最少量的对陌生人的关爱，在这样一个基础上可以解决涉及重大社会利益分配的正义问题吗？我们认为这里有着明显的缺陷。

斯洛特以行为者为基础的德性伦理学是一种"实际行动者的动机论"。这样一种动机论的主要问题是怎样区别对（好）的行为与出自正当的动机的对（好）的行为。② 斯洛特通过许多案例说明，只有出自正当的动机的行为才是对的行为，如果不是出于正当的动机，其行为后果即使与正当的动机所希望的一样，也不是一个对的行为。但人们也可以举出即使动机不对（不是出于普遍仁爱），也可以产生好的行为的个案。假设有位男士和一位有小孩的女士约会。小孩不小心掉进游泳池即将淹死。男士对小孩的生死毫不在意，但为了和女士上床，他跳进游泳池救起小孩。救小孩的行动无论动机如何都是正确的。可是，按照斯洛特的只有出于普遍仁爱的动机的行为才是道德的行为的观点，那位男士救小孩的动机是错误的，因而他的行为也就是错误的。这似乎与人们的常识发生冲突。同时，人们也可以举出正当的动机导致在道德上错误的行为的个案。如法庭审判总是希望有公正的结果（好的动机），但法庭审判往往会导致在法律和道德上遭受人们谴责的后果（如美国对辛普森杀其前妻和前妻男友的无罪审判）。斯洛特的这一理论的问题就在于，它混淆了实际行动者的好的动机与有好的动机的好的行动这两者的区别，他把行动的正确性就等同于动机的正确性，所以他无法解释这两者的区别。行动的正确性（道德上的善性）不仅依赖于好的动机，同时要看到，行动或行为本身是一个过程，在这一履行善良动机的过程之中，可能出现那些在行动之始难以想象的事件，这些事件都可以影响好的动机的效果。另外，不好的动机也可能引起好的行动，但我们不能

① Michael Slote. Agent-based Ethics//Roger Crisp, Michael Slote. Virtue Ethics. Oxford: Oxford University Press, 1997: 258.

② 陈真. 当代西方规范伦理学. 南京：南京师范大学出版社，2006：285.

因为其动机不好而就否定了那样的行为，如救小孩的行为。当然，即使如此，斯洛特的理论也有一定的道理，即救小孩的行动虽然是一个好的行动，但由于引发它的动机并不高尚，所以对引发这一好行为的人的道德评价不可能很高，即不能因此而说那位男士是一个有着仁爱之心的人。

二、行为者中心论

在德性伦理学的复兴浪潮中，明确理论化的最著名的德性伦理学样式之一是由罗沙琳德·赫斯特豪斯所提出的，其专著《论德性伦理学》在德性伦理学的理论建构方面具有广泛的影响力，被认为对20世纪德性伦理学的发展做出了重大贡献。

德性伦理学区别于现代义务论和功利主义伦理学之最为重要的地方在于，德性伦理学强调以行为者为中心，而现代规范伦理学则是以行为为中心。行为者中心追问的是"我应当是哪一种人"，而不是"哪一种行为是我应该做的"。但是，假如我们集中在有德的行为者，而不是什么是正当的行为上，那么，以行为者为中心能够回答怎样的行为是善的，怎样的行为是恶的吗？

我们可以看看功利主义与义务论怎样说明一个行为是正当的行为：

> 功利主义：一个行为是正当的，当且仅当它促进了最好的后果。
>
> 义务论：一个行为是正当的，当且仅当它与道德规则或原则相一致。

就功利主义而言，这一命题说明了什么是正当的行为，这一命题在行动功利主义那里得到了最好的体现。这一命题是以最好的后果来界定什么是正当的行为。因此，对于这一命题所需要解释的是什么是"最好的后果"。因此，这一命题必然需要对于最好的后果的界定。依据功利主义，可以把最好的后果界定为幸福的最大化：最好的后果体现在这些后果中，幸福可以得到最大化。或者说，能够得到最大化幸福的后果就是最好的后果。

义务论的行为正当的命题则把行为的正当性与一定的规则或原则相一致作为判断标准，虽然义务论也有注重行为者的动机的一面，但动机的正确与否仍要看是否与一定的原则相符。这里无疑要求对道德规则或原则做进一步的界定，即只有正确的道德规则或原则才是行为正当性的保障。那么，什么样的道德规则或原则是正确的呢？

从西方的现代道德传统及理论看，一个正确的道德规则或原则是符合如下条件之一的道德规则或原则：

> (1) 它是上帝发布的规则或戒律；
>
> (2) 它是可普遍化的绝对命令；
>
> (3) 它是所有有理性的存在者都应选择的；
>
> (4) 它是自明的常识；等等。

义务论有着各种可说明的原则，或可对原则进行合理论证。当然，功利主义并非没有原则，实际上最大幸福原理也就是功利主义原则。功利主义原则也可以得到某种理论辩护。但是，功利主义与义务论的根本区别不在于没有原则，而在于善概念与正当概念何者为先。善概念以后果来证明，正当概念则以道德原则来证明。正因如此，功利主义以后果的善来解释行为的正当性，而义务论则以原则的正确性来说明行为的正当性。那么，对于德性伦理学的行为者中心来说，怎样来回答“什么是善，什么是正当”呢？德性伦理学何以能够以类似于功利主义或义务论那样的方式指出行为的正当性，从而给予人们某种指导呢？

赫斯特豪斯指出，可以把德性伦理学对行为的规定以如下命题提出：

> 一个行为是正当的，当且仅当它是一个有德的行为者在那样的环境中，在其品格特征（即行动的品格）上总会做出的行动。①

但这样一个命题能够对行为提供某种指导吗？赫斯特豪斯认为，那些反对德性伦理学的人可能会认为，这样一种规定对于人们的行为指导是没有用处的，因为这样的规定没有实践指导意义。但是，赫斯特豪斯提出，行动功利主义必须说明什么后果可算是最好的后果，义务论必须说明什么道德规则可算是正确的道德规则。如果它们不能说明什么是最好的后果，或什么是正确的道德规则，那么，对于行为的指导就没有实质性的意义。同样，德性伦理学也必须说明什么样的人才可算是一个德性行为者。在这个意义上，三者处于同样的地位。值得指出的是，与斯洛特相比较，赫斯特豪斯的这一命题所提出的行为者所应当做的事，是一种行为标准意义上的命题，它不同于斯洛特的实际行为者，这可以被看作一种假设的行动者，每个人都可以把这样假设的行动者作为自己的标准，从而避免了斯洛特的实际行动者的动机论所带来的问题。

赫斯特豪斯认为，德性伦理学对其命题中的行为者必须要有相应的说明，这个说明是：“一个有德的行为者是这样一个人：他具有或能够履行一定的品格品质，即德性。”② 在这里，需要进一步解释的就是，德性也就是一定的品格品质（character trait）。德性不是别的，就是行为者的内在品质。可以把德性伦理学的行为论归结为具有一定德性品质的人所具有的行为。行为的正当来自具有一定德性品质的人。因而，又可以把前面所归纳的德性伦理学的行为命题重新表述如下：

> 一个行为是正当的，当且仅当它是X的行为者在那样的环境中，在其品格特征上总会做出的行动。
>
> 一个X的行为者是这样一个人：他有和践行了一定的品格品质，即X的人。

这里的X可以为任何实质性的德性品质所填充，如勇敢、正义、节制、仁慈等。如可以把上述命题换成：一个行为是正当的，当且仅当它是一个具有勇敢德性的人，在那样的环境下将会有的行为。其他行为的正当性可以照此类推。我是一个勇敢的人，所以会有勇敢的举动；我是一个正义的人，所以会做正义的事；我是一个仁慈的人，所以不做损人的事；等等。

在赫斯特豪斯看来，在德性伦理学这里，一个行为是否正当性，并不是根据行为本身是否符合后果或某个原则来判断的。如果那样，那就等于用功利主义或义务论的标准来判断行为，德性伦理学就归约为它们，而不是归约为它本身。德性伦理学只能根据行为者的德性品质来判断行为的正当性。德性伦理学强调行为的正当性来自行为者的德

---

① Rosalind Hursthouse. On Virtue Ethics. Oxford: Oxford University Press, 1999: 28.

② 同①29.

性本身，而不是行为本身。这是因为，行为就来自行为者，不从行为者的角度来讨论行为，是失去了讨论行为的内在依据。

但这样说，并非意味着德性伦理学完全不考虑后果。赫斯特豪斯指出，即使是义务论的伦理学也并不是完全不考虑后果，当然，功利主义尤其是行动功利主义不会遭到人们对行动后果方面欠缺考虑的指责，因为行动功利主义所设置的行为对与错的唯一标准就是与行为者的幸福相关的后果。但面对实际道德实践中的问题，如果说义务论的伦理学不关注后果问题，那也是错误的。对于许多行为而言，义务论者将审慎考虑那些行为原则——如果履行它们将带来某种可预期的行为后果。因此，义务论者把行为原则放在行为判断的中心并非意味着他们不考虑后果。一个持有义务论伦理学观点的外科医生，他将对某个患者的具体手术的进行感到担忧，这种担忧不是怀疑他的原则的正确性，而是因为他难以预料他的手术将产生的后果。一个持有德性伦理学观点的外科医生有着同样的担忧，这并不是他怀疑与其他人的善相关的仁慈是一种德性，而是忧虑将进行的手术对他的病人是有益还是有害。

赫斯特豪斯的这一说明对于澄清人们对她的行为者中心的论点的误解是有帮助的。有人认为，当代德性伦理学行为者中心的论点，由于强调行为者所具有的中心地位，从而排除了后果，也排除了外在规则对行为的主导性地位。这样强调行为者中心，也就是把德性行为者的动机放在中心地位，并把这样一种动机看成评判行为的标准。但即使像康德那样的义务论者，虽然也强调动机，但却把义务或绝对命令的规则放在中心地位。同时，亚里士多德是古希腊最重要的德性伦理学家，但他对人有着一种功能性的理解，从而把幸福放在德性伦理学的中心地位，即亚里士多德是在行为者的幸福意义上界定德性的。当代德性伦理学由于强调自己与义务论和功利主义的区别，从而突出地强调行为者的中心性，排除了亚里士多德的目的论和康德的义务论的规则，而唯一地强调德性行为者的德性动机。但赫斯特豪斯指出，认为当代德性伦理学不考虑后果是不对的。她对这一点的分析是有说服力的。即使当代德性伦理学强调行为者中心，但行为者中心并不意味着可以不考虑行为后果或目的。

还有一个问题，即以行为者为中心的行为规则怎样指导我们的行动呢？如果我不是一个在德性方面很完善或很成熟的人，以德性行为者为标准的行为指导怎样在我身上发生作用呢？义务论伦理学给予人们一套易于实行的、清楚的规则或规范，同样，行动功利主义也有一个可操作性的规定，即最大化你的幸福。但德性伦理学，如赫斯特豪斯的伦理学，所下的定义是：做一个有德性的人在那样的环境下会做的事，即这样一个有德性的人是仁慈的人、正义的人、勇敢的人、诚实的人，他在那样的环境下会怎样做，你就怎样做。但人们会提出，如果我不是一个这样有德性的人，那这样的说法对我就几乎不起作用。因为我不知道一个有德性的人在这样的场合会怎样行动，所以我不能运用德性伦理学的那些规则或规范。

赫斯特豪斯承认我们在道德实践中会遇到这样的问题。但是，这并不意味着我们不可能从德性伦理学的角度来解决这样的问题。这是因为，当我们遇到道德困境的时候，我们并不总是一个自主性的自我道德决定者，我们总是有可能寻求从那些我们认为在某个方面或整体上在道德上比我们更成熟、更好或更优秀的人那里得到某种指导。我们尊重那些更聪明、更有道德智慧或更诚实、更有正义感的人，询问他们如果他们处于我所处的境况，他们将如何行动。赫斯特豪斯说："如果你想要你的行动正确(做对的事)，并且做那有德性的行为者在那样的环境下做的正确的或对的事，同时你又不知道有德性的行为者在那样的环境下会怎样做，那么，你应该发现他在那样的环境下会做什么。"[①] 在这个意义上，德性伦理学重视道德榜样或道德典范的作用，在于人们总是可以从某种身边的或社会道德传统（在我国，还有社会主流意识形态宣传）中的道德典范那里得到某种行动的启示。中国古代的尧、舜一直是这样一种典范，在相当长的历史时期里都是中国人在道德上学习的楷模。在现代中国人的道德生活中，当我们要提倡一种道德时，也许就可能会推出某种典范或楷模来作为这样一种道德的表率。榜样的力量是无穷的，尤其对于还没有成年的青少年来说。人们总是从身边人的道德行为中得到某种启发，尤其是我们所敬重的人，如我们的父母、兄长或师长。他们的言行对于未成年人的道德行为的影响是无形的，也是巨大的。赫斯特豪斯也坦言这一点，在她看来，德性伦理学的一个基本内容就是成年人怎样对未成年人进行道德教育，因为成年人对于未成年人的道德影响决定了成年人的言行尤其是父母的言行的重要性。

前面已提及，对于行为者中心的德性伦理学的批评之一就是没有类似于义务论或功利主义那样的规则来指导行为。那么，行为者中心的德性伦理学有可以运用的规则吗？赫斯特豪斯指出，类似于义务论的规则，也有着德性规则（virtue-rules）。德性伦理学并不需要补充什么道德规则或规范，德性伦理学作为一种传统的规范伦理学，所有的德性范畴又都可以被看作规则或规范。德性伦理学的规则或规范就具体体现在其德性规定之中。德性伦理学不仅有着积极的指导人们做什么的规则或规范，如正义、勇敢、节制、真诚等，而且有着消极的劝诫性规则或规范，如不做不正义的事、不撒谎等。德性伦理学强调内在品质对人的行为的决定作用，但并不意味着德性伦理学没有一套相应的规则或规范。德性伦理学的那些德性范畴，对于人的内在品质而言，是德性规定，对于外在的道德规定而言，就是社会的规则或规范。什么样的行为是有德者的行为，什么样的行为是德性行为，不同的文化和社会生活对此都有自己的德性要求。因此，由于社会生活的多样性以及德性规定的丰富性，德性伦理学有着十分丰富的规范体系。那么，怎样理解德性伦理学的规则与德性伦理学的行为者中心的含义？即德性伦理学为什么不像义务论伦理学那样，把规则或规范放在中心地位？

这里首先需要问及的是：像义务论这样的规则，是否可以无条件地履行？我们通过罗斯的义务论，可以看到，即使是义务论的规则，也并不意味着可以在任何条件下无条件地履行。是否所有的道德规则，都具有类似于法典式的规则地位，需要无条件地在任何情况下履行？对于普遍性的道德规则，赫斯特豪斯提出了两点要求：(1) 这些规则可以算作决定性的程序，它们可以确定在任何情形下什么样的行为是正当的（对的）行为；(2) 它们能够以任何无德者能够理解和正确应用它们的术语来表示。赫斯特豪斯称这是关于道德规则的"很强的法典式论点"。

赫斯特豪斯指出，应用伦理学的实践越来越使他感受到，这样一种企图，即提出一

---

① Rosalind Hursthouse. On Virtue Ethics. Oxford: Oxford University Press, 1999: 35.

套普遍有效的规则或原则的企图已经失败。更多的哲学家所依赖的普遍性的抽象原则在实际运用中产生了相当不同的结果。在抽象原则与复杂的实际情形之间存在着某种空白，这是规范、规则或原则不可直接应用的根本原因。这是因为，任何规范原则总有不可直接应对日益变化发展的社会实践的地方。人类社会的道德生活面临着多样的道德困境，以及多样性的道德规范、规则冲突的可能。因此，即使是强调规则的义务论伦理学，也意识到义务规则体系对于不同处境下人们的行为不可能有千篇一律的规定性。但亚里士多德的实践智慧概念优于罗斯的自明义务的概念，其原因是，在道德生活中，广泛存在着需要行为者的道德判断的地方，而这并不是义务规则可以事先规定的，它必须运用道德行为者本身的实践智慧。在这个意义上，并不是规则中心，而恰恰是行为者中心。如果我们只是知道类似于“要诚实”“不要做不仁爱之事”这样的规则，就意味着这些规则并不一定能给我们提供行为指导，如果我们不能对我们的处境、情景或境况有理智的处理或把握的话。因此，不仅规则或原则的运用是重要的，更重要的是，德性规则能够在恰当的时候、恰当的地方应用于恰当的人和事，这就不仅需要规则，更需要的是对规则的理智运用或实践理智的判断。在这个意义上，赫斯特豪斯完全是亚里士多德式的德性论者。

第三节　行动的理由

人们的行动或者出于某种意图、愿望、目的，或者出于内在的倾向或自然习惯，总之是出于某种理由。所谓出于理由，指的是人们的自觉行动，或自觉意识到自己的行动。人们依于某种理由而行动。在德性伦理学家们看来，依于某种理由总是与德性联系在一起的，或出于德性就是出于某种理由。那么，是不是所有的行为都可以被看作有某种道德的理由？或都可以从德性方面来寻找理由？不同的当代德性伦理学家对这一问题提出了不同的论点。

一、德性不是全部行动的理由

行动的理由的问题也就是行动的合理性问题。合理性要求行动的一致性，要求给出某种可解释、可说明的理由，并依据这种理由进行不矛盾的行动。罗伯特·奥迪对于行动的合理性问题提出了六个可解释的维度：情境性（situational）、概念性（conceptual）、认知性（cognitive）、动机性（motivational）、行为性（behavioral）和目的性（teleological）。[①] 奥迪是在对德性的解释的意义上提出这样六个维度的，但我们认为，可以把这样六个维度看作行动理由的六个维度。行动要具有情境的合理性，同时也要有概念解释的合理性，认知是对行动领域的理解，动机性讲的是行动者在这一领域里以某种方式行动的动机，行为性讲的是在理解和动机基础上的行动，目的性讲的是在情境以及相关领域以及相关自我意义上目的的合理性。一个行动的合理性既不可离开对情境的

---

① 罗伯特·奥迪. 出于美德而行动//徐向东. 美德伦理与道德要求. 南京：江苏人民出版社，2007：309.

把握，也不可离开行为者对自己的行动的理解和认知，同时也必须把行动的相应的目标联系起来，才可得到合理性的解释。这种解释既是认识论的，也是价值论的和目的论的。

人们在不同的行动领域里都可以提出自己的行动的合理性问题。人类活动的多样性决定了行动的多样性，以及行动理由的多样性。因此，合理性也应当是多样性的。然而，道德作为生活的规则体系，使得道德或德性对于人们的行动以及生活的合理性解释有着相当宽广的涵盖性。同时，如果把人们的行为目标的价值理解为具有道德意义的善或好，也许就有更强的理由认为这种涵盖性是宽广的。但这样是否意味着德性的理由或道德的理由就是具有涵盖一切行为的理由？苏珊·沃尔夫在《道德圣贤》一文中有力地说明，德性的理由虽然是十分重要的行动理由，但并不是人们正当活动或正当生活的全部理由。

苏珊·沃尔夫认为，人类的好生活是由多样性的、丰富的实践内容组成的，人们在社会实践的诸多领域里的实践以及相应的成功是好生活的必不可少的条件。但是，如果把人们的生活都看成依据道德德性来行动，或全部以道德德性的理由来要求，那就不可避免地会压缩人们的文化生活、休闲生活以及其他生活实践存在的空间和理由。当然，必须看到的是，沃尔夫这样的观点是由对道德德性的现代理解与亚里士多德的理解或古希腊人的理解的不同造成的。这是因为，在古希腊人那里，德性就是卓越，而不管是什么领域里的活动的卓越，都可以被称为德性。现代人对德性的理解，仅限于道德的领域，因而行动出于德性也就意味着只合乎道德德性而不是其他重要的理由。

沃尔夫的论点是在对道德圣贤的批评中提出的，她说："如果道德圣贤把他所有的时间投身于给养病人或治疗病人，或者为牛津饥荒救济委员会筹集资金，那么，他必然没有时间阅读维多利亚时代的小说或演奏双簧管，或者提升他反手击球的技艺，虽然包含后面这些活动的类型中的任何一种利益或情趣都不能被声称为一种过得好的生活的必要元素，这些品格的种种可能方面在其中无一得到发展的生活可能令人惊讶地贫乏。"① 由于现代人对德性的理解不是亚里士多德式的理解，因而有的人把对道德德性的追求与对生活中卓越的追求对立起来，从而出现了"道德圣贤"。沃尔夫说："一个道德圣贤一般说来不能鼓励重要的非道德利益与技能的发现与发展，其理由不是逻辑的，而是实践的。除此而外，还有一类非道德特征，它们是道德圣贤基于不仅仅是实践性的理由而在其自身之中不能鼓励的。毫无羞愧地拥有这些品质中的任何一种，同时成为一个道德圣贤，这两者之间存在一种更实质的紧张。"② 所谓"道德圣贤"，也就是把对他人的道德关注看得无比重要的人，同时也可以为了他人的利益而牺牲自己的利益。但在道德实践中，这样的道德圣贤实际上可能会将人们实际生活中正常需要的东西都排除掉。可是，有一类非道德的利益或技能，这些利益和技能的发现与道德圣贤的道德利益存在着一定的距离，但却是人们的正常生活所必需的。如果把道德德性的要求看成人们生活的唯一要求，那就必须排除正常生活的许多合理理由。沃尔夫讽刺性地指出，在这样的道德圣

① 苏珊·沃尔夫．道德圣贤//徐向东．美德伦理与道德要求．南京：江苏人民出版社，2007：175.
② 同①.

贤认为应当不顾及的地方，人们会怀疑他们失去了正常的感知系统，看不到这个世界必须提供的某种东西，或人们的生活必须拥有的某种东西。“人们容易感到疑惑的不是他多么热爱道德，而是他对这些其他的东西热爱得多么少。”①

沃尔夫关于道德圣贤的观点虽然有些偏激，但他通过对道德圣贤的批评明确提出了德性或出于德性不是行动的唯一理由的论点。生活或行动的理由是多重的或复合的，德性理由只是诸多类理由中的一类，虽然是涵盖面极广的一类理由。

二、德性理由

尽管有着类似于沃尔夫对“道德圣贤”的德性行动的批评，但对于德性伦理学来说，探讨行动的德性理由仍是其基本课题之一。这在于我们的行动总有某种道德性。或者说，从作为一个有道德意识的行为者来说，我们总要有某类具有道德意义的行为，即某类合乎德性的、好（善）的行为。什么样的行为才可称为合乎德性的、好的行为？赫斯特豪斯说：“我们可举例说，这是帮助他人、面对危险、说真话、偿还债务、拒斥某种身体的快乐，等等。”② 很明显，赫斯特豪斯所说的合乎德性的行为，就是那些有道德意义或道德领域里有意义的行为。有这样的行为并不等于就是人们行动的理由，要使德性行为成为自己行动的理由，必须是行为者（当事人）本人知道他正在做的是什么。也就是说，他知道他在做对的事，有正当（正确）理由的事。赫斯特豪斯把这个论点归结如下：

> 当事人因某种理由而行动，而且，因“正当（正确）的理由”。

赫斯特豪斯认为，这个命题排除了因某种间接的理由或强制性因素而做好事，如说真话或帮助他人。像说真话、帮助他人这样的具有道德积极意义的行为，不是因其他理由，而直接就是因为这是德性行为，或这是合乎德性的，所以才这样做。或者说，因为这是合乎德性的，我才这样做。那么，对这样的行为的一般性描述就是，“因这种行为本身之故”而选择这个行为。可以把这个论点归结如下：

> 有德性的行为者（当事人）“因德性行为本身之故”而选择德性行为，这意味着，有德性的行为者选择德性行为，至少因某种类型或某种范围的理由X而选择。

这里的“某种类型或某种范围的X”，指所涉及的任何一种德性。某种类型的德性又是什么样的理由呢？赫斯特豪斯说：“这种理由是这样一类理由：有着某种德性V的人将践行V的行动。”③ 一个勇敢（有勇敢德性）的人在面对危险时，总会表现出勇敢的举动，或有勇敢的行动。一个有着节制品德的人，总会在需要节制的情境中做出节制的行动。在这里，勇敢或节制就是这样一种德性或使他行动的理由。当事人所具有的这种德性使他具有了这样的行动，而这就是这种行动的理由。他因这种德性之故才有了或选择了这样的行动。用我们的话来说就是，他是什么人就会有什么举动。他的德性品格

---

① 苏珊·沃尔夫．道德圣贤//徐向东．美德伦理与道德要求．南京：江苏人民出版社，2007：177．

② Rosalind Hursthouse．On Virtue Ethics．Oxford：Oxford University Press，1999：124．

③ 同②128．

决定了他会怎样行动。从行动的理由来看，就是当事人的德性为他的行动提供了理由。赫斯特豪斯指出，在这里，相关行为更多地涉及要参照德性以及相应的恶来说明的理由，如“这是一件要诚实地去做的事”，或“他胆小而不敢做”，或“这意味着，他很贪婪”，等等，就可以被看作这一范围内的理由。一个有德性的当事人（行为者）的理由，也就是能够使得我们理解到，所论及的行为对有德性的当事人来说，是在那个情境中对他来说适当的行为或举动。

有德性的行为者在一定的情境中所做的对或正当（正确）的事，也为那体现为恶的事或恶的品质的事提供了一个对照。在那样的情境中如果做出与有德性的行为者相反道德性质的事，就可以将之看作一种恶的事。如在面对危险情形时勇敢的举动和懦弱的举动，前者体现的是勇敢的品质，后者体现的则是懦弱的品质。不过，赫斯特豪斯的这些论点没有考虑斯洛特所考虑的那些复杂情形。

赫斯特豪斯的德性理由论是与其行为者中心的论点一致的。她在行为者中心论的意义上指出，一个行为是正当的，当且仅当它是有德性的行为者在那样的环境中，在其品格特征上总会做出的行为。这样做出的行为，其据以行动的理由也就是他的品格或德性。德性是他如此行动的动机，也是他的理由。某人做了一件慷慨的事，因为那样做是慷慨的，并且，我们理解到，在这样的处境下这样行动，对于一个慷慨的人来说是适当的。但这并不意味着，一个有德性的行为者会为了同样的理由在任何情境中都有这样的举动，而是在适当的情境中会适当地体现出他的德性的举动。我们需要记住的是，赫斯特豪斯的这样一种动机论和理由论都具有一种假设的性质，即在这样的情形下一个有德性的人从他的内在德性品质出发，他将会如何如何。因此，这就避免了人们对有德者有时也会做出道德上的错事，恶人有时也会有善良动机的批评。可以说，赫斯特豪斯的论点是与这种例外相容的。

对于行动的理由，可以有义务论的理解，即把某种责任、规则、原则或义务作为行动的理由，功利主义则把后果的善作为行动的理由，赫斯特豪斯通过她的德性行动理由论，把她的德性伦理学的观点贯彻到底。

三、德性理由的分层性

在本编的导论里，我们谈到了中国古代的圣人和道德圣贤。怎样看待道德圣贤是德性伦理学必须回答的问题。中国古代的尧、舜是古代的道德圣贤，简·亚当斯是美国现代的道德圣贤。怎样看待类似于亚当斯那样的道德圣贤或道德英雄的德性行动的理由？赫斯特豪斯仅仅谈到了理性作为有德者的行动的理由，那么，道德圣贤所具有的那种德性行动的理由是与我们正常人和普通人所具有的行动的理由一样的吗？

这里的问题首先是：什么是道德圣贤或道德英雄？当代德性伦理学家苏珊·沃尔夫虽然以怀疑的态度写下了她的《道德圣贤》一文，但她毕竟给出了对道德圣贤这一概念的界定。她说：“一个道德圣贤可能就是这样一个人，他对他人的关切所扮演的角色就是更为自私的或无论如何更少道德价值的关切在我们绝大多数人的生活中所扮演的角色。对道德圣贤来说，对他人福利的促进可能扮演对我们大多数人来讲由对物质舒适的享受、参与我们选择的智力与体育活动的机会，以及我们所热爱、尊重和欣赏的人们的爱、尊重与陪伴所扮演的角色。从而，道德圣贤的幸福确实是存在于他人的幸福之中，而且他因此会愉快地、全心全意地和开放地为他人做奉献。”① 她指出，这样一个道德圣贤由于一心关注他人的幸福，因而对自己的幸福很少顾及，甚至全无顾及。总之，这个人为了他人的利益牺牲了自己的利益，并且恰当地、友好地对待他人的品质和气质，对他人富有同情心，不知疲倦地为增进他人的福利而工作。汤姆·L. 彼彻姆在论及道德理想时也描画了一些英雄圣人的形象。他说：“这些超人，有时是传奇式的人物履行他们所能接受的‘义务’，但是绝大多数人却不愿，而且也不可能履行那些英雄式或圣人式的行为。在绝大多数人产生欲望或个人利益的地方，圣人却能坚持克制，英雄所能克服的恐惧，几乎所有的常人都只有屈服。有些英雄，包括苏格拉底和简·亚当斯，他们甚至超出了自己原先所承担的要求。因此，圣人和英雄能够抵抗的力量，是其他人所不可能抵抗的，并且正是这种不可能性，成为不把圣人式的或英雄式的行为归属于义务要求所应当做的行为中的一项理由。”②

一方面，我们要看到，道德圣贤在任何文化或社会中都不是多数，像圣贤那样的道德完善者，都是少之又少。但也要承认，中西古代社会或现代社会都有被人们所认为的道德圣贤或道德英雄。做圣贤或成为圣贤是中国儒家伦理的一个中心问题，是儒家教人所追求的人生方向。这些圣贤总是被描绘成完全没有私心而全心全意地爱着他人、爱着人类的人，如中国文化中的尧、舜，以及西方文化中的耶稣。当然也有那种只是某种德性的典范，如民间所传说的秦琼（代表义气），以及后来被尊为神的关羽（代表义气与忠心）。真正的道德典范都是人们所仰慕的。另一方面，虽然人们都很敬仰那些全身心地为他人、为人类而献出一切的道德典范，但人类的绝大多数都不是圣人，也不想做圣人，或想做也做不成圣人。这是因为，完全抛开个人的利益或恩怨来追求他人的幸福或全人类的幸福，爱人如己甚至超过自己，在道德上是很难做到的，也是不现实的。并且，人们追求自我利益在任何时候都是社会发展的最深层的动因。当然，即使如此，人们仍然承认那些比自己道德境界高的人是永远值得学习的。

我们如果承认行为者为基础或为中心的德性伦理学，就必须不仅承认德性对行为的价值，而且承认德性对行为者本人的价值。同时，一般而言，德性伦理学不否认人群中不仅有有德者，而且有恶人。德性作为内在的品质或气质，并不是所有人都完全一样地拥有的。人们的行为努力有着接近或远离某种德性的可能。如斯洛特以普遍仁爱为标准的德性伦理观，实际上就不是所有自认为有德者都可以做到的。简·亚当斯就是舍己为人的典范，同时也可以说是斯洛特意义上的普遍仁爱的最高典范。不过，赫斯特豪斯的德性行动理由论则是有着极大涵盖性的德性论，只要人们的动机符合某种德性规范或原则，就都可以成立。实际上从义务论或功利主义的什么行为是正当的，到德性伦理学的做什么人的问题，或德性伦理学要研究的人在道德努力方面的成就，都内在包括了“有德者”的层次问题。因此，也就应当承认在有德者之中，其德性的境界或德性意志坚定性，以及德性的层次，可能都是不同的。并且，在我们人类之中，就确实有一些人，他们的行为所表现出来的内在德性品质是远高于其他人或一般人的。同时，我

① 苏珊·沃尔夫. 道德圣贤//徐向东. 美德伦理与道德要求. 南京：江苏人民出版社，2007：173.

② 汤姆·L. 彼彻姆. 哲学的伦理学. 北京：中国社会科学出版社，1990：256-257.

们也应当承认，由于世俗生活的重要性，以及生活兴趣、人生理想或人生观的多样性，并不是所有人都愿意成为他们心目中的那些作为道德理想的圣人或英雄。那么，我们怎样把他们的道德动机或道德理由与我们一般人的区分开？他们在这些方面与我们的区别在哪里？

汤姆·L. 彼彻姆从义务论的观点来说明道德圣贤或英雄的动机或行动理由是很有说服力的。首先应当看到，无论是斯洛特的普遍仁爱的德性论，还是赫斯特豪斯的德性正当理由论，都无法说明有德者的道德层次问题，尤其无法把有着一般德性水准的普通人与道德圣贤或英雄区分开。彼彻姆将康德的义务观运用到这个区分上，比较有说服力地说明了这一问题。在康德看来，道德全部由义务（责任）原则或规则构成，义务是决定一个人之道德品质和道德价值的唯一因素。但亚当斯等道德典范的存在向康德式的义务观提出了问题。或者说，康德伦理的义务观或责任观可以说明一般人的道德行为或道德价值，但无法说明亚当斯这样的道德典范的道德行为或道德价值。人们指出，从传统社会向现代社会转化，在伦理学上的重要体现就是从传统的德性伦理向现代的规则伦理转化。这一转化的重要体现就是责任伦理或义务伦理的出现。责任或义务所表明的，不仅仅是康德的绝对命令形式的责任与义务，更广泛的是体现在现代社会的多重生活或职业领域里的责任与义务。如在私人生活里，有着家庭生活的责任；在职业生活或公共生活中，有着职业生活或公共生活的责任。这些责任具有领域的区分性，因生活或职业领域的不同而有着不同的区别或区分，但都是生活于其中的人们为了履行好相应领域里的职责而必须遵守或完成的责任与义务。康德伦理学集中地说明了人的责任或一般性的道德责任，然而，人们生活在现代社会同时则是履行着丰富的责任，这些责任都是人们生活好或工作好的必要的和基本的条件。

在亚当斯这样的典范那里，明显地指导着她如此生活的同情心则与这样的义务感或责任感毫无关系。彼彻姆说："我们中间绝大多数具有同情心的著名人物，已经成了只为他人的困境所感动的人。例如，阿昔斯的圣·弗兰西斯（吉奥瓦尼·柏拿东）因为自发地爱他人，表现出对他人的体贴和同情而使他享有最高的名望——诸如他拥抱麻风病人或者在寒冷的夜晚放弃唯一的毛毯等事情。圣·弗兰西斯对诉诸理性和诉诸义务都曾经多次提出过保留意见，因为他发现，只用理性或用义务来说明，都是不恰当的。"① 换言之，对于像道德圣贤这样的道德典范，是不能够用一般的义务感或责任感来说明他们的道德举动的。因此，相对于普通人的义务感、责任感以及人们所体现的其他正常生活所需要的德性，可以把这些类似于圣贤或就是圣贤的道德典范的德性看成美德，把这些需要更高的自觉或内在德性品质才可以展现出来的道德行动看成美德的行动，而把他们与普通人的德性或德行区分开。这些义务论的伦理学不能说明的道德现象，德性伦理学可以从卓越的品格意义上加以说明。因此，可以把从行为者出发（无论是以行为者为中心还是以行为者为基础）的德性伦理学对人的德性的阐明，进行层次性的说明，即可以依据有德者的德性境界或层次来说明道德行为所体现的道德境界的高低。

还有一个需要说明的问题，即并非只有道德圣贤才有超义务、超责任的行为，普通

---

① 汤姆·L. 彼彻姆. 哲学的伦理学. 北京：中国社会科学出版社，1990：246.

人也有超义务、超责任的美德行为。人们往往会发自内心地帮助他人，而不要求回报。只是在普通人那里，这种愿望、要求比起那些道德典范来没有那么强烈和持久。人们往往会因某种情境而激发出一种冲动，一种道义性的行为或举动，这种行为或举动，不是出自责任或义务的要求，而是出自一种同情或普遍仁爱感。这种发自内心的要求或感觉驱使人们那样行动。

参考书目

Rosalind Hursthouse. On Virtue Ethics. Oxford：Oxford University Press，1999.
Roger Crisp，Michael Slote. Virtue Ethics. Oxford：Oxford University Press，1997.
麦金太尔. 德性之后. 北京：中国社会科学出版社，1995.
徐向东. 美德伦理与道德要求. 南京：江苏人民出版社，2007.
汤姆·L. 彼彻姆. 哲学的伦理学. 北京：中国社会科学出版社，1990.

思考题

1. 试论麦金太尔的实践观与德性观。
2. 试比较赫斯特豪斯与斯洛特的德性伦理思想。
3. 试论德性作为动机与作为理由的不同特点。
4. 德性为什么不是全部行动的理由？

第十四章

儒家德性伦理思想

在中国学术语境下讨论德性伦理学，我们不得不把儒家德性伦理思想作为重要内容置于其中。在这里，我们并不是将之作为知识考古学内容，而是将之作为中国文化的鲜活传统而流淌在我们血脉中的东西来讨论。儒家思想是在两千多年的传统社会中占主导地位的思想，其伦理思想同样也是在社会生活以及占统治地位的意识形态中占有主导地位。从伦理学的分类意义上看，儒家伦理思想在特征上是德性伦理思想。然而，中国传统的德性伦理学，无论在形式上还是在内容上，都有着不同于西方德性伦理学的地方，因此，有必要简述中国德性伦理学，尤其是以儒家为代表的德性伦理学。①

第一节　儒家关于有德者的观念

德性伦理学最突出的特征就是以行为者为中心。德性伦理学把行为善恶、好坏的依据看成行为者本身。从总体上看，德性伦理学认为，有什么样的行为者，才有什么样的行为，虽然德性伦理学也承认有德者有时也可能做出有违道德的事。既然德性伦理学把行为者放在伦理学的中心地位，

① 著名意大利哲学家克罗齐指出，“一切历史都是当代史”。根据克罗齐的这一观点，可以说一切思想史都是当代史。这是因为，任何一种思想史的观点，任何一代人在对其进行重述时，都将当代人的视域、观点、立场甚至情感态度带入其中。我们以现代德性伦理学的视域重述传统儒家德性伦理，从而将它置于本书中，相信它也必将融入我们对当代德性伦理学的思考。

所以讨论什么是有德性的行为者或有德者的问题对于德性伦理学来说就具有突出重要的地位。

一、圣人理想

儒家伦理与其他德性伦理共享着一个观念：有什么样的人，就会有什么样的行为。什么样品格的人做出的行为，就决定了该行为的道德特性。中国古代的人格理想是在春秋战国时期定型的，但经历了一个相当长的历史酝酿时期，并且对于整个传统社会都有着极为深远的影响。儒家与中国古代其他的思想流派共享着许多不同的对人的称谓。从道德意义上看，可分为三种最有代表性的称谓：圣人、君子（贤人、士人等）与小人。前两个是有德者的称谓，小人则是在道德评价上处于负面地位的人或人格。儒家反复强调君子与小人之分，强调人们要学做君子。在儒家德性伦理有德者的层次中，圣人处于最高层次。或者说，圣人是儒家理想人格的集中体现之一。中国传统伦理中的圣人，既有在人类社会远古时代或美好时代具有道德典范意义的人，同时又有后起的圣人，他们都是人们学习和仿效的典范，或道德理想的集中体现。在西方的德性伦理传统之中，只是到了中世纪，才有了道德圣贤或道德典范，如耶稣基督就是基督徒永恒的道德典范和圣人。在中世纪的历史中，在不同的历史时期都出现了一些典范人物，这些人物都是基督教的圣徒。在现代社会，则有像简·亚当斯这样的世俗社会典范。

在儒家的观念中，首先，圣人就是在远古时代的历史中存在的人物。其次，新圣人将随着历史的发展而出现。如在孔子之后，孟子即被尊为圣人。具体地说，最典型的圣人典范是尧、舜、禹、汤、周文王、周武王。实际上，这些人物都是古代帝王。但在历代的传说中，这些帝王之所以被尊为圣人，是因为被赋予了多种多样的优秀品格：无与伦比的才能、崇高的品德。圣人由于兼备多种卓越的品格，故时时表现出出类拔萃的风貌，以及在道德行为上几乎是可称为表率的举动，如舜对其坏父亲的孝，大禹公而忘私的“三过家门而不入”，以及商汤那样的献身精神。

据史书记载的传说，在商朝建国不久，亳州连年大旱，滴雨未下，用了各种办法求雨都无济于事。后来巫师卜得一卦，说应当用人来作为祭品，献祭上天之神，老天才能下雨。汤就长叹一声说：“求雨是为造福百姓，怎能让人民牺牲呢?”过了一会儿，他断然地说：“假如定要如此，那就让我来吧!”于是他选了一吉日，到了那天，汤经过沐浴，剪掉头发和指甲，身穿一件白色粗布衣裳，跪在神台前祷告：“天呀，我一人有罪，不要连累万民，万民有罪都在我一人身上，请上天对我这个罪王进行惩罚吧。”接着由巫师搀扶着登上了一个高高的柴堆，参加求雨，百姓跪在柴堆周围望着贤王的身影，一个个泪如泉涌，点火的时候到了，巫师们用火把把柴堆点着了，片刻间浓烟滚滚，把汤王围在焰火之中。说来也巧，正在这时天空电闪雷鸣，大雨倾盆而下。人们在欢呼中把汤从柴堆上扶下来，送回宫中。

类似汤这样的故事可能只是一个传说，但它是圣人观念形成过程中的重要素材。这些远古时代的帝王并非因为他们的地位，而只是因为他们的德行，才使得人们尊崇他们。但当他们的圣人形象形成后，他们的地位也是他们作为圣人的重要因素。在圣人观念的发展过程中，圣人因是道德上的最高典范而成为最高价值的标准，同时也是最高智慧的代表者，或者就是拥有最高智慧的人。“道”是中国哲学的最高概念，或可以被看成宇宙万物的本原，或可以被看成宇宙运行和人类社会的最高规律。道是宇宙人生的普遍法则，而“圣人之于天道也，命也”（《孟子·尽心下》），“圣人也者，道之管也”（《荀子·儒效篇》）。圣人是道的体现，或道的载体，或道的守护者，因而是天下最高智慧者。圣人的智慧和德行使圣人成为是非与价值判断的最高标准。董仲舒说：“圣人之所命，天下以为正。正朝夕者视北辰，正嫌疑者视圣人。”（《春秋繁露·深察名号》）北辰也就是北极星，中国古代天文学根据它的运行来确定时间，制定历法。把圣人比作北极星，也就是将圣人看作辨别是非曲直、判别嫌疑的根本标准，以及人生正确航向的指示者。扬雄说：“人各是其所是，而非其所非，将谁使正之？曰：万物纷错则悬诸天，众言淆乱则折诸圣。或曰：恶睹乎圣而折诸？曰：在则人，亡则书，其统一也。”（《法言·吾子》）圣人活着，人们以世上圣人作为判断是非的标准，如果人们处于没有圣人的时代，那么记载圣人之言的经典则可以作为判断天下是非的标准。由于有圣人作为终极的判断标准，中国古代正统思想里是没有相对主义的。因为圣人是终极的，而且是绝对标准。

圣人的言论以及行为，是一切是非争论以及一切理论思想纷争的终极标准，几千年来的儒学思想家认为，圣人是万世师表，是帝王之师。圣人的微言大义，帝王遵之，足以治国，士大夫遵之，则足以修身，足以做一个堂堂正正的人。

儒家的圣人形象是道德的完美形象。那么，圣人是怎样一类人？他们是和我们普通人一样的人吗？圣人是怎样在道德上达到如此完美的境界的？在对最崇高形象的构想过程中，不仅有对于他们的形象的设想，而且还必然有对他们的本性的考虑：他们是怎样成为圣人的？他们成为圣人对我们有什么启示？儒家经典作者将圣人分为生而知之者和学而能之者两类。如二程、朱熹把尧、舜视为生而知之的圣人，而把商汤和周武王看成学而能之的圣人。但荀子认为，即使尧和禹这样的圣人，也是靠自己后天的努力而成的。他说：“尧禹者，非生而具者也。夫起于变故，成乎修，修之为待尽而后备者也。”（《荀子·荣辱篇》）实际上，被后世尊为万世师表的孔圣人，他自己就明确说过自己不是生而知之者。

把圣人看成后天学而知之或通过自己的修养努力而成的，这样一种观点为普通人成为圣人提供了人性论意义上的依据：普通人与圣人的人性是一个人性，圣人不是神而是人，“圣人亦人也”。北宋邵雍认为，在世界万物的序列中，人是最高序位者；在人之中，圣人为最高序位者：“人也者，物之至者也；圣也者，人之至者也。”（《皇极经世·观物篇四十二》）荀子认为，水火有气而无生命，草木有生而无知觉，禽兽有知觉而无道义，人类则既有气、有生、有知觉且知道义，故最为天下贵。这里的人，无疑包括了圣人。或者说，圣人与常人具有共同的人性或区别于其他万物的特性。圣人与众人同质同性，圣人与众人的区别在于，圣人在人格上比众人完善，是达到了完善道德境界的人。正因为圣人与众人有着共同的人性，因而，王阳明才说“满街都是圣人”，荀子才会认为“涂之人可以为禹”。正因为圣人与常人的人性基础是一样的，同时圣人又是道德完善者，道德完善应当是人或做人所追求的最高理想或理想境界，所以，人们也就没有理由不学做圣人。学做圣人也就是完善自己。如朱熹所说：“圣贤禀性与常人一同。既与常人一同，又安得不以圣贤为己任？”（《朱子语类》卷八）

二、君子理想

“圣人”是儒家理想人格的最高层次，“君子”则处于儒家理想人格的第二层次。儒家理想人格作为一个价值体系，具有多层次的结构。孔子说：“人有五仪，有庸人，有士，有君子，有贤人，有大圣。”（《荀子·哀公篇》）在这里，士、贤人和君子基本上是一个层次，虽然有所区别，只是界说相对有所不同。荀子说：“上为圣人，下为士、君子。”（《荀子·儒效篇》）这里所说的上与下，是儒家所肯定的两种基本人格。不过，君子是有别于圣人的、低于圣人的一个层次。这个差别主要体现在：一是从“内圣”的方面看，圣人与君子的差别在于“智”“仁”两方面的差别。在智的方面，圣人之智远高于君子之智。圣首先有聪明的意思，儒家在使用圣人这一概念时十分强调圣人之智。在儒家看来，君子对于仁道只能努力实践并有所体悟，但对所行之道背后的深刻内涵并不十分了解，所以不能随意变通。圣人则不然。圣人之智无所不知，通达万物，故应变无穷。圣人不仅可以周知自然万物，而且能够体察人性以及人间社会的人伦秩序。在仁的方面，圣人是“人伦之至”“人道之极”，君子则不过是仁者而已。二是从“外王”方面看，儒家不仅把圣人看成才德超群之人，而且看成有位之人，并且在功业的期望上也远超君子。孔子虽然没有位，但后世也把他称为素王。君子的境界是修己，而圣人的境界则是修己以安百姓，或“博施于民而能济众”（《论语·雍也》）。

儒家对于德性人格是一种现实的考虑。在儒家的文献中，君子这个概念可以与士、士大夫、大丈夫、仁者、贤者等概念互换使用。君子并不是一种道德典范，而是一种具有普遍性的道德人格的概括。同时，君子与圣人虽然是两个层次的概念，但并不是截然可分的，而是内在相关的。因此，儒家文献中往往有“圣贤”这样的称谓。在儒家看来，君子人格理想是基本的，对于大众而言具有普遍性，又是达到圣人人格理想的最基本的一个层面。值得指出的是，儒家的学者几乎没有以圣人自许者，但儒家的这种修身养性之说却可以说是“内圣外王”之说。“内圣”的基本功夫是学做君子的功夫，因而儒家的“内圣”概念包含了对君子人格理想的追求。并且，在道德完善的意义上，君子与圣人这对概念，在儒家文献中也是可以互换使用的。如荀子所言的“涂之人可以为禹”，以及王阳明所说的“满街都是圣人”。这里是在普遍性意义上讲人人都有成为圣人的可能性，并不是王阳明看到了满街的圣人。在这种成圣的过程中，君子是一个不可逾越的阶段。虽然对于大众而言，真正成为圣人的可能性是不大的，就如同至善的实现是不大可能的，但这并不意味着我们应当放弃对至善的追求。只有在对至善的追求过程中，我们成为君子才是真正可能的。

“君子”一词可以与“仁者”“贤者”互换使用的情况表明，在儒家思想里，君子这个概念是“道德之称”。换言之，君子这一概念是指称具有一定道德品性的主体（个人）的。当然，我们在认识到这一点之前，还必须有一种历史的认识，即“君子”这一概念如同英语中的 gentleman 一样，最初专指社会上层高位的人，是贵族阶层在位者的称谓；下层庶民纵有道德，也不配称为“君子”，因为他们另有一“小人”的专名。同时，“士”或“士大夫”与“君子”这一概念可以互换使用，首先是因为它们都是指具有一定地位的贵族。君子这一概念，在孔子这个时期，经过长期演化，从身份地位的概念转变为以道德品质为内涵的概念，但还留有某种身份痕迹。如《论语·颜渊》中的“君子之德风，小人之德草，草上之风必偃”。此处的“君子”“小人”是指在位者与下层庶民之分。但又必须指出，正是在孔子这里，完成了这种意义的转化，使得君子这个概念在后来完全成为道德之称。如孔子说：“君子周而不比，小人比而不周。”（《论语·为政》）何晏注曰：忠信为周，阿党为信。可见君子是有德之人，小人是无德之人。孔子又说：“君子喻于义，小人喻于利。”（《论语·里仁》）可见，君子指道德品质高尚之人，小人指道德品质低下的人。

儒家的君子人格理想有着十分丰富的内涵。就其精神内涵而言，君子人格理想的本质内容就是“仁”。孔子说：“君子去仁，恶乎成名？君子无终食之间违仁，造次必于是，颠沛必于是。”（《论语·里仁》）这是说，君子抛弃了仁德，怎样去成就他的名声呢？君子没有一顿饭的工夫离开仁德，就是在仓促匆忙的时候也一定和仁德同在，就是在颠沛流离的时候也一定和仁德同在。孔子曾称赞颜渊，“其心三月不违仁”（《论语·雍也》）。“三”为虚数，表明数多。颜渊为后世称为复圣，是孔子最得意的弟子。孔子的称赞，也表明了孔子对君子的要求。孔子又说：“君子义以为质，礼以行之，孙以出之，信以成之。君子哉！”（《论语·卫灵公》）此处“义以为质，礼以行之”，表明仁与礼在君子的行为实践中绝不能分开。《论语》中虽没有明言“仁”与“义”的关系，但我们大致可把义看作“仁”的发用。所以，比较全面地看，孔子理想中的“君子”，是以内心的“仁”为根本而同时在外在的行为方面又完全合乎“礼”的人（“克己复礼为仁”）。正因为仁是君子之根本，所以在孔子看来，君子就是仁者。因此，当孔子弟子宰我问仁者时，孔子以君子答之。

那么，作为君子的仁者，是一种怎样的人呢？要明白这一点，首先必须理解“仁”这一概念。应当看到，在孔子那里，“仁”这个概念几乎是全德之称。孔子几乎把他所认为的人类的美德和所有的道德品性，都归在“仁”这一概念里。如仁包括忠、勇、智、信、坚毅、朴实等，如孔子说：“刚毅木讷近仁。”（《论语·子路》）不过，从基本精神上看，孔子的“仁”和“仁者”，包括这样几个基本方面，一是“爱人”（《论语·颜渊》）。仁者爱人，爱人也就是泛爱众。以道德感情来关心和爱护人类的一般社会成员。二是“忠恕”（《论语·里仁》）。为人应忠信，忠是指真心诚意，积极为人或尽己为忠；恕，就是宽恕，谅解，不怨恨别人。三是“克己复礼为仁”（《论语·颜渊》）。孔子要人们做到非礼勿视、非礼勿听、非礼勿言、非礼勿动。内心居仁，言行合乎礼，人也就不粗野，不虚浮，“文质彬彬，然后君子”（《论语·雍也》）。换言之，就是做到“温、良、恭、俭、让”（《论语·学而》）。在这个意义上，礼与仁的融合统一，对于君子来说，又似乎并不是仁这一伦理概念的内涵所涵盖得了的。或者说，这种人格理想，它是以仁为内核，以文明化的行为和优雅风度为外表，从而达到一种内在美与外在美的有机统一。

同时，孔子对于君子人格理想还有更高的标准，在他看来，君子能够“惠而不费（因民之利而利之），劳而不怨，欲而不贪，泰而不骄，威而不猛”（《论语·尧曰》）。实际上，这是一种人格气象，从儒家的观点来看，真正做到这一点也就是中庸，一种从容中庸的气象。中庸被孔子看成至德，即德的最高境界。所谓中庸，即无过无不及，恰到好处。如他所说，“乐而不淫，哀而不伤”（《论语·八佾》），以及他的弟子对他的评价，

"温而厉，威而不猛，恭而安"（《论语・述而》），都是中庸。这里所说的中庸，既是一种道德境界，同时也是一种修养功夫，将道德上恰到好处的优雅、善良与美自然地体现在行为之中。以亚里士多德对实践理智的理解来说，也就是其道德智慧达到了这样一种程度，在他所处的境域中，他所做出的道德判断能够使得他既不过度，也无不及。

作为仁者君子的这样的境界，是不是就够了呢？儒家思想认为，完善自己虽是重要的、关键性的一步，但还有同样重要的一步，这就是从内向外推，修身、齐家、治国、平天下。修身是出发点，是起点，治国、平天下是终点，是归宿。在某种逻辑意义上看，修身本身就包括了可治国、平天下的结论，即仁礼内外相通，如果人人的行为都合于礼（制度之礼或规范），也就实现了天下大治之理想。儒家的内圣与外王是内在关联的。就孟子而言，他所强调的是以仁施政，实现历史王道理想，更突出强调了内圣与王道的关联性。除此以外，儒家还有更高一层的政治理想，即孔子所说的"博施于民而能济众"（《论语・雍也》）或"庶之矣""富之""教之"（《论语・子路》）的富民政治以及社会文明化的政治理想。这已经不是君子的理想境界，而几乎是儒家的圣人境界了。在这个意义上，儒家的君子与圣人是内在相通的。

三、修养论

在儒家德性伦理学看来，人人都有成为君子甚至成圣的可能。那么，怎样才能成就自己的人格理想呢？

就做一个君子而言，儒家强调首先在于立志，"先立乎其大"也。成就君子人格理想，不仅可在细微处体现其要求，而且通过向内探求，所达到的是一种宏大的志愿与人格气象。儒家所谓"穷则独善其身，达则兼善天下"，可以很好地概括君子的抱负、处境以及对其人格要求的理解。同时，孟子对大丈夫所界定的三个不能，也很好地说明了这一点："富贵不能淫，贫贱不能移，威武不能屈"（《孟子・滕文公下》）。儒家不仅在人与人的关系中注重自反自省，同时也十分重视君子的人格尊严。如孔子所说"三军可夺帅也，匹夫不可夺志也"（《论语・子罕》），儒家向来就有"士可杀而不可辱"的观念。一个君子，是一个坦坦荡荡、无忧无惧、光明正大、堂堂正正、顶天立地的人。

君子理想也就是修己的理想。怎样才能修己？按照儒家的说法，这实际上是一个学习的问题。我们是学做君子，学做圣人，或学做圣贤。因此，首先要明确的是"学"这个概念的内涵。古人的"学"或"学问"，不仅是指获得和积累知识的手段，而且更主要的是指道德修养。如汉代扬雄所说："学者，所以修性也。视、听、言、貌、思，性所有也，学则正，否则邪。"（《法言・学行》）孔子进行教育，虽然有多方面的内容，但道德是最基本、最主要的内容。"子以四教，文、行、忠、信。"（《论语・述而》）忠与信是道德，那么行呢？孔子说："弟子入则孝，出则弟（悌），谨而信，泛爱众，而亲仁。行有余力，则以学文。"（《论语・学而》）孝悌、谨信、爱众、亲仁，这些"行"其实也是道德。至于"文"，则放在次要地位。孟子把这个问题说得更为清楚。他说："学问之道无他，求其放心而已矣。"（《孟子・告子上》）什么是"求放心"呢？也就是把失去的道德之心找回来。孟子这段话的全文是："仁，人心也；义，人路也。舍其路而弗由，放其心而不知求，哀哉！人有鸡犬放，则知求之，有放心，而不知求。学问之道无他，求其放心而已矣。"学问之道类似于人们把丢失的鸡犬找回来，是把丢失的善良之心找回来。因此，古代的学或学问，并不一定是现代意义上的文化知识的获得和积累，而主要是指日常生活中视、听、言、行、思等方面的人伦道德的践行。因此，中国古代的学或学问，是上自帝王、下至庶民的所有社会成员均能参加的普遍性活动，这种学或学问，也就是成就君子人格的道德实践。这个意义上的学或学问就是《大学》中的“格物”。格物也就是推究道德事物的原理，所谓“格物穷理”，主要是指道德学问，而不是我们现代意义上的科学知识。

接受道德教育，又必须明确“学”的目的之所在。换言之，学做君子，是自己的志愿、自己的为学目标。因此，在这里，就有为己之学和为人之学的问题。孔子曾说：“古之学者为己，今之学者为人。”（《论语·宪问》）孔安国注：“为己，履而行之；为人，徒能言之。”孔颖达疏：“徒能言之，谓己但能称说以求知于人也。”因此，所谓“为己”“为人”，就是指学者把自己之所学加以践行。同时我们看到，荀子的解释，也对我们很有启发。荀子说：“君子之学也，入乎耳，箸乎心，布乎四体，形乎动静，端而言，蝡而动，一可以为法则。小人之学也，入乎耳，出乎口，口耳之间，则四寸耳，曷足以美七尺之躯哉？古之学者为己，今之学者为人。君子之学也以美其身，小人之学也以为禽犊。”（《荀子·劝学篇》）在这里，荀子把接受道德教育后是否能真正做到，看成“君子”与“小人”的分野。而所谓“小人”，也就是道德境界低下的人，因为他所学的仅仅是说说而已，并不准备践行。荀子把这种人看得和禽兽差不多。因此，儒家学说向来把为学动机看得十分重要。明儒陈白沙说：“为学莫先于为己、为人之辨，此是举足第一步。”（《明儒学案·白沙学案》）进行道德学问的学习，首先要明确为学的动机，学了不是说说而已，更不是用以换取功名利禄；学求人知，哗众取宠，或以道德学问为资本去换取外在物质利益，这不但不能成就自己，反而会丧失自己。因此，我们也就可以明白，为什么像伯夷、叔齐这样的人，在历史上毫无作为，但却在思想史上占有重要的位置。换言之，“为学”目的也就在于使自己成就君子人格理想，这也就是陆象山所说的“先立乎其大”。

学做君子，或学为圣贤，其逻辑前提在于君子人格理想是可以通过学问或者道德修养实践来达到的。人本身是可以改变的，人的道德是可以通过自身的努力而提升的。为什么？这是儒学人性论所阐明的。儒学人性论是儒学的道德形上学，这一道德形上学的建构，是要解决人在道德上之可能的形上基础问题。在先秦时期，有两种成熟的人性理论，一是孟子的性善论，二是荀子的性恶论。孟子的性善论认为，人人有着与生俱来的善端，孟子说：“恻隐之心，人皆有之；羞恶之心，人皆有之；恭敬之心，人皆有之；是非之心，人皆有之。恻隐之心，仁也；羞恶之心，义也；恭敬之心，礼也；是非之心，智也。仁义礼智，非由外铄我也，我固有之也，弗思耳矣。”（《孟子·告子上》）他又认为，这种四心形式上作为与生俱来的仁义礼智的道德品性，仅是道德的“端点”，本身是不完备的，仅仅是一种萌芽而已，但是一种可以为善的内在因素。或者说，是一种实在的可能性，要使这种可能性转化为现实性，还有待于后天的努力。这就是孟子所说的“扩而充之”的功夫。他说：“凡有四端于我者，知皆扩而充之矣，若火之始然，泉之始达。苟能充之，足以保四海；苟不充之，不足以事父母。”（《孟子·公孙丑上》）孟子既肯定了人人具有成为君子、成为圣贤的内在依据，同时也强调了人的后天努力的必要性。因此，孟子性善论以天赋性的善端论回答了人们能够成为道德君子的内在依据，但同时也回答了人们虽然有同样的善端，却不可能都是同样善良的人的现实问题。

荀子与孟子相反，主张性恶论。所谓性恶论，就是以人的自然属性立论。在荀子看来，人的自然属性中，天然生成、自然具备、不学而能的东西，就是人的本性。所谓“生而好利”“生而疾恶”“耳目之欲”“好声色”等，就是人的本性。他说：“今人之性，饥而欲饱，寒而欲暖，劳而欲休，此人之情性也。”（《荀子·性恶篇》）他认为：“好荣恶辱，好利恶害，是君子小人之所同也。”（《荀子·荣辱篇》）荀子认为，正因为人性本恶，所以更有必要强调道德的重要性。他假设如果对于恶的人性不加限制，就没有合理的社会生活秩序。他说：“今人之性，生而有好利焉，顺是，故争夺生而辞让亡焉；生而有疾恶焉，顺是，故残贼生而忠信亡焉；生而有耳目之欲，有好声色焉，顺是，故淫乱生而礼义文理亡焉。”（《荀子·性恶篇》）如果顺从或放纵人的恶的自然本性，人类社会生活就会失去正常的秩序，礼仪文明都会丧失殆尽。因此，荀子更强调人的后天努力的重要性，认为必须“化性起伪”，即以人为的努力改变人的内在品性。在这里，也包含了这样一个前提，即荀子虽然认为人性本恶，但认为人的本性并不是不可改变的。更重要的是，他在这样一个肯定自然本性为恶的人性论假设之外，还提出了另一个涉及人性的观点，即他认为，人的思维判断能力能够告诉人们什么是好，什么是坏，使人们的行为合乎德性。也就是说，人的思虑的作用使人有成为君子甚至成为圣人的可能。他说：“性之好、恶、喜、怒、哀、乐谓之情。情然而心为之择谓之虑。心虑而能为之动谓之伪。虑积焉、能习焉而后成谓之伪。正利而为谓之事。正义而为谓之行。所以知之在人者谓之知，知有所合谓之智。”（《荀子·正名篇》）虽然人性本恶，但对于性中的好、恶、喜、怒、哀、乐等情欲，人们的心会进行思虑和选择。这种“心虑”的活动和认识事物的能力（知），能够促使人们按照正当的利益去作为（正利而为），为正义而行动（正义而行）。这样的行为就是符合“礼义”的德行。荀子进一步认定，这种知道德善恶的能力，是任何一个普通人都具有的“才质”，他说：“然则仁义法正有可知可能之理，然而涂之人也，皆有可以知仁义法正之质，皆有可以能仁义法正之具；然则其可以为禹明矣。”（《荀子·性恶篇》）荀子的性恶论从人的自然属性立论，把自然属性看作天性。[①] 他认为自然属性与后天的道德是不可同日而语的，人们不可能从自然本性中直接生长出道德，但由于人的理性判断（可知善恶）的作用，人可以选择善恶。在这个基础上，才有化性起伪的可能，从而强调后天化性功夫的重要性。

无论是性恶论还是性善论，都力图指出人成为君子的内在依据。不过，从逻辑上看，从性恶到道德完善的逻辑是不通的。但它作为一种人性假设，提出了人们必须面对的自然属性的问题：既然自然属性是人的本然属性，且与道德性相冲突，那我们应当怎样对待它？因此，在性恶论标出自然属性之恶后，像性善论那样对自然属性之恶完全视而不见就不可能了。性恶论不可能从哲学形上学意义上回答人之成善的可能，但性善论

---

① 实际上，荀子对于自然属性的论述有不确定性的因素。有时候，他认为人的自然属性为恶；有时候，他则认为如果人们自我放纵或顺从自然属性而不自我抑制，则为恶。

回避自然属性的问题也使它的内在缺陷彰显出来。并且，性善论与性恶论的直接对立，使人们清楚地看到两者的矛盾性质。历史地看，从两汉直到唐代，人们都在力图调和性善性恶二论的内在对立，直到宋代的张载提出性二元论，即把孟子的性善界说为“天地之性”，而把荀子的性恶界说为“气质之性”，才算得到了解决。张载认为，天地之性人人都一样，但气质之性却有清浊不同。张载认为，人的善的道德品质来源于天地之性，而那些欲望与恶的行为是由气质之性造成的，只有刻苦修养，变化气质，返回天地之性，才能由恶变善，使内在的善性真正得到充分体现，这叫作“尽性”，或者说回归天地之性。他说：“性于人无不善，系其善反不善反而已。”“形而后有气质之性，善反之则天地之性存焉。”（《正蒙·诚明》）因此，“为学大益，在自能变化气质”（《经学理窟·义理》）。气质变化，返回天地之性，也就是成就理想人格，成为一个君子，或志气宏大，成就圣人理想。其中最重要的一条就是：向自己的内心追求，即改变自己的主观道德世界。变化气质一说，则可以解释自孔子以来的有关向内追求的思想，并使后来的思想家有了更为哲学化的依据。

那么，怎样才能变化气质，以什么方法才能达到君子理想？这也就是修养方法的问题。应当看到，中国历代的思想家对此有着十分丰富的论述。孔子说：“君子求诸己，小人求诸人。”（《论语·卫灵公》）他认为：“有能一日用其力于仁矣乎？我未见力不足者。”（《论语·里仁》）孟子继承了孔子的自察反省的方法，他说：“爱人不亲，反其仁；治人不治，反其智；礼人不答，反其敬。行有不得者皆反求诸己。”（《孟子·离娄上》）向内追求、变化气质，也就是反求诸己。孟子形象地指出了这一点，他说：“有人于此，其待我以横逆，则君子必自反也：我必不仁也，必无礼也，此物奚宜至哉？其自反而仁矣，自反而有礼矣；其横逆由是也，君子必自反也：我必不忠。”（《孟子·离娄下》）别人待自己不好，不是要去责备别人，而是要多检查自己，使自己的道德水平提高，从而改善与他人的关系。他又以射箭来说明这个道理，他说：“仁者如射，射者正己而后发。发而不中，不怨胜己者，反求诸己而已矣。”（《孟子·公孙丑上》）善与恶的问题实际上是一个与他人关系的问题，维特根斯坦也指出，如果只有一个人遵守规范，那是一件不可能的事情。只有涉及他人也同意或可遵守的规范问题，或利益冲突问题，才有善恶问题。中国儒家在这个基本的道德冲突问题上的基本态度，或在人与人争执问题上的基本态度，是问自己的不是，而不是问他人的不是，这不仅是用意的高明，而且是对人的真正信赖，体现了儒家性善论的内在精神。或者我们可以把它看作一种儒家式的人道主义精神。

反求诸己的方法之一在于克己。孔子曾说：“克己复礼为仁。”也就是说，自己要制约自己，使自己的行为合乎礼才可称得上仁。张载认为，克己，就是不贪私利，“克己要当以理义战退私己，盖理乃天德，克己者必有刚强壮健之德乃胜己”（《横渠易说·下经》）。在张载看来，善须常积，己须常克，这样才能不断化解气质之性。宋代的二程（程颢、程颐）和朱熹，也强调克己的重要性。二程说：“克己则私心去，自然能复礼。”（《二程遗书》卷二上）克己既要解决行动前的私心，也要解决行动中发生的私心。同时，人在践行的过程中，免不了会发生过失。“行之失，莫甚于恶，则亦改之而已矣。事之失，莫甚于乱，则亦治之而已矣。苟非自暴自弃者，孰不可与为君子？”（《二程遗书》卷四）只要改过从善，不自暴自弃，还是可以成为君子的。

对待自己的行为过失的问题，又不仅仅是一个克己的问题，更是一个反省的问题。因此，反求诸己更在于自我反省，或省察自己。孔子说："见贤思齐焉，见不贤而内自省也。"（《论语·里仁》）孔子的弟子曾参也说："吾日三省吾身：为人谋而不忠乎？与朋友交而不信乎？传不习乎？"（《论语·学而》）孔子也曾说，对于自己的过失，应当严格地自责。他说："吾未见能见其过而内自讼者也。"（《论语·公冶长》）孔子希望人们能够做到有过而自讼，即自己有了错误，能够自己考问自己。孔子认为："躬自厚而薄责于人，则远怨矣。"（《论语·卫灵公》）多责备自己，少责备别人，怨恨自然不会来。朱熹也十分强调人的自我省察。他认为："学者工夫，只求一个是……凡事皆用审个是非，择其是而行之。"（《朱子语类》卷十三）朱熹要求人们对诸事"无时不省察"（《朱子语类》卷六十二），因为一事之微，不加精察之功，"则陷于恶而不自知"（《朱子语类》卷一百一十七）。尤其要省察各科过失：一为"犯义之过"，包括酗博斗讼、行止逾违、行不恭逊、言不忠信、造言诬陷、营私太甚六个方面；二为犯约之过，包括德业不相劝、过失不相规、礼俗不相成、患难不相恤四个方面；三为不修之过，包括交非其人、游戏怠惰、动作无仪、临事不恪、用度不节五个方面。对于这些过失，必须"各自省察，互相规戒，小则密规之，大则公戒之"，以实现"言忠信，行笃敬，惩忿窒欲，迁善改过"（《朱文公文集》卷七十四）。陆象山也认为，自己的学问不是来自他处，"不过切己自反，改过迁善"（《象山先生全集》卷三十四《语录》上）。

同时，儒家学者也认识到，自我修养是一个长期的、艰难的过程，绝不是可以一蹴而就的。孔子曾说过："吾十有五而志于学，三十而立，四十而不惑，五十而知天命，六十而耳顺，七十而从心所欲，不逾矩。"（《论语·为政》）孔子从自身体会中得知，要成为一个有道德的人，要经过漫长的自我修养过程。宋明道学倡天命气质之分，认为为学在于变化气质，但宋明儒者也认识到，"气质极难变，十分用力，犹有变不尽者，然亦不可以为难变而遂中解于用力也"（薛瑄：《读书录》卷六）。要成就君子人格理想，需要一个长期的用力修养的过程。

总之，儒家思想强调个人的自我修养，强调人们要朝内层层打开、层层内推，以达到自我人格的完善。我们所说的为学目的、为学方法、克己与自省，等等，正是《大学》中的这段回文："欲修其身者，先正其心，欲正其心者，先诚其意，欲诚其意者，先致其知，致知在格物。物格而后知至，知至而后意诚，意诚而后心正，心正而后身修。"还需要指出的是，儒家并不是没有看到客观环境的作用，如孟子就指出了环境的磨炼有着不可低估的意义。他说："天将降大任于是人也，必先苦其心志，劳其筋骨，饿其体肤，空乏其身，行拂乱其所为，所以动心忍性，曾益其所不能。"（《孟子·告子下》）但应当看到，就儒家思想的总体而言，儒家更强调人的内向性追求，强调人有向内层层打开、深入建构一种道德本体的必要性。这是因为，儒家的心性理论认为，人心是善的本源，尽其心则可知性，知性则可知天。所谓尽心，也就是将你的内在善良本心扩充开来，培育起来，达到内在本性可容的程度，这样就可以认知你的内在善的本性。这种善的本性与外在的天道是一个东西，在这个意义上，通过认知你的天性，也就可以知天道了。因此，朝内探求的过程达到一定程度，实际上也就自然转向一种外在探求，朝外打开。因此，朝内打开与朝外打开并不是分成两截的。但人只有朝内探求，才可以达到对天道的了悟。这种形上的天道蕴含于人的本性之中，通过你的道德实践或者生命体悟，你就可以内外打通，而与浩瀚宇宙融为一体。也就是说，成就君子理想不仅是一个社会实践问题，同时也是一个向内心探求的过程。君子是与天地万物为一体的人，使自己内在的善端得到充分扩充的人。

第二节　德性论

个体修养成为君子，所依据的是什么？回答是：德性。儒家不仅有着丰富的修养论，而且有着十分丰富的德性论。

在儒家看来，圣人是道德的最高典范，但君子则是最基本的做人层次。做君子是儒家在道德上的最基本要求和目标。在一定意义上，儒家的德性论可以说是君子德性论。通过对君子德性的讨论，可知是些什么德性成就了君子。如果没有这些最基本的德性，那么就没有君子的品格。当代西方德性伦理学也认为，德性是有德者的内在品质，行为者是从其内在品质出发来做道德的事。那么，君子有些怎样的德性或品德呢？这些德性或品德又有些怎样的规定性呢？

一、德性的内在基础

类似于亚里士多德从灵魂的进路来讨论德性，中国儒家则发明了一个心性说。心性说是儒家德性伦理的内在形上基础。中国儒家在从先秦到宋明的发展过程中，提出了一个十分丰富的心性学说，并且，在这一发展过程中，心性学说的内涵也有了相当大的变化，如宋代张载的气质之性的提出，以及朱熹的理的概念。不过，在阐明德性的形上基础意义上，所需要讨论的是先秦的心性论，尤其是孟子的心性观。

在儒家哲学中，孔子就已经提出了心、性概念，如他所说："回也，其心三月不违仁。"（《论语·雍也》）"性相近也，习相远也。"（《论语·阳货》）"心"指的是人的主体意识，或人的内在德性状态。它与仁德可以相合也可以相离。孔子认为能像颜回那样做到长达三个月的时间内都体现出仁德是很不容易的。"性"指的是人的本性，从孔子所说的这样两层意思看，这个本性无疑是指人之初的那个本性，它没有受到后天的社会习染，因此在个体之间并不存在明显的差别。但在孔子这里，心、性并不成为一对相对应的精神范畴，也没有统一起来使用。孟子对于心性范畴进行了自觉的探讨，开了中国心性哲学之源。

孟子对于中国心性哲学的开创之功，最主要的是他提出了一个尽心知性而知天的模式，他说："尽其心者，知其性也，知其性，则知天矣。"（《孟子·尽心上》）这是一个认知模式，在这个模式中，心、性、天相互诠释。但很有意思的是，对于心而言，孟子的看法不是去认知，而是"尽"。何为"尽"？我们常说尽心尽力，这个"尽"也就是孟子所说的"尽"。"尽"即把自己内在的心发挥到极致，或者说，尽自己的最大努力来把心的要求体现出来。这是第一步。孟子的这个尽心说，从认识论上，类似于柏拉图的

"知识回忆说"。在柏拉图看来，人们对于善的知识或德性的知识，并不是通过学习从外面获得的，而是自己的内在灵魂所具有的，一切普遍性的善都存在于人的精神之内，都要从人本身中发展出来。在孟子看来，尽其心者则可知自己的本性，这是第二步。在这个意义上，自己的内在本心即是自己的本性，或者做到自己的本心所要求的事。在这个尽心过程中，实际上我们也就在认知，即从中认识到我们自己的本性。这三步，即知性则知天。知性而知天，在于悟出自己的本性即是天道，或通过知性而知晓天理。通过具体分析可知，认识孟子的这个模式最重要的是要理解他对"心"的限定。因为很明显，他是以"心"来界定"性"，而"性"作为一个悟天道的中介，又处在一个很关键的位置。

与孔子把心看作主体意识或内在德性状态有所不同，孟子赋予"心"这一概念道德本体的内涵。在他看来，人先天具有道德的本性，这个本性不是别的，就是所谓的"四心"：恻隐之心、羞恶之心、辞让之心、是非之心。前面已指出，孟子性善论即是修养论的前提，同时又是成就君子德性的依据。他认为，这四心是人与生俱来的，因此又称为"本心"。在他看来，善是人的本性，因此，他的本心与性是同一范畴。这也正是他所说的："君子所性，仁义礼智根于心。"（《孟子·尽心上》）在孟子的思想中，"心"的概念还有主体意识的内涵。他说："心之官则思，思则得之，不思则不得也。此天之所与我者。"（《孟子·告子上》）孟子认为，心具有思维功能，只有在思的活动中，人们才能获得认知，而如果放弃思考，在思想上则不会有什么收获。但我们不要认为，孟子这里的"思"，并非完全是在我们现代的认识论意义上讲的，思也是一种对本心的自觉。本心虽存，但它也可能像牛山之木，如果长期得不到照料，时时被践踏，就有可能泯灭。当然，在孟子看来，即使是再十恶不赦的人，他的本心仍存。孟子所用的孺子将入于井的故事就是说明这一点的。孟子认为，在这样使人不忍的情境中，人的内在本心会自发显现。

孟子把四心看成人的本性，但四心在人之初时只是四端而已。说"四心"是"四端"，实际上是指恻隐之心、羞恶之心、辞让之心、是非之心，在人的天性中是那样微乎其微，仅是一种成善的可能性，仅是一种萌芽而已。君子的德性根植于人的内心深处，或是与生俱来的。同时，孟子认为，虽然这四心在人的生命构成中是这样微乎其微，但却是人与禽兽相区别的根本标志。他说："人之所以异于禽兽者几希，庶民去之，君子存之。"（《孟子·离娄下》）这是说，人与禽兽相区别者，就是那么一点点。他认为，不能仅从那种量的大小来看待它对于事物本性的作用，它尽管是那么稀少，但却是人的本性的决定性因素。他认为，这四端虽稀少，但却是人的"大体"，人的血肉身躯，则是人的"小体"。他说："体有贵贱，有小大。无以小害大，无以贱害贵。养其小者为小人，养其大者为大人。"（《孟子·告子上》）这里孟子的思想很清楚，他把人与禽兽相区别的关键性因素，看成人的精神品性或者说道德上的善。他把这看成人类的本质特征，把人的精神生命看成人性的唯一标志。

孟子虽然把这种人的道德精神生命看成与生俱来的，但他认为，要使萌芽性的四端发育成长，将这种善的可能性转化为现实性，还有待于人后天将其扩而充之。君子的仁德虽然有着人的生命本体的存在论根据，但还需要君子后天的努力。他说："凡有四端于我者，知皆扩而充之矣，若火之始然，泉之始达。苟能充之，足以保四海；苟不充之，不足以事父母。”（《孟子·公孙丑上》）因此，孟子的四心说实际上并非强调它的本源性，而是强调后天自觉的重要性。他认为，在人的生命初期，它仅是萌芽或开端而已。这种开端式的四心需要人自身向内求之，扩而充之。孟子以牛山从茂盛到衰弱的景象来说明这一点，他认为，由于人们并不珍惜牛山的生机盎然，牛山最后也就只能衰败了。这就是他为什么担心，四心作为人的本心，是人人心中都有的，但人们却有可能处处做出违反本心的事来。孟子还引孔子所说来证明这一点，他说：“孔子曰：‘操则存，舍则亡，出入无时，莫知其乡。’惟心之谓与!”（《孟子·告子上》）孟子引孔子之言来说明，“心”对于行为个体而言有着极大的不确定性，它在不同的行为个体那里，由于个体自身的原因而具有不同的表现状态。孟子认为，对心而言，这个“操”，不仅在于在实践中的“持续”，而且尤其在于“思”，即思则得之，不思则不得也。以孟子的话来说，就是“求放心”。所谓“求放心”，就是把在浊世中失落的这颗本心或良心找回来，并扩充之。当然，我们在前面论述到，孟子以孺子将入于井的故事说明，在不忍的境地人人都有可能发明自己的本心，但那种把人逼到这样的处境，从而使得我们可以直视自己的本心的时候并不是时时都有。因此，要使自己的本心显现，还得靠心之思的作用，要靠自己“求放心”的主动性。

实际上，孟子把“求放心”置于十分重要的地位。他认为：“学问之道无他，求其放心而已矣。”（《孟子·告子上》）他认为，为己之学的学问以及道德实践功夫都在于这个“求放心”。在孟子看来，人们时时都面临着在世间丢失自己的本心的可能，而在世间丢失的本心，向外是求不到的，只有向内求之。换言之，一个人要使自己的本心持续处于明觉状态，就要时时守护着自己的本心。这就是他所说的“养心”。在他看来，“养心莫善于寡欲”（《孟子·尽心下》）。所谓“寡欲”，即在物欲面前不动心，从而保存并扩充自己的善性。这种向内体验、扩充的功夫，就是尽心知性、存心养性的功夫。

但我们又要看到，孟子并不否认外在的行为实践对于人的道德心性的培育作用。实际上，向内体验，拒绝外在物欲的诱惑，本身也是一种实践功夫。在孟子的哲学中，从实践层面上看，他是十分重视修身问题的。他说：“尊德乐义，则可以嚣嚣矣。故士穷不失义，达不离道。穷不失义，故士得已焉。达不离道，故民不失望焉。古之人，得志，泽加于民；不得志，修身见于世。穷则独善其身，达则兼善天下。”（《孟子·尽心上》）在这里，孟子说得很清楚，得志也好，不得志也好，都应把自我的道德修养放在首位。以伽达默尔的语言来说，教化或自我教化是一个终生性的问题。孟子则更强调了自我精神生命的这种独立品格，认为自己的处境再恶劣，也绝不能与恶人同流合污，而应坚持自己的道德人格，修身见世，独善其身。孟子的这个思想表达了教化所达到的人性的本质特征。孟子讲的修身或德性培育的实践，还有着如何看待逆境的问题。在他看来，逆境本身恰是使人成就自我的心性的外在条件。他说：“故天将降大任于是人也，必先苦其心志，劳其筋骨，饿其体肤，空乏其身，行拂乱其所为，所以动心忍性，曾益其所不能。人恒过，然后能改；困于心，衡于虑，而后作；征于色，发于声，而后喻。入则无法家拂士，出则无敌国外患者，国恒亡。然后知生于忧患而死于安乐也。”（《孟子·告子下》）孟子的这番话是十分发人深省的。孟子强调逆境对于人性的正面作用，反对搞闭门思过式的修养，主张在各种艰险困苦的条件下、各种思想影响的条件下磨炼自己。在他看来，成就德性并非仅是一个文化熏染的问题，它涉及人的成长的环境，包括外在条件是否艰难或过于优越。因此，心性问题对于某一个人而言，既是超越的又是具体的、处境性的。善端的提出只是回答了人类的普遍性的本性问题，人的类本质的问题；自我的道德品性或教养问题则需要发挥自我的能动性，在反求诸己、独善其身以及苦其心志的过程达到自我实现。但这是一个开放的、永远不会完结的过程，这是一个社会教养与自我教养的双向互动过程。在这一过程中，个人的精神生命得到不断的充实与发展。当然，也可能走向反面，即在面对外在物欲的世界时，自己失落的心已无从找回。

孟子说："君子所以异于人者，以其存心也。"（《孟子·离娄下》）存心也就是保存自己那颗具有道德意义的心，从而做一个真君子。孟子的心性观回答了人们成为君子的内在依据问题，同时又强调了成为君子是一个后天努力的过程问题。从德性论的意义上看，这一心性论首先在于回答了人们具有德性的内在依据，其次则是回答了人们德性的保持以及扩充都必须要有后天的努力与修养。自然给了人们德性的禀赋，后天的努力与修养才使人们真正拥有了德性。因此，如果说，德性要有一个本体，那么可以说，本体也是一个过程，一个自为的过程。

二、德性的外在客观依据

麦金太尔提出了一个德性行为的统一性问题，即德性行为只有把它放在一定的行为背景或背景关联中，我们才可知这样一个行为的好坏、善恶，仅仅从一个孤立的行为无从发现这个行为本身的道德特性。麦金太尔认为，在传统社会中，人们总是处于某种确定的社会地位，传统社会的结构以及个人的相应地位决定了行为者的责任或使命，以及相应的德性。中国儒家伦理思想在这一方面有着十分丰富的内涵。在儒家思想家看来，每个人都是处于确定社会中的个体，每个人在这个社会关系的网络中都有着确定地位。每个人都是自我与社会关系的中心点，但这个中心点仅仅依据自我是不能确定的，而必须把自己放在这一关系之中，通过这一关系而得到确定。关系自我的确定是确认自我的责任或使命以及相应德性的最为重要的环节。儒家"君臣、父子、兄弟、夫妇、朋友"的五伦概念，是对中国传统社会的基本的、重要的社会关系的概括。一个有德性的行为者，无论你把他称为君子、士大夫、贤人还是善者，都应当依据自身所处的身份、地位以及相应的德性要求来行动。

"君君、臣臣、父父、子子"是孔子在谈到"正名"问题时提出的。孔子说："觚不觚，觚哉！觚哉！"（《论语·雍也》）这里是说，孔子可能见到了一个被称为觚而不像觚的东西，因此，很有感慨地说，这是觚吗？这是觚吗？觚是古代的一种酒器，具有一定的形状，腹、足皆有四个棱角。孔子发此感慨可能是联想到当时社会上的许多名实不符的现象。《论语》又载："齐景公问政于孔子。孔子对曰：君君、臣臣、父父、子子。公曰：善哉！信如君不君、臣不臣、父不父、子不子，虽有粟，吾得而食诸？"（《论语·颜渊》）这里所谓的"正名"，也就是弄清你的名分，这个名分不是别的，只是你的伦理的名分，即在什么样的职位，你就应当清楚你的职责与义务。所谓"君不君、臣不臣"，也就是做事不知道自己的名分地位，而没有做自己应该做的事，或做了在相应的名分上不应该做的事。如孔子所批评的“八佾舞于庭”之事。“父不父、子不子”指的是处于父子关系中的双方，没有遵守相应的责任与义务要求。在这个意义上，“正名”也就是正名分，以名责实，强调个人在相应的地位以及相应的人际关系中所应承担的伦理责任与义务。作为处于一定人际关系中的个人，你只有履行好了你所承担的责任与义务，才可算是一个符合相应名分的个人。

名分的观念又为礼的观念所包含。早在西周时期，其社会的政治生活与日常生活，如祭祀、朝聘、军事、婚、丧等，都是在严格的、合乎身份的礼节仪式中进行的。这些仪式本身，所体现的是君臣、父子、兄弟、夫妇等关系的上下尊卑差别以及合乎这种差别的秩序。如周礼规定祭祀祖先所用的乐舞，天子用八佾，即乐舞的行列为八行八列，共六十四人，诸侯用六佾，大夫用四佾，士为最下层的贵族，用二佾。如果所用礼乐与本人的等级名分不符，就要受到谴责与处罚。礼的规定所反映的差别，不仅是社会地位的特性，更重要的是一种社会秩序的特性。这种社会秩序不仅是政治秩序，而且是伦理秩序。因而，礼本身蕴含着丰富的伦理内涵。所以，礼的规定也就是伦理的规定。《左传·昭公二十六年》载：“礼之可以为国也久矣，与天地并。君令臣共、父慈子孝、兄爱弟敬、夫和妻柔、姑慈妇听，礼也。君令而不违，臣共而不贰，父慈而教，子孝而箴，兄爱而友，弟敬而顺，夫和而义，妻柔而正，姑慈而从，妇听而婉，礼之善物也。”分别上下尊卑等次之礼，以及相应的伦理规范，本身就是伦理关系的体现。而对礼的履行，所展现的就是社会伦理秩序。

五伦概念高度概括了中国传统社会的基本关系以及这些关系的基本伦理规定。这五伦的基本规定是：“父子有亲，君臣有义，夫妇有别，长幼有序，朋友有信。”（《孟子·滕文公上》）在孟子看来，这五伦即为人伦，而人伦也就是人道，是人之区别于禽兽的本质规定。换言之，只有尽到了做人应有的五伦，才是尽到了做人的本分，而尽到了做人的本分，也就是使人能够真正配享人或君子之称。所以，《中庸》称五伦为“天下之达道”。孟子说，人与禽兽之区别者几希，这“几希”者，也就是人的道德。孟子的人的标准，也就是一般而言的君子的标准；要求君子做到的，也就是作为人要做到的。

五伦关系是把人的社会关系集中概括为这样五个方面，这五个方面典型地代表了个人所处的社会关系的各个方面。作为政治人，每个人不得不面对君臣关系；作为家庭成员，每个人不得不面对家庭中的三伦关系；同时，作为有着私人关系的个人，每个人不可能没有朋友。在传统社会，可以说这是一个具有代表性而又全面的概括。五伦关系对于每个人都有具体的德性要求和规定，这些要求和规定就是对作为自我的个人的行为要求。作为人的关系中的自我，只是社会关系网络中的一个点，一个可以自我选择的点。在这个点之外，则是一层层的人际与社会关系，联系孟子的“尽心说”，尽心、知性、知天，也就是要人们朝内朝外打开，而最后一层次，则是天地宇宙。人们可以通过内在本性的扩充、道德的提升，达到内外融通的境地，达到物我合一、天人合一或人与万物合一。在德性论的意义上，当人们内外打通，也就成就了一个德性的自我。

从五伦关系意义上，一个没有社会关系的自我并不是一个真正的自我，人的德性实现是在社会关系中做到相应德性要求的自我实现。但这并没有排除自我主观努力的必要性。儒家强调仁义礼智根植于心，道德在人的本心层面，最初不过只是一些开端或苗头而已，一个人在成长过程中，还要抵御外界的侵蚀和诱惑，因此没有个人的主观努力，不断提升自我修养，就不可能成就一个有德性的自我。

三、仁与礼

儒家伦理学对于什么是德性规则或德性规范，有着十分丰富的讨论。在儒家众多的德性规则或规范中，最为重要的有两个，这就是仁与礼。

儒家提倡的诸多德性可分为内在德性与外在规范两大类。内在德性由仁这一概念来概括。所谓“外在规范”，即外在于人的内心的社会规范，以礼这一概念概括之。“礼”又可被看成最广义的制度规范，即一切风俗、习惯、祭祀以及典章制度规范都可被看成礼的规定。五伦规范可以被看成典型的政治制度、家庭关系以及社会习惯性的规定。仁或仁爱是最重要的德性，在一定的意义上，可以说是儒家德性伦理的核心德性。换言之，儒家的德性伦理是以仁或仁爱为核心的。仁是对人的内在德性的概括。礼是儒家伦理从外在习惯、制度以及人际关系层面对行为者做出的外在规定。因此，仁与礼是儒家德性伦理的两个最基本的德性概念。

儒家伦理作为一个德性规范的整体，有着内在统一性的整体。这个统一性集中体现在孟子的“尽心、知性、知天”的模式中。这一模式所体现的，首先是人有着践行礼的内在本性（仁）。心即为仁心。儒家心目中的人，是以体认、实践“仁”德为人生旨趣的。仁的实现，在于主体修养的升华，然后推己及人，与历史和社会秩序合一。与历史和社会秩序合一，就必然以承认和接受社会秩序规范（礼）为前提。因此，儒家的仁礼关系代表着这样两个层面的内容：仁作为仁心而言，指的是道德个体或个体道德的内在性，是个体成人成圣的内在依据；“礼”，不仅仅是指五伦规范，在儒家思想中，礼的典范是以夏、商、周三代为代表的，体现的是儒家伦理哲学的理想的历史王道，也是现实世界本身的理想政治秩序。

儒家的仁与礼的关系是一个双向互构的过程。就儒家哲学而言，三代之礼所体现的是历史王道，是先圣先王们所践行的理想规范和制度，也是个体人格的社会内涵。个体的道德修养的目的，就在于言行所欲从之于礼。孔子说：“克己复礼为仁。”（《论语·颜渊》）人能克制自己，去除自己不合乎礼的欲望和言行，使自己的言行合乎礼的规定，就能成就自主完善的道德人格——君子或仁为核心的人格，即仁者。而仁者首先是成为历史王道的承担者、传承者。孔子作《春秋》的一个深刻的精神动因，就是传承古之王道，“王道衰而春秋续，春秋者以续王道之绝也”。仁者是一历史的汇集点，传统本身又通过仁者流向未来。因而，道德个体对历史责任的担当，并不是一味向后看，虽然儒学的开创者孔子有保守的一面。这种历史担当，是把先王业绩看作业已存在的社会蓝图，来观照现实、积极入世。在这里，礼与仁打成一片，三代之礼既是历史王道，又有现实的普遍性。

就社会层面的意义而言，礼、仁内在联结的关键在于“孝悌”。仁以孝悌为本。孔子说：“君子务本，本立而道生。孝弟也者，其为仁之本与。”（《论语·学而》）“孝”是血缘家族中长辈对晚辈的道德要求，“悌”则为同辈兄弟之间的道德要求。血缘宗法制度是早期中国古代社会的基本制度，也是几千年来传统社会的基本制度，宗法制度的基本道德要求就是孝悌（礼）。仁以孝悌为本，也就意味着对仁的要求就是做到礼的基本规定。因而，孝悌从纵横两个方面把仁与以血缘关系为核心的宗法等级制度，以及以宗法制度为基础的社会政治制度联系起来。

仁礼关系，在一定意义上，又是社会的群己关系。礼法制度，是人类社会群体生活的准则和规定，而仁，则是立足于个体，从个体层面提出的对个体的行为要求和德性要求。礼为外在王道，仁为内圣准则。儒家伦理学不仅强调仁要合乎礼，而且强调仁向礼的合理转化。也就是说，儒家强调先内圣后外王，即从己身的修养上下功夫，内圣才能行王道，而行王道，也就是把自身与社会群体同一，与社会秩序同一，礼治天下，即修身、齐家、治国、平天下。以礼规定仁，给仁这个概念一个确定的社会含义，同时，又以仁为出发点，最终达成礼。另外，仁又规定礼。外在的礼乐规范，如果没有内在的道德人格的维持，也就形同虚设。孔子说："人而不仁，如礼何？人而不仁，如乐何？"（《论语·八佾》）人若没有道德人格的内在自我，外在礼乐规范又有什么意义呢？礼乐规范不在于形式，不在于器物，而在于礼乐规范承担的社会主体——仁者。在仁礼关系中，就个体而言，孔子强调有仁才有礼，仁不可放弃、不可违背，虽是历史王道体现的三代之礼，因历史条件的变化也是可以有条件损益的，孔子提倡的最高境界是从心而非从礼，君子须臾不可违的是仁而不是礼。外在的社会历史规范的价值要由道德人格的主体来承担，个体道德人格是社会历史规范的价值见证。由此可见，在儒家的德性伦理学中，仁与礼是相辅相成的，践行礼以培养仁德，而仁德在礼中呈现。仁礼打成一片，就是道德仁心与社会世界融为一体。

礼概念是外在规范的总和，仁这一概念是人的内在德性的总括。从德性的意义上，仁对于德性伦理学来说更为重要。这有必要进行更多一些的讨论。

第一，从儒家的理想人格君子的角度看，儒家以仁来界定君子，仁者即君子。我们已述，仁作为德性概念，具有最大的涵盖性，在儒家看来，拥有仁，即拥有德性之全部，或主要的德性，因此，作为一个君子，做到仁了，也就是做到了一个君子所应当做的。

第二，最根本的在于孔子以"爱人"来界定仁。《论语》载："樊迟问仁，子曰：爱人。"（《论语·颜渊》）"爱人"显然是一个抽象的概念，是一个一般性的规定。孔子这里所指的人，应当是泛指一切人。或者说，道德要求我们所做的一切，都可以或必须以爱人的精神来做，以孔子的意思来说，那些体现礼的规定的要求，必须要有仁爱之心才有可能做好，那些没有仁爱之心的人，虽然表面上做到了礼的规定，但由于没有仁，也不能说是真正有道德。而要有仁，也就是要有爱人之心来使自己的行为合于礼。

爱人虽然是一个抽象的概念，但在儒家那里又是一个操作性很强的概念。孔子强调仁以孝悌为本，也就是说爱人首先在于"爱亲"，推己及人，首先在于关心爱护自己的亲人，对自己的父辈要有孝敬之心，兄弟之间要相互尊重。如孟子所说："亲亲，仁也；敬长，义也。"（《孟子·尽心上》）要由近及远而泛爱众，即以爱亲之心爱你的同胞以及天下所有人。或者说，儒家仁爱是一种人际关系中层层外推的过程，达到民胞物与、天人合一的境界。当然这是一种很高的仁爱境界，不是每个人都可达到的境界，是儒家仁爱的最高境界。在儒家看来，首先是要对自己的亲人有爱心，这是人的自然感情的流露，而由近及远，在这一过程中，爱的程度可能会稀薄化，即对谁亲些就对谁更爱些，但儒家并不责怪人们对于不是自己亲人的人没有更多的情感，而是鼓励人们做到“老吾老以及人之老，幼吾幼以及人之幼”（《孟子·梁惠王上》）。

第三，仁作为一个基本的德性，又包含着许多具体的德目要求。孔子说过，“刚毅木讷近仁”，可以看到孔子是把这些德目放在仁之下。《论语·阳货》又载：“子张问仁于孔子。孔子曰：能行五者于天下，为仁矣。请问之。曰：恭、宽、信、敏、惠。”孔子前面所说的那些德目，是从个人的自我修养意义上讲的。这里的“行天下”，是从外在行为的意义上讲的。这里孔子明确地说，行此五者为仁，因而可说在孔子那里，从行为的意义上，这五者也就是仁的德目。“恭”即为恭敬，处世与行事恭敬，是仁的体现；“宽”即为宽厚，即待人宽厚，从政治意义上看，宽厚才能得众；“信”，为诚实不欺，孔子把诚信看得最为重要。《论语》载：“子贡问政。子曰：足食、足兵、民信之矣。子贡曰：必不得已而去，于斯三者何先？曰：去兵。子贡曰：必不得已而去，于斯两者何先？曰：去食。自古皆有死，民无信不立。”（《论语·颜渊》）这里是说，政府必须取信于民，如果在民众那里失去了信用，那么这样的政府是没有不倒台的。政治信用是政治生命的根本之所在。《论语》又载：“子张问崇德辨惑。子曰：主忠信，徙义，崇德也。”（《论语·颜渊》）这是说，以忠诚、实诚为主，唯义是从，这样可以提高品德，或提高德性。孟子把诚看得更高，孟子认为：“诚者，天之道也；思诚者，人之道也。”（《孟子·离娄上》）敏，即为勤敏，或敏锐，或机敏，敏是文化教养所带来的理智的态度，它既有理智的成分，同时也有道德的成分。机敏或敏锐是指在恰当时候的恰当判断以及恰当行为。伽达默尔在《真理与方法》中对此有着相当深刻的讨论，亚里士多德的“实践智慧”同样有着这样的意义。

从政治意义上看，“惠”是这五个德目中最重要的德性。仁者爱人适用于治民，也就是“养民也惠”，爱人就体现于“惠民”之中。那么，怎么才是做到了“惠”呢？孔子所说的惠民包括多方面的内容。首先，“富之”“教之”（《论语·子路》），要增加民众的财富，使之富裕，同时也要使得民众有文化教养。其次，“使民以时”（《论语·学而》）、“因民之所利而利之”（《论语·尧曰》）。“使民以时”是在自然农业的经济背景下对统治者征用农村劳力的意见，体现了孔子对民众利益的保护，“因民之所利而利之”则强调统治者应当建设对民众有利的工程，而不要只从统治者的利益出发，去修建那些与民无利的工程，如修王宫或王陵之类的工事。再次，“敛从其薄”，即反对对民众重征暴敛，反对残暴的压迫与剥削。最后，“博施于民而能济众”（《论语·雍也》）。这是仁的最高境界了。

第四，“忠恕”为“仁之方”。仁作为一个基本的德性，怎样才能做到呢？孔子提出忠恕作为仁之方，也就是达到爱人之仁的根本途径。或者说，爱人与忠恕的统一，构成了儒家仁爱原则的最基本内容。曾参在回答孔子的“吾道一以贯之”时说：“夫子之道，忠恕而已矣。”（《论语·里仁》）可见“忠恕”在孔子思想中的地位。那么，何为忠恕？关于“忠”，孔子没有直接的解释，根据宋儒的解释，尽己之谓忠，通常以《论语·雍也》中的“夫仁者，己欲立而立人，己欲达而达人”释之。忠心待人，不违己也不违人，同时尽自己之力来帮助他人。何为“恕”？《论语·卫灵公》载：“其恕乎！己所不欲，勿施于人。”也就是说，“己所不欲，勿施于人”即为恕。《论语·颜渊》载：“仲弓问仁。子曰：出门如见大宾，使民如承大祭。己所不欲，勿施于人。在邦无怨，在家无怨。”这也就是儒家的恕道。《中庸》引孔子话来说：“忠恕违道不远，施诸己而不愿，亦勿施于人。”在这里，“忠”是积极的方面，恕是消极的方面，从这样两个方面展开爱人的原则，从而达到仁德。这里包含着这样一个思想前提，即人同此心，人同此欲，由此才可推出施于己而不欲，人亦不欲，将心比心，“能近取譬”。于是，从爱人之心出发，可知亦勿施于人也。同理，由于人同我欲，故可以有“己欲立而立人，己欲达而达人”。孟子提出，以不忍人之心达之于其所忍。不忍人之心即为恻隐之心，从恻隐之心出发，也就能理解人们所能承受的是什么。换言之，爱人也就是同情心的扩展。或者说，我所不忍同样为人所不忍，从我所不忍达于人所不忍，做到或应当做到人所应当追求的。这也就体现了“爱人”之心。忠恕不仅体现了儒家的仁之爱，而且体现了儒家的平等精神。

四、孝

在儒家所概括的五伦关系中，家庭伦理关系占了三项，并且，儒家最重要的德性仁是以孝悌为本。因此，人们认为，在一定的意义上，儒家伦理是以家庭伦理为核心的伦理。在家庭伦理中，其核心规范是“孝”，个人的基本德性也是“孝”。“孝”是中国传统德性伦理学区别于西方德性伦理学的重要范畴。“孝”为传统社会中子女敬养父母的道德要求。《尚书·尧典》说：“克谐以孝。”《尔雅》说：“善父母为孝。”《礼记·祭统》说：“孝者，畜也。顺于道，不逆于伦，是之谓畜。”这些说法不一，但精神不二，所表达的都是对父母的尊从与奉养。我国现存的甲骨文，虽没有“孝”字，但有“老”与“考”字。据古文字学考证，“老”与“考”和“孝”字的含义大体相同，都表示后代对父母及祖先的赡养与尊敬。

“孝”不仅是儒家家庭伦理的核心规范，同时也居于传统的社会伦理的核心地位。儒家伦理本身是基于家庭伦理的社会伦理思想。孔子弟子有若说：“其为人也孝弟，而好犯上者，鲜矣。不好犯上，而好作乱者，未之有也。君子务本，本立而道生。孝弟也者，其为仁之本与！”（《论语·学而》）有孝德之士，在社会政治生活中不会做出违法乱纪之事。因此，社会伦理生活的基础在于家庭伦理生活。儒家伦理以“仁”为最高道德要求，而“孝悌”则是仁的基础。孟子也明确谈到“孝悌”是基本的道德要求。他说：“尧舜之道，孝弟而已矣。”（《孟子·告子下》）孟子在见到梁惠王时说：“王如施仁政于民，省刑罚，薄税敛，深耕易耨。壮者以暇日修其孝悌忠信，入以事其父兄，出以事其长上，可使制梃以挞秦楚之坚甲利兵矣。”（《孟子·梁惠王上》）在这里，孟子不仅把“孝悌”看作基本的德性，而且提出了“移孝作忠”的思想。汉初流行的《孝经》则明确提出了“移孝作忠”的思想。《孝经·士章》说：“资于事父以事母而爱同，资于事父以事君而敬同……故以孝事君则忠，以敬事长则顺，忠顺不失，以事其上，然后能保其禄位，而守其祭祀。”《孝经·广扬名章》说：“君子之事亲孝，故忠可移于君。事兄悌，故顺可移于长。居家理，故治可移于官。”孝悌之德是忠君之德的基础。

在儒家伦理中，“孝悌”并举，但实际上只有“孝”才是德性的中心，因为“悌”指的是“尊从兄长”，是同辈关系的德性要求，而“孝”则是父子关系的德性要求，是对父辈的敬从。父子关系不是平等的，而是要求下对上的敬从关系这样一种差序格局。

这种差序关系又几乎是一种天然性的关系，因为，“孝”作为家庭伦理的中心范畴，乃取决于父权制家庭的男性家长在家庭中的至上地位，正是这种地位以及后辈为父辈所供养并处于家庭财产继承者的位置，决定了孝这一德性要求的重要性。

同时，“移孝作忠”这一孝德的政治功能，是使“孝”居于社会伦理核心地位的又一重要因素。中国传统社会的家国同构性，使“孝”这一家庭伦理德性成为政治生活领域中“忠”这一德性的伦理基础。从理论上看，“孝”是家庭伦理的主纲，是子女对待父母及长辈的道德准则与规范，而“忠”则是政治生活的主纲，是个人对待君主的关系准则。中国古代的政治建构是在血缘氏族的基础上建立起来的。家庭结构与国家制度的结构的共同基础是血缘关系，就必然要求把协调父子关系的伦理准则运用到君臣关系上来。这种家国同构性，一方面形成了几千年社会基础十分深厚久远的家族宗法制，另一方面宗法制度本身就是社会政治制度的基本制度。而这也就是经典作家所谓的亚细亚生产方式。正是这种特殊的生产方式，决定了家庭在国家中的重要地位，决定了家庭道德状况对政治生活的影响。如在汉代，孝被扩展到社会生活的各个方面，形成了系统的孝道，而汉代政治生活维系的基本伦理力量就在于推行孝道。《孝经·开宗明义章》开篇即宣称：孝为先王“至德要道”，孝的作用在于“以顺天下，民用和睦，上下无怨”。在这里，孝的政治功能表达得十分清楚。传统伦理也更多地将对君主的效忠与对家长的孝直接联系起来。

“移孝作忠”这一命题所表达的是，“忠”是家庭的孝德外推至社会政治领域，忠即为孝德的延伸。孝在中国传统社会得到广泛深入而持久的推行，也就在于孝德既维系着父权制的家庭，维持家族宗法制度，同时也维系着社会政治制度。在传统伦理看来，就个人人生而言，尽忠与尽孝是相互联系的两个人生阶段。或者说，是人生的不同生活经历的描述。“孝”是“忠”的前提，“忠”是“孝”的结果；“孝”是“忠”的缩小，“忠”是“孝”的扩大，“忠”不仅是“孝”的对象的提升与超越，而且是人生在另一个更重要的社会生活领域里的核心精神。但是，没有家庭生活的“孝”的道德实践，在更广阔的社会政治生活领域里，就难以有对君主忠心不贰的德性品格。所以，孔子说：“孝慈则忠。”（《论语·为政》）为什么传统社会会把孝与忠从本质上联系起来？除了家族宗法制度与国家政治制度的同构性以外，还可以从孝与忠两者在传统意义上具有的同质方面进行考量。传统的孝，也就是对父母的忠顺，而在传统的专制君主政治的意义上，同样强调的是下对上的忠顺。并且，如果能够把对自己父母的感情移至对君主的感情上来，则比没有情感而只有单纯的政务性的顺从更有力量。我们可以看到，中国历来把官吏称为“父母官”，即老百姓把治理社会的官吏看成类似于父母，甚至感到比父母还更有恩情，这也是长期以来忠孝情感重叠性教育所产生的结果。

孝德在家庭伦理生活和政治生活中是如此重要，那么，怎样做才是尽到了孝或孝道？《孝经》提出，人的终生都必须尽孝：“身体发肤，受之父母，不敢毁伤，孝之始也。立身行道，扬名于后世，以显父母，孝之终也。夫孝，始于事亲，中于事君，终于立身。”（《孝经·开宗明义章》）也就是说，孝是一个人终生所应遵循的德性要求，人的一生的各个时期，都必须行孝德，或者说，即使离开了父母，所做的一切仍都要想到尽孝。立身扬名，事君忠君，都是孝的体现。在儒家文献中，《孝经》是详尽讨论孝道的重要文献，《孝经》就天子、诸侯、卿大夫、士以及庶人行孝道的方法和内容进行了详细说明。首先，《孝经》提出“五等之孝”：天子之孝、诸侯之孝、卿大夫之孝、士之孝、庶人之孝。这就是说，孝作为一种基本的德性，对于不同等级和身份的人，体现为不同的要求。天子之孝是“爱敬尽于事亲，而德教加于百姓，刑于四海”（《孝经·天子章》）。天子之孝的目的在于化民，使民莫遗其亲，“诸侯之孝”是“在上不骄”“制节谨度”，实际上是要求对最高统治者天子尽忠。这样，就可使“富贵不离其身，然后能保其社稷，而和其民人”（《孝经·诸侯章》）。作为“士之孝”，则以“忠顺不失，以事其上”（《孝经·士章》）为行为规范，要求以孝事君，以敬事长。作为庶人之孝，则是“用天之道，分地之利，谨身节用，以养父母”（《孝经·庶人章》）。在这里，对普通人所尽孝道的要求最低，即养其父母。由《孝经》中对不同等次的孝道的描述可知，《孝经》对亲亲之孝的德性做了比较任意的引申和推衍，也说明了战国至汉初人对孝德的高度重视。在他们看来，一切有道德的行为，或忠君事君以及顺长之行为，都可以在孝道这里找到根源，我们之所以忠君事君，在一定意义上都是孝道的体现。孝道在所有有积极意义的社会行为之中。其次，《孝经》区分不同层次的孝，如最高层次的天子之孝和最低层次的庶人之孝，其孝的责任是由于社会地位和责任的不同而不同，在这个意义上，最高统治者的孝的责任最为重大。不过，即使是普通人，相当多的思想家认为，要做到“孝”，仅仅养是不够的。

孝作为中国儒家的重要德性，不同时期的重要思想家都有相关讨论。对于怎么才可尽到孝道，有这样一些基本观点。第一，赡养父母。赡养父母是尽孝的基本任务。《礼记·祭统》指出：“是故孝子之事亲也，有三道焉：生则养，没则丧，丧毕则祭。养则观其顺也，丧则观其哀也，祭则观其敬而时也。”可见，侍奉父母之礼的一个最基本的要求，就是赡养父母。《尚书·酒诰》说：“肇牵车牛，远服贾，用孝养厥父母。”孝与奉养联系在一起。孟子也谈到过所谓“五不孝”，其中也把奉养父母作为重要内容。他说：“世俗所谓不孝者五：惰其四支，不顾父母之养，一不孝也；博弈好饮酒，不顾父母之养，二不孝也；好货财，私妻子，不顾父母之养，三不孝也；从耳目之欲，以为父母戮，四不孝也；好勇斗狠，以危父母，五不孝也。”（《孟子·离娄下》）“五不孝”中，有三不孝是“不顾父母之养”。《孝经·庶人章》中也指出：“用天之道，分地之利，谨身节用，以养父母，此庶人之孝也。”奉养父母是常人尽孝中所应有的一项基本责任。在自然经济条件下，在家庭作为老人与儿童的基本经济供养单位的社会条件下，老人在其壮年时，在其子女还没有独立生活能力与劳动能力的时候，担负着抚养后辈的责任，而当老人丧失劳动能力时，子女应担负起供养老人的道德义务，这是起码的道德要求。

第二，敬爱父母。敬爱父母首先在于待父母有礼，礼待父母，即遵行侍奉父母之礼，使行为无违于礼也。孔子说：“生，事之以礼；死，葬之以礼，祭之以礼。”（《论语·为政》）待父母以礼，不仅是使自己的行为合乎礼的规定，更重要的是要发自内心的情感，这就是“敬”。“敬”是发自内心的道德情感，“礼”是形式化的规范，必须要有“敬”这一真实的道德情感来充实，待父母之礼正是因有敬之真情在内，才有其价值。孔子提倡敬亲之孝，而反对“能养之孝”。他说：“今之孝者，是谓能养，至于犬马，皆能有养。不敬，何以别乎？”（同上）在孔子看来，仅仅做到能养，满足其物质需要，是远远不够的。因为就是对牲口，也能这样饲养。只有做到既养且敬，才能把对父母之孝与对牲口的饲养区别开来。当然，孔子在这里并不是否定“能养”，而是认为“能养”是孝的最低要求，只有做到敬，才是孝的较高层次。所以，孔子把是否有“敬”看作区分小人之孝与君子之孝的根本标志。他说：“小人皆能养其亲，君子不敬，何以辨?”（《礼记·坊记》）怎样才能做到敬?《孝经》提出如下原则：“孝子之事亲也，居则致其敬，养则致其乐，病则致其忧，丧则致其哀，祭则致其严。五者备矣，然后能事亲。”（《孝经·纪孝行章》）这样五个方面，全面地提出了对父母敬养始终所应做到的事情。

另外，敬爱父母的一个具体要求就是，子女应和颜悦色地对待父母，也就是将自己对父母的敬爱之情显诸形貌。在孔子看来，这并不是一件容易做到的事。《论语·为政》载：“子曰：色难。有事弟子服其劳；有酒食先生馔，曾是以为孝乎?”这是说，要和颜悦色地对待父母是很不容易的。如果做不到这一点，而仅仅是父母有事子女代其劳，有酒食让父母先品尝，这并不能算是孝。“色难”，说的是要真正长期恭顺地对待父母，而勉强不得，所以说难。仅“能养、服劳，只是外面工夫”，如没有内心的诚敬，就只是“遮得人耳目所及”（《朱子语类》卷二十三）。因此，做到和颜悦色，也就是要有爱父母的真心。《礼记·祭义》说：“孝子之有深爱者必有和气，有和气者必有愉色，有愉色者必有婉容。”诚于中必形于外，子女对父母有敬爱之心，自然会有“和颜愉色”。因有不爱于亲之意，才便有不顺气象。应当看到，“敬亲”具有极大的普遍意义，它体现了人的文明与教养程度，在道德层次上比“养亲”更具有道德意义，要求也更高。由敬爱自己的父母、长辈扩展到尊敬所有的老人及长辈，这是“敬亲”之孝的含义的进一步延伸。如《孝经·天子章》中所说：“爱亲者，不敢恶于人；敬亲者，不敢慢于人。”由敬亲而达到博爱，由亲亲而仁民，不仅有一种可称为“孝治”的政治功能，而且是由敬亲之情而扩展的一种亲情人道主义精神。如张载在《西铭》中所说：“乾称父，坤称母，予兹藐焉，乃混然中处。故天地之塞，吾之体；天地之帅，吾之性。民吾同胞，物吾与也。大君者，吾父母宗子；其大臣，宗子之家相也。尊高年，所以长其长；慈孤弱，所以幼其幼。……凡天下疲癃、残疾、茕独、鳏寡，皆吾兄弟之颠连无告者也。”在张载看来，人类所居住的宇宙就是一个大家庭，而天下所有人都是一家人，都应给予一种人道的关怀。这种普遍的人道主义精神，在充满不平等的人类社会，无疑具有空想性，但是，我们同时应当肯定它所含有的对人尊重的普遍意义，因而不可否认它还具有积极意义。而为一种普遍的人道精神，它是发自家庭内的亲情，是亲情伦理的进一步扩展与提升。

第三，孝还包括对父母进谏。孝并非意味着无条件、无原则地服从。在传统孝道中确有无违之孝的思想，但顺从长者并不是传统孝道的全部观点。孔子也主张，当父母不义时，子女应当谏诤，应善意规劝。孔子说：“事父母几谏。”（《论语·里仁》）认为子女对于父母的过失应和颜悦色地提出劝告。“曾子曰：……敢问子从父之令，可谓孝乎?子曰：是何言与，是何言与！昔者天子有争臣七人，虽无道，不失其天下。诸侯有争臣五人，虽无道，不失其国。……士有争友，则身不离于令名。父有争子，则身不陷于不义。……故当不义则争之。”（《孝经·谏诤章》）在孔子看来，如发现父母有不义的行为，进行谏诤，这才是孝的行为。而对父母的缺点、错误，如果视而不见，一味顺从，使父母陷于不义的境地，这才是不孝。司马光在《温公家范》中说得更清楚，他说："谏者，为救过也。亲之命，可以从而不从是悖戾也，不可以从而从之则陷亲于大恶。然而不谏是路人。故当不义，则不可不争也。"（《温公家范》卷五）谏诤，是孝的表现。因此，若把孝说成子女对父母的绝对服从和盲目附和，就剥夺了子女的独立人格，并不全面。此外，还应当看到，早在春秋时期，对于父子关系中晚辈的德性要求的孝德，是与对父辈的要求"慈"对应的，所谓"父慈子孝"也。只是这种对等性的德性要求随着中国传统社会中威权的增强而削弱，提倡天下无不是的父母无疑是不对的，不是孝德中的合理成分。

但如何看待孔子所说的"父为子隐，子为父隐，直在其中"的话？近几年来，对于孔子的"父为子隐，子为父隐"的思想，有过相当热烈的争论。相当多的观点认为，孔子在讲这句话的时候，是站在亲情高于政治权威的意义上讲的。在西方的法律中，也有类似于亲属回避的制度，这种法律制度承认亲属之间没有给予检举揭发的法律责任。为什么亲属可以例外？这就是以制度来保护亲情。一个社会的亲情是人类社会最基本也是最深厚的情感，如果把亲人置于自己的被告人地位，或帮着对方来起诉自己的亲人，或为自己的亲人举出罪证，实际上就是亲情的解体，这是一般人难以容忍的。但如果社会鼓动人们这样做，其结果就是这个社会最基本的人情都将丧失。实际上，法庭调查可以通过其他方面对于这方面的原因所造成的问题进行弥补。因此，应当看到，孔子和孟子并不一定同意做了错事的父母或子女的行为，而是说如果处于决绝亲情以维护公义与保护亲情而进行回避的选择时，他们选择后者。当然这并不意味着孔子没有公义，或不把公义放在首位，这是处于特殊情境中的一种权变。因为孔子肯定不会反对像西方法律那样通过其他方式而不是损害亲情的方式来保护社会公义。

具有保护亲情意义的亲亲为本的孝德，可以被看作中国儒家伦理为现代社会留下的一笔十分珍贵的德性伦理资源，这一资源与仁爱德性一道，成为对当代社会德性伦理的最重要的贡献。无疑，儒家德性伦理对于许多德目还有相当丰富而有意义的讨论，如对智与勇的讨论（智、仁、勇为儒家所公认的仁者三达德），对于当代德性伦理学的建构也是富有启发意义的。尤其是，儒家从制度层面提出礼的概念，并从内在德性层面提出仁或仁爱的概念，这样一个双向建构的德性论模式，相对于西方当代德性伦理学仅仅从行为者的角度讨论德性，是一个不可忽略的贡献。放眼中西方的德性伦理学，继承儒家德性伦理资源和合理吸取西方自亚里士多德以来的德性伦理学思想与资源，是建构更为合理、全面的德性伦理学的任务。

思考题

1. 试论儒家的君子理想。
2. 试论儒家的五伦关系。
3. 试论儒家的仁爱观。
4. 试论儒家的孝德。
5. 试论儒家德性伦理的现代意义。

后 记

这是一本以当代西方规范伦理学基本理论为主要内容的伦理学著作，由于考虑到目前我国已有相应专业教材的翻译出版，并已有较为通俗性的著作出版，故从立意上希望以相对较高层次的读者为目标进行本书写作。同时，本书尽量照顾到现代伦理学的不同领域，这些领域都有相对独立性，有不同兴趣的读者可以直接进入自己感兴趣的领域而不需要通读全书。作为教材，教师也可以在不同主题领域从自己的角度进行取舍，划出一定的讲授范围和阅读范围，鼓励学生将课堂授课与独立阅读结合起来进行学习。

本书涉及广泛的伦理学领域，读者在阅读过程中很有可能发现学术观点方面的疏漏问题，敬请批评指正。如果本书还能对读者有所启发，并有益于学术同人，也许就是作者最为欣慰的事了。

本书第1版迄今将近10年，第2版得到中国人民大学出版社学术出版中心主任杨宗元博士的大力支持，在此深表感谢。

龚　群

2019年4月15日

图书在版编目（CIP）数据

现代伦理学/龚群著．—2版．—北京：中国人民大学出版社，2019.10
新编21世纪哲学系列教材
ISBN 978-7-300-27226-9

Ⅰ．①现… Ⅱ．①龚… Ⅲ．①伦理学-高等学校-教材 Ⅳ．①B82

中国版本图书馆CIP数据核字（2019）第161209号

新编21世纪哲学系列教材
现代伦理学（第2版）
龚群　著
Xiandai Lunlixue

出版发行	中国人民大学出版社		
社　　址	北京中关村大街31号	**邮政编码**	100080
电　　话	010－62511242（总编室）		010－62511770（质管部）
	010－82501766（邮购部）		010－62514148（门市部）
	010－62515195（发行公司）		010－62515275（盗版举报）
网　　址	http://www.crup.com.cn		
经　　销	新华书店		
印　　刷	北京溢漾印刷有限公司	**版　　次**	2010年7月第1版
规　　格	185 mm×260 mm　16开本		2019年10月第2版
印　　张	21.25	**印　　次**	2019年10月第1次印刷
字　　数	465 000	**定　　价**	48.00元